# 교육심리학

Educational Psychology

# 교육심리학

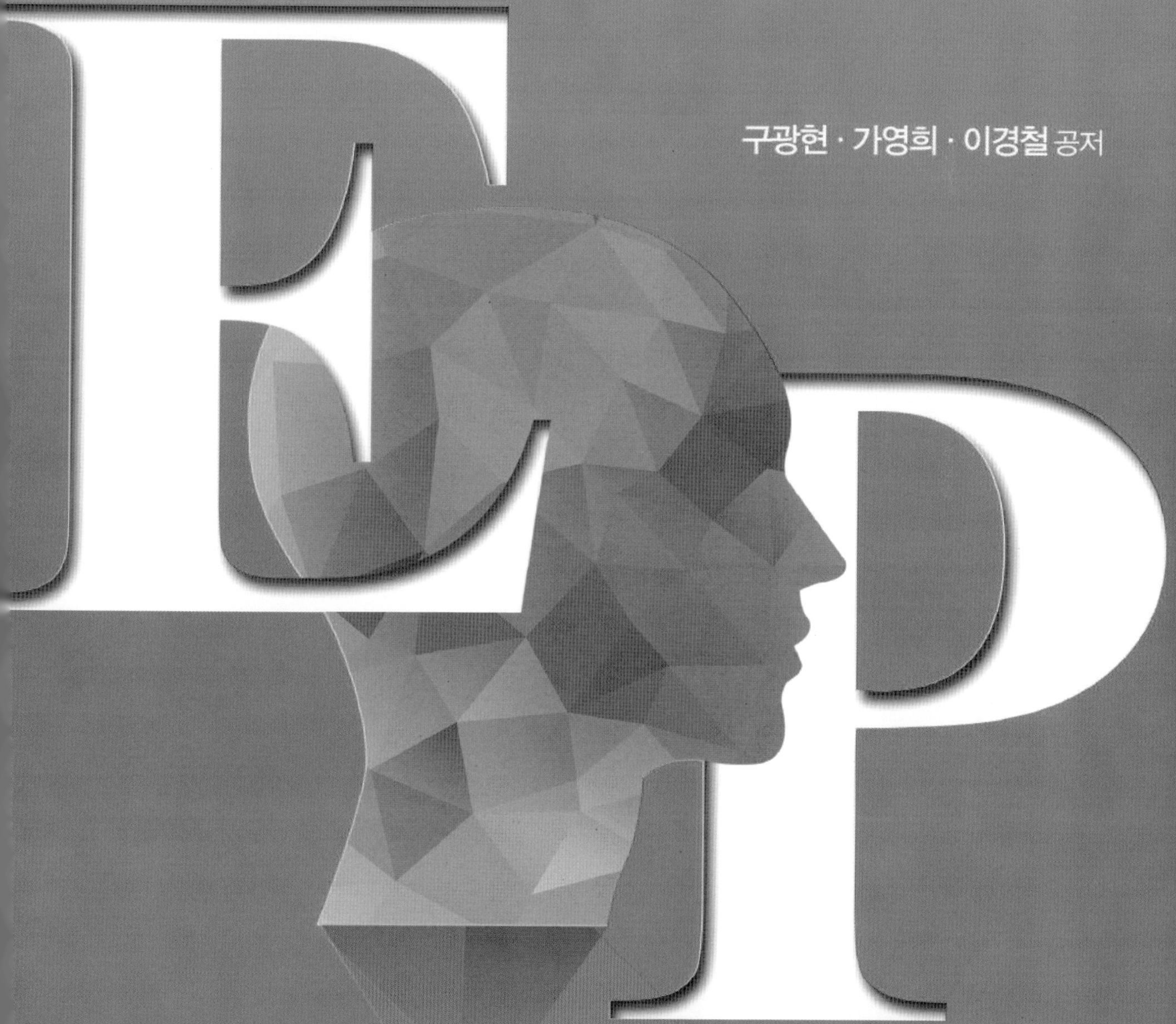

구광현 · 가영희 · 이경철 공저

동문사

PREFACE

# 머 리 말

필자들은 이 책을 대학 및 대학원 수준의 다양한 과정에서 교육학을 공부하고 있는 미래와 현재의 교사들을 위해 집필하였다. 장차 교사가 되고자 대학에서 학부 과정을 공부하고 있는 학생들은 대부분 구체적인 과목의 명칭이야 어떠하든'교육심리학'을 필수적인 과목으로 수강한다. 또한 대학원 과정에 있는 학생들이나 현직 교육 연수과정을 수강하는 교사들도 해당 과정 중 대개 한두 과목은'교육심리학'관련 강좌를 수강하게 된다.

이러한 다양한 학생들과 함께 필자들이 여러 해에 걸쳐 '교육심리학' 과목을 공부하면서 그들로부터 들어 온 빈번한 반응들 가운데 하나는 이 과목을 매우 흥미롭고 필요한 과목으로 생각하고 있으면서도 막상 공부를 하다보면 너무나 다루어야 할 것이 많고 어려운 과목으로 느끼고 있다는 것이었다. 이른바 '교육 수요자' 시대에 이러한 모순된 듯한 반응을 해소할 수 있는 흥미로우면서도 공부하기 쉬운 교육심리학 교재를 만들어 보자는 것이 필자들의'소박한'생각이었다.

비록 명기하지는 않았으나 이 책은 크게 4부로 구성되어 있다. 제I부에 해당되는 1장 '교육심리학의 기초'에서는 교육학의 주요 하위영역의 하나로서 '교육심리학이란 무엇인가?'에 답하기 위해 교육심리학의 개념, 목적, 학문적 성격, 연구영역, 연구의 동향 등을 정리하여 제시하였다.

제Ⅱ부에 해당하는 2장 '발달이론 : 인지발달', 3장 '발달이론 : 정의적 발달', 그리고 4장 '개인차와 특수한 학습자'에서는 효율적인 교육을 위해 교사가 필수적으로 이해해야 하는 교육의 파트너로서의 학생(또는 학습자)들의 보편적인 발달특성과 개인차에 관한 연구들을 정리하여 제시하였다.

제Ⅲ부에 해당하는 5장 '학습'과 6장 '학습에 영향을 미치는 변인'에서는 교육장면에서 제공되는 다양한 학습상황에서 학생들이 무엇을, 어떻게 학습하며, 어떤 이유가 그 학습의 과정과 결과에 영향을 미치는가를 설명하고자 하였다.

제Ⅳ부에 해당하는 7장 '수업', 8장'성격과 성격평가', 9장 '생활지도와 상담', 10장 '진로교육', 그리고 11장 '교육평가'에서는 교육의 가장 실제적이고 핵심적인 장면인 교사-학생의 상호작용 과정들을 차례로 다루면서 효율적인 수업진행자, 학습촉진자로서 뿐만 아니라 인생의 안내자, 조언자로서 어떻게 그 역할을 할 것이며, 아울러 일련의 교육과정에 대한 일선의 책임자로서 교사가 갖추어야 할 평가자로서의 지식과 기능에 대해 살펴보았다.

이 책은 2006년에 초판을 낸 구광현, 가영희, 이규영 공저 '교육심리학'을 계승하는 책이다. 위 책이 여러 모로 부족함이 많음에도 개정판, 제3판을 내면서 짧지 않은 기간 동안 꾸준히 사용되어 온 것은 오직 수많은 학문의 선배, 동학들께서 이 책을 과분하게 아껴주신 덕분임을 깨달으며 깊이 감사드린다. 이러한 사랑에 힘입어 이번에는 새로운 책으로 출판한다. 이경철교수가 새롭게 집필에 참여하였고, 책의 기본적인 구성은 기존의 틀을 따랐지만 각각의 장에서 많은 부분을 수정하고 꼼꼼히 보완하였다. 특히 8장 '성격과 성격평가', 9장 '생활지도와 상담', 그리고 11장 '교육평가'에서는 전체적으로 내용을 수정·보완하였고, 10장 '진로교육'은 독립된 장으로 구성하였다.

나름 많은 노력을 했음에도 불구하고 여전히 이 책이 부족한 점이 많다는 것을 절감한다. 그러나 교육심리학에서 꼭 다루어야 할 내용은 빠뜨리지 않고 다루되, 최대한 새로운 내용을 첨가하고, 나아가 학생들이 흥미를 가지고 쉽게 공부할 수 있는 책을 만들어 보자고 했던 필자들의 초심을 항상 마음에 담고, 앞으로 또 다른 10년을 기약하며 꾸준히 이 책을 보완해 나갈 것을 새삼 다짐하는 바이다.

이 책이 만들어지기까지 필자들은 너무 많은 분들께 값진 도움을 받았다. 비록 일일이 거명하지는 못하지만 필자들에게 가르침을 주신 여러 스승들은 물론, 필자들과 함께 '교육심리학'을 공부했던 수많은 제자들이 바로 그들이다.

또한 이 책의 출판을 위해 한편으로는 무한한 아량으로 기다려 주시고 한편으로는 밤샘 작업을 마다 않는 정성으로 도움을 주신 동문사의 이중수 사장님, 유재영 상무님을 비롯한 출판사의 모든 분들께 깊이 감사드린다.

2016년 8월

구광현, 가영희, 이경철 씀

CONTENTS
# 차 례

CHAPTER 01

# 교육심리학의 기초

## 01 교육심리학의 개념

교육학의 아버지라고 불리는 Herbart는 일찍이 교육학을 하나의 독자적인 학문 분야로 수립할 것을 주장하면서 교육학은 교육의 목적과 방법에 관한 학문이며 이때 교육의 목적은 기존의 윤리학(철학)을 그 기초로 하고, 교육의 방법은 심리학을 그 기초로 한다고 제안한 바 있다. 이후 20세기 초 Thorndike가 최초로 '교육심리학'이라는 제목의 저서를 출판한 이후 교육심리학은 교육학의 핵심적인 분야의 하나로 다루어져 왔다.

교육심리학은 교육의 방법, 즉 '어떻게 가르칠 것인가'에 관한 학문이라고 아주 간단히 정의할 수 있으며, 따라서 일부 사람들이 우스개 식으로 "교육심리학은 학생들을 '꼬시는' 방법을 다루는 학문"이라고 표현하는 것도 충분히 일리가 있다고 볼 수 있다. 그러나 교육심리학이 무엇인가를 좀 더 체계적으로 이해하기 위해서는 우선 그 기본 개념이 되는 '교육'과 '심리학'의 개념을 파악할 필요가 있다.

### 1) 교육과 교육학

교육이 무엇인가에 대해서는 입장에 따라 다양한 정의가 내려져 왔다. 수많은 정의들 가운데 구체적인 교육이 이루어지는 장면의 교육활동 지침이나 학문적 논의의 지침으로 가장 많이 사용되는 것은 조작적 정의라고 할 수 있는데(강승희 외, 2004), 그 조작적 정의들 가운데 대표적인 것은 교육을 '인간행동의 계획적 변화'(정범모, 1968)라고 보는 것이다. 이 정의에 담긴 의미를 간략히 정리해 보면 다음과 같다.

- **인간행동**: 교육이 다루는 것, 즉 교육을 통해 변화시키려는 대상은 인간이며 명확히는 인간의 행동이라는 것이다. 여기에서 행동이란 '말한다', '달린다'와 같이 드러나는 가시적, 외현적 행동뿐만 아니라 지식, 가치관 등 내재적, 정신적 행동도 포함한다. 교육이 외현적, 내재적 행동을 대상으로 한다고 할 때 인간행동이란 인간이 하는 모든 행동을 포함한다고 할 수 있다.
- **변화**: 교육이 추구하는 궁극적인 현상은 '변화'라는 것이다. 즉 교육은 인간행동을 다루되 그 행동의 변화에 관심을 갖는다. 그러나 교육이 인간행동의 모든 변화에 대해 직접적인 관심을 갖는 것은 아니다. 교육에서 관심을 갖는 변화에는 한계가 있는데, 본능적이거나 생리적인 반사에 따른 변화, 성숙에 의해 자연히 나타나는 변화, 그리고 약물이나 신체적 피로에 따른 일시적인 변화는 교육에 의한 변화에서 제외하며, 대조적으로 의도적이고, 후천적이며 비교적 장기적인 변화에 초점을 맞춘다. 또한 교육에 의한 변화는 그 방향성을 전제하고 있다. 인간의 행동은 바람직한 방향으로 변할 수도 있고 바람직하지 않은 방향으로 변할 수도 있다는 점에서, 교육은 그 가운데 사회에서 일반적으로 수용되고 있는 바람직한 어떤 방향으로의 변화에 관심을 갖는다는 것이다. 따라서 가치가 없거나 바람직하지 않은 방향으로의 변화는 교육에 의한 변화라고 할 수 없다.
- **계획적**: 교육을 통한 변화란 계획에 의한 변화라는 것이다. 즉, 교육은 어떤 행동을 어떻게 변화시키겠다고 하는 명확한 목적 내지는 의도가 있어야 하는 것이다. 또한 계획적이란 말은 어떻게 하면 어떤 행동이 길러진다고 하는 이론과 실증의 뒷받침이 있는 계획과 과정이 있음을 의미한다.

이상에서 살펴본 바에 따르면, 교육은 의도적인 계획에 의해 인간행동의 변화를 바람직한 방향으로 유도하는 활동이라고 그 개념을 정의 할 수 있다. 흔히 한 학문이 독자적인 과학의 한 분야로 성립하기 위해서는 그 학문만의 독특한 연구내용 내지는 대상을 가지고 있으며 그 내용이 과학적 연구방법을 통해서 다루어진다는 두 가지 조건을 충족시켜야 한다고 한다. 이렇게 본다면 교육학이란 그 대상인 교육의 다양한 현상에 대해 과학적 방법을 사용하여 연구하는 학문이라고 할 수 있다.

### 2) 교육과 심리학

심리학을 어떻게 정의 할 것인가에 대해서도 다양한 견해가 있을 수 있으나, 일반적으로 '인간의 행동과 정신적 과정을 과학적으로 연구하는 학문'이라고 할 수 있다.

심리학의 과학적 연구내용은 1879년 독일의 Wundt에 의해 과학적 심리학이 시작된 이래 인간의 의식에서 출발하여 무의식, 외현적 행동, 정신적 과정 등으로 확대되어 왔다. 또한 연구방법에 있어서는 초기에는 내성법이나 임상분석 등 다분히 주관적인 방법으로 시작하였으나 전반적으로는 객관적이고 수량화 할 수 있는 방법들이 과학적 방법으로 강조되었다.

이렇게 볼 때 교육학과 심리학은 인간행동을 과학적 방법으로 연구하고자 한다는 점에서 중요한 공통점을 지니고 있다. 그러나 심리학은 교육학과 비교할 때 학문적 목적과 관심에 있어서 몇 가지 중요한 차이점을 아울러 지니고 있다. 이성진(1996)은 그 차이점을 다음과 같은 네 가지로 정리하고 있다. 첫째, 심리학의 목적은 인간행동에 대한 보편적인 원리와 법칙을 확립하는 것인데 반해, 교육학은 학습자 개개인의 특성을 변화시키는데 그 목적이 있다. 둘째, 보편적 원리를 확립하고자 하는 심리학은 방법론적으로 정밀성과 경제성을 중요시 하며 일관성만 있다면 세심한 변화라도 중요하게 고려한다. 그러나 교육학은 다소 정밀성과 경제성이 부족하다고 하더라도 학습자의 행동에 의미 있는 변화를 일으키는 변인에 관심을 갖는다. 셋째, 특수한 변인을 제외하면 심리학은 가치중립적이며 기술적인 반면, 교육학은 가치지향적이며 처방적이다. 넷째, 심리학은 통제된 실험실에서 원리나 법칙들이 확립되는 반면, 교육학의 원리나 법칙들은 예측불가능한 교실상황에서 일어나는 과정을 기초로 한다. 이러한 이유로 인해 일반심리학 연구에서 얻어진 결과들을 교육에 단순히 직접적으로 적용한다는 것은 일정한 제한이 있을 수 있다.

### 3) 교육심리학

위에서 살펴본 바와 같이 학문적 배경으로 볼 때 교육심리학은 교육현상을 대상으로 하는 교육학과 인간행동을 과학적으로 이해하고자 하는 심리학의 이론들을 접목시켜 이루어진 학문이라고 할 수 있다. 즉 교육심리학이란 교육의 과정에서 일어나는 여러 문제를 심리학적 측면에서 연구하여 원리를 정립하고 방법을 제시함으로써 교육의 효과를 극대화하려는 응용심리학 또는 교육학의 한 분야인 것이다. 교육심리학에서 심리학적 측면을 강조하는 경우에는 학습자의 발달과정이나 학습방법과 관련된 법칙정립이 그 핵심이 되어 가치중립적인 과학적인 연구가 된다. 한편 바람직한 방향으로 학습자를 성장하도록 도와준다는 교육적 측면이 중요시되는 경우에는 여기에 가치가 개입된다. 교육심리학은 교육학의 영역 중에서는 과학적인 성격이 가장 강한 연구영역이지만, 심리학적 원리를 바탕으로 하여 교육목표나 교육과정을 타당성 등에 대한 고찰을 연구대상으로 하는 경우에는 가치문제를 벗어나기 어려운 성격을 가지고 있다. 한편 연구의 대상으로 본다면, 교육심리학은 교사가 가르치고, 학생이 배우는 과정, 즉 교육의 과정에서 야기되는 문제들을 다루는 학문 분야이다. 교육의 과정은 교육목적의 설정과, 이러한 목적을 달성하기 위한 내용의 선정(교육과정), 이 선정된 내용을 충실히 가르치기 위한 교육방법의 선택, 그리고 가르치고 난 후의 평가(교육평가)로 이루어진다. 교육심리학의 관심은 교육의 과정 전반이지만, 이러한 과정 중 특히 '교육방법의 선택'이 교육심리학이 주로 관여하는 분야가 된다. 따라서 교육심리학은 학습자의 특성과 학습과정, 그리고 학습상황의 문제를 폭넓게 다루는 학문이라고 할 수 있다.

## 02 교육심리학의 목적

교육심리학의 목적은 교육실천가인 교사의 관점에서 논의되는 기능적 목적과 교육연구가인 교육심리학자의 관점에서 논의되는 학문적 목적으로 구분할 수 있다(김언주, 구광현, 1998).

### 1) 교육심리학의 기능적 목적

교육심리학의 주된 목적 가운데 하나는, 교육자 특히 교사들이 교육현장에서 당면하는 문제의 해결을 돕는 것이다. 교육심리학은 교육의 문제해결에 직접적으로 도움을 주는 경우도 있으나 대부분의 경우 문제해결을 위한 근거를 제공해 준다. 교육심리학은 학습과정에 중요한 아이디어를 제공해 주며, 상담, 교육과정개발, 교육행정 및 기타 교육활동에도 영향을 준다. 그러나 교육심리학은 교수-학습과정(teaching-learning process)에 최대의 관심을 둔다.

가네와 베리너(Gagné & Berliner, 1984)는 [그림 1-1]의 교수-학습과정 모형을 기초로 교육심리학이 교사들에게 어떤 도움을 줄 수 있는가에 대해 설명하였다.

[그림 1-1]을 보면 교사는 일차적으로 자신의 수업목표를 가지고 수업에 임한다는 것을 알 수 있다. 이때 교사가 해야 할 일은 수업목표를 적절하게 설정하고 세분화하는 일이다. 교육심리학은 수업목표의 설정 및 세분화에 관한 이론적, 실제적 정보를 제공함으로써, 교사가 수업목표의 설정 및 세분화에 관한 의사결정을 성공적으로 내릴 수 있도록 도와준다.

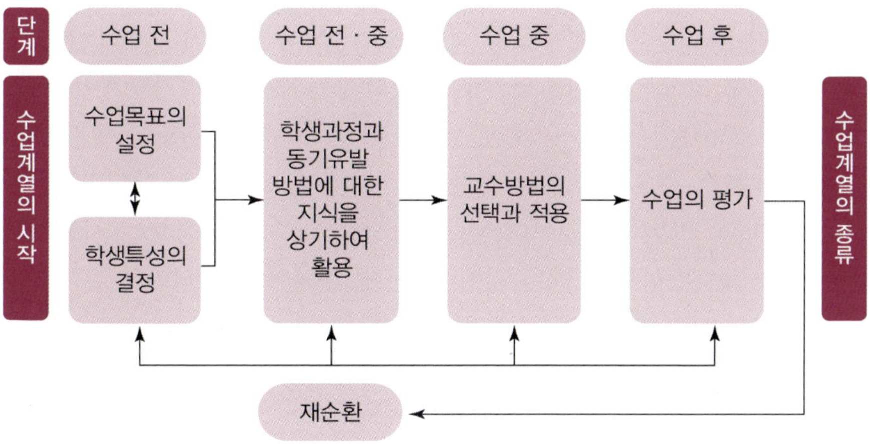


자료: Gagné & Berliner(1984).

**그림 1-1 | Gagné와 Berliner의 교수-학습과정 모형**

또한 교사는 수업목표를 설정하는 과정에서 학생들의 주요특성에 관한 정보를 활용한다. 이 때 교사의 과제는 학생들의 인지적(cognitive), 정의적(affective), 심체적(心體的, psychomotor) 특성을 그들의 발달수준, 강점과 약점, 개인차 등의 측면에서 이해하는 것이다. 교육심리학은 학생의 심리학적 특성의 본질과 특성들의 발달현상 및 개인차 등에 관한 정보를 제공함으로써 교사가 자신의 교육활동에 관한 정확한 판단을 할 수 있도록 도와준다.

교수-학습과정 모형의 둘째 단계는 학습과정에 관한 아이디어를 교사가 어떻게 활용하여야 하는가에 관한 것이다. 이 단계에서 교사의 할 일은 학생의 특성에 기초하여 그에 적합한 수업절차를 설계하는 것이다. 그런 후에 학생들과의 상호작용에서 학습에 관한 아이디어들을 적용하는 방법을 결정해야 한다. 이 단계에서 교사가 주로 당면하는 문제는 학생들은 일반적으로 학습이 흥미 있고 쉬우며 쓸모있기를 바라고 자신의 학습에 대해 계속적인 피드백을 받기 원한다는 것이다. 이러한 문제해결을 위하여 교육심리학은 학습의 본질과 과정, 파지와 전이, 학습동기 등에 관한 정보를 제공함으로써 수업설계에 관한 의사결정을 내릴 수 있도록 도와준다. 세 번째 단계에서 교사는 제반 수업준비 활동을 기초로 수업방법을 선택하여 적용하게 된다. 이 때 교사의 과제는 강의를 할 것인지, 개별화 수업을 할 것인지 등을 결정하는 일이다. 즉 교사와 학생간의 상호작용의 유형을 결정하고 실행하는 일이다. 이와 관련하여 교육심리학은 집단조직방법, 상호작용방법, 자료제시방법 등에 관한 정보를 제공함으로써 교사가 수업활동 전반에 관한 의사결정을 성공적으로 내릴 수 있도록 도와준다. 네 번째 단계는 수업의 평가단계이다. 일단 수업이 종료되면 교사는 수업을 위해 설정했던 수업목표의 성취도를 평가한다. 평가와 관련하여 교사의 주요 관심사는 학생의 학습이 어느 정도 이루어졌는가를 확인하기 위한 절차를 고안하는 것이다. 한편 학생들의 주요 관심사는 시험에 실패하지 않음은 물론 높은 성적을 받는 것이다. 이에 대하여 교육심리학은 평가에 대한 관점, 평가도구의 제작과 실시, 평가결과의 분석, 해석 및 정리 등에 관한 정보를 제공함으로써 교사가 평가활동 전반에 관한 의사결정을 성공적으로 내릴 수 있도록 도와준다.

이상에서 살펴본 Gagné와 Berliner의 모형은 교수-학습과정에서의 교사 역할이 무엇이며, 이러한 역할수행에 교육심리학이 어떻게 도움을 줄 수 있는가를 잘 설명하고 있다. 그러나 교사의 역할은 결코 Gagné와 Berliner의 모형에서 제시된 교수-학습과정에만 국한되는 것이 아니다. 장기결석학생, 가출학생, 이성문제로 고민하는 학생의 지도 등 영역에서 교사가 해야 할 일은 무수히 많다. 이러한 영역을 통틀어 생활지도영역이라고 한다. 교사의 역할은 생활지도영역에서 학생들이 성공적으로 적응하도록 도와주는 것이다. 이러한 면에서 교육심리학은 생활지도 전반에 관한 정보를 제공함으로써 교사들이 학생들의 생활문제를 해결하는 데 도움을 줄 수 있는 통찰을 얻도록 도와준다.

### 2) 교육심리학의 학문적 목적

학문분야에 따라 비록 연구대상이나 방법은 다를지라도 과학을 표방하고 추구하는 모든 학문은 주어진 현상, 즉 사상(事象)에 관련된 변인들과 그들 간의 관계를 기술(describe), 설명(explain), 예측(predict), 그리고 통제(control)하는 것을 목적으로 한다. 따라서 교육심리학의 학문적 목적은 교육의 심리학적 현상을 기술, 설명, 예측, 통제하는 데 있다.

#### (1) 기술

교육심리학의 1차적 목적은 교육의 심리학적 현상을 기술하는 것이다. 기술이란 어떤 주어진 교육의 심리학적 현상을 있는 그대로 정확히 관찰·보고하는 것을 말한다. 기술에는 두 가지가 있는 데, 하나는 교육의 심리학적 현상의 상태(state) 혹은 구조(structure)에 대한 기술이며, 다른 하나는 그 현상의 과정(process) 또는 기능(function)에 대한 기술이다.

교육에 관련된 심리학적 현상에 관한 상태기술(state description)이란 심리학적 변인의 값을 구체적으로 명시하는 것을 말한다. 예를 들어 "김영수의 IQ는 125이다"라든가, "구교수님의 수업은 강의중심이다"라고 명시하는 것을 말한다. 그리고 심리학적 현상의 과정기술(process description)이란 변인들 간의 상관관계나 인과관계를 명시하는 것을 의미한다. 예컨대 "지능지수와 학교성적 간에는 정적(正的) 상관이 있다"라든가, "지능과 창의력 간에는 낮은 상관이 있다"는 식의 기술을 말한다.

이상에서 살펴본 바와 같이 과학으로서의 교육심리학의 첫째 목적은 교육의 심리학적 변인들을 찾아내어 그 값을 기술하고, 그 변인들 간의 관계를 기술함으로써 교육의 심리학적 현상을 이해하는 것이다.

### (2) 설명

일단 주어진 현상에 대한 기술이 끝나면 그 현상에 대하여 설명하는 것이 교육심리학의 또 다른 목적이다. 예를 들어 "수업목표를 미리 제시하면 제시하지 않는 경우에 비해 학업성취도가 높아진다."는 것을 기술했다면, 그 기술에 그치는 것이 아니라, 왜 수업목표의 제시가 학업성취도를 향상시키는가를 밝혀내어 "수업목표를 제시하면 학생의 주의집중을 유도하고……", "후속되는 학습내용을 수업목표와 관련지어 선택적으로 지각하게 하고……" 하는 식으로 그 이유를 설명하여야 한다.

### (3) 예측

예측이란 어떤 주어진 현상을 대상으로, 어떤 독립변인(independent variables) 또는 조건을 어떻게 변화시키면 어떤 결과가 나올 것이라고 미리 서술하는 것을 의미한다. 예를 들면 "칭찬은 수업시간 중의 발표활동을 촉진시킨다."는 식으로 긍정적 강화와 바람직한 학습행동 간의 관계를 기술하고 설명한 후에, "긍정적 강화를 학생들에게 제공하면 그러한 효과를 얻을 수 있다"고 사전에 서술하는 것이 교육심리학의 예측목적이다. 기술과 설명을 수단적 목적이라고 한다면, 예측은 보다 궁극적인 목적이다.

### (4) 통제

교육심리학의 또 다른 학문적 목적은 교육의 심리학적 현상을 통제하는 것이다. 통제란 예측의 단계를 넘어서서 교육의 심리학적 현상을 변화시키는 것을 말한다. 즉, 어떤 주어진 교육문제를 해결하는 데 교육의 심리학적 변인들과 원리를 응용하는 것이다.

교육심리학이 교육의 심리학적 현상을 기술하고 설명해서 예측하는 학문이라는 주장은 교육심리학을 교육의 기초학문으로 간주하는 견해로서, 최근의 교육심리학자들이 갖는 견해이다. 이와 대조적으로 교육심리학의 목적을 교육심리학자들이 연구해 놓은 개념이나 원리를 응용하여 교육의 실제 문제를 해결하는 데 있다는 것이 교육심리학을 응용학문으로 간주하는 현장교사들의 견해이다.

## 03 교육심리학의 학문적 성격

### 1) 교육심리학의 연구대상

교육심리학의 연구대상은 곧 교육의 심리학적 현상이다. 교육의 심리학적 현상이란 교육의 심리학적 측면에 관련된 '변인(variables)과 이들 변인들 간의 관계(relationship)'를 말한다. 따라서 교육의 심리학적 현상을 연구한다는 말은 교육의 심리학적 측면에 관련된 변인과 이들 변인들 간의 관계를 연구한다는 뜻이다.

#### (1) 변인

변인이란 변화될 수 있는 모든 요인을 뜻하는 것으로 연구자의 연구대상이 되는 구성개념이나 속성을 포괄적으로 지칭하는 것이다. 변인이란 구인(construct), 요인(factor), 영향(influence), 조건(condition) 등을 의미하기도 한다. 교육심리학에서 중요하게 취급되는 변인에는 학생의 인지적 특성, 정의적 특성, 발달특성, 학습특성, 교사의 수업특성, 상담특성, 평가특성 등이 포함된다. 교육심리학에서 연구하고자 하는 현상은 가시적, 비가시적인 여러 속성들의 집합으로 되어 있다. 교육심리학은 이 모든 속성들을 연구대상으로 한다. 교육심리학에서 다루는 변인의 종류는 변인간의 관계와 변인의 측정방법을 기준으로 분류될 수 있다.

#### ❶ '변인들 간의 관계'에 의한 변인의 종류

변인들 간의 관계를 기준으로 분류할 때, 변인들은 독립변인(independent variables), 종속변인(dependent variables), 그리고 매개변인(intervening variables)으로 구분된다. 독립변인이란 어떤 다른 변인, 즉 종속변인의 원인(cause) 또는 선건(antecedent)이 되는 변인을 말하며, 종속변인이란 결과(effect) 혹은 후건(consequent)이 되는 변인을 말한다. 예를 들면, 행동주의심리학에서는 학습을 자극(stimulus: S)과 반응(response: R)의 연결, 즉 S-R연결로 간주하고, 어떤 S(자극)에 의해 어떤 R(반응)이 일어나는가를 주로 연구한다. 이 때 S에 해당하는 변인이 곧 독립변인이고 R에 해당하는 변인이 종속변인이다.

한편, 매개변인이란 독립변인과 종속변인 사이에 개재되어 이들 두 변인간의 관계에 영향을 준다고 추론되는 제3의 변인을 말한다. 예를 들어, Lewin은 인간의 행동(B)은 개개인의 내적 변인(P)들과 외부로부터 들어오는 환경변인(E)들 간의 함수관계, 즉 $B = f(P \cdot E)$로 설명된다고 주장하였는데, 여기에서 P개념이 매개변인이다.

### ❷ 변인의 측정방법에 의한 변인의 종류

변인들은 측정변인의 성질과 측정방법에 따라 질적 변인(qualitative variables)과 양적 변인(quantitative variables)으로 분류되기도 한다. 성별(남성, 여성), 인종(백인, 흑인) 등은 질적 변인의 대표적인 예이다. 그러나 대부분의 변인들은 측정방법에 따라 질적 변인으로 분류될 수도 있고, 양적 변인으로 분류될 수도 있다.

앞에서 변인이란 가시적, 비가시적 속성들의 집합이라고 언급하였다. 이때 속성이란 값(value)을 뜻한다. 따라서 변인이란 특정한 값들의 집합으로 해석될 수도 있다. 이때의 값을 질적으로 표시할 수도 있고 양적으로 표시할 수도 있는 것이다. 이를 테면 학생들의 지능을 언급할 때, IQ를 '높다', '낮다'라는 식으로 표현할 수도 있고, "IQ가 110이다"라는 식으로 표현할 수도 있다. 이 예에서 전자와 같이 '높다', '낮다' 혹은 '있다', '없다'는 식으로 변인값을 이분법으로 기술한 변인을 질적 변인이라 하고, 이와는 대조적으로 변인값을 특정수치로 나타내는 변인을 양적 변인이라고 한다.

### (2) 관계

교육의 심리학적 변인이 교육심리학의 제1차적 연구대상이라고 한다면, 변인들 간의 관계는 제2차적 연구대상이 된다. '일차적이다', 여기에서 '이차적이다'는 말은 중요성 면에서 차이가 있다는 뜻이 아니라 연구의 순서상 두 번째라는 말이다.

관계의 의미는 두 가지로 정의할 수 있다(차배근, 1987). 하나는 어떤 한 변인의 값(value)을 알고 그 지식을 통하여 다른 변인의 값을 예측할 수 있을 때, 이들 두 변인 사이에 관계가 존재한다는 것이다. 예컨대 한 학생의 대학입학 수학능력시험 성적을 알았을 때, 이것을 이용하여 그 학생의 대학교 성적을 예측할 수 있다면 대학입학 수학능력시험 점수와 대학교 성적 간에 관계가 있다고 말할 수 있다. 다른 하나는 하나의 변인의 값이 변함에 따라 다른 변인의 값도 변한다면 이들 두 변인 간에도 관계가 있다는 것이다. 즉, Piaget의 인지발달에 관한 연구에서 볼 수 있듯이 연령의 변화가 인지기능의 변화를 가져온다면 연령과 인지기능이라는 두 변인 간에 관계가 있다고 할 수 있다.

한편, 두 개 혹은 그 이상의 변인들의 차이를 비교해서 한 변인의 값이 변함에 따라서 다른 변인의 값이 변한다면 이 경우에도 관계가 있다고 말할 수 있다. 예를 들어, 지능지수에 따라서 한 학급의 학생들을 지능이 높은 집단과 낮은 집단으로 분류한 다음, 두 집단의 수학성적을 비교해 본 결과, 지능이 높은 집단의 수학성적이 낮은 집단의 수학성적에 비해 높다면 지능지수와 수학성적 간에 관계가 있다고 말할 수 있다.

교육심리학에서 다루는 관계의 종류는 변인간의 인과성, 관계의 성립조건, 관계되는 변인의 개수에 따라 분류될 수 있다.

두 변인간의 인과관계는 교육심리학 분야에서 집중적으로 논의되는 데, 지능지수와 학교성적 간의 관계나 학습에 사용한 시간량과 학습성취도 간의 관계 등이 그것이다. 학습에 사용한 시간량이 많으면 학습성취도가 높은 경향이 있다. 따라서 학습에 사용한 시간량은 학습성취도의 원인이 된다. 그러나 학습성취도가 높아진다고 학습에 사용한 시간량이 많아지지는 않는다. 그러므로 학습에 사용한 시간량과 학습성취도 간에는 인과관계가 성립된다.

한편, 학습에 사용한 시간량이 많다고 하더라도 반드시 학습성취도가 높다는 보장을 할 수는 없다. 이와 같은 인과관계를 추계적 형태(stochastic form)의 인과관계라고 한다. 이와는 대조적으로 스위치 작동과 전등불의 관계에서와 같이 한 변인에서의 변화가 반드시 다른 변인에서의 변화를 수반하게 되는 것을 결정적 형태(determinate form)의 인과관계라고 일컫는다. 교육심리학에서 논의되어지는 인과관계는 대부분이 추계적 형태를 취한다.

비인과 관계란 두 변인 간에 관계는 존재하지만 한 변인에서의 변화가 다른 변인에서의 변화를 유발하지 않는 관계이다. 한 예로, 지난달 월말고사에서 수학점수를 0점을 받은 학생들만을 대상으로 보충수업을 실시한 결과, 그 학생들이 이달의 수학 월말고사에서 평균 1점을 받았다고 가정해 보자. 이 경우 보충수업을 수학점수 1점 향상의 원인이라고 보기에는 힘들다. 왜냐하면 지난달 월말고사에서 0점을 받은 학생들은 보충수업에 관계없이 이 달의 월말고사에서도 0점을 받거나 0점보다는 잘 받을 수밖에 없기 때문이다. 즉 모든 변인의 값은 집단평균치로 회귀하려 한다는 통계적 회귀(statistical regression) 때문에 1점이 향상되었다고 보는 것이 더 타당할 것이다.

## 2) 교육심리학의 연구방법

교육심리학의 연구방법이란 교육의 심리학적 현상에 관련된 변인과 변인들 간의 관계를 기술, 설명, 예측, 통제하는 방법을 통틀어 일컫는 말이다.

교육심리학의 연구방법은 여러 기준에 따라 분류할 수 있지만, 여기에서는 먼저 양적 연구와 질적 연구방법을 대비해 살펴본 후, 양적 연구의 대표적 연구방법 몇 가지에 대해 설명한다.

### (1) 양적 연구와 질적 연구

양적 연구(quantitative research)란 수량화할 수 있는 자료를 수집하여 분석하는 연구방법으로, 객관적 실증주의에 기초하고 있다. 반면에 질적 연구(qualitative research)는 연구자가 자연스러운 상황에서 관찰이나 면접, 대화 등의 자료를 수집해 분석하는데, 동일한 연구장면이더라도 연구자에 따라 관점과 맥락이 다르기 때문에 얼마든지 다른 의미를 추출할 수 있다고 본다. 두 연구방법은 여러 면에서 차이를 보이고 있는데 각 연구방법의 특징을 정리하면 다음과 같다(권대훈, 2003).

#### ❶ 양적 연구방법의 특징

- 연구를 수행하기 전에 가설과 연구절차를 체계적으로 계획한다.
- 연구상황을 엄격하게 통제한다.
- 통계적으로 의미 있는 결과를 얻기 위해 많은 표본을 대상으로 연구를 수행한다.
- 자료분석은 주로 통계적인 방법으로 이루어진다.
- 대부분의 자료는 지필검사나 설문지 등 수량화 할 수 있는 방법으로 수집한다.
- 연구자가 연구대상과 긴밀히 접촉할 기회가 거의 없다.

### ❷ 질적 연구방법의 특징

- 현장중심적이어서 연구자는 현장에서 많은 시간을 보낸다.
- 자료를 수집하는 도구 역할을 하는 연구자가 직접 현장에서 관찰, 면접, 대화 등을 통해 질적 자료를 수집하고 해석한다.
- 자료분석은 주로 연구자의 해석을 통해 이루어진다.
- 연구자는 생동감 있는 표현으로 기술하고 설명하므로, 연구자에게는 고도의 해석 기능과 글쓰기 능력이 필요하다.
- 소수의 연구대상을 장기간동안 심층적으로 분석한다.
- 질적 연구결과의 판단기준은 신뢰성, 일관성, 해석의 논리 등을 들 수 있다.

이 같은 특징 외에도 양적 연구와 질적 연구는 여러 측면에서 비교할 수 있다. 양적 연구는 연역적 접근을 취하는 반면 질적 연구는 귀납적 접근을 취한다. 또한 양적 연구는 사전에 가설이 진술되지만, 질적 연구에서는 연구 수행도중에 가설이 진술되고 수정되기도 한다. 양적 연구가 분석적이고 결과중심적이라면, 질적 연구는 전체적이고 과정중심적이다. 그리고 양적 연구는 소수의 변인의 효과나 영향력을 밝히기 위해 가외변인을 통제하지만, 질적 연구는 수많은 변인을 통제 없이 장기간에 걸쳐 탐구한다. 이런 차이에도 불구하고, 실제로 양적 연구와 질적 연구는 배타적 관계가 아니라 상호보완적인 연구방법으로 이해해야 한다. 이를테면 양적 연구방법을 기본적 방법으로 삼고 질적 연구방법을 병행한다면 보다 정확한 연구결과를 얻을 수 있다.

### (2) 기술적 연구

기술적 연구(descriptive study)는 간단한 사실 조사에서부터 어떤 이론이나 원리를 발견하기 위한 가설검증의 연구에 이르기까지 광범위하게 사용되는 연구방법이다. 따라서 기술적 연구에 의한 보고서에는 흔히 조사 결과, 면접 결과, 교실에서 실제 대화 기록, 수업활동 기록 등이 포함된다. 즉, 연구자가 관심을 갖고 있는 현상이나 사건에 대하여 아무런 통제나 조작을 가하지 않고, 자연적인 상황에서 있는 그대로를 파악하여 정확하게 기술하는 것이 이 연구방법을 사용하는 목적이다. 여기에는 다음과 같은 몇 가지 하위 유형이 있다.

- **조사연구(survey research)**: 조사연구에서는 무엇이 존재하고 있는가를 파악하여 나타난 사실을 그대로 기술하고 해석한다. 예를 들어, 학습자들을 바르게 이해하고 지도하려면 학습자가 지니고 있는 특성들을 정확하게 알아야 한다. 그래서 수많은 학생을 연구대상으로 표집하여 학생의 평균 지능, 정의적 특성, 가정환경 등에 대한 조사를 하는 것이다. 또한 새로운 정책을 도입하기 위해서는 현재의 상황이 어떠한가를 먼저 파악해야 한다. 여기에서 나타난 현상을 토대로, 새로운 정책이 그대로 도입되거나 수정되어 도입된다.
- **사례연구(case study)**: 사례연구는 특정 개인이나 집단을 대상으로 어떤 문제나 특성을 심층적으로 조사하고 분석한다. 즉, 소수의 연구대상을 선정하고 여러 방법으로 필요한 정보나 자료를 수집해 연구대상이 자니고 있는 구체적 사실을 밝히려는 경우에 사용한다. 예를 들어, Piaget가 자신의 자녀들을 대상으로 수행한 연령에 따른 인지기능의 발달에 관한 연구나, Freud가 자신의 환자를 대상으로 수행한 유아기의 경험이 성인행동에 미치는 영향에 관한 임상적 연구는 대표적인 사례연구방법이다. 교육심리학 분야에서도 문제학생 지도방안이나 학습에서의 계속적 실패아동 등을 연구할 때 사례연구방법이 많이 사용된다.
- **민속기술지 연구(ethnography)**: 질적 연구방법에 속하는 민속기술지 연구는 한 집단 속에서 일어나는 자연적 사건들이 그 집단구성원들에게 어떤 의미를 가지는지를 파악할 때 사용한다. 예를 들어, 유능한 중학교 수학교사의 특성을 밝혀내기 위해 그 교사의 수업장면을 자세하게 관찰한 다음 녹음한 내용과 교사의 면담내용 등을 관찰 결과와 더불어 종합적으로 분석하여 유능한 수학교사와 초보 수학교사 사이의 차이점을 밝혀낼 수 있는 것이다.

### (3) 상관연구

기술적 연구에서도 변인들의 상관관계를 밝힌 보고서를 흔히 볼 수 있지만, 상관연구를 별도로 분리해 설명하는 것이 일반적이다. 상관연구(correlational study)는 어떤 사건이나 현상에 내재된 여러 변인들의 상호관계를 밝히려고 할 때 사용한다. 상관(correlation)이란 두 변인들, 혹은 두 측정치 사이의 관계의 정도와 방향을 나타내고 그 지수를 상관계수라고 한다.

상관계수는 -1.00에서 +1.00 사이의 범위에서 값을 가지며, -1.00이나 +1.00에 가까운 값을 가질수록 상관관계가 강하다고 한다. 반대로 0에 가까운 값이 나타나면 상관관계는 약하다고 한다. 예를 들어, 초등학교 6학년 학생들의 키와 몸무게를 측정한 결과, 두 변인 사이에 +.70의 상관계수가 산출되었다면 비교적 강한 상관관계가 있다고 해석한다. 상관계수 앞에 붙는 부호는 관계의 방향을 나타낸다. 즉, +부호는 정적상관을 말하며, 두 변인의 값이 동시에 증가하거나 동시에 감소한다. 예를 들면, 학생들의 키가 클수록 몸무게도 증가하는 경우이다. '-' 부호는 부적상관을 말하며, 두 변인의 값이 변하는 방향이 서로 다르다는 것을 의미한다. 예를 들면, 바깥의 기온과 껴입은 옷의 무게는 서로 반대 방향으로 값이 변한다. 즉, 기온이 내려갈수록 껴입은 옷의 무게는 늘어나는 것이다.

상관계수의 해석에서 유의할 점은, 상관계수는 두 변인 사이의 관계를 말 할 뿐이므로 인과관계로 해석되어서는 안 된다는 것이다. 키와 몸무게 간에는 상관관계가 존재하지만 이를 인과관계로 해석할 수는 없다. 즉, 키가 큰 사람 일수록 몸무게가 많이 나가는 경향이 있지만, 몸무게를 늘리기 위해 반드시 키가 클 필요는 없는 것이다. 그러나 상관관계의 이런 특성을 이용해서 한 변인에 대한 값을 알 경우 다른 변인의 값을 예측할 수 있다. 만약 키와 몸무게라는 두 변인의 상관관계가 높다면, 키를 알면 어느 정도 몸무게를 예측할 수 있다. 또한 상관계수(r)를 제곱하면 결정계수(r2)가 되어 변량의 개념으로 해석할 수 있게 된다. 따라서 지능과 학업성적의 상관계수가 .70이라면 어느 한 변인은 다른 변인의 변량 49%(r2=.49)를 설명할 수 있을 정도로 강력한 관계임을 말할 수도 있는 것이다

### (4) 실험연구

실험연구(experimental study)는 두 변인 사이의 단순한 예측을 넘어 인과관계를 밝힐 수 있는 연구방법이다. 즉, 실험장면에서 연구자가 관심을 갖고 있는 변인을 조작하고 그 결과를 확인하여 변인들의 인과관계를 알아 볼 수 있다. 실험에서는 실험조건의 계획적인 조작이 필수적이며, 관심의 대상이 되는 변인 이외의 가외변인은 철저하게 통제되어야 한다. 그래야만 연구자가 관심을 갖고 있는 변인만의 효과를 순수하게 파악할 수 있다.

이를 위해서는 내적·외적 타당도를 확보할 수 있도록 실험설계에 유의해야 한다. 교육심리학자들이 이 실험연구를 선호하는 이유 중 하나도 변인의 엄격한 통

제를 통해 자신들이 관심을 갖고 있는 변인의 순수한 효과를 과학적으로 밝힐 수 있기 때문이다.

실험연구에서는 두 개 이상의 변인이 연구대상이 되는데, 보통 연구자가 임의로 조작하는 대상이 되는 변인이 실험변인 혹은 독립변인이 되며, 이 독립변인의 영향을 받는 것을 종속변인 또는 효과변인이라고 한다. 예를 들어, 멀티미디어를 활용한 교수법이 학생들의 학업성취도에 미치는 영향을 실험적으로 연구할 경우, 멀티미디어를 활용한 교수법은 독립변인이 되며, 학업성취도가 종속변인이 된다. 이러한 독립변인이 종속변인에 미치는 효과를 정확하게 밝히기 위해 인위적으로 실험집단과 비교집단(통제집단)을 구성하고, 실험집단에게는 실험 처치(멀티미디어 활용 교수법)를 실시하여 실험처치의 효과가 비교집단과 다른가를 통계적으로 검증해서 결론을 도출하게 된다.

또한 실험연구는 순수실험연구와 준실험연구로 나눌 수 있다. 순수실험연구란 엄격히 통제된 실험실상황에서 하나 또는 그 이상의 독립변인을 조작하여 그것이 종속변인에 미치는 영향을 관찰하는 실험방법을 말한다. 준실험연구란 교실과 같은 자연적 상황에서 실시되는 실험연구이다. 교육심리학 분야에서 이루어지는 대부분의 실험연구는 준실험연구로 분류된다.

한편, 교육의 심리학적 현상에 관한 연구를 어느 방법을 통하여 수행하든 간에 연구의 과정과 결과에 관한 자료를 수집해야 한다. 연구자료의 수집방법에는 여러 가지가 있으나 교육심리학에서 일반적으로 사용하는 방법으로는 관찰법, 질문지법, 면접법, 평정법, 사회성 측정법, 투사법, 자기보고법 등이 있다.

## 04 교육심리학의 연구 영역

앞서 살펴보았듯이 교육심리학의 연구영역은 매우 광범위하며, 교육적으로 문제가 되는 인간행동의 모든 영역을 다룬다고 할 수 있다. 기존의 주요 교육심리학 저서들을 검토해 보면, 기본적인 영역은 거의 비슷하면서 부분적인 차이가 있음을 발견할 수 있는데, 이러한 모습은 교육심리학이 취급하는 대상 자체는 근본적으로 같으나 서술하는 방법이나 어느 면에 더 중점을 두느냐 하는 점에 차이가 있음을 보여준다. 따라서 다음과 같은 분야들이 교육심리학의 주요 연구영역을 구성하고 있음을 알 수 있다(안영진, 2001).

### 1) 발달 영역

효과적인 교육이 이루어지기 위해서는 학습자에 대한 이해가 필수적이다. 따라서 한편으로는 학습자의 연령이나 발달 단계에 따른 보편적인 발달특징을 이해할 필요가 있으며, 다른 한편으로는 학습자 고유의 특성에 따른 개인차의 특수성을 이해할 필요가 있다.

교육이란 교육자가 피교육자로 하여금 인간으로서의 바람직한 성장과 발달을 완성시키는 것이라는 점에서 발달은 인간형성의 과정이라고도 할 수 있다. 그러므로 교육심리학은 유아기, 아동기, 청소년기는 물론 대상에 따라서는 성인기, 노인기에 이르는 인간의 발달과정에 대한 이론과 실제 및 단계 등을 다루는 영역이 필요하다.

### 2) 개인차 영역

같은 연령 혹은 같은 학년의 학생들이라도 학생들은 서로간의 공통점 못지않게 크고 작은 개인차를 지니고 있다. 따라서 발달의 보편성에 대한 이해뿐만 아니라 그 과정에서의 개인차라는 특수성에 대한 이해가 필요하다. 학교에서 고려해야 할 학생들의 개인차는 매우 다양한 영역에서 나타나는데, 그 중에서도 전통적으로 가장 중요한 변인으로 다루어져 온 것이 지능이다. 또한 최근 들어 창의력 혹은 창의성에 대한 논의가 활발하게 이루어지면서 학교현장에서 창의성의 계발은 교육의 또 하나의 과제가 되고 있다. 이 밖에도 인지양식이라는 용어가 개인차를 설명하는 비교적 새로운 개념으로 자주 사용되고 있다. 따라서 교육심리학에서는 이들 개인차 변인들에 대한 심층적인 연구가 이루어질 필요가 있다.

### 3) 학습 영역

가치관의 변화든 행동의 변화든 교육은 바람직한 방향으로 이루어지는 인간행동의 변화를 추구한다. 이 변화를 위한 의도적 노력, 즉 교육의 핵심을 이루는 활동은 교수-학습이며, 이것은 인간학습의 심리학적 기제와 과정에 관한 지식을 토대로 계획되고 실천된다. 발달과 개인차 등 학습자에 대한 이해가 이루어졌다 해도 학습이 발생하는 기제를 이해하지 못한다면 효과적인 교육이 이루어지기 어렵다. 아무리 단편적인 지식을 교수하는 경우라도 그 방법이 교수효과에 영향을 줄 수 있기 때문이다. 따라서 교육의 효과를 최대화하기 위해서는 학습의 기제와 그 기제의 작용과정을 설명하는 학습 이론에 대한 지식이 필요하다.

### 4) 수업(교수-학습) 영역

가르치고 배우는 일은 교육에서 가장 중요한 일이라고 할 수 있다. 교사들의 교수방법은 학생들의 학습과 생활에 많은 영향을 미치게 된다. 따라서 다양한 교수계획, 교수목표, 교수방법 등에 대한 탐구를 통한 효과적인 교수법에 대한 이해가 필요하다. 또한 수업과정에서 학습자가 주의집중을 하고 스스로 탐구심을 갖게 하는 것도 필요하다. 그리고 교사들은 학생들의 학습동기를 최대화시키는 데 도움을 주어야 한다. 교육심리학은 수업계획과 교수방법을 체계적으로 조직하여 실행할 수 있는 다양한 수업모형과 교수방법을 연구하고 그 효과를 검토하는 것을 주요 연구영역으로 삼아야 한다.

### 5) 생활지도 및 상담 영역

교육이란 교실에서의 정규 수업활동을 통해서만 이루어지는 것이 아니다. 게다가 오늘날의 아동과 청년은 과거 그 어느 때보다도 격심한 변화의 시기를 겪고 있다. 이를테면, 급속한 경제성장과 산업구조의 변동, 매스미디어의 발전과 그 교육적 기능의 변화 그리고 도덕적·윤리적 생활방식의 변화 등을 지적 할 수 있다. 이와 같이 급변하는 사회 속에서 아동과 청년으로 하여금 현명하게 대응하고 현실적으로 당면하는 여러 문제를 적절히 해결해 나가도록 하며, 동시에 자기실현과 자기주도성이 이루어지도록 도울 수 있는 생활지도와 상담에 관한 이론과 기법에 대한 연구와 이해가 필요하다.

### 6) 교육평가 영역

교육이 의도하고 있는 목표를 어느 정도 달성했느냐를 측정하고 평가하는 문제는 어떤 형태로든지 평가활동을 내포하고 있다 이러한 면에서 교육효과 또는 학습효과의 측정과 평가, 즉 교육평가에 관련된 기술적인 이론과 실제를 다루는 영역이 필요하다. 이러한 측정과 평가의 결과를 참고하는 데서 보다 나은 교육방법의 개선이 이루어진다는 점에서 교육평가 영역은 교육심리학의 주요 연구영역이라고 할 수 있다.

## 05 교육심리학 연구의 최근 동향과 과제

오늘날 교육심리학은 1950년대까지 주도적인 영향력을 행사했던 행동주의적 접근에서 벗어나 인지심리학적 측면에서 많은 연구들이 진행되고 있다. 1960년대 이후 인지심리학의 발달은 '정보처리적 접근' 혹은 '인지과정적 접근'을 통해 다양한 연구들을 연결하는 고리역할을 해왔다. 교육심리 연구자들과 심리학자들은 인간의 '마음'이 놀라운 계산 능력(computable ability)과 발산적 능력(emergent ability)을 가지고 있다는 사실을 확인하게 되었으며, 이러한 인지심리학의 영향은 교육심리학의 연구패러다임을 근본적으로 바꾸어 놓았다고 할 수 있다.

그러나 교육심리학자들의 연구 기틀이 된 인지심리학이 그 한계를 보이기 시작했다는 징후가 여러 곳에서 나타나고 있다. 즉 인지심리학을 대표할 수 있다 해도 과언이 아닌 학습과 기억에 대한 정보처리적 접근방식이 설명의 한계를 보이고 있다. 인간의 학습은 논리체계만으로는 설명될 수 없는 부분이 많이 있다. 이미 널리 알려진 것이지만 인공지능에 대한 연구는 벽에 부딪쳐 더 이상 진전의 기미를 보이지 않고 있다. 그러므로 인간의 학습에 대한 연구는 더 이상 표상적 접근(representational approach) 혹은 소프트웨어적 접근을 지양하고 신경생리적 접근 혹은 하드웨어적 접근을 해야 한다는 목소리가 높다(이신동, 1996).

한편, 이성진(1996)은 교육심리학이 응용분야만의 학문이기보다 교육현장의 심리학적 현상을 과학적으로 연구하는 기초학문으로 공인받기 위해서는 교육심리학자들의 연구과제 및 영역의 독자성과 전문성의 교육효과에 대한 기여도가 중요한 변수가 된다고 지적하면서 향후의 연구방향을 몇 가지로 나누어 제시하였는데, 그 내용을 정리해보면 다음과 같다.

### 1) 인지학습 이론의 연구범위 확대

인지이론에 근거한 교수이론은 지식을 적극적으로 구성하고, 저장하고, 전이하도록 하는 교수절차를 명백히 하는 것이다. 따라서 각 교과목의 내용을 심리학의 인지이론, 메타인지 과정, 학습방략 등과 관련시켜 이해하고 교수방법을 제시한다. 그러나 현재 수준의 인지이론의 과정은 사고가 개체 내에 있어 외부 세계와 관련이 없다는 사실, 사고의 자원이 개인의 일상생활의 경험결과나 천부의 재질로서, 보편적 개념 역량이기보다는 단순한 요소들로부터 축적된(특히 학교수업을 통해서 얻은) 지식이나 기능이라는 점이다.

Greeno(1989)는 학습이나 인지는 개인의 머릿속에서 일어나는 것이라기보다는 사회적 맥락에 뿌리를 내리고 있으며, 언어적 문화적 관습이 만들어내는 것이며, 여러 다른 상황에 있는 개인 간의 상호작용 속에서 일어난다고 본다. 따라서 종전의 인지학습 이론은 인지원리가 범내용적, 범차원적이라고 가정하는 반해, 최근에 인지에 대한 접근은 영역별로 그 나름의 특유의 지식구조와 사고방식을 요구하고 있다는 점에 초점을 맞추고 있다.

### 2) 아동발달에서 전 생애적 발달로의 관심 확대

인간발달에 대한 연구가 종래에는 주로 아동중심으로 이루어졌으며, 1960년대 이후 Piaget의 이론을 검증한 결과, 발단단계의 보편성에 의문이 제기되기도 하며(예: 보존개념은 구체적 조작기에 나타나기 보다 전조작기에 나타난다) Piaget가 관심을 가졌던 인지과정은 논리 수학적 정신과정(대물 인지)에 한정되어 대인관계에서 일어나는 문제해결 능력(대인인지 또는 사회인지)은 설명되지 못한다는 것이다. 또한 형식적 조작기 이후에도 후형식적 조작이 일어난다는 것이다. 따라서 교육심리학은 '학교 안에 있는 어린 아동들을 위한 교육'에서 '학교 밖에 있는 나이든 어른들을 위한 교육'에도 관심을 가져야 한다는 것이다.

### 3) 교수-학습에 대한 질적 심화 및 효율성 강조

교수-학습은 교육심리학의 주된 관심사이므로 이론적, 실증적 연구의 성과가 좋음에도 불구하고 수업의 효율성과 효과성은 교육심리학자들에게는 여전히 고민의 과제로 남아 있다. 만약 학교교육의 성과가 기대치 이하로 저하되었을 때 그것이 교육과정 문제인지 교육환경의 문제인지 교사자질에 대한 문제인지에 대해 이론적, 실증적 점검이 있어야 한다.

'학생 태반이 학습부진아' 라는 속설에 대해서도 그 원인이 교사와 학생 비율이 높기 때문인가, 교육과정 운영상 진도 때문에 학습부진아에 대한 고려가 부족하기 때문인가 등에 실증적 증거를 제시하는 것이 교육심리학의 임무이다.

### 4) 학습동기 이론 및 동기유발에 대한 관심 확대

교육이란 무엇보다도 학습자의 학습에 대한 동기가 없이는 달성될 수 없는 것임을 고려할 때, 학습동기 이론에 대한 구체적인 증거를 제시하는 것이 교육심리학에 부과된 주요 임무라고 할 수 있다. 그런데 지금까지 일반화된 것으로 간주되어 온 사실도 현장 경험에서 의문시 되는 경우가 흔히 있다. 예컨대, 부모나 교사의 기대가 만족되면 칭찬을 해주고 기대에 어긋나면 질책하거나 모른 체하는(강화 철회) 행동주의의 강화이론은 보편화된 사실이지만 그 효과성에 회의감도 있다. 따라서 동기를 인지과정으로 설명하려는 시도가 전개되고 있다.

자신의 성취행위를 자신과 타인과의 비교 맥락에서 자신의 유능성을 보존하려는 의도와 노력으로 설명하는 자기가치 이론(성취동기 이론), 자신의 성공과 실패의 원인을 어디에 귀인을 시키느냐에 관심을 둔 귀인이론, 학습상태에서 개인의 기대와 학습목표 간에 관련이 있다는 사회인지 이론 등에 대한 연구와 그것들을 학습현장에서 어떻게 실현할 것인지 등이 외면할 수 없는 연구과제가 된다.

## 5) 연구방법론의 확대

학생이 어떤 일상적 경험을 하며, 어떤 학교에 다니며, 그런 상황에서 자신의 경험을 어떻게 해석하며, 주변세계에 어떤 의미를 부여하는지에 대한 대답은 양적 연구보다는 문화기술적 연구를 포함하는 질적 연구가 큰 몫을 할 수 있다는 주장이 있다.

질적 연구는 신뢰도와 타당도의 확보가 어렵다는 비판이 있는 것이 사실이다. 양적 연구의 자료수집이 객관적인데 반해 질적 연구는 주관적이라는 데에 갈등이 있다. 질적 연구자들은 양적 연구에서 조작적 정의와 그에 따라 제작된 측정도구가 대부분 문화적 편견이나 계층적 편견을 포함하고, 측정도구를 사용할 때 상황과 맥락의 변화에 잘 적응하지 못하며, 수집된 자료의 의미가 연구자의 기준에 따라 해석된다고 말한다. 양적 연구와 질적 연구는 모두 장단점이 있다는 것은 분명하다. 양적 연구든 질적 연구든 간에 연구의 궁극적 가치는 연구결과가 어디에서나 영원히 일반화 할 수 있느냐 하는 것으로 판정이 난다. 그러나 두 입장의 갈등을 어떻게 해소하여 교육현상의 연구에 긍정적으로 활용할 것인가 하는 문제는 교육심리학의 과제이다.

CHAPTER 02

# 발달 이론: 인지발달

## 01 발달의 개관

### 1) 발달의 개념

어원적으로 볼 때 발달(development)은 잠재하고 있는 본질(가능성)이 점차 그 모습을 나타내면서 변화하는 현상을 의미한다. 여기서 변화란 신체와 운동기능, 지적 사고능력, 성격 등 인간의 모든 양적인 증대는 물론, 구조와 기능의 질적인 변화인 성숙도 포함하고 있으며, 또한 증가나 향상과 같은 긍정적인 변화와 함께 감소와 쇠퇴라는 부정적인 변화도 포함하고 있다(김태련, 장휘숙, 1994). 따라서 성장과 성숙 역시 발달이란 용어와 함께 사용되고 있다.

Hurlock(1978)은 "성장은 크기의 증대를 의미하고, 일정한 시기가 되면 멈추게 된다. 그러나 발달은 질서정연하고 일관성 있는 형태의 진보적인 변화의 연속으로 전 생애를 통해 일어나는 계속적인 변화"라고 그 차이를 구분하였다. 또한 Crow(1967)는 "성장은 특수, 또는 부분적인 측면에서의 변화를 내포하고, 발달은 전체적인 측면에서의 변화의 전망(the perspective of changes)"을 의미한다고 보았다. 또한 "성장이라는 용어는 성숙에 사용되며, 발달은 환경적 영향 또는 학습에 의해서 일어나는 변화에 사용된다."고 하였다. 그러나 이 세 가지 개념은 변화라는 공통적인 의미를 포함하고 있지만, 변화의 요인과 양상에서 보면 그 의미의 차이가 있다(김정희, 김현주, 정인숙, 1999).

먼저 성장(growth)은 시간의 경과와 연령의 증가에 따라 나타나는 신체적 크기나 기능의 양적인 증가를 의미하며, 주로 신체적 특성의 긍정적인 변화를 뜻한다. 따라서 신장, 체중, 골격 등의 외적 증가를 나타낼 때 주로 사용한다.

성숙(maturation)은 훈련이나 경험 등의 환경의 영향보다는 유전에 따른 생득적인 특성들을 강조하며, 개념상 환경과는 무관하게 유전적 특성에 의해 이루어지는 발달적 변화에 국한된다. 따라서 생리적 요인에 의한 신체적 측면의 변화와 심리적 변화를 포함해서 모든 현상에 사용되고 있다. 태아의 발달이나 뇌기능의 분화 및 사춘기에 나타나는 2차 성징 등이 여기에 해당되며, 크게는 수정에서부터 시작해서 매 단계를 거쳐 죽음에 이르게 될 때까지의 순차적인 변화를 의미한다. 그러나 인간의 발달과정이 환경의 영향을 전혀 받지 않고 전적으로 성숙에 의존하는 변화가 가능한지에 대해서는 논란의 여지가 있다.

발달(development)은 성장과 성숙의 두 가지 의미를 전부 내포하고 있는 포괄적인 개념으로 변화의 유전적 요인뿐만 아니라 환경적 요인이 모두 포함되어 있다. 따라서 신체적 측면에서의 양적 변화와 함께 심리적 측면에서의 질적 변화 모두를 의미한다.

한편 성장과 성숙을 포함해서 발달은 인간의 경험 없이는 이루어질 수 없다. 경험이란 개인의 생물학적 환경(영양섭취, 의료, 신체적 사고 등)과 심리적 환경(가정, 학교, 지역사회, 동료집단, 대중매체 등)의 전 영역을 포함하는 광범위한 개념으로 성장과 성숙 및 발달에 중요한 역할을 한다.

### 2) 발달의 요인

오랫동안 많은 학자들은 유전과 환경이 인간발달에 미치는 영향에 대해 연구를 계속해 왔으며, 서로 다른 입장에서 열띤 논쟁과 함께 상이한 이론들을 주장해 왔다. 그러나 최근에는 인간의 행동발달에서 유전과 환경의 상대적 영향력을 엄밀하게 구분할 수 없다는 인식이 확산되면서 유전과 환경이 상호작용하는 것으로 설명하고 있는데, 이러한 관점들을 정리해 보면 다음과 같다(강경미, 구광현, 백경숙, 2005).

### (1) 유전적 요인

인간발달에 생물학적 요인을 강조하는 유전설은 생득설(nativism) 또는 선천설이라고 하며, 발달을 규정하는 원동력은 개체 내에 있다고 보는 입장이다. 즉 생득설은 유전을 발달의 본질로 설명하고 있으며, 이 설에 의하면 모든 인간의 심리특성은 부모로부터 유전되는 것이다. 인간의 수정란에는 46개의 염색체가 있으며, 이 염색체 안에는 유전인자를 포함하고 있다. 그러므로 유전이란 수정되는 순간에 부모로부터 물려받아 개개인의 독특한 체질과 성격을 형성하는 유전적인 정보를 말한다. 그리고 이러한 유전적인 정보에는 진화의 역사에서 찾아 볼 수 있는 인간이라는 독특한 종(species)의 정보도 포함되어 있다(김정희, 김현주, 정인숙, 1999).

따라서 유전론을 주장하는 학자들은 발달에 있어서 선천적으로 가지고 태어나는 태생적인 요인을 강조하고, 환경요인은 발달에 거의 영향을 미치지 않는 것으로 설명한다. 즉 아동의 발달 또는 변화를 생물학적으로 예정된 계획에 의해 순서적으로 일어나는 현상으로 보고 성숙 요인과 생득적 요인을 중시하는 것이다. 따라서 유전론은 특히 모든 아동에게 보편적으로 발생하는 발달양상과 연관되어 있다. 그 예로 모든 아기들이 성숙이정표에 따라 앉고, 기고, 걷는 일정한 발달순서를 거치는 것과 일정한 시기가 되면 사춘기를 맞게 되고, 또는 일란성 쌍생아들이 다른 형제자매에 비해 발달의 각 영역에서 상관관계가 높다는 사실들은 유전이 개인의 발달에 중요하게 작용하고 있음을 보여주는 것이다. 인간발달의 유전론을 주장하는 학자들은 가계연구나 쌍생아연구 및 입양연구의 결과를 통해 자신들의 입장을 증명하고 있다.

### (2) 환경적 요인

환경이란 아동의 생활이나 발달에 영향을 미치는 모든 외적인 조건들을 말한다. 인간발달의 요인으로 환경을 강조하는 환경론자들은 생물학적 요인보다 환경적 요인이 발달의 모든 변화를 설명할 수 있다고 본다. English(1958)의 『심리학사전』에는 환경을 "유기체에 영향을 미칠 가능성을 지니고 있는 외적 조건과 요인의 총합"이라고 기술하고 있다. 또한 Bloom(1964)은 환경을 "개인에게 영향을 미치는 외부조건과 자극 및 힘"이라고 정의하면서 외적 조건과 자극을 환경이라는 개념 속에 포함시키고 있다. 이 같은 환경의 정의에서 볼 수 있듯이 환경은 단순히 물리적인 조건만을 의미하지 않으며, 발달적인 견지에서 조명해 보면 오히려 물리적인 조건보다는 심리적인 요인이 더 많이 작용하는 것을 알 수 있다. 환경의 유형은 크게 세 가지로 나누어 볼 수 있는데, 물리적 환경, 자연환경, 그리고 사회환경이 그것이다. 물리적 환경은 개인에게 작용하는 외적 조건과 자극이 일정한 규칙에 의해 조직화·체계화되어 있는 환경이며, 자연환경은 자연과학의 대상이 되는 외부환경으로 물질적 환경은 물론, 동·식물 등 인간 이외에 모든 생물을 포함하는 환경이다. 그리고 사회적 환경은 개인과 개인에 의해 구성되는 가정과 집단 및 사회·국가 등이 포함되어 있는 환경이며, 제도적·문화적·정치적·경제적 변인들을 생각할 수 있다.

또한 환경론과 함께 개인의 발달이란 외부에서 주어진 감화에 의한다고 주장하는 경험론이 있다. 원래 이 설은 인식론으로서 J. Locke에 의해 주창되어 발전되어 온 것이지만, 발달론적인 입장에서는 환경론에 해당된다. 즉 생득설이 주장하는 것처럼 발달의 가능성은 개체의 내부에 있다고 하더라도 환경이 변화하면 개인의 모습이 다르게 변화하기 때문에 개인의 발달은 지금까지 받아온 모든 외부적인 환경의 영향이라고 주장하는 것이다. 늑대소녀의 발달과정이나 '맹모삼천지교(孟母三遷之教)' 등이 여기에 해당된다.

이 밖에 B. Bernstein(1958)의 "사회계층과 지적 발달의 차이"에 관한 연구와 L. Bender(1947)의 모성실조가 자녀의 정신질환의 발생요인이 된다는 연구, 또는 교사의 미성숙한 성격이나 잘못된 교수법이 학생들의 학업성취는 물론, 정서적 불안과 그들의 성격에 부정적인 영향을 미친다는 M. L. Cogan(1958)의 연구 등도 경험설에 근거하고 있는 이론으로 환경론이라고 할 수 있다(강경미, 구광현, 백경숙, 2005).

### (3) 유전과 환경의 상호작용

유전과 환경의 상대적인 영향은 발달내용에 따라 다르지만, 대부분의 행동특성은 환경과 유전의 두 가지 요인에 의해 영향을 받는다는 사실이 널리 확산되고 있다. 예컨대, 성숙이 선행되어야만 학습은 그 효과가 높으며, 학습여부를 통해 성숙은 어느 정도 촉진 또는 지연될 수 있다. 또한 아동의 지적 능력은 거의 전적으로 유전에 의해 결정되지만, 태내에서의 모체의 조건이나 또는 성장하면서 생활환경의 영향을 받아 지체아나 우수아로 발전할 수 있는 것이다. 따라서 환경의 영향은 타고 난 잠재력의 범위 내에서 이루어지며, 동시에 같은 유전적 가능성을 가지고 태어났음에도 불구하고 환경의 영향에 따라 발달가능성의 정도는 다르다고 할 수 있다(박성연, 도연심, 2003). 유전과 환경의 상호작용설을 설명하는 이론은 다음과 같다(김경희, 1999).

## ❶ 폭주설

유전 대 환경의 대립을 극복하려는 시도는 스테인(W. Stein)의 폭주설(convergence)에 의해 설명될 수 있다. 이는 인간의 정신적 발달은 단순히 출생하면서부터의 특성이 서서히 나타나는 것도 아니고, 또 외부세계로부터의 영향을 받아들여 이에 대한 반응으로 나타나는 것만도 아니며 개인의 내적 특성과 외부세계의 영향이 서로 상호작용하면서 폭주하는 결과로 발생하는 것이라고 보는 견해이다.

## ❷ Woodworth의 이론

우드워드(R. S. Woodworth)는 [그림 2-1]과 같이 유전(H)을 사각형의 밑변으로 보고 환경(E)을 그 높이로 보아 한 개인의 발달(D)이란 결국 밑변과 높이로 이루어지는 사각형의 면적이라고 보았다. 따라서 밑변이 없어도 사각형을 이루지 못하며, 높이가 없어도 역시 사각형은 형성될 수 없기 때문에 환경과 유전 중에 어느 것이 더 중요하다고 할 수 없으며, 서로 상호작용해야만 가능하다고 보았다.

우드워드(R. S. Woodworth): D=f(H · E)

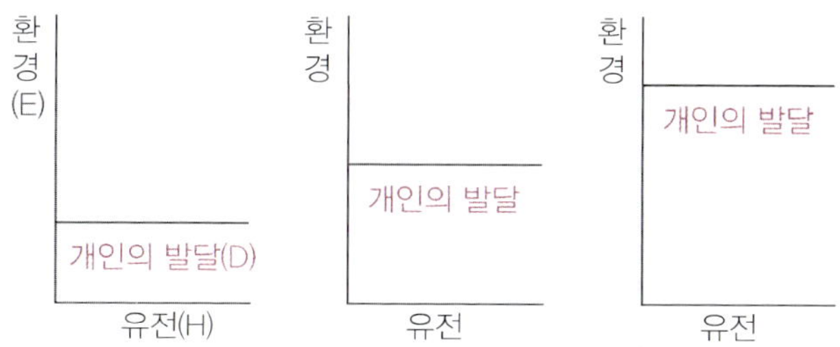


불변성인 유전에 집착할 것이 아니라 가변성인 환경을 확대하는 경험이 개인의 바달을 높일 수 있다.

자료: 권건일(2000).

**그림 2-1 | 유전과 환경의 상호작용**

### (3) 가소성의 원리

인간은 근본적으로 미완성의 존재로서 풍부한 가소성(plasticity)을 가지고 있다. 다른 동물들은 그들이 살아야 할 자연환경에 적합하도록 이미 육체적 기관과 기능들이 특수하게 형성되어 출생하기 때문에 환경에 적응하기 위한 전문화된 도식을 가지고 있는 반면, 인간은 미약한 본능만을 가지고 태어나며, 주어진 환경에 적응하기 위해서는 스스로 노력하고 조절해 나가야 한다. 따라서 인간에게는 양육과 학습이 매우 중요한 요인으로 작용하게 된다. 또한 초기발달이 이후의 발달을 좌우하기 때문에 아동초기에 가소성을 어떻게 찾아내며, 또한 개인의 능력을 발휘할 수 있도록 어떠한 방식으로 개발해야 하는지의 문제가 매우 중요하다.

### (4) 개인차의 원리

일반적으로 모든 아동의 경우 발달은 보편적인 순서에 따라 진행되지만, 발달에는 개별 성, 혹은 개인차가 있기 때문에 발달속도에는 차이가 있다. 즉 다른 아동에 비해 성숙이 빠른 아동이 있는가 하면, 또 어떤 부분의 발달은 다른 부분보다 더 빨리 성숙하는 경우도 있다. 이를테면, 9개월부터 걷기 시작하는 유아가 있으며, 또는 15개월이 되어도 걷지 못하는 유아가 있다. 또한 영아기에는 신체발달이 빠르게 진행되고, 유아기에는 인지발달, 그리고 아동기에는 사회성 발달이 빠르게 진행된다. 이와 같이 대부분의 신체적·정신적 발달은 연속성이 있어 거의 비슷하게 진행되지만, 발달의 속도는 서로 다르다. 또한 발달속도는 시기에 따라 변화가 있으며, 때에 따라 동요가 있다. 그러므로 발달은 연속적이지만, 발달영역에 따라 속도에는 변화가 있으며, 또한 특정영역의 발달이 빠른 시기 혹은 발달이 가장 용이하게 이루어지는 최적의 시기인 결정적 시기(critical period) 또는 민감기(sensitive period)가 있다.

### (5) 방향과 순서의 원리

발달에는 일정한 방향과 순서가 있다. 예컨대, 모든 어린이는 앉기 시작한 후에 설 수 있으며, 목운동이 가능해야 몸을 뒤집을 수가 있다. 또한 한 단어를 사용하기 시작해서 점차적으로 어려운 단어와 문장을 말할 수 있게 된다. 이와 같이 발달은 시간의 흐름과 같아 거꾸로 진행할 수 없는 과정이며, 발달이 진행되는 순서 또는 방향에는 다음과 같은 네 가지 기본원리가 있다.

① 두미(頭尾)의 방향으로 위에서 아래로 진행하기 때문에 머리가 먼저 발달하고, 사지가 발달하며, 또한 팔이 먼저 발달하고, 손과 손가락은 나중에 발달한다.

② 근원(近遠)의 방향, 또는 중추에서부터 말초로 진행하며, 그 예로 신경계통의 발달을 보면 대뇌가 먼저 발달하고, 점차로 말초신경이 발달하게 되는 것이다.

③ 전체운동에서 부분운동으로, 또는 전신운동에서 특수운동으로 발달한다. 즉 운동과 함께 큰 근육에서 작은 근육으로 발달하면서 전체운동에서 분화된 미세운동으로 발달하게 된다. 따라서 영아기에 나타나는 반응은 대부분 전신 반응이며, 신체의 큰 부분을 움직이는 전체적·미분화적 운동이다. 또한 손들기와 같이 전체적인 근육운동을 먼저 할 수 있으나 손이나 손가락 등의 미세한 운동은 나중에 발달하게 된다.

④ 구조의 변화가 기능의 변화보다 먼저 이루어진다. 즉 신체적인 발달이 먼저 준비되고 완성된 후에야 기능적으로 발달하게 된다. 예를 들면, 신체적 감각기관인 청각이나 시각이 먼저 정상적으로 발달되어야만 언어 및 사고 등의 인지발달과 사회성발달이 정상적으로 이루어질 수 있는 것이다.

### (6) 분화 · 통합성의 원리

발달은 분화되면 또 다시 통합되는 과정을 거친다. 즉 분화된 부분은 조직화되고 통합된다. 예컨대, 아동이 컵을 들고 마시는 행동은 눈, 손, 입 등의 기능이 통합된 결과로 여러 능력의 통합과 조화를 통한 협응(coordination)의 과정이다. 이와 같이 발달은 미성숙한 구조로부터 특정한 구조와 기능을 가진 새로운 기관이 발생하는 과정으로 발생학(embryology)의 입장에서는 분화라고 한다. 이 때 분화란 분열을 의미하는 것이 아니고 전체로서 통합되는 과정이다. 그러므로 발달은 복잡한 것에서 단편적인 것으로, 융합적인 것에서 분절적인 것으로, 불명료한 것에서 명료한 것으로, 불확정적인 것으로부터 확정적인 것으로 진행되는 과정이라고 할 수 있다.

### (7) 상관성의 원리

발달은 통합되어 상호관련성을 지닌다. 인간의 모든 기능은 통합된 전체로 신체적인 기능 은 심리적·사회적 기능과 연관되어 있으며 서로 상호작용한다. 따라서 어떤 특성이 성숙하면 다른 특성이 성숙하는 단계에 영향을 미친다. 그 결과 조숙한 아동은 동일연령층의 미숙 한 아동들에 비해 신체뿐만 아니라 정신적·행동적 발달에 있어서도 성숙하고, 많은 차이가 있다. 이와 같이 발달의 각 영역은 서로 영향을 주고받는 상호연관성이 있다. 즉 아동의 신체발달은 운동·인지·감각능력 등의 발달과 연관되어 있을 뿐만 아니라, 또한 지적 발달은 물론 정서와 사회성·인성발달에도 영향을 미치게 된다.

### (8) 성숙과 학습의 상호작용원리

발달은 성숙(유전, 유기체)과 학습(환경)의 상호작용의 결과이며, 각 발달 단계의 특징은 성숙과 학습이라는 두 가지 요인에 의해 이루어진다. 여기에서 성숙이란 성장의 결과로 나타나는 변화를 지칭하는 것이며, 학습은 주로 후천적인 경험의 결과로 나타나는 변화를 의미한다. 이와 같이 발달은 유전과 환경 중에서 한 가지 요인만으로 이루어지는 것이 아니고 유전적 요인과 사회문화적 환경요인간의 상호작용에 의해 형성되는 것이다.

## 02 Piaget의 인지발달 이론

스위스의 심리학자인 Piaget의 인지발달 이론은 인간이 어떻게 정보를 수집하고 조직하는지와 이 과정이 발달 단계에 따라 어떻게 변하는지를 보여준다. 그는 자신의 연구 자료를 수집하는 데 임상-기술적 방법을 사용하였다. 이 방법은 아동들에게 엄선된 문제를 질문하고 그들의 반응을 기록하는 동시에 아동의 행동을 주의 깊게 관찰하는 것이다. 그의 초기 연구는 자신의 세 자녀를 관찰한 내용을 기초로 하였지만 그의 후기 연구는 통계학적 자료에 근거하고 있다.

## 1) Piaget 인지발달 이론의 주요 개념

피아제(J. Piaget)의 인지발달에 관한 개념은 그의 생물학자로서의 초기 연구에서 많은 영향을 받았다. 초기 연구에서 Piaget는 사회적 행동과 생물학적 행동은 물리적 환경의 요구에 적응하는 행동이라고 믿게 되었다. 그는 이러한 행동들이 어떤 특정한 방식으로 환경을 조직하려는 유기체의 시도이며, 이러한 시도를 통해 환경에 쉽게 적응하는 것이라고 믿었다. 이런 적응과 조직의 원리는 그의 인지발달 이론의 기초가 되었다.

적응과정을 이해하기 위해서 Piaget는 스키마(schema), 동화(assimilation), 조절(accommodation), 평형화(equilibration) 라는 네 가지 개념을 적용하였다. 이 개념들은 인지발달이 어떻게 그리고 왜 일어나는지를 설명한다.

### (1) 스키마

Piaget는 스키마(schema; 복수형: schemata)라는 용어를 사용하였다. Schema(도식)란 세상을 이해하는 틀로, 한 개인이 환경을 지적으로 조직하여 그 환경에 성공적으로 적응할 수 있도록 해주는 인지구조를 가리킨다. 생물학적 배경을 지닌 Piaget는, 우리 몸이 신체적 구조를 가지듯이, 사람의 마음도 정신구조 혹은 스키마타와 같은 구조를 가진다고 가정하였다. 유기체는 새로운 환경에 직면하게 되면 적응을 잘 하기 위해 마음의 구조, 즉 스키마타를 이용하게 된다. 부연하면, 인간의 몸은 환경에 적응하기 위해 소화기관, 호흡기관 등과 같은 다양한 구조로 조직되어 있다. 같은 논리로 새로운 경험에 잘 적응하기 위해 인간의 마음도 경험을 조직하는 방법이나 구조들로 조직되어 있다는 것이다.

Piaget에 의하면, 인간은 이 같은 정신구조 혹은 스키마타를 이용하여 경험한 바를 이해하고 새로운 환경에 적응한다. 예를 들어, 한 아기가 어떤 반짝이는 금속물체를 잡았다고 하자. 그 순간 그 아기는 화상을 입을 정도로 뜨거운 경험을 했다. 깜짝 놀란 아기는 울면서 잡았던 금속 물체를 버렸다. 이 경험을 통해 그 아기는 「지각적 경험(반짝이는 금속물체)-잡는 행동-뜨거운 경험-던진 경험-우는 반응」 등이 함께 어우러져, 아기의 마음속에 하나의 인지구조를 형성하게 될 것이다. 이 인지구조 혹은 스키마타를 통해, 그 아기는 미래에 비슷한 경험에 직면했을 때 쉽게 적응할 수 있을 것이다. 즉 그러한 물체를 만지지 않을 것이다. 그리고 집에서 키우는 애견을 보고 자란 아이는 멍멍 하고 울고 네발 달린 작은 동물을 멍멍이라고 인지하게 된다. 즉 멍멍하고 울고 네발 달린 작은 동물을 멍멍이라 생각하는 기본적인 틀, 도식이 생긴다.

스키마타는 파일 속에 만들어진 색인카드에 비유될 수 있다. 색인카드 혹은 스키마타는 자극을 발견하고 처리하는데 사용된다. 이를테면, 고무젖꼭지를 빠는 것이 즐겁다는 것을 경험한 아기는, 고무젖꼭지와 비슷한 물건을 보면 입에 넣고 빨기 시작한다. 마치 고무젖꼭지가 그려진 색인카드가 있어서 그것을 꺼내어 보면 무엇을 해야 하는지(빠는 행동), 예상되는 감정(기쁨)이 무엇인지가 쓰여 있는 것과 같다.

태어날 때는 색인카드나 스키마타가 거의 없다. 그러므로 태어나서 겪게 되는 경험으로부터 스키마타는 시작된다. 아동이 점점 자라면서 좀 더 많은 자극과 경험을 하게 되면서 정보를 담은 많은 카드가 생겨나는 것이다. Piaget는 우리가 새로운 경험을 조직하여 스키마타로 만든다고 설명했다. 이때 우리는 동화와 조절이라는 두 가지의 별도의 인지과정을 이용한다.

### (2) 동화

동화(Assimilation)란 이미 학습된 지식과 인지능력을 활용하여 자극상황에 순응하는 과정을 의미한다. 즉, 새로운 지식이나 자극상황을 기존에 인간이 지니고 있던 사고방식이나 지식을 활용하여 이를 자신에게 통합시키는 과정을 의미하는 것이다.

예를 들면, 아이는 개만 보면 "멍멍"하고 자랑스럽게 소리친다. '네발로 다니는 동물은 멍멍이다.'라는 도식을 가진 아기는 지나가는 송아지를 보고 "멍멍이다."라고 말한다. 즉, 자신이 가진 '네발로 다니는 동물은 멍멍이다.' 라는 도식에 새로운 대상으로 송아지를 받아들인다. 이 아기가 가지고 있는 개에 대한 스키마는 개 모습, 개를 볼 때의 기쁨, 개가 만드는 "멍멍"과 같은 소리 등으로 구성되어 있다. 이 아기가 세상에서 처음으로 어린 사슴이나 조랑말을 보았다고 해 보자. 이들 동물들은 다리가 4개이고, 긴 귀가 달려 있고, 털이 나 있다는 점에서, 집에서 기르는 개와 매우 유사하게 보인다. 이 아기가 송아지에 대해 새로운 경험을 한다는 것은 인지적으로 볼 때 "멍멍"이라는 색인카드에 새로운 정보를 더하는 것과 같다. 이 처럼, 새로운 지각적·운동적·개념적 자료나 경험을 기존의 스키마타에 통합시키는 과정을 동화라고 한다.

교사들은 학생들의 기존 지식에 새로운 지식을 연결시킴으로써 학생들의 동화를 촉진시킬 수 있다. 예를 들어, 교사는 '동물의 왕국'이라는 자연 다큐멘터리를 학생들에게 보여 줌으로써, 학생들이 동물에 대해서 가지고 있는 기존의 지식에 가르치려는 동물에 대한 새로운 지식을 연결시킬 수 있다.

### (3) 조절

조절(accommodation)이란 자신의 기존 도식이 새로운 대상을 받아들이는데 적합하지 않을 때, 새로운 대상에 맞도록 이미 가진 도식을 바꾸는 인지과정이다.

인간은 자신이 알고 있던 방식으로 특정 문제를 해결치 못할 때 기존 지식체계를 수정하게 되는데, 이러한 과정을 조절이라고 한다. 어떤 개인이 자신의 경험을 늘리거나 자신의 능력을 차별화 하려면, 점차적으로 차별화되고 좀 더 복잡하고 더 많은 수의 스키마를 발달시켜야 한다. 예를 들어, 아이에게 "멍멍이는 멍멍 짖어야 멍멍이야. 저 동물은 음매음매 울어서 송아지야"라고 설명해주면, 개와 송아지의 차이점을 이해하고 '네 발로 다니는 동물은 멍멍이다.'라는 기존의 도식을 수정하게 되는 것을 조절이라고 한다.

### (4) 평형화

평형화(equilibration)란 동화와 조절 사이에 균형을 이루는 것으로 아동들이 인지적 동화와 조절을 통해 자신들의 인지구조를 변화시키는 과정으로 인지과정의 균형상태를 말한다. 피아제는 모든 유기체가 자신과 환경사이에 조화로운 관계를 만들려고 하는 선천적인 경향을 지닌다고 가정했다. 다시 말해, 유기체는 최적의 적응을 위해 모든 측면들을 조정해 나간다. 평형화는 적응을 최대화하기 위해 자신의 경험을 조직해 보려는 선천적인 경향성이다. 그러나 새로운 정보에 직면해 인지적 갈등이 발생되면 인지구조에 비평형 상태가 유발된다. 평형화에 이르지 못한 상태, 즉 비평형화 상태는 인지적 갈등이 일어난 상태이다. 이것은 개인의 경험이 기대와 일치되지 않을 때 일어난다. 예를 들어, 마술사의 눈속임을 생각해 보

자. 관객의 한 사람으로서 비어있던 모자에서 토끼가 나오고 꽁꽁 묶어서 트렁크에 넣어둔 사람이 사라지는 장면을 목격하고는 놀라는 자신을 발견할 것이다. 이런 놀람은 인지적 갈등 혹은 비평형화 상태가 일어나고 있다는 증거이다. 놀람에 덧붙여서, 그 속임수가 어떻게 된 것인지 상황을 종합하여 해결하려고하는 행동은 인지적 균형상태 즉 평형화 상태로 돌아가려는 우리의 자발적 노력의 결과이다. Piaget는 아동을 동기화시키는 가장 효과적인 방법 중 하나가 인지적 비평형화 상태(cognitive disequilibrium), 즉 예상을 깨고 일어나는 어떤 상황을 통해 인지적 갈등상태를 만드는 것이라고 생각하였다. 이런 상황 하에서 마술의 속임수를 보고 있는 관객처럼 아동은 기존의 스키마에 새로운 경험을 동화시키거나 새로운 경험을 통합시키기 위해 새로운 스키마를 생성하여 갈등을 일으킨 상황을 이해하려고 시도한다.

### 2) Piaget의 인지발달 단계

Piaget에 의하면 인지발달은 분명하면서도 질적으로 서로 다른 네 단계를 거쳐 이루어진다. 인지발달의 네 단계란 감각운동기, 전 조작기, 구체적 조작기, 형식적 조작기를 말한다(<표 2-1> 참조).

Piaget는 발달 단계가 어떻게 출현하는지에 관해 몇 가지 가정을 하였다. 첫째, 발달 단계의 순서는 불변의 계열성을 띤다. 즉, 모든 아동의 인지발달은 네 단계를 같은 순서로 통과하면서 발달하고 어느 단계도 건너뛰지 않는다. 둘째, 각 인지발달 단계는 서로 질적으로 다르다. 따라서 아동들은 그 단계를 성공적으로 통과하여 다음 단계로 이행하기 위해서는 일련의 스키마타를 배워야 한다. 셋째, 비록 Piaget는 인지발달에서 자연성숙론 혹은 유전적 프로그래밍이 절대적으로 중요하다는 점을 가정했지만, 문화와 환경이 인지발달을 촉진할 수도 있고 지체시킬 수도 있음을 인정했다. 따라서 <표 2-1>에 제시된 연령대는 규준적 연령일 뿐, 절대적 연령은 아니다.

환경이 인지발달을 촉진시키기도 방해하기도 하는 역할을 한다는 Piaget의 가정은 교사에게 매우 중요한 의의를 지닌다. 교사가 계획하는 학습경험의 유형은 학생의 인지성장을 매우 빠르게 촉진할 수도 있기 때문이다.

**표 2-1 | 인지발달 4단계**

1. 감각운동기 (생후 18~24개월)
2. 전 조작기 (2~7세)
3. 구체적 조작기 (7~11세)
4. 형식적 조작기 (11세~ )

주: 이것은 단계의 순서는 바뀌지 않으며 모든 사람은 모든 단계를 차례대로 거쳐 발달한다는 "단계 불변"이론이지, 일정한 연령에 도달해야 일정한 단계를 거치게 된다는 "연령 불변"이론이 아니다.

자료: Tan et al.(2003).

## (1) 감각운동기

Piaget는 인지발달의 가장 초기단계를 감각운동기(sensorimotor stage)로 명명했다. 감각운동이라는 이름은 '감각'과 '운동'이라는 두 부분으로 구성되는데 이것은 아기가 감각과 운동을 통해 경험을 조직하기 때문이다. 이 단계가 시작되면 아기는 간단한 몇 가지 반응만을 보이는데, 빨거나, 주먹을 쥐는 정도이다. 이것은 생물학적 필요를 충족시키고 세상을 알게 되는 다리 역할을 한다.

좀 더 발달하게 되면 의도적인 행동이 나타나게 되는데, 이 때 아기는 간단한 문제를 해결하려고 노력한다. 예를 들어, 머리위에 달려있는 모빌의 움직임을 경험하게 되면, 아기는 움직이는 모빌의 시각적 자극에 의해 의도적인 운동반응(발로 차는 것과 같은)을 보이게 된다. 이 단계의 후기가 되면 중요하고도 재미있는 변화가 나타난다. 아기는 자기 자신과 외부 세계 사이에 다른 점이 있다는 사실을 이해하기 시작한다.

감각운동기의 가장 중요한 특징은 대상영속성 발달이다. 대상영속성(object permanence)이란 대상이 보이지 않을 때에도 그 대상이 여전히 존재함을 이해하는 것이다. 아이들이 생후 4개월 정도까지는 감각과 운동에 주로 의존하여 대상을 알아가기 때문에 만약 물건이 그들의 시야에서 사라지면, 그들은 다른 물건으로 시선을 옮기고 더 이상 그것을 찾으려 하지 않는다. 왜냐하면, 아기들은 보이지 않으면 잊어버리기 때문이다(Piaget, 1936). 그러나 생후 9~10개월이 되면 외부세계에 관심을 갖기 시작하며, 이러한 것은 재미있는 광경을 지속하여 바라보는 행동 등으로 나타난다. 이것은 어떤 물체가 시야에서 사라졌어도 여전히 이 세상에 존재한다고 생각하는 것이다. 따라서 원하는 대상의 움직임을 추적하기도 하고, 그것이 시야에서 사라졌어도 찾아내려 한다. 이처럼 아이들이 완전히 숨겨진 대상을 찾고, 보이지 않는 위치이동을 이해할 수 있는 대상연속성 개념은 감각운동기 말기에 완전하게 이루어진다. 5개월 된 아기는 손에서 떨어뜨린 딸랑이를 찾지 않지만, 7개월 된 아기는 짧은 시간이나마 물체를 찾으려 한다. 8개월에서 12개월 사이의 아기는 담요 밑에 숨겨진 물체를 찾아내고는 기뻐한다. 이 시기의 아동들이 '까꿍' 놀이를 좋아하는 이유가 바로 이것이다. 이 단계의 아기들은 시야에서 물체가 사라져도 그 물체는 존재한다는 대상영속성을 발달시킨다.

대상영속성이 발달하면, 아기들은 어떤 상징(언어 혹은 기호)에 대응하는 이미지를 떠 올릴 수 있게 된다(예: "멍멍"-개 이미지). 이렇게 되면 아기는 그 물체를 또 다시 경험하지 않고도 그 상징을 이용하여 그 대상을 다시 생각할 수 있게 된다. 감각운동기의 마지막에 이르면 대상영속성이 발달하여 아동들은 숨겨진 물건을 찾아낸다. 이 시기의 아동들은 어떤 물건이 어디에 위치하는지를 상상할 수 있게 된다. 정신적 표상으로 경험을 재창조해내는 이러한 능력은 상상놀이의 기초가 된다. 그리고 이러한 모습은 이 시기가 끝났음을 보여주는 것이다.

감각운동기의 또 다른 중요 발달모습은 문제해결 능력이 발현되기 시작한다는 것이다. 처음에는 이것이 실패의 반복이지만 이 시기의 마지막이 되면 문제해결에 대한 접근이 계획적으로 변한다. 예를 들어, 영아는 몇 번 어떤 물건을 손에 넣으려고 하다가도 이내 포기하고 만다. 몇 개월이 지나면 그 물체를 손에 넣기 위해 또 다른 물건을 사용하게 된다. 2살이 되면 의자에 올라가 선반 위의 물건을 갖는다.

### (2) 전 조작기

감각운동기를 거친 아동들은 표상적 사고 혹은 개념적 사고를 한다. 부연하면, 이 단계의 아동들은 과거 및 현재의 경험을 재생하거나 표상하기 위해 정신적 상징을 사용할 수 있다. Piaget는 이 단계를 전조작기(preoperational stage)로 명명하였는데, 그 이유는 이 단계의 아동들이 이들 상징을 아직은 정신적으로 완전하게 활용할 수 없기 때문이다. 전 조작기의 주요 특징은 다음과 같다.

#### ❶ 상징적 기능의 사용

전 조작기 동안 일어나는 대표적인 발달은 대상과 사건을 표상하는 능력, 혹은 상징적 기능(symbolic function)의 사용능력의 발달이다. 감각운동기가 끝날 때쯤 되면, 아동들은 "~인척 하는" 상징놀이를 한다. 2~7세 사이에는, 언어가 발달함에 따라, 이러한 정신능력이 완전히 발현된다. 그리하여 아동들은 상상력을 통해 새로운 방식으로 생각하고 놀게 된다. 2살짜리 아동들은 접시위에 컵을 놓고 마시는 흉내를 내는 반면, 4살의 아동들은 컵과 접시를 다른 용도로 가정하여 상징적인 놀이를 하게 된다(Lowe, 1975). 눈 깜짝할 사이에 아동들은 컵과 접시로 차를 마시는 파티를 하다가 곧 그 컵을 모자나 우주선으로 바꾸어 버린다. 나무블록을 가지고 노는 아동을 상상해 보자. 그 아동은 그 블록에 자동차의 특성을 부여함으로써 자동차로 생각하고 논다. 6세에서 7세 정도가 되면 상징놀이 속의 물건들은 그 아동의 마음에만 존재하게 된다(Hinson, 1988; Rubin et al., 1983).

### ❷ 자기중심성

Piaget는 전 조작기 아동의 사고를 자기중심적이라고 설명했다. 즉, 전 조작기의 아동은 자기 자신을 다른 사람의 입장에 놓고 생각하거나 다른 사람의 관점에서 생각하지 못한다. 자신의 오른손과 왼손을 구분할 수 있는 4살짜리 아동은 친구의 오른손과 왼손은 구분하지 못한다. 5살짜리 아동은 엄마의 생일선물로 자기가 좋아하는 장난감을 선택한다. 자기중심성(egocentrism)은 이기심과는 관련이 없으며, 단지 전 조작기 사고의 특징일 뿐이다. 아동이 점차 나이를 먹으면서 자기중심성은 없어진다. 6살의 아동은 3살의 아동보다 자기중심적인 경향을 덜 보인다.

### ❸ 중심화

전조작기 사고의 또 다른 특징은 어떤 물체나 활동의 한 측면에만 집중하는 중심화(centration)이다. 예를 들어 4살이나 5살의 아동 앞에 물건을 두 줄로 늘어놓았는데 한 줄에는 9개의 물건을 다른 한 줄에는 7개의 물건을 놓았다. 그리고 7개가 놓인 줄을 더 길게 늘어놓았다. 이때 전 조작기의 아동들은 개수와는 상관없이 긴 것을 선택한다. 부모님이 밤참으로 준비해 놓은 시리얼을 보고 이 시기의 아동은 아침 식사가 미리 준비되어 있다고 생각한다. 왜냐하면 시리얼을 아침에만 먹었기 때문이다. 6세나 7세가 되면 인지적 판단의 영역이 좀 더 확대되기 시작한다.

### ❹ 비가역성(inability to reverse operations)

전조작기 아동은 비가역적 사고, 즉 사고를 거꾸로 하지 못하는 특징을 지니고 있으며 보존개념이 발달되지 않은 상태이다. 전 조작기의 아동 앞에 키가 낮고 넓은 유리컵 두 개를 놓고 같은 양의 물을 따른다. 그 옆에 키가 크고 좁은 유리컵 하나를 놓고 낮은 컵에 있는 물을 따른다. 그리고는 아동에게 두 개의 컵의 물의 양이 같은 지를 묻는다. 이 아동이 올바르게 대답을 하려면 조금 전에 했던 행동을 머릿속으로 거꾸로 해야 한다. 전조작기의 아동들은 보통 크고 좁은 유리컵이 더 많은 물을 담고 있다고 대답한다. 후자의 실례는 전조작기 아동들은 아무 관련이 없는 환경의 변화에도 불구하고 사물의 양이 같은 상태로 유지된다고 개념화하거나 보존(conservation)된다는 개념에 아직 준비가 되어 있지 않음을 보여준다. <표 2-2>는 보존의 여러 가지 형태와 언제 아동들이 각각을 인지하는 능력을 갖는지를 보여준다.

**표 2-2 | 보존의 형태**

| 보존개념 | 예 | 대략적 연령 |
|---|---|---|
| 1. 수 | 무엇이 더 많은가? | 6~7세 |
| 2. 액체 | 무엇이 더 많은가? | 7~8세 |
| 3. 길이 | 길이가 같은가? | 7~8세 |
| 4. 물질 | 그것들이 같은가? | 7~8세 |
| 5. 면적 | 무엇이 더 넓은가? | 7~8세 |
| 6. 무게 | 무게가 서로 같은가? | 9~10세 |
| 7. 부피 | 같은 양의 물을 옮기는가? | 11~12세 |

자료: Tan et al.(2003).

### ❺ 물활론적 사고

물활론적 사고(animism hylozoism)란 생명이 없는 대상을 살아있는 것으로 여기는 것으로 장난감을 생명체와 동일시하며 대화를 나누고 관계를 맺기도 한다. 3~7세의 아동들은 일반적으로 물활론적 사고를 하는데, 4~5세 정도의 아동은 활동하는 모든 것에 생명을 부여하게 되지만 6세를 넘어서면 움직이는 것에만 생명을 부여하고, 8세가 되면 스스로 동물과 식물에만 생명을 인정하게 된다. 예를 들면 전조작기 아동이 "밤에는 보트가 어디로 가지?"라고 질문을 받을 때 "잠자러 가요"라고 대답하는 것을 생각해 보자. 이 시기의 아동의 그림을 생각해보면, 해나 달에 얼굴이 그려져 있다. Piaget는 이러한 경향이 6~7세에 이르러 줄어들고, 이 때쯤 아동은 자신의 인격에 대해 더욱 더 인식하게 된다고 보았다.

### ❻ 가변적 추론

전조작기 아동들이 보이는 특징은 가변적 추론(transductive reasoning)이다. 이는 아동이 연역적으로나 귀납적으로 추론하지 못함을 말한다. 연역법은 일반적인 것에서 구체적인 것을 이끌어 내는 것이다. 만일 우리가 '모든 인간은 죽는다.'는 것을 알고 있다면, '소크라테스는 사람이다, 고로 소크라테스는 죽는다.'라고 이끌어내는 것이다. 반대로 귀납법은 구체적인 사례로부터 일반화를 하는 과정을 포함한다. 하지만 Piaget에 따르면 전조작기 아동의 사고는 일반화에 도달하지 못하고 개별적인 것에서 개별적인 것으로 옮겨 다니는 단계에 머문다는 것이다. Piaget (1952)는 자신의 딸이 어느 날 오후에 낮잠을 자지 못한 후, "내가 낮잠을 안자서 오후가 아니야"라는 식으로 가변적 추론을 함을 발견하였다. 이 나이의 아동들은 종종 개별적인 것에서 개별적인 것을 이끌어내어 A가 B를 이끌어내면 B도 A를 이끌어 낸다고 생각한다.

같은 맥락으로 밤에는 왜 어두워 지냐고 물으면 "내가 자기 때문이야"라고 대답할 것이다. Piaget는 이러한 추론의 형태는 6세경에 줄어들고 귀납적 추론으로 대체된다고 한다. 위에서 언급한 것처럼, 이 시기의 아동들은 미성숙의 특성이 줄어들고 구체적인 사고의 성숙이 시작된다. 최근에 Piaget의 결론을 뒷받침하는 생물학적 연구가 진행되었다. 이것은 수초화(myelinization)라고 불리는 것으로 5~7세에 급속한 인지발달이 일어나도록 하는 생리적 변화를 말한다(Lemire et al., 1975). 비록 Piaget는 5~7세 사이에 일어나는 인지발달을 정확히 묘사한 것처럼 보이지만, 전조작기 아동들의 능력을 과소평가했다는 견해도 있다(Bee, 1992).

### (3) 구체적 조작기

전조작기와는 대조적으로 구체적 조작기(concrete operational stage)의 아동은 구체적인 문제를 해결할 수 있는 논리적 사고를 한다. 이 발달단계에서 아동의 논리는 직접적인 경험보다는 인지적 활동에 의해 정해진다. 구체적 조작기의 주요 특징은 다음과 같다.

#### ❶ 탈중심화(decentering)

구체적 조작기의 아동은 그들의 구체적인 경험과는 독립적으로 무언가를 상상할 수 있을 뿐만 아니라, 구체적인 문제에 대한 논리적 해결을 끌어내기 위해 경험한 지각적 특징을 이용할 줄 안다. 피아제와 이넬더(Piaget & Inhelder, 1963)의 연구에서는 어린 아동들에게 모양과 크기와 색이 다른 세 개의 입체적 산을 보여주었다. 모든 방향에서 그 산의 모형을 보여준 후에, 테이블의 한 쪽에는 아동을 맞은편에는 인형을 앉힌다. 그런 후, 아동에게 여러 장의 사진 중에서 인형 쪽에서 바라본 산의 모양이 있는 사진을 고르도록 시킨다. 비록 6~7세의 아동은 자신이 바라본 산과 인형이 바라본 산의 모습이 다르다는 사실만을 깨닫지만, 7~9세쯤 되어서야 탈중심화 되어 사물의 다양한 측면을 생각할 수 있게 된다. 이 기간의 아동들은 실제와 상상을 구분하는 능력을 향상시켜 간다. 아동들에게 세 가지 다른 버전의 스타 트랙(star Trek) 영화를 제시하였다. 한 버전은 애니메이션 버전이고 다른 두 버전은 TV 버전이었다. 구체적 조작기 초기 아동은 애니메이션 버전은 실제가 아니라고 생각하지만, TV 버전이 실제인지 아닌지는 정확히 알지 못한다. 구체적 조작기의 후기가 되면 모든 아동들이 스타 트랙의 모든 버전이 실제가 아니라는 사실을 알게 된다(Skeen et al., 1982). 구체적 조작기의 아동은 전조작기 아동에 비해서 사고하는데 몇 가지 중요한 발전을 한다. <표 2-3>은 구체적 조작기의 주요 발달을 보여준다.

**표 2-3 | 구체적 조작기의 주요 발달**

| 발달 | 연령 |
|---|---|
| 다른 사람을 설득하는 방법을 익힘 | 11세 또는 12세 |
| 단어 놀이를 이해함 | 8세 |
| 은유(metaphor)를 이해함 | 10세 또는 11세 |
| 공부를 하는데 필요한 시간을 거의 정확히 판단하기 시작함 | 8세 또는 9세 |
| 어떤 범주와 그 하위 범주를 분류 함 | 8세 |
| 순서를 지켜야 하는 보드게임을 함 | 8세 |

### ❷ 가역성(reversibility)

Piaget에 의하면 가역성이란 사고가 진행되어 온 과정을 거꾸로 되밟아 갈 수 있으며, 진행되어 온 행위를 거꾸로 말소해 나감으로써 원상을 회복할 수 있는 능력이라고 한다. 즉, 동일한 양의 물을 모양이 다른 그릇에 담으면 물의 양이 같다고 생각하는 경우이며, 다르다고 판단하는 것은 가역성이 부족한 경우로 비가역적이다. 구체적 조작기의 아동은 진흙덩어리로 만들어진 비행기 모형이 다시 진흙덩어리로 돌아간다는 사실을 이해한다. 또한 8+6=14가 되고 14-8=6을 안다.

### ❸ 보존개념(conservation)의 형성

구체적 조작기의 아동이 가역적 사고를 한다는 것은 보존개념을 발달시킨다는 것을 의미한다. 6세가 되면 수 보존개념을 획득하고 7~8세가 되면 면적과 질량 보존개념을, 11~12세가 되면 부피 보존개념을 획득한다. 앞서 제시한 <표 2-2>에 보존개념에 따른 발달 연령이 나타나 있다.

### ❹ 분류화

문제해결능력에 있어서 또 다른 주요한 변화는 구체적 조작기 아동의 분류(classification) 능력이다. 7살 이전의 아동들은 대부분 한 가지 차원에 따라 사물을 분류한다. 즉 아동들은 색이나 모양에 따라 분류한다. 그러므로 아동들에게 검은 색과 흰색, 동그라미와 사각형, 삼각형을 주면, 아동들은 검은색과 흰색의 두 집단으로 분류할 것이다. 구체적 조작기 이전에 대부분의 아동들은 분류 개념을 가지고 있지 않다.

남자 형제만을 가진 아동과 여자 자매만을 가진 아동의 경우를 생각해보자. 그리고 모든 남자 형제와 여자 자매가 "아동"의 범주에 속한다고 가정해보자. 구체적 조작기가 시작되기 전의 이런 아동들은 어른들은 아동이 아니기 때문에 오빠나 언니가 될 수 없다고 생각한다. 다음의 일반적인 분류작업을 생각해 보자. 아동에게 20개의 갈색 나무구슬과 2개의 흰색 나무구슬을 제시한다. 모든 구슬은 나무이고 20개는 갈색, 두개는 흰색이라는 사실을 서로 확인하고는 아동에게 "나무구슬이 많으니? 갈색구슬이 많으니?"하고 묻는다(Piaget, 1952). 8살 정도가 되어야 이 질문에 올바른 대답을 할 수 있다. 왜냐하면 그 연령의 아동들은 분류하는 데 있어서 공통점뿐만 아니라 차이점을 인식하고 범주와 하위 범주사이의 관계에 관해 추론할 수 있기 때문이다.

### ❺ 서열화

서열화(seriation)는 크기나 부피, 무게 혹은 다른 측면들의 점진적인 증가나 감소에 따라 어떤 요소를 일렬로 배열하는 능력이다. 서열화 능력은 4세나 그 보다 어린 아동들에게서 나타나는 증거이긴 하지만 서열화 능력의 형성은 매우 광범위하고, 실수를 통해 발달한다. 예를 들어, 아동은 A < B < C와 같은 논리적인 전개를 형성하기 시작한다. 구체적 조작기 이전에는 아동은 A는 B보다 작고 B는 C보다 작은 경우 A와 B 모두 작다는 생각에 고정되어 있다. 그러므로 B가 A보다 크다는 사실은 간과된다. 구체적 조작기 아동들은 가장 작은 막대를 찾고, 그 다음 크기를 찾고… 같은 전략을 사용하기 시작한다(Wadsworth, 1989).

## (4) 형식적 조작기

이 단계에서는 추상적 문제를 해결할 수 있는 능력이 출현하는 형식적 조작기(formal operational stage)이다. 형식적 조작기에는 모든 종류의 문제해결에 유용한 추론능력과 논리력이 발달한다. 비록 문제해결의 결과가 이전 단계에서 보았던 것과 비슷하다 하더라도 문제해결 접근방식은 매우 다르다.

이넬더와 피아제(Inhelder & Piaget, 1958)가 행한 한 실험에서 아동들은 양팔 저울이 균형 잡히도록 물건을 올려놓도록 하였다. 구체적 조작기 초기의 아동들은 양쪽 팔에 같은 양의 무게를 올려놓으면 된다고 생각하였다. 그러나 그 시기의 아동들은 저울의 중심으로부터 떨어져 있는 거리가 중요한 요소라는 사실을 이해하지 못했다. 10살 정도의 아동들은 지렛대의 중심에서 멀어질수록 힘이 더 강해진다는 것을 발견하였다. 그러나 구체적 조작기의 아동들은 이것을 여러 번의 시도와 실수를 통해 알아내었다. 13세나 14세가 되어야 비로소 무게와 지렛목의 근접성이 반비례한다는 법칙을 이해하였다.

구체적 조작기의 아동과 형식적 조작기 아동의 사고의 차이는 문제에 접근하는 방법의 차이에서 드러난다. 형식적 조작기의 아동은 구체적인 문제해결에 머무르지 않는다. 이 시기의 아동은 추측과 종합 그리고 가정까지 모든 사고의 방법에 자유롭다. 이 시기의 인지발달에서, 사고는 수많은 독특한 구조적 특성들을 가지고 있다. 즉, 가설적, 연역적, 유추적 사고를 한다.

### ❶ 가설적 추론

가설적 추론(hypothetical reasoning)은 지각과 기억을 넘어서서 직접 경험의 영역에 속하지 않는 것을 다룬다. 구체적 조작기 아동에게 "만일 태양이 없으면 무슨 일이 일어날까?"라고 질문하면, "어두워진다."고 대답한다. 이와 대조적으로, 형식적 조작기의 아동은 태양이 없으면 식물, 동물, 인간생활 모두 파괴될 것이라는 다양한 가정을 할 수 있다. 더 나아가, 형식적 조작기의 아동은 진실이 아닌 것에 관한 가설까지도 즐긴다. 예를 들어, "석탄이 희다"라고 가정 하에 논리를 전개했을 때, 구체적 조작기의 아동은 "석탄은 검기 때문에 그 질문에 대해서는 답할 수 없다"고 말한다. 그렇지만 형식적 조작기 아동들은 그 가정을 받아들이고 논리적 논쟁을 전개할 수 있다.

### ❷ 유추적 추론

형식적 조작기 아동들은 유추적 추론(analogical reasoning)을 할 수 있다. '개에게 털이 있듯이 새에는 깃털이 있다.'는 유추문제를 생각해 보자. 이 유추문제의 핵심은 '개-털'과 '새-깃털' 사이의 관계를 파악하는 것이다. 이러한 관계를 이해하는 것은 관찰에 의한 것이 아니라 반성적 사고를 통해서만 가능하다. 유추문제를 가르칠 때의 핵심은 발달 단계에 알맞은 방법을 적용해야 한다는 점이다. 구체적 조작기 아동에게 유추문제를 가르친다면, 교사가 우선 유추문제에 관하여 충분히 설명한 후 그 아동으로 하여금 유추문제를 설명해 보도록 해야 한다. 또한 유추과정을 설명할 수 있어야 한다(Mastrilli, 1995).

### ❸ 연역적 추론

연역적 추론(deductive reasoning)은 일반성에서 구체성으로 이끌어낸다. 3단 논법을 포함하는 이 형태의 추론은 연역적 추론이다. "모든 여자는 죽는다."와 "헬렌 켈러는 여자이다."라는 진술문을 받았을 때, 형식적 조작기의 아동은 논리적인 결론인 "따라서 헬렌 켈러는 죽는다."를 이끌어 낼 수 있다. 또한 "만일 모든 동물이 4개의 다리를 갖고 테이블이 4개의 다리를 가지면 테이블이 동물일까?"라는 복잡한 질문에 대해 올바르게 대답하는 아동들 생각해 보자. 올바르게 대답하는 아동은 비록 테이블과 동물이 4개의 다리를 갖더라도 테이블이 생명체가 아니므로 동물이 될 수 없다고 대답한다.

교사는 형식적 조작기 사고가 다양한 모습으로 점진적으로 출현한다는 것을 이해해야 한다. 알린(K. Arlin)의 형식적 추론검사(The Arlin Test of Formal Reasoning, 1980)는 학생들이 어느 정도나 구체적 조작기 또는 형식적 조작기의 사고를 하는지를 밝히기 위한 측정방법이다. 여러 교과영역에서 학생들이 보여주는 수행행동만으로는 형식적 조작기 사고의 점진적 출현을 잘 알 수 없는 경우 이 도구를 활용한다.

형식적 조작기의 초기에는 과제에 따라 다르게 사고한다. 즉, 같은 학생이 학문적인 문제해결에 관하여는 형식적 조작기이지만 자동차와 관련된 실제 문제해결을 시도할 때는 구체적 조작기의 대답을 할지도 모른다. 학생들은 형식적 추론을 통해 사회교과 문제를 해결하지만, 지리교과 문제해결은 그렇지 못할 수도 있다.

연구에 의하면, 세 명의 10대 중 한 명만이 형식적인 논리를 일상에서 사용한다(Santrock, 1992). 더 나아가서 대학생의 약 40~60%가 그들에게 익숙하지 않은 문제에서는 형식적인 조작에 실패한다(Keating, 1979). 또 다른 연구에는 어떤 형식적 조작기의 추론 과제에는 성공하지만 다른 것에서는 실패하는 경향이 있음을 확인하였는데, 이런 현상을 수평적 시차(horizontal decalage)라고 부른다(Niaz, 1991). 수평적 시차란 형식적 조작기에 나타나는 보존개념 중 수 보존개념이 먼저 나타나고 질량보존, 액체의 양 보존, 무게보존, 부피보존개념 등이 시차를 두고 나타나는 현상을 말한다. 이것이 바로 겉으로 보기에는 상당히 성숙된 학생들을 대상으로 한 수업에서도, 학생 자신의 경험을 활용하는 교수전략을 사용하는 것이 필요한 이유이다.

### 3) Piaget 이론의 교육적 시사점

Piaget의 인지발달 이론은 주로 과학적 사고발달에 관심을 두고 있지만 인지발달 분야에 있어서 가장 영향력이 큰 이론이다. 그의 이론은 예술분야에 적용될 수 있는 심미적 사고 등 다른 분야의 사고발달에 대해서는 거의 설명해주지 못한다. 그럼에도 불구하고 수많은 후속연구를 낳게 하였으며 교육의 실제에도 많은 영향을 미쳤다. Piaget 이론은 교사들이 교육의 대상인 학생들의 발달양상 및 단계를 이해하고, 학생들의 발달단계에 따라 적절한 교육내용을 선정하고 조직해야 한다는 것을 시사해주고 있으며, 학생들의 능동적이고 적극적인 학습행동이 수업의 효과를 결정하는데 가장 중요하다는 것을 강조한다. Piaget는 자신의 이론이 교육과 어떻게 관련된다는 점에 대해서 거의 언급한 바가 없으나, Piaget이론을 계승·발전시켜 온 교육심리학자들과 발달 이론가들은 다음과 같은 시사점을 제시하고 있다(김언주, 구광현, 1998).

① 교육은 어린이의 현재의 지적 발달단계에 알맞도록 조정되어야 한다. 어린이는 성인과는 질적으로 다르게 정보를 해석하고 조작하기 때문에 어린이의 각각의 발달단계 특성에 맞추어 학습과제를 조직, 해석, 제시해야 한다.

② 교육은 어린이의 자발성에 의존해야 한다. 왜냐하면 학습이란 어린이의 능동적 발견과정이기 때문이다. 특히 어린이는 스스로 외부세계를 단순히 탐색하는 것만으로도 상당한 지적 향상을 가져온다. Piaget가 말했듯이 우리가 어린이에게 어떤 것을 가르칠 때마다 우리는 그 어린이가 자신의 관점에서 그것을 발견해 내는 것을 방해할 것이다. 따라서 교육자는 어린이에게 지식을 주입시키려 하지 말고, 어린이에게 흥미와 관심을 불러일으키는 자료를 제공하여 어린이 스스로가 문제들을 해결하도록 허용해야 한다.

③ 교육은 어린이의 인지발달의 기초를 넓히는 일에 노력해야 한다. Piaget는 모든 정상적인 어린이의 지적 발달이 감각운동기, 전조작기, 구체적 조작기, 형식적 조작기를 순서적으로 통과하면서 발달한다고 주장했지만, 많은 성인들

이 형식적 조작기를 검증하기 위해 자신이 고안한 검사에서 실패한다는 것을 관찰하였다. 이러한 사실에 대해 Piaget는 성인들이 수학이나 과학과 같은 분야를 등한시한 상태에서 좁은 분야에만 관심을 갖고 그 분야의 능력만을 발달시킨 결과라고 해석한다. 이러한 해석이 타당하다면 교육자는 어린이에게 그들의 지적 경험의 폭을 확대시킴으로써 어린이들이 자신의 지적 기능을 적용해 볼 수 있도록 해야 한다(Case, 1985).

④ 교육자는 불필요하게 어린이의 지적 발달을 가속화시키려고 노력해서는 안 된다. 인지발달이란 타고난 내적인 어떤 것에 의해 이루어지는 것이기 때문에 인지발달을 가속화시키려는 노력은 성공하기 힘들며, 설혹 성공한다 하더라도 인간의 전체적인 발달의 관점에서 그 가치가 의심스러운 것이다. 다시 말하면 교육자는 인간의 인지발달의 가속화에 관심을 두기보다는 정상적으로 발달해야 할 인지가 환경적 영향으로 인해 지체현상을 보일 때 그 원인을 규명하여 장애요인을 제거해 주는 일에 심혈을 기울여야 한다.

## 03 Vygotsky의 인지발달 이론

Piaget는 지식이 형성되거나 구성되는 방식에 매우 흥미를 가졌으며 인지발달의 다양한 단계를 통해서 지식을 능동적으로 구성하는 개인 내부의 작용에 대하여 연구하였다. Piaget는 아동들이 마치 작은 과학자처럼 그들 자신만의 작업을 해나간다는 것을 강조하였다. Piaget 이론의 가치는 우리들에게 인지발달의 이해를 위한 방향을 제공하는 한편 추가적인 연구와 이론화를 자극한다는데 있다. Piaget 이론에 대한 비판 중의 하나는 인지발달에서의 사회적, 문화적 매개변수의 중요성을 소홀히 하였다는 것이다. Piaget의 접근방식에 대하여, 인지발달에 영향을 주는 사회적, 문화적 변인들에 관심을 두는 대안적 연구들이 Vygotsky, Feuerstein, Kozulin 등 여러 연구자들에 의해 수행되었다.

러시아의 심리학자 비고츠키(Vygotsky, 1896~1934)는 1920년대에 그의 이론을 전개하였지만, 1980년대에 와서야 명성을 얻기 시작했다. 그는 인지발달의 근원을 사회적 상호작용에 두고, 타인의 중재를 통해 타인의 인지기능이나 기술이 아동에게 점차 내면화 된다고 보았다. 또한 인간의 고등정신기능은 원래 집단적 행동의 형태로서, 다른 사람과의 협력을 통한 개인 간 정신기능(interpsychological functioning)에서 출발하여, 점차 자신의 내적 기능이 발달되는 개인 내 정신기능(intrapsychological functioning)으로 변화된다고 보았다.

### 1) Vygotsky의 사회·문화적 관점

비고츠키(Vygotsky)는 아동들이 세상을 보는 관점을 이해하기 위해서 교사는 가정 혹은 보호자의 문화에 대해 먼저 이해해야 한다고 믿었다.

문화적 지식에는 상호작용 할 때 사용하는 언어, 공유하는 신념, 상호작용 방법 등이 포함된다. Piaget는 단계를 거치면서 인지적 발달이 개개의 아동들에게 발생한다고 믿는 반면, Vygotsky는 Piaget가 말하는 단계들을 모든 아동들이 반드시 거치는 것은 아니라고 제안하였다(Rogoff & Chavajay, 1995). Vygotsky는 아동들이 세상과 격리된 배우로서가 아니라, 그들의 문화에 의해서 제공된 행동과 사고방식을 이용하여 배운다고 믿었다(Kozulin & Presseisen, 1995). Vygotsky는 아동이 타인과의 상호작용을 통하여 문화적으로 중요시되는 과제를 성취한다는 사실을 강조한다.

### 2) Vygotsky 이론의 주요 개념

Vygotsky 이론의 가장 기본적인 특징은 언어 및 사고발달의 개인적 패턴을 언어가 조형되고 사용되는 사회-역사적 맥락(socio-historical contexts)에 관련지어 분석한다는 것이다(John-Steiner, 1990). 따라서 여기에서는 그의 이론의 핵심 개념들인 '사고', '언어', '발달'이라는 용어들을 사회적 사회작용과 관련지어 살펴봄으로써 그의 이론이 지니는 특징을 부각시켜 보기로 한다(김언주, 구광현, 1998).

#### (1) 사회적 상호작용과 사고

"인간의 정신과정은 상호작용을 통하여, 순서화 되고, 체계화 되며, 논리적으로 되고, 목적지향적인 것으로 되어간다"(Vygotsky, 1987: 15)라는 표현에서 볼 수 있듯이, Vygotsky의 이론에서 가장 핵심적인 특징은 발달에 있어서 생물학적 요인과 사회적 요인간의 상호작용의 역할을 강조한다는 것이다. 그는 인간의 고등정신기능(higher mental functions)이란 두 가지 의미에서 "사회적"이라고 보았다.

첫째, 문화의 다른 측면들과 마찬가지로, 고등정신기능의 발달은 사회문화적 체제의 발달의 일부이며 그들의 존재는 한 세대로 부터 그 다음 세대로의 학습을 통한 전수에 의존한다. 둘째, 고등정신기능은 개인에 의해 얻어지고 내면화된 실제의 사회적 행동의 조직 및 수단 이상의 아무 것도 아니다(Vygotsky, 1987).

Vygotsky가 이러한 주제를 논한 것은 이미 오래전의 일이지만, 사회적 상호작용이 개인의 인지적 활동을 구성한다는 점에 사회학자나 행동과학자들이 본격적으로 관심을 갖기 시작한 것은 극히 최근의 일이다. 전통적으로 생득적 본성(nature)과 문화(culture)는 별개의 것으로 받아들여져 왔던 것에 반해 발달과정에서 이들의 변형 및 통합을 강조하는 Vygotsky의 이론은 언어 및 사고발달의 제 측면에 대한 연구에 독특한 시각을 제공하는 것이다. 이러한 관점에서 보면, 어떠한 언어발달 이론이 있다고 할 때 그것이 강력한 이론이 되기 위해서는 반드시 언어발달을 인류의 보편적인 생물학적 유산이 특정의 역사적·개인적 맥락에 있어서 개인의 심리적 조직과 구조로 변형(transform)되는 것으로 파악하는 것이어야 한다.

### (2) 사회적 상호작용과 언어

사실 신생아의 타인에 대한 의존의 필연성은 생물학적으로 보편성을 이루는 것이며, 이는 근본적으로 인간의 학습이 지니는 사회적 본질을 규정하는 것이라고 할 수 있다(John-Steiner & Tatter, 1983). 이렇게 볼 때 언어는 즉각적인 주변 환경에 대한 적응을 통해서 생존하기 위한 인간의 생물학적 요구에서 비롯되는 변형과정에서 결정적인 역할을 수행하는 것이며, 이는 사회적 상호작용의 결과를 통해서 축적되는 것이라 할 수 있다. 이러한 설명과 관련하여, Vygotsky는 언어가 문화화(enculturation) 과정 및 개인화(individuation) 과정에 있어서 핵심적 역할을 한다고 주장한다. 즉, 아동은 언어를 통해 자신을 돌보는 사람들의 지식과 태도를 내면화 하며, 언어는 아동에게 개인 자신에 대한 개념(sense of the individual self)을 발견하는 수단을 제공한다는 것이다. 이러한 관점은 언어 및 언어발달에 대한 연구는 개인의 내적 측면과 외적 측면 혹은 인지적 측면과 사회적 측면 의 이분법적 구분의 행태를 극복하여야 함을 시사한다.

아동들은 언어획득에 있어서 "발판"이 되는 많은 경험을 사회적으로 제공받는다. 자녀에 대한 부모의 언어제공에 관한 여러 연구들은 아동과 그들의 양육자 간의 매우 미세한 상호작용을 잘 밝혀주고 있다. 크로스(Cross, 1977: 172)는 이러한 관계를 다음과 같이 강조하고 있다.

> 일반적으로, 아동에게 무엇을 설명하는 담화(discourse)에 있어서 어머니가 사용하는 언어의 수준은 아동의 나이 보다는 그 아동의 언어적, 심리언어적, 의사소통 능력에 맞게 조절되는 것으로 나타난다. 이 연구에서 아동의 수준에 가장 민감한 담화 조절(discourse adjustments)이 바로 아동에게 언어의 구조를 학습하기 위한 이상적인 기회들을 부여하는 것임이 주장 되었다. 아동이 이해과정을 통해 언어의 형태를 습득해가면 아동의 어머니는 그 아동의 습득과정이 용이하도록 해주는 것이다.

이러한 사실은 기호적(semiotic) 과정의 실현방법은 본질적으로 사회적이라는 것을 보여주며, 그 이점을 다음과 같이 설명하고 있다(Steiner & Tatter, 1983: 83).

> 출생 시부터, 아동과 보호자간의 상호작용의 사회적 형태, 인간이 사회에서 주변환경을 조작하는데 사용하는 도구, 문화적으로 제도화된 사회적 관계의 유형, 그리고 언어는 하나의 종합적인 사회-기호적 체제로 작용하며 이들은 아동이 성인과의 협조를 통해 아동 자신의 행동, 지각, 기억, 그리고 복합적인 정신과정을 조직하는데 사용된다. 아동들에게 언어발달이란 곧 개별화된 인간으로 변모하고 또 문화 속으로 진입하게 하는 사회적 존재성의 발달인 것이다.

Vygotsky 학파에 속하는 학자들은 발달에 있어서 기호적 수단이 지니는 역할을 강조하지만 한편으로는 다른 형태의 학습들 역시 아동들이 자신의 세계를 익히는데 중요하다는 점을 인정한다. 어린 아동기 중에는 학습이 주로 탐구적 형태를 띠고, 따라서 언어의 영향이 미미한 시기가 있다. 그러한 시기의 아동은 무엇을 만지거나 집어던지는 것을 통해서 또 자신의 손가락의 움직임을 쳐다보는 것을 통해서 학습하는데, 이는 근본적으로 감각적인 것이다. 이러한 시기는 Piaget에 의해서 맨 처음 세밀하게 연구되었고, 그의 설명은 그가 감각운동기라고 명명한 시기의 아동발달을 이해하는데 깊은 영향을 미쳐왔다. Vygotsky 역시 이러한 초기의 비언어적 학습과정을 매우 중요하게 보았다. 그러나 Vygotsky는 아동들은 점차적으로 그들이 비언어적으로 발견한 바를 그들의 탐구에 대해 유의미한 피드백을 제공하는 보호자가 사용하는 단어나 명칭과 연관 지어가게 된다고 주장하였다.

아동이 스스로의 탐구를 통해 무엇인가를 발견하는 것과 보호자의 잘 조절된 반응을 통해 그 발견한 바에 대해 의사소통을 하고 그것을 확인하는 것 간의 연결은 스스로의 탐구를 통해 성취한 사고와 사회적 상호작용을 통해 성취한 언어 간에 최초의 연합을 이루도록 해준다. 따라서 아동들은 감각을 통해 발견한 세계와 그들의 주변에서 그들을 길러주고 반응을 제공해주는 사람들의 언어를 통해 친숙해진 세계 간에 일련의 조화와 일치를 경험한다. 이와 같은 언어와 사고간의 또 언어적 학습방법과 비언어적 학습방법 간의 결합은 아동들이 그들의 보호자와 함께하는 구체적이고 반복적인 활동 또는 담화의 내용을 통해 발달한다(Nelson et al., 1978). 이러한 활동들은 사회적 맥락뿐만 아니라 가정적 맥락에 의해서도 영향을 받는데, 특히 출생 순서, 성 사회화, 문화적 배경 등이 언어습득에 영향을 미치는 주요 변인들로 간주되고 있다. 언어습득에 있어서 이러한 변인들의 차이는 아동들이 대인간의 상호작용의 결과를 그들의 개인적인 지식의 구조로 내면화 하는데 있어서 종종 여러 가지 방식으로 나타나게 된다. 개인적으로 획득한 지식과 사회적으로 성취한 지식 간의 적절한 결합은 만족스럽고 지속적이며 사회적으로 축적된, 그러면서도 개인적으로 성취된 지적 능력의 기반을 제공해 준다.

비고츠키는 사회, 문화적 상호작용이 고등정신기능의 내면화에 있어서 중요한 역할을 한다는 것을 발견하고, 그 과정에서 기호라는 매개를 사용한다는 것을 밝혀냈다. 이러한 기호들은 다양하지만 그 중 가장 사회적 표상이 되는 언어에 관심을 두었고, 언어의 발달과 사고의 발달간의 관계를 밝히기 위해 노력하였다. 그는 언어의 발달단계를 네 단계로 제시하였는데 각 단계는 원시적 단계(primitive stage), 소박한 심리(naive psychology)단계, 자기중심적 언어(egocentric speech)단계, 내적 언어(inner speech)단계이다.

### ❶ 원시적 또는 자연적 단계(출생 ~ 만2세)

이 단계에서는 말과 사고의 조작이 서로 결합되어 있지 않은 채 나타나는 것을 나타낸 것이다. 즉 인지적 사고가 발달하기 전에 사용하게 되는 언어와, 언어를 배우기 전에 하게 되는 사고를 말하는 것이다. 이 시기의 언어적 특징은 첫째, 고통이나 좌절로 인한 울음이나 만족을 나타내는 목청의 울림과 같이 정서적 해방을 표현하는 소리이다. 둘째, 생후 2개월부터 나타나는 현상으로 기존의 정서적 반응에 타인의 모습이나 목소리에 대한 사회적 반응으로 해석될 수 있는 소리들이 추가되는 것이다. 셋째, 대상과 욕구에 대한 대용으로 기능하는 최초의 단어들의 출현으로 조건반사에 의해 학습된다.

### ❷ 상징적 혹은 소박한 심리 단계(2세경)

이 단계의 아동은 언어가 상징적 기능을 지닌다는 사실을 발견하고 사물의 이름에 대한 계속적인 질문을 통해 이러한 발견을 표현하게 된다. 아동은 더 이상 타인에 의해 단순히 조건화되는 것이 아니고 스스로 활발한 정보를 추구하며, 아동의 어휘는 급격히 증가한다.

이 단계에서 언어와 사고가 결합하기 시작한다.

### ❸ 자기중심적 언어 단계(3～6세경)

자신의 생각과 행동을 통제하기 위해 스스로에게 조용하게 말하는 자기중심적 언어, 즉, '혼잣말' 형태가 나타난다. 자기중심적 언어(혼잣말)는 보다 발전적이고 의미 있는 언어적 형태로 자기조절적 행동을 증진하고 인지적 문제해결을 안내하며, 주의집중과 지속력을 증진시킨다. 비고츠키는 자기중심적 언어의 사용이 단순하게 자기만의 생각을 표현하는 것이 아니라, 문제해결을 위한 사고의 도구라고 생각한다.

### ❹ 내적 언어 단계(7세 이후)

내적 언어는 자기 자신에게 소리 없이 말하는 언어로 말이 사고(思考)로 내면화되는 단계이다. 언어와 사고의 관계가 서로 결합되어 언어적 사고가 된다. 목적달성에 필요한 수단을 얻기 위해 마음속에서 사용되는 언어를 내적 언어라고 한다. 문제해결에 있어서 문제가 어려울수록 내적 언어의 사용이 증가하는 현상이 나타나는데, 이것은 내적언어가 아동의 문제해결에 중요하게 기능한다는 사실을 말해준다고 보고 있다. 이 단계에서는 자기중심적 말 단계와 형태적으로는 유사하지만 내적 사고와 외적 사고의 끊임없는 상호작용이 일어나고 외적으로 드러나지 않고 내적으로 사고 할 수 있으며, 구조적으로 기억하고 그러한 구조를 다시 행동으로 표현할 수 있는 단계이기도 하다.

### (3) 사회적 상호작용과 발달

Vygotsky의 이론에서 주목할 만한 또 하나의 특징은 근접발달 영역(the zone of proximal development: ZPD)이라는 개념이다. 근접발달 영역이란, "독자적인 문제해결에 의해 결정된 아동의 실제의 발달수준과 성인이나 또래 등 보다 유능한 타인의 지도하의 문제해결에 의해 결정된 잠재적 발달수준 간의 간격"(Vygotsky, 1978: 86)으로 정의되는데, 이를 도식화 하면 [그림 2-2]와 같다.

근접발달 영역 내에서 어떤 문제해결에 직면해 있는 아동들에게는 문제를 해결할 수 있는 단서를 제공하거나, 세부사항과 단계를 기억할 수 있도록 조력하고, 꾸준히 시도하도록 격려하는 도움이 필요한데, 이러한 조력을 Bruner 등은 건설현장에서 공사인부를 도와주는 비계에 비유하여 비계설정, 또는 발판제공(scaffolding)이라고 하였다.

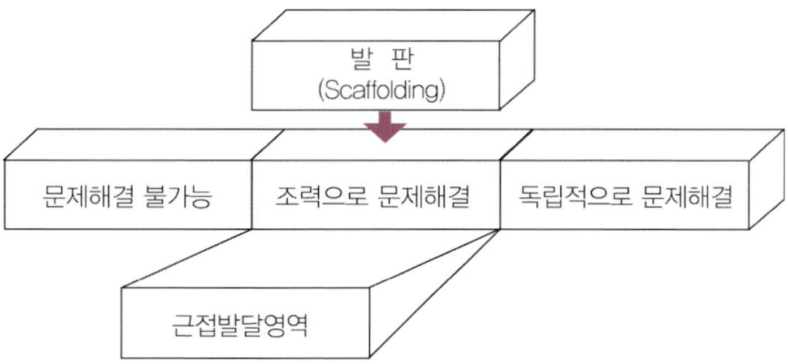


자료: Eggen & Kauchak(1992).

**그림 2-2 | 근접발달 영역과 발판**

초기의 문자해득능력(literacy)의 발달에 대한 한 연구에서 근접발달의 영역의 개념을 다음과 같이 기술하였다(Panofsky, 1987: 27-28).

> 영역(zone)이란 한 아동이 성인이나 또래의 도움을 받지 않고 독자적으로 성취할 수 있는 과제와 능력이 있는 타인의 도움에 의존해서야만 성취할 수 있는 과제 간의

차이를 표시하는 것이다. 성인의 역할은 아동의 활동을 중재(mediate)하는 것이다. 즉, 성인은 아동의 주의를 사로잡고 통제하며 특정 개념에 관련되는 환경적 요소들을 추상화하여 제공한다. 성인은 아동의 근접발달의 영역 범위 내에서 활동함으로써, 그 지식을 아동의 수준에 맞게 조절하고 도움을 제공하는 것을 통해 아동이 혼자서 성취할 수 있는 것 이상의 보다 진전된 방법을 사용할 수 있게끔 해준다. 이와 같은 상호작용에서 공유적인 또는 개인내적인(interpersonal) 과정들은 아동에게 서서히 내면화되어 그 아동의 인지과정을 유도하게 되고, 궁극적으로는 근접발달의 영역을 변화시키게 된다.

부연하면, 이 개념은 학습자들이 타인(혹은 타인과의 대화)에 대한 의존으로부터 자신에 대한 의존으로 점진적으로 옮겨가는 방식을 설명하는 것이며, 사고란 하나의 개인적 성취인 동시에 하나의 사회적 성취임을 강조하는 것이다.

### 3) Piaget와 Vygotsky의 관점 비교

Piaget와 Vygotsky는 모두 아동을 적극적인 유기체로 보았다는 점에서는 유사하지만, 인지발달에 관한 견해에는 상당한 차이가 있다. Piaget는 아동이 혼자서 세계에 대해 폭넓은 이해를 구성하는 작은 과학자라고 설명하는 반면, Vygotsky (1978; 1986)는 아동이 타인과의 관계에서 영향을 받으며 성장하는 사회적 존재임을 강조한다. 그에 따르면, 인간의 정신은 독립적인 활동이 아닌 사회학습의 결과이며, 일상에서의 문제해결은 성인이나 혹은 보다 뛰어난 또래로부터 영향을 받는다. 이처럼 사회의 보다 성숙한 구성원과 상호작용하는 동안 자신의 문화에 적합한 인지과정이 아동에게 전이된다. 따라서 Vygotsky는 상호작용에 필수적인 요소인 언어습득을 아동의 인지발달에 가장 중요한 변인으로 간주한다.

전윤식과 이영석(1990)은 Piaget와 Vygotsky의 관점을 다음과 같이 비교하여 제시하고 있다.

① 환경에 대하여 Piaget는 물리적 환경에 주로 관심을 가지는데 반해, Vygotsky는 역사적, 문화적 환경에 주로 관심을 가진다.

② Piaget는 논리적 구조의 형성은 개인 내(intrapersonal) 과정 즉, 평형과정에 기초한다고 보는 반면에, Vygotsky는 처음에 대인적(interpersonal)에서 시작하여 그 다음 개인 내 과정을 거쳐 다시 대인적 과정에 기초한다고 본다.

무엇이 될 것인가"라는 문제를 고민할 때 더욱 심각할 수 있다. 청소년은 직업선택과 관련하여 정체성 문제를 자신은 누구이며 어떤 직업을 가질지 확실하지 못한 경우에, 선택에 대한 압박은 혼란스러울 수 있다. 이런 압박은 학교성적이나 지능검사에 따른 능력별 학급편성에 의해서뿐만 아니라 가능한 한 일찍 "직업전선"에 서기 위한 강한 사회적 압력에 의해 강요된다고 말할 수도 있다. 어린 시절의 불행한 경험이나 현재의 사회환경 때문에 정체감 형성에 실패하게 되면 '정체감의 위기' 즉, 역할혼미에 빠지게 된다. 나는 누구이며, 무엇을 하고 살아야 할 것인지, 어떤 역할을 수행해야 하는지 알지 못하고 방황의 수렁에 빠져서 무력감, 혼란감, 허무감을 경험한다. 이러한 자아정체감 대 역할혼미의 갈등이 성공적으로 해결되면 충성심이라는 덕목을 발달시키게 된다. 충성심은 가치체계의 불가피한 모순에도 불구하고 스스로 어떤 것을 지켜내는 능력이다.

### (6) 단계 6: 친밀성 대 고립감–사랑(18～35세까지)

6단계의 주요 위기는 진실하고 친밀한 인간관계의 발달이다. Erikson은 이 단계의 사람은 자기정체성을 잃지 않으면서 다른 사람을 돌볼 수 있다고 한다. 친밀감을 발달시키지 못하면 고립감을 키우게 되어 타인과의 인간관계나 공동체 형성을 피하려는 경향이 생긴다. 이러한 친밀감 대 고립감의 갈등이 성공적으로 해결되면 사랑이라는 덕목을 발달시키게 된다. 사랑이란 낭만적인 애정 뿐 아니라 자신을 타인에게 관여시키고, 이 관여를 지키는 능력을 말한다.

### (7) 단계 7: 생산성 대 침체성–배려(35～65세까지)

Erikson은 중년기는 생산성에 관심이 많다. 생산성은 무엇인가를 만들어 내는 것을 의미하는 데, 이 때 자녀를 출산하여 양육하고 교육시키는 이 모든 일은 인류문명과 문화를 전수하는 매우 중요한 생산과업이다. 또한 자신이 수행하고 있는 일에서 어떤 종류의 업적을 이루어 내는 것도 생산성에 해당한다. 그러나 생산성의 과업을 성취하지 못하게 되면 과도한 자기편견을 갖게 되고 침체감에 빠지게 된다. 이러한 생산성 대 침체의 갈등이 성공적으로 해결되면 배려라는 덕목을 발달시키게 된다. 배려는 다른 사람들과 함께, 그리고 그들을 위하여 협력하고 봉사하는 '사회적 관심'에서 비롯된다.

#### (8) 단계 8: 자아통합 대 절망-지혜(65세 이상)

일생의 마지막 단계로, 성취해야 할 긍정적인 과업은 자아통합이다. 자아통합은 자신이 지금까지 살아 온 자기 인생을 돌이켜 보고 만족하는 것이다. 만일 자신의 인생에 대해 만족하지 못한다면 죽음에 대한 두려움, 자기 인생을 되돌릴 수 없는 것에 대한 후회, 희망했던 것에 대한 끊임없는 미련이 생기고 절망에 빠진다. 이러한 자아통합 대 절망의 갈등이 성공적으로 해결되면 지혜라는 덕목을 발달시키게 된다. 지혜로운 사람은 자신이 살아온 인생과 노후를 순리대로 받아들이고 취미생활이나 봉사활동을 하며 노후생활을 하게 된다.

### 3) Freud와 Erikson 이론의 교육적 시사점

이상에서 살펴본 Freud와 Erikson의 성격발달 이론은 교육과 관련하여 중요한 시사점을 제공해 준다. 우선, Freud의 이론은 인생의 초기 경험을 강조함으로써 유아교육의 중요성을 일깨워 주고 있다. 즉 Freud의 이론은 아동의 초기 경험이 정의적 특성의 건전한 발달에 큰 영향을 미치며, 개인의 성격과 사회성이 아동초기에 형성된다는 입장을 뒷받침하고 있다.

Erikson의 이론은 부모나 교사 등의 성인들이 '성장하고 있는 개인'을 어떻게 다루어야 하는지에 대해서 특히 의미 있는 시사점을 제공해 주는데 이를 몇 가지로 정리해 보면 다음과 같다.

첫째로 부모들은 자녀들에게 이 세상은 평온하고 안전한 곳이라는 느낌을 전해 주는 것이 중요하다. 그리하여 어린이들이 기본 신뢰감을 형성하도록 도와주어야 한다. 둘째로 인간의 성격이란 주로 내적으로 타고난 시간표에 따라 단계적으로 발달해가는 것이기 때문에 어린이가 웃을 때 같이 웃어 주고, 어린이가 걸으려 할 때 그들이 걸을 수 있는 환경을 제공해 주어야 한다. 셋째로 "만약 우리가 아동으로 하여금 스스로 살아가도록 그대로 내버려 둔다면 성장에 대한 계획은 거기에 있다"(Erikson, 1959: 100)는 말에서와 같이 교육은 성인의 관점에서가 아니라 아동의 관점에서 계획되어야 한다(김언주, 구광현, 1998).

## 4) Marcia의 자아정체성 이론

청소년이 정체성 위기를 극복하는 방법은 다양하다. 마샤(Marcia)는 Erikson의 자아정체성 형성에 대한 연구를 정교화하여 자아정체성의 수준에 따라 성취지위를 네 가지 상태로 분류하였다. 그는 Erikson이 자아정체성의 형성기를 직업적, 이념적 관여가 발달하는 시기로 보고 있는 것에 근거하여 대학생들을 대상으로 면접을 실시하고 직업에 대한 가치관, 삶의 철학, 성적 태도, 종교적·정치적 신념 등에 대해 질문하였다.

Marcia는 Erickson이 이미 확인했던 두 가지의 필수적인 변인, 즉 위기/탐색 및 수행에 근거를 두고 '정체감 혼미', '정체감 상실', '정체감 유예', '정체감 확립'의 네 가지 정체감 상태를 개념화하였다.

### (1) 정체성 혼미

정체성 혼미는 어떤 직업을 가질지를 결정하는 것과 같이, 스스로 선택하기와 같은 문제에 실패하며, 청소년이 의사결정하기를 거부함으로써 자신의 정체성을 해결하는 문제를 억누르려 한다고 생각한다. 이 상태에 있는 청소년들은 삶의 목표와 가치를 탐색하려는 시도를 보이지 않으며, 자신의 생애를 계획하고 설계하려는 욕구가 부족하다. 이들 청소년들은 부모와의 애착관계가 없거나 부모로부터 거부당한 것으로 느끼는 경우가 많고 자아존중감이 낮으며, 흔히 혼돈과 공허감에 빠져있다. Marcia는 어떤 학생들은 그가 양육된 방식과 완전히 반대되는 가치관을 선택함으로써 부정적인 정체성을 발달시킨다. 예를 들어, 엄격한 종교적 가정에서 자라서 '사탄' 문화에 열광하는 십대 소년이 있을 수 있다. 부정적 정체성을 가진 십대는 반사회적이 되거나 범죄활동을 하게 될지도 모른다.

### (2) 정체성 유실

정체성 유실은 의사결정이 올바른 것인지 숙고하지 않고 십대가 어떠한 권위적인 인물에 의해 정체성을 채택하여 정체성 위기를 급속히 해결해 가는 것이다. 십대 초반에는 부모나 친척이 대부분 교사라서 자신도 교사가 되리라 결심하는 소녀의 경우를 생각해 볼 수 있다. 그녀는 다른 선택 사항을 탐색해 보지도 않았고 자기 적성에 어떤 것이 맞는지 생각해 보지 않았다. 충분한 자아정체성의 탐색 없이 지나치게 빨리 정체성 결정을 내린 상태를 지칭한다. 이들은 흔히 부모가 기대하거나 선택한 생애과업을 대안적 가능성의 검토 없이 수용한다.

### (3) 정체성 유예

정체성 유예는 자신의 정체성 발달과 관련한 중요한 결정을 미루는 것이다. 삶의 목표와 가치에 대해 회의하고 대안들을 탐색하나 여전히 불확실한 상태에 머물러 구체적인 과업에 관여하지 못하는 상태를 뜻한다. 이 지위에 속하는 청년들은 가장 적극적으로 정체성을 탐색하며, 안정감이 없으나, 시간이 흐르면서 정체성을 확립하게 된다. Erikson과 Marcia에 의하면 정체성 유예는 정체성 성취에 도달하기 위해 필요한 과도기적 단계이므로 혼미나 상실보다는 앞선 단계라고 본다.

### (4) 정체성 성취

정체성 성취는 정체성에 대한 선택을 스스로 책임지게 하는 것이다. 이들은 삶의 목표, 가치, 직업, 인간관계 등에서 위기를 경험하고 대안을 탐색하며 확실하고 변함없는 자아정체감을 확립한 상태이다. 이는 네 가지 상태 중 가장 높은 수준으로 간주된다. 이들은 부모를 포함한 인간관계에 있어서 현실적이고 안정되어 있으며, 자아존중감이 높고, 스트레스에 대한 저항력도 높다.

CHAPTER 04

# 개인차와 특수한 학습자

## 01 학습자의 개인차

### 1) 지능

지능은 개인의 인지 특성과 능력을 나타내는 대표적인 구성개념이다. 지능에 대한 본격적인 연구는 20세기 초에 시작되었다. 이처럼 오랜 연구의 역사에도 불구하고 지능의 개념은 오늘날에도 흔히 잘못 이해되고 있다. 그 이유는 지능에 대한 하나의 보편적인 정의가 존재하지 않으며 그 결과 지능의 측정방법 또한 다양하기 때문이다. 전통적으로 지능은 아이디어, 상징, 관계, 개념, 원리 등과 같은 추상을 다루는 능력(Terman, 1916), 혹은 목적적으로 행동하고 합리적으로 사고하며, 환경을 효과적으로 다루는 개인의 종합적 능력(Wechsler, 1944)으로 정의되어 왔다. 최근에는 전통적인 이론을 보완하는 새로운 이론들이 제안되어 있어 높은 관심을 불러일으키고 있다.

## (1) 지능이론

### ❶ 전통적 지능이론

#### ■ Spearman의 2요인설

일찍이 영국의 스피어만(Spearman, 1927)은 각종 정신검사를 요인분석해 본 결과 지능이 두 개의 요인으로 구성되어 있음을 발견하였다. 한 요인은 일반요인(general factor: g요인)이며, 다른 한 요인은 특수요인(special factor: s요인)이다. 일반요인은 정도의 차이는 있으나, 모든 개인이 공통으로 갖고 있는 능력이다. 오늘날 학교에서 널리 쓰이고 있는 일반지능검사에서 잘 나타나고 있다. 특수요인은 특정 분야에 대한 능력이다(김언주, 구광현, 1998). 따라서 지능을 언어 능력, 수리 구성, 추상적 추론 등으로 나누어 모두 높은 점수를 얻은 것을 다양한 지능으로 측정했다. 지능에 대한 이러한 견해에 따르면, 높은 지능 점수를 가지면 모든 업무에 성공할 것으로 여겨지며, 낮은 지능 점수를 가지면 모든 일을 잘하지 못할 것이라고 가정한다. 그러나 이러한 일반 지능에 대한 설명은 정신 능력의 하나가 아니라 다양한 형태로 이루어진다는 비판을 받게 되었다.

#### ■ Thurstone의 군집요인설

써스톤(Thurstone, 1935)은 지능이 두 개의 요인이 아닌 여러 개의 요인으로 구성되어 있다고 주장하였다. 그는 당시에 발표되었던 지능검사를 모두 모아 요인분석한 결과 일곱 개의 공통 요인을 추출할 수 있었다. 이들 일곱 개의 요인은 언어이해 요인, 공간요인, 수리요인, 지각요인, 언어유창성요인, 기억요인, 추리요인이며, 이를 기본 정신능력(primary mental abilities: PMA)이라고 한다. 군집요인설에 대한 비판이 있으나, 현재 사용되고 있는 대부분의 지능검사는 기본 정신능력의 개념을 활용하여 제작된 Thurstone식 지능검사이다.

#### ■ Guilford의 지능구조모형

길포드(Guilford, 1988)는 Thurstone의 이론을 계승발전시켰다. 그러나 Thurstone의 이론이 지능을 일차원적 입장에서 기술하고 있기 때문에 지능을 충분히 설명하지 못하고 있다고 생각하고, 독특한 3차원의 지능구조모형(structure of intelligence model: SI)을 제안하였다.

Guilford의 지능구조모형(SI)은 주어진 정보의 내용(content)을, 어떻게 조작(operation)하여, 어느 수준까지 산출(product)하느냐의 3차원으로 구조화된다. 이 모형에서 지능은 [그림 4-1]에서와 같이 5개의 내용차원, 6개의 조작차원, 6개의 산출차원을 구성하는 요소들이 상호 조합〔내용(5)×조작(6)×산출(6)〕하여 얻어지는 180개의 상이한 하위정신능력으로 구성된다. 그에 따르면, 지능은 우리가 사고하는 것(내용)과 정신적 조작(사고의 과정) 그리고 이러한 조작에 의한 결과이다. Guilford는 이들 180개의 하위정신능력 중 지금까지 일부만이 밝혀졌으며, 나머지는 앞으로 계속 밝혀져야 할 과제라고 하였다.

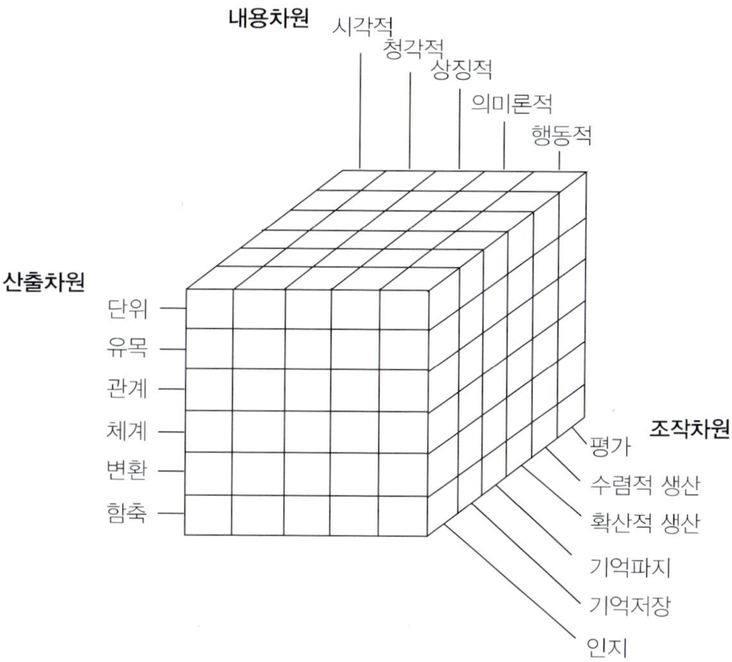


그림 4-1 | Guilford의 지능구조모형

## ■ Cattell과 Horn의 유동적 지능과 결정적 지능

카텔(Cattell, 1963)은 지능에 관련된 모든 경험적 연구들을 보다 발전된 복잡한 방법을 통해 요인분석 하였다. 여러 번 연구를 거듭했음에도 연구결과는 매번 크게 두 개의 요인으로 나누어졌으며, Cattell은 이를 유동적 지능(fluid intelligence:

GF)과 결정적 지능(cristallized intelligence: GC)이라고 명명하였다.

Cattell의 유동적 지능·결정적 지능이론은 제자인 Horn에 의해 발전되었다. 유동적 지능(GF)은 유전적·생리적 영향에 의해 발달되는 지능이다. GF는 뇌와 중추신경계의 성숙에 비례하여 발달한다. 그러므로 GF는 청년기까지 발달하나, 생리적 발달이 쇠퇴하는 성인기 이후에는 점차 쇠퇴한다. GF는 속도, 기계적 암기, 지각력, 일반적 추리력 등의 능력에서 잘 나타난다.

결정적 지능(GC)은 환경·문화·경험의 영향에 의해 발달되는 지능이다. 따라서 GC의 발달은 가정환경, 교육정도, 직업 등의 영향을 받는다. GF는 성인기 이후 점차 쇠퇴하나, GC는 성인기 이후에도 계속 증가한다. 그러나 성인기 이후 GC발달도 환경의 질에 따라 차이가 있다. 즉 계속적인 자극을 추구할 때 GC의 발달은 보다 뚜렷하다. GC를 나타내는 능력은 언어이해, 문제해결력, 상식, 논리적 추리력이다. 특히 GC는 성인기의 지능발달을 보다 잘 설명하고 있다는 점에서 평생발달 심리학적 입장에서 활발하게 연구되고 있다(강경미, 구광현, 백경숙, 2005).

## ❷ 최근의 지능이론

전통적 지능이론은 주지과목(국어·영어·수학·과학 등)의 학업성적을 예언하는 데는 비교적 적절한 편이다. 그러나 전통적 지능검사는 예체능능력을 예언하지 못하고, 실제 생활과 관련된 능력을 간과하고 있으며 아동 및 청년기와 다른 성인기 지적 능력을 고려하지 못하고 있다는 비판을 받아 왔다. 최근 이러한 약점을 보완하기 위한 대안적 이론들이 제안되고 있으며, 이에 대한 실증적 연구도 활발하게 이루어지고 있다.

### ■ Gardner의 다중지능이론

가드너(Gardner, 1983)는 지능이 높은 사람은 모든 영역에서 우수하다는 종래의 획일적 지능관을 비판하고, 지능을 한 문화권 또는 여러 문화권에서 가치 있게 인정되는 문제를 해결하고 결과를 창조해 내는 능력이라 정의하였다. 그는 주관적인 요인분석(subjective factor analysis) 방법을 통해 인간의 지능은 서로 독립적이며 상이한 여러 상징체계로 구성된다는 다중지능이론(theory of multiple intelligence)을 주장하며 다음과 같은 8개의 각각 독립적인 지능을 제시하였다(Checklu, 1997).

- **언어적 지능(linguistic Intelligence)**: 언어지능은 언어사용 능력이다. 모국어, 외국어에 있어서 음운, 어문, 의미 등의 복합적인 요소로 구성되어 있는 언어의 여러 상징체계를 빠르게 배우며, 그에 관련된 문제를 해결할 수 있고 상징체계를 창조할 수 있는 능력이다. 언어적 지능이 높은 사람은 작가, 웅변가, 연설가, 법률가가 될 소질이 있다.
- **논리수학적 지능(logical-mathematical intelligence)**: 숫자나 규칙, 명제 등의 상징체계를 숙달하고, 그에 관련된 문제를 해결하는 능력이다. 논리수학적 지능에는 논리수학적 기억력, 논리수학적 창의성, 과학능력, 산수능력 등이 포함된다. 논리-수학적 지능이 높은 사람은 과학자나 논리학자와 같이 인과관계 원칙체제를 잘 이해한다. 또는 수학자와 같이 수와 양을 조작한다.
- **공간적 지능(spatial intelligence)**: 공간지능은 머릿속으로 공간세계를 묘사하는 능력이다. 즉, 도형, 그림, 지도, 입체설계 등의 공간적 상징체계를 숙달하고 창조하며 그에 관련된 문제를 해결하는 능력이다. 공간적 지능에는 공간적 기억력, 공간적 창의성, 예민한 시각능력, 시각적 기억력, 시각적 상상력 등이 포함된다. 공간적 지능이 탁월하면 미술가, 조각가, 위상수학자, 물리학자, 항해사, 건축가, 외과의사, 바둑기사 등의 소질이 있다. 만약 공간지능이 높고 예술가가 되기를 원하는 사람은 음악가나 작가보다는 미술가, 조각가, 건축가가 될 것이다.
- **신체운동적 지능(bodily-kinesthetic intelligence)**: 신체운동 지능은 몸 전체나 일부(손, 손가락, 팔)를 문제해결, 만들기, 생산에 활용하는 능력이다. 이 지능은 춤, 운동, 표정연기 악기연주 등의 상징체계를 쉽게 익히고 창조하는 능력으로 자신의 몸을 잘 가누고, 신체나 운동상의 문제를 잘 해결하는 능력이다. 이 지능은 훌륭한 무용가, 운동선수, 기술자, 연주자, 공예인, 배우, 외과의사, 발명가와 관련이 있다.
- **음악적 지능(musical intelligence)**: 음악지능은 음악적으로 사고하고, 음악의 패턴을 들을 수 있으며, 기억, 인식, 조직하는 능력이다. 이 지능은 가락, 리듬, 소리 등의 음악적 상징체계에 민감하고, 그러한 상징들을 창조할 수 있으며, 그에 관련된 문제를 해결하는 능력이다. 음악적 지능은 언어적 지능처럼 청각능력에 크게 의존하지만 실어증과 실음증이 다른 것처럼 청각능력이 곧 언어능력이나 음악능력은 아니다. 말을 못하면서도 악기를 아름답게 연주하거나 훌

륭하게 작곡을 하는 사람이 있다. 이로 보아 음악적 지능과 언어적 지능은 별개의 능력이다. 음악적 지능이 높은 사람은 작곡가, 연주가로 성공할 수 있다.

- **대인관계 지능(interpersonal Intelligence)**: 다른 사람을 이해하고, 무엇이 사람을 동기화시키는지 알며, 사람이 어떻게 서로 협동하는가를 아는 능력이다. 대인관계 지능을 구성하는 능력은 각 개인간의 차이점을 변별할 수 있는 능력, 다른 사람의 성향 동기·의도를 알아내는 능력이 포함된다. 대인관계 지능은 문화간 다양성이 매우 뚜렷하여 문화간 비교가 불가능한 측면이 있다. 대인관계 지능의 기술은 정치가, 종교인, 교사, 심리치료가, 사업가, 행정가에게 특히 필요한 지능이다.
- **개인 내 지능(intrapersonal intelligence)**: 자기 자신을 느끼고, 자신의 감정의 종류와 범위를 구별해 내고, 그런 감정에 이름을 붙이고, 자신과 관련된 문제를 잘 풀어내는 능력이다. 훌륭한 개인 내 지능을 가진 사람은 실행가능하고 효과적인 모범으로서 자기 자신을 선택하여 자기 자신을 위해 진지한 삶의 목표를 세우고, 그 목표가 자신의 삶에서 효과적으로 작용하도록 한다. 개인 내 지능도 문화간 다양성이 매우 뚜렷하다. 예로써 개인중심적인 서구사회가 가족중심의 동양사회보다 더 개인 내 지능을 강조한다. 개인 내 지능이 고도로 발달되면 내적 성찰력을 지닌 문필가, 공동체 구성원을 지도하기 위해 자신의 풍부한 내적 경험을 사용하는 현명한 조언가나 철학자가 될 수 있다.
- **자연 지능(naturist intelligence)**: 자연 지능은 자연 세계(구름, 바위)의 특성에 민감하고, 생명체(식물, 동물)를 구분하는 인간의 능력이다. 즉, 자연에 대해 관심을 갖고 자연현상을 탐구하는 능력, 자연에 적응하기 위해 감각을 사용하는 능력을 의미한다. 이 능력은 사냥꾼, 채집가, 농부에게 중요한 것이었다. 식물학자, 요리사에게도 중요하다. 소비사회에서 자동차, 운동화, 그 밖의 인공물들을 구분하는데 자연 지능이 이용되며, 과학의 한 분야에서도 중요한 패턴 인식에는 자연지능이 요구된다.

이후 Gardner는 실존적 지능이라는 독립적인 아홉 번째 지능으로 추가하여 제시하였는데, 실존적 지능은 삶의 의미를 생각하고 어떻게 살아야 할지 고민하고 탐색하는 능력을 의미한다.

Gardner는 기존의 지능이론이 언어적 지능과 논리수학적 지능에만 초점을 맞추고 있기 때문에 학교나 가정에서 그 외의 지능이 우수한 어린이의 능력을 제대로 인정해 주거나 개발해 주지 못하였다고 비판하였다. 특히 그의 다중지능이론은 지금까지 지능이론 및 지능검사에서 무시되어 온 미술, 음악, 체육 등의 능력을 훌륭히 설명하고 있다. 다중지능이론에 대한 연구는 주로 개별화 수업이나 재능교육과 관련하여 수행되어 왔는데, 이들 연구는 개인간의 능력의 상대적 위치를 비교하기보다, 한 개인의 독립적인 지능프로파일을 찾아내어 그 개인의 지적 강점과 약점을 확인하며 이를 보완해 주는 기능을 중시하고 있다. Gardner의 이론은 교사가 학급의 학생들이 가진 다양한 재능과 특별한 능력을 이해하기 위한 토대를 제공해 준다는데 그 의의가 있다.

### ■ Sternberg의 삼위일체 지능이론

다중지능의 또 다른 제안자인 스텐버그(Robert Sternberg, 1985; 1986)의 인간 지능의 삼위일체 이론(Triarchic Theory of Human Intelligence)은 지능의 세 가지 근원(상황, 경험, 요소)에 따라 상황하위이론, 경험하위이론, 요소하위이론으로 구성된 종합적인 지능이론이다.

그는 기존의 지능이론들이 지능의 근원을 오로지 개인, 행동, 그리고 상황 가운데 일부로부터만 찾으려 했기 때문에 불완전 할 수밖에 없다고 가정하고, 보다 완전한 지능이론이 되기 위해서는 이 세 가지를 모두 고려하여야 한다고 주장하였다. 따라서, 그는 [그림 4-2]에서 보듯이 상황적 지능이론(특정한 사회문화적 상황에서 지적인 것으로 여겨지는 행동들의 내용을 명시한 이론), 경험적 지능이론(지능과 지적 과제에 대한 경험의 양자 간의 관계를 명시한 이론), 요소적 지능이론(모든 지적 행동에 기저하고 있는 정신과정과 전략을 명시한 이론) 등 세 가지 하위이론으로 구성되는 삼위일체 지능이론을 제안하여, 한 개인의 지능은 '누구에게, 어느 곳에서'(상황), '언제'(경험), '어떻게'(과정요소) 지적인 행동을 보이는가를 종합적으로 고려할 때 비로소 밝혀질 수 있다는 입장을 취하고 있다.

다른 이론이 지능의 내용과 구조를 강조하는데 반해 Sternberg의 이론은 정보의 수집과 사용방식을 강조한다. Sternberg는 지능이 "환경에 대한 의도적 적응, 선택, 구체화하는 인간의 능력"라고 한다(Sternberg, 1988). Sternberg 모델은 지능과 환경간의 연결과정이나, 경험을 통해 지능을 수정하는 기제와 같은 과정적 요소를 포함한다.

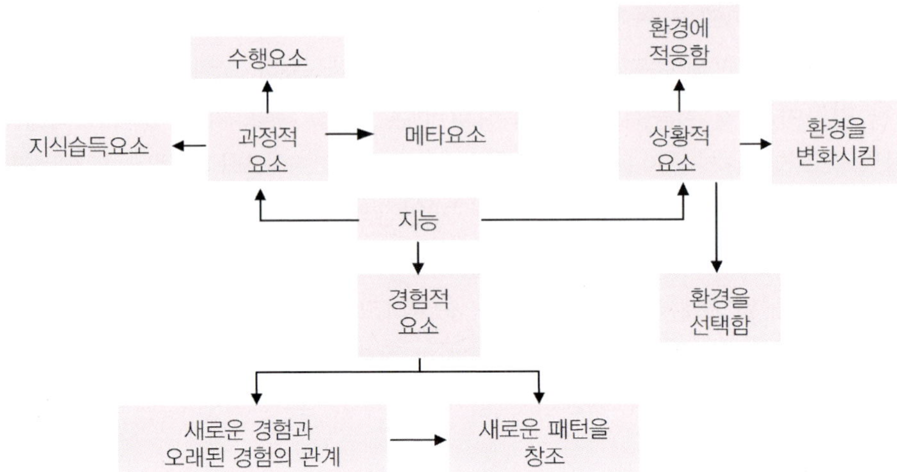


자료: Tan et al.(2003).

**그림 4-2 | Sternberg의 삼위일체 지능이론**

요소적 지능은 메타요소, 수행요소, 지식습득요소의 세부분으로 구성된다. 스텐버그(Sternberg, 1986)는 이러한 요소들은 기말 과제를 쓸 때와 같이 복잡한 과정을 통하여 상호작용 한다고 한다. 메타요소는 문제를 확인하여, 계획하고, 목적을 세우고, 실행을 조정하는 과정이다. 기말과제를 쓰기 위해서, 메타요소는 과제의 주제를 결정하고, 계획을 세우고, 수행과정을 점검하는 것과 같다. 수행요소는 실제로 과제를 쓰는 것이다. 수행요소는 과제를 수행하고 완성하는 것을 말한다. 지식습득요소는 새로운 학습이 일어나는 과정을 포함한다. 즉, 과제를 연구하고 아이디어를 통합하는 과정이다.

Sternberg에 의하면, 지능의 다른 중요한 요소는 목적을 이루는데 환경을 활용하는 방법이다. 환경에 적응하고, 그것을 변화시키고, 선택하는데 필요한 지능을 가리킨다. 이렇게 환경에 적응, 선택, 변화과정을 상황적 지능으로 본다. 기말과제를 쓸 때를 생각해 보자. 학생은 교수의 과제에 대한 기대에 부응하려 한다. 교수의 요구에 적합하도록 자신의 생각을 재구성하고, 만약 교수가 원하는 것이 무엇인지 확신하지 못할 때는 그 교수의 강좌에서 좋은 점수를 받았던 동료에게 물어볼 것이다. 이에 따라 학생의 환경이 변화를 일으킨다. 이 학생이 그 교수의 과제를 쓸 수 없다면, 그 수업을 포기하는 쪽으로 환경을 선택해 버릴 것이다.

Sternberg의 삼위일체 지능이론의 마지막 부분은 지능이 경험을 통해 수정되는 방법을 설명한다. 이것이 경험적 지능이다. Sternberg는 지능적 행동이란 새로운 경험에 효과적으로 대처하고, 문제를 효과적으로 해결하는 능력이라 본다. 지능에 대한 이러한 견해는 학생들에게 과거의 경험과 관련된 많은 새로운 경험을 하도록 해야 함을 의미한다.

**표 4-1 | Sternberg의 삼위일체 지능이론**

| | |
|---|---|
| 상황하위이론 | • 지능을 개인의 외부세계와 관련시키고, 그 특정한 사회문화적 상황에서 지적인 것으로 여겨지는 행동들의 내용을 명시하는 이론이다.<br>• 일상의 경험에 의해 획득되고 발달되는 능력으로 현실상황에 적응할 수 있는 능력으로, '기존상황에 잘 적응하는 것', '자신의 필요에 맞게 현재의 환경을 변화시키는 것', '새롭고 보다 나은 환경을 선택하는 것' 등을 잘 할 수 있는 능력이다. |
| 경험하위이론 | • 지능을 개인의 외부세계와 내부세계를 매개하는 경험과 관련시키고, 새로운 문제에 당면했을 때 통찰력을 통해 새로운 생각을 형성하고, 서로 관련되어 있지 않은 사실들을 연결할 수 있는 창조적 능력이다.<br>• 이러한 지적 사고와 문제해결을 자동적으로 처리해 낼 수 있는 능력도 포함한다. |
| 요소하위이론 | • 지능을 개인 내부세계와 관련시키고, 개별적인 행동내용과 관계없이 모든 지적 행동에 기저되어 있는 정신구조와 과정을 명시하는 이론이다. 새로운 지식의 습득, 과제의 수행, 과제수행 시 사용하게 되는 계획 및 전략의 선택에 관련되는 지능이다. |

보다 최근에 Sternberg(1996)는 성공지능이라는 개념을 제안하여 자신의 지능이론을 발전시키고 있다. 그가 말하는 '성공지능'(successful intelligence)이란, 분석적·창조적·실천적이라는 세 측면의 생각을 잘 해내는 능력을 의미한다. 성공지능의 세 측면은 서로 관련되어 있다. 즉, 문제를 해결하고 아이디어의 질을 판단하는 데에는 분석적 지능이 필요하다. 그러나 문제점과 아이디어를 훌륭하게 파악하는 데에는 창조적 지능이 필요하다. 마지막으로 일상생활에서 훌륭한 아이디어와 분석 방식을 활용하려면 실천적 지능이 있어야 한다. Sternberg는 한 개인의 성공지능은 분석적·창조적·실천적이라는 세 측면의 지능이 균형을 이룰 때 가장 효과적이라고 주장한다. 분석적 지능은 학교장면에서 활용되는 학업적 지능이고, 창조적 지능은 새로운 장면과 과제에 대처하는 능력(독창성)이며, 실천적 지능은 개인이 처한 현실에서 당면하는 문제를 파악하고 해결하는 능력이다. 그에 따르면, 이러한 세 측면은 그것을 가지고 있는 것 자체보다 그것을 적절히 활용하는 시기와 방법을 아는 것이 중요하다. 즉, 성공지능이 높은 사람이란 단지 능력을 가지고 있기만 한 것이 아니라, 오히려 그 능력을 적절히 사용하는 시기와 방법을 늘 생각하는 사람이다.

### (2) 지능의 측정

Gardner나 Sternberg의 이론은 학문 사회의 관심을 얻고 있지만, 아직 학교교육 장면에서 널리 사용될 만큼 전형적인 지능 측정 방식으로 자리 잡지는 못하고 있다. 현재까지 교육장면에서 널리 사용되는 지능검사는 대부분 전통적 접근 특히 Thurstone 식의 심리측정적 접근에 바탕을 둔 검사들이다. 지능검사는 분류의 기준이나 목적에 따라 이처럼 다양하게 분류할 수 있지만, 가장 일반적으로는 측정 목적에 따라 일반지능검사와 특수지능검사로 구분한다. Binet 지능검사를 비롯하여 대부분의 사용되는 검사는 일반지능검사이다. 따라서, 여기에서는 일반지능검사로서 오랫동안 세계적으로 널리 사용되어 온 대표적 지능검사들인 Binet 검사와 Wechsler 검사의 발전과정에 대해 간단히 살피기로 한다.

#### ❶ Stanford-Binet 지능검사

1900년대 초 Alfred Binet는 표준화 지능검사를 만들었다. 원래, Binet와 그의 동료 Simon은 각 학년마다 지능검사를 차별화하여 사용했다. 초기에 그들은 지능을 수행정도에 대한 정신연령으로 설명하였다. 예를 들어, 9살 아동이 대부분 통과하는 과제에 성공한 아동은 정신연령이 9세이다. 그러나 더 성장한 사람들에게 이 방법을 적용하는 것에는 문제가 있었다.

비네검사는 스탠포드 대학의 Lewin Terman에 의해 변형되었다. 이것이 Stanford-Binet 지능검사로 알려진 개정판이며, 지능지수(IQ)의 개념이 첨부되었다. 지능지수는 검사에 통과한 항목수를 말하는 정신연령(Mental Age: M.A.)을 생활연령(Chronological Age: C.A.)으로 나누고, 100을 곱해서 소수점을 제거하는 간단한 공식을 통해 산출된다.

$$IQ = \frac{\text{M.A.(정신연령)}}{\text{C.A.(생활연령)}} \times 100$$

예를 들어, 6세 아동이 일반적인 8세 아동의 과제를 모두 해낸다면, IQ가 133이다. 이것은(8/6=1.33×100=133)으로 계산한다. Stanford-Binet 지능검사는 하위검사를 가지며, 개인적으로 시행되는 지능검사이다. 초기에는 언어능력을 강조했고,

최근에는 언어를 사용하지 않는 다양한 동작 평가항목을 넣었다.

### ❷ Wechsler 지능검사

오늘날 가장 많이 사용되는 지능검사는 Wechsler 검사이다. 실시대상에 따라 유아용, 아동용, 성인용의 3가지 검사가 있다. 대부분 학령 아동이 사용하는 척도는 WISC-IV(the Wechsler Intelligence Scale for Children, 4판)이다. Wechsler 검사는 언어와 동작의 두 부분으로 되어있다. 언어검사는 구술에 의한 질문과 응답으로 되어있다. 동작검사는 주어지는 과제에 대해 동작을 통해 응답하는 하위검사이다. 각 영역의 능력 유형을 이해하면 학생의 상대적 강점, 약점에 대해 알 수 있다. 예를 들어, 언어와 동작 영역의 점수를 비교해도 가치 있는 정보를 얻을 수 있다. 한 학생이 언어보다 동작검사에서 더 좋은 점수를 받았다면, 그 학생은 책을 적게 읽었거나 문화적 차이에 관련된 언어적 문제가 나왔을 수도 있다. 또한, 동작검사에서 문제가 있는 학생은 시각적 과정이나 운동기능에 문제가 있을 수도 있다는 것을 나타낸다. 이러한 구체적 척도의 해석은 학생에게 특별한 훈련을 받을 수 있게 하며, 교사가 학생의 장점을 일깨워주는데 필요한 자료 및 교수방법을 적용하도록 유용한 정보를 모을 수 있다.

### ❸ 지능검사 결과의 활용

일반적으로 지능검사의 결과는 지능지수, 즉 IQ로 나타낸다. Wechsler 검사와 학교 성적 사이 상관은 .65로 매우 높다(Sattler, 1988). 그러나 개인 IQ점수가 그 자체로 인생의 성공을 예측하는가에 대해서는 많은 의문이 제기되어 왔다. 왜냐하면 동기, 교육기간, 감성지능, 정신장애 등의 다른 요소들이 작용하기 때문이다. 그러나 지능과 지능검사는 영재, 특수 학습장애 등 예외적인 것을 정의하는데 중요한 역할을 한다.

지능검사를 교육적으로 유용하게 활용하기 위해서는 무엇보다도 지능검사가 가지는 속성을 분명히 이해하고 그 가능성과 한계를 충분히 고려하여야 한다.

이성진(1997)은 교사들이 지능검사 결과를 교육적으로 사용할 경우의 유의점으로, 첫째 IQ를 개인의 지적 기능의 한 가지 지표로 생각할 것, 둘째 과잉해석을 피할 것, 셋째 IQ검사의 하위요인의 변산에 특별히 유의할 것, 넷째 IQ점수를 점수

대(帶)로 생각할 것, 다섯째 IQ검사에 대해 합리적이되 융통성을 가질 것, 여섯째 IQ를 다른 예측요소와 함께 사용할 것, 일곱째 IQ점수를 근거로 한 아이를 저능아라든지 천재라든지 하는 라벨을 붙이는 것을 피할 것, 그밖에, IQ점수만으로 학급편성을 한다든가 부모에게 자녀의 IQ를 상세한 해설 없이 알려 주는 것을 삼갈 것 등을 제안하고 있다.

## 2) 창의력

최근에 이르러 창의력계발 문제는 교육이 당면하고 있는 중요한 과제 중의 하나이다. 창의력(또는 창의성, creativity)이라는 용어가 비교적 광범위하게 사용되고 있으나, 엄격히 말하면 창의력에 대한 개념정의도 제대로 내리지 못하고 있는 실정이다.

### (1) 창의력의 정의

일반적으로, 무엇인가 특이하고 새로우며 독특한 것을 만들어 내는 능력을 창의력이라고 한다. 그러나, 창의적인 사람이 반드시 평범한 사람들과 달라야 한다는 것을 뜻하지는 않는다. 길포드(Guilford, 1959)는 창의성을 새롭고 신기한 것을 낳는 힘이라고 정의하였고, 테일러(Taylor, 1961)는 생산적 사고와 창조적 사고를 표현하는 복잡한 심리적 과정으로서, 인내성과 성취, 변화, 개선을 구하는 태도, 그리고 아주 큰 소신을 낳게 하는 정열 같은 것이라고 하였다. 한편, 윤종건(1996)은 창의력을 기존의 요소들로부터 적어도 자기 자신에게는 새롭고 유용한 결합을 이루어 내는 능력이라고 정의하였다. 이처럼 창의성은 다양하게 설명되고 있기 때문에 한 가지로 정의하기에는 어렵지만, 여기에서는 창의성을 새롭고 독창적인 아이디어를 산출하는 지적 능력이라고 정의하기로 한다.

### (2) 창의력의 구조

길포드(Guilford, 1967)는 인간의 기본적 정신특성을 기술하는 과정에서 사고의 형태를 수렴적 사고(convergent thinking)와 확산적 사고(또는 발산적 사고, divergent thinking)로 구분하였다. 수렴적 사고란 '5×4=20'과 같이 하나의 정답을 향하여 진행되는 사고이고, 확산적 사고란 '빈 깡통의 용도를 열거하기'와 같이 문제에서 출발하여 가능한 한 다양한 방향으로 밖으로 이동해 가는 사고를 의미한다. Guilford가 창의적 문제해결과 확산적 사고가 밀접히 관련된다는 것을 주장한 이래 심리학자들은 '창의력=확산적 사고'라는 등식화에 익숙해져 있다.

Guilford(1959; 1967)는 창의력을 구성하는 사고의 요인으로 유창성(fluency in the production of ideas), 융통성(flexibility in thinking), 독창성(originality in the production of ideas)을 들고 있다. 사고의 유창성이란 '인간이란 단어의 동의어를 모두 열거하기'와 같이 어떤 요구조건을 충족시키는 해결책을 많이 생산해 내는 능력을 말한다. 사고의 융통성이란 '도시의 주차문제 해결안 제시하기'와 같이 상황의 변화에 대처하는 데 있어서 질적으로 서로 다른 해결방안을 많이 생산해 내는 능력을 말한다. 사고의 독창성이란 '도시의 주차문제 해결방안으로써 벌집모양의 주차 타워 세우기'와 같이 새롭고 독특한 대답을 산출해 내는 능력을 의미한다.

한편, 정원식과 이영덕(1985)은 창의력 속에 지적 능력뿐만 아니라 성격적 특성까지도 포함시켜, 창의력은 다음과 같이 7가지 요인으로 구성된다고 주장하였다(김언주, 구광현, 1998).

- **유창성(fluency)**: 이 요인은 주어진 자극에 대하여 제한된 시간 내에 얼마나 많은 양의 반응을 보일 수 있는가 하는 능력의 변인이다. 반응의 질(質)이 문제가 아니라 반응의 양(量)이 중요하다.
- **융통성(flexibility)**: 한 가지 문제사태에 대하여 접근하는 방법이 얼마나 다양한가 하는 사고능력이다. 주어진 문제를 한 가지 방법에 집착하지 않고 여러 가지 접근 방법에 의해 해결하는 것은 그 만큼 융통성이 있다는 것을 의미한다.
- **독창성(originality)**: 사고의 결과로서 나타나는 반응의 '색다름'을 의미한다. 기존 지식의 통합이나 재구성이 아니라 새롭고 흔히 볼 수 없는 반응의 도출을 의미한다.
- **정교성(elaboration)**: 주어진 문제를 세분화하여 전개시키거나 문제에 포함된 의미를 명확히 파악하고, 결함을 보완할 수 있는 능력을 뜻한다.
- **조직성(organization)**: 복잡한 문제사태를 보다 간결하게 하며, 새로운 의미를 부여하고 사물·사상 간의 구조적·기능적 관련성을 고려하여 서로 관련지을 수 있는 능력을 말한다.
- **지각적 개방성(perceptional openness)**: 문제사태에 대하여 민감하게 사실대로의 지각을 할 수 있는 능력을 말한다. 특히 관련성이 없는 자극에 의하여 혼돈되거나 장애를 받지 않고 독립적인 지각을 할 수 있는 능력을 의미한다. 이

른바 장독립적 지각(field independent perception)을 의미한다.

- **성격적 요인(personality factor)**: 창의적 성격특성을 의미하는 것으로 비판에 대한 개방적 성격, 독립적 판단태도, 전통과 인습에 얽매이지 않는 사고, 현대 지식에 대한 회의적 태도 등으로 이루어진다.

### (3) 창의력의 측정

창의력은 창의력검사에 의해 측정된다. 심리학자들은 먼저 창의력의 구성요인을 분석한다. 예컨대, 길포드(Guilford)는 사고의 유창성, 융통성, 독창성을 창의력의 구성요인으로 보았으며, 그 다음 표준화된 조건하에서 위와 같은 창의적 행동특성을 측정하였다. 즉 'GENERATION'과 같은 단어를 이용하여 일상적으로 널리 쓰이지 않는 새로운 단어를 만들기, 주전자의 상용되지 않는 용도를 제시하기 등이 창의력검사의 예이다. 그러면, 토란스(Torrance)의 창의력검사 문항의 하나를 제시하고 어떻게 창의력을 측정하는지에 관하여 구체적으로 살펴보기로 한다(김언주, 구광현, 1998).

> 모든 인간이 육손이로 태어났다고 가정하자. 이로 인해 초래될 모든 것을 열거하라 (제한시간 3분).

위의 검사문항에서 보듯이 Torrance의 창의력검사 문항은 확산적 사고를 측정하도록 고안되어 있다. 확산적 사고의 목적은 하나의 해결책을 논리적으로 연역하는 것이 아니라 가능한 많은 답을 산출하는 데 있음을 유의해야 한다.

얼마나 확산적·창의적 사고를 잘했는지를 측정하기 위해서는 반응(대답)의 특징을 분석해야 한다. Torrance의 검사에서는 유창성, 융통성, 독창성, 중요성이 평가기준이 된다. 첫째로 유창성과 융통성은 서로 다른 답을 몇 개나 생각해 냈느냐를 계산하여 측정한다(답의 총 개수 및 질적으로 서로 다른 답의 총 개수). 둘째로 독창성은 반응들이 보통 평균적인 사람들의 그것과 얼마나 다르냐, 혹은 대답 자체의 독창성을 평정함으로써 평가될 수 있다(남과 다른 극소수의 사람들만이 생각해 내는 답). 셋째로 중요성(유용성)은 답들이 사용될 수 있는지의 여부를 관찰함으로써 혹은 평가자들에게 각 대답이 얼마나 유용한가를 평정하도록 함으로써 측정될 수 있다(답의 실용성).

호세바(Hocevar, 1981)는 현재까지 미국에서 실시되어 온 창의력 측정방법을 다음과 같이 10가지로 분류하고 있다.

- **확산적 사고검사**: 아이디어의 유창성·융통성·독창성·정교성·중요성 등을 측정한다.
- **태도·흥미검사**: 새로운 이론정립, 새로운 기계장치 고안, 새로운 소설 구성법 등에 대한 관심·흥미를 측정한다.
- **성격검사**: 영악함, 상상력, 반성적 사고력, 탈 관습, 호기심 등을 측정한다.
- **자서전검사**: 과거의 취미, 어린 시절의 활동, 가족의 역사, 여가시간 활용유형 등을 측정한다.
- **교사의 판단**: 학생의 사고의 유연성, 융통성, 발명, 독창성, 아이디어의 정교성 등을 교사가 판단한다.
- **친구의 판단**: 5에 제시된 기준에 따라 친구가 판단한다.
- **상급자의 판단**: 5에 제시된 기준에 따라 상급자가 판단한다.
- **산물(product)의 평정**: 작품이나 발명품 등으로 판단한다.
- **저명도 판단**: 현재의 지위와 활동에 따른 저명도를 평가한다.
- **자기보고적 창의적 활동평가**: 과학, 예술, 문학 등에서의 창의적 활동이나 성취를 평가한다(경연대회 입상여부, 전람회 참가여부, 소설·시 등의 출판여부 등).

### (4) 창의력 개발

지능과 마찬가지로 창의력은 비교적 변경시키기 어려우며, 시간적, 공간적으로 매우 일관성 있는 인지적 특성으로 취급되는 경향이 있다. 그러나, 환경을 적절히 조직하여 제공하면 창의적 행동에 의미 있는 영향을 줄 수 있다(Maltzman, 1960; Maier, 1933; Bransford & Stein, 1984).

그동안 많은 학자들은 창의력개발을 위한 프로그램들을 제안하였으며, 이들은 산업계와 교육계에서 널리 활용되어 왔다.

#### ❶ 산업계에서의 창의력개발

창의력 개발프로그램이 처음으로 체계를 이룬 것은 1930~1940년대이다. 이 시기의 프로그램들은 주로 기술자, 경영인, 산업디자이너 등의 창의성을 증진시킬 목적으로 시작되었다. 대표적인 것은 Crawford(1931)의 '속성열거'(attribute listing), Osborn(1940)의 '브레인스토밍'(brain storming), Gordon(1961)의 '발견적 해결'(synectics) 등이다(김언주, 구광현, 1998).

### ■ Crawford의 속성열거

'대상물의 주요속성을 열거하기', '속성을 변경시킬 수 있는 방법을 열거하기', '한 대상물의 속성을 다른 대상물의 속성변경에 이용하기' 등을 훈련시킨다.

### ■ Osborn의 브레인스토밍

집단토의를 통해 창의적 아이디어를 산출하도록 훈련한다. 브레인스토밍이란 뇌(brain)에 폭풍(storm)을 일으킨다는 뜻으로, 어떤 구체적인 문제에 대한 해결방안을 생각할 때, 비판이나 판단을 일단 중지하고 질을 고려함이 없이 머릿속에 떠오르는 대로 아이디어를 내게 하는 방법이다. Osborn(1940)이 제시한 브레인스토밍의 기법에는 다음과 같은 것이 있다.

- **판단보류의 원리(비판금지)**: 참여자들에게 '지연판단의 원리'를 지시한다. 즉 브레인스토밍이 끝날 때까지 비판적 코멘트는 하지 않도록 한다.
- **다양성의 원리(질보다 양)**: 참여자들에게 아이디어의 질에 구애됨이 없이 가능한 한 많은 아이디어를 생각해 내도록 권장한다.
- **독창성의 원리**: 참여자들이 세련되지는 않았더라도 색다른 아이디어를 산출해 내도록 자극한다.
- **결합의 원리(조합과 개선)**: 참여자들에게 브레인스토밍 중에 제시된 아이디어에 새로운 그 무엇을 첨가하도록 자극한다.

### ■ Gordon의 발견적 문제해결

개인이 당연한 것으로 받아들이던 대상이나 요소를 이상한 것으로 파악하거나, 이상한 것으로 받아들이던 것을 친밀한 것으로 받아들이는 경험을 통해 사고에서의 민감성을 증진시키는 기법이다. 이는 문제에 대한 광범위한 접근에서 시작하여 얻어진 해결책을 직접 문제에 관련지어 구체적인 해결방안을 강구하도록 하는 방법, 즉 유추를 통한 문제를 창의적으로 풀도록 가르치는 방법이다. 유추방법은 직접적 유추, 의인적 유추, 상징적 유추, 환상적 유추 등이 있다. 직접적 유추(direct analogy)는 서로 다른 두 개의 개념을 객관적으로 비교하는 유추이다. 의인유추(personal analogy)는 자신이 진짜로 문제의 일부라는 생각을 가지고 문제 자체가 요구하는 통찰을 하는 유추이다. 상징적 유추(symbolic analogy)는 두 대상물간의 관계를 기술하는 과정에서 상징을 활용하는 유추이다. 환상적 유추(fantasy analogy)는 현실적인 유추를 통해서는 문제가 해결될 수 없을 때 활용하는 환상적이고 신화적인 유추이다.

### ❷ 교육계에서의 창의력개발

1960년대에는 창의력을 '생산적 사고'(productive thinking)로, 1970년대에는 '문제해결전략'(strategies for solving problems)으로 해석하였다. 대표적인 프로그램으로는 Covington(1974)의 '생산적 사고프로그램'(productive thinking program)과 Rubinstein(1975)의 '패턴문제 해결코스'(patterns problem solving course) 등이 있다(김언주, 구광현, 1998).

- **Covington의 생산적 사고프로그램**: 초등학교 5, 6학년 학생들이 불일치를 인지하는 방법과 가설을 세우는 방법 등을 프로그램 학습화한 것이다. 이 프로그램은 5학년과 6학년을 대상으로 만화형태로 일련의 탐정이야기를 제시하여 창의성을 계발시키고자 한다. 16개의 소책자와 사고훈련 지침서로 구성된 PTP는 일반적인 창의적 문제해결 능력을 계발하는 데 중점을 두고 있다. 학생들이 학습하는 과정에서 학자, 형사 또는 과학자와 같이 생각할 수 있도록 16개의 만화식 책자로 구성되어 있다(Covington et al., 1974). 학생들은 프로그램을 읽는 동안 규칙적으로 피드백을 받으면서 문제를 해결한다.
- **Rubinstein의 패턴문제 해결코스**: 미국의 여러 대학에서 가르쳐온 정규과목이다. 이 코스의 전반부는 문제를 세 개의 다이어그램이나 흐름표(flow chart)로 표현하는 방법, 이론의 수학적 표현방법, 확률이용법과 같은 문제해결 도구에 관하여 기술되어 있다. 후반부에는 물리학이나 공학분야에 발췌된 특수문제의 해결의 예가 제시되어 있다.

### (5) 창의력의 교육적 재해석

최근에 이르러 창의력훈련을 교실사태에서 학교교재(예컨대 수학과목)를 이용하여 실시하려는 경향이 대두되고 있다. 대표적인 예가 Schoenfeld(1979)의 발견적 교수법(heuristics) 혹은 경험법칙에 관한 교육, 그리고 인지심리학자들에 의해 수행된 각 분야의 전문가 특성분석 등이다.

쇼헨펠드(Schoenfeld, 1979)는 수학문제 해결에 직접 관련되는 발견적 교수법을 가르치는 연구를 하였다. 발견적 교수법이란 특정영역(예컨대 수학, 물리학, 화학, 생물학, 심리학 등)의 문제를 해결하는 전략을 의미한다. 실험집단과 통제집단 모두는 다섯 개 문항으로 구성된 사전·사후검사를 받았다. 검사내용은 증명, 대수문제, 수열문제, 합산문제 등이었다. 실험집단과 통제집단은 2주간의 실험기간 동안에 20개의 문제를 여러 차례 학습하였다. 교수방법은 인쇄된 자료를 읽고 테이프에 녹음된 교수자료를 청취하는 것이었다. 실험집단에게만 문제해결에 이용될 수 있는 전략목록과 그 설명서가 주어졌다. 또한 "이번 시간의 문제들은 이 전략에 의해 풀어야 한다."는 식으로 사용될 전략에 대해 분명히 언급해줌으로써 같은 시간 동안에는 같은 전략에 의해 문제를 풀도록 하였다. 연구결과 실험집단은 여러 종류의 '발견적 교수법', 즉 특정영역의 문제해결에 응용되는 전략을 효과적으로 이용했음이 밝혀졌다.

이 연구는 수학과 같은 어떤 특정문제 해결영역을 고려하여 발견적 교수법, 즉 전략을 가르치는 것이 효과적임을 보여준다. 부연하면 창의력을 교과영역들을 초월하여 존재하는 능력으로 보지 않고, 특정교과 영역에서의 발견적 교수법(특정영역에서의 문제해결에 이용되는 전략)들로 해석한다면 교과지도 시간에 창의력을 직접 가르칠 수 있음을 보여준다.

사이먼(Simon, 1980)은 '분야관련 지식'과 '일반기능'은 가위의 두 날과 같다고 비유하였다. 따라서 창의적·전문적 문제해결가의 양성교육에서는 교과에 관련된 지식과 일반기능의 배양이 동시에 이루어져야 한다는 것을 시사한다.

### (6) 창의력배양을 위한 교육환경

학교교육을 통해 창의력을 길러주기 위해서는 그에 적절한 배양을 교육환경의 조성이 필수적이다. 특히 교사는 학생의 창의적 행동을 학교사태에서 기를 수 있다는 신념하에 창의적 사고를 억제하거나 저해하는 요인을 제거하며, 창의적 사고를 증진시킬 수 있는 교육환경 구성에 노력해야 한다. 김언주와 구광현(1998)은 창의력 배양을 위한 교육환경 구성을 위한 교사의 자세에 대해 다음과 같이 제언하고 있다.

① 교사는 창의적 사고가 무엇인지를 알아야 한다. 교사는 창의력의 정의와 예를 알아야 하며, 창의력검사에 대해서도 해박한 지식을 쌓아야 한다. 왜냐하면 이러한 지식을 이용하여 학생의 창의적 행동이나 새로운 아이디어에 대해 보상해 줄 수 있기 때문이다.

② 교사는 자신의 문제해결 방법이 최선인 것같이 학생에게 강요하지 말아야 한다. 교사는 자신의 문제해결 방법에 대해 학생이 비판할 때 개방적인 태도를 취해야 한다.

③ 교사는 학생의 창의적 사고가 출현될 수 있는 조건을 마련해 주어야 한다. 학생들에게 정답이 여러 개인 문제를 숙제로 주어야 하며, 앞뒤가 맞지 않는 독선이나 불일치상태를 경험시켜야 한다.

④ 교사는 말을 잘 듣는 학생보다는 교사 자신과는 다른 기발한 아이디어를 창출해 내는 학생에게 더 많은 보상을 주어야 한다.

⑤ 교사는 학생들의 창의력에 대한 학생자신의 부정적 태도를 제거시켜야 한다. 학생들이 "나는 창의적이지 못하다", "나는 일상적인 일 외에는 결코 하지 않는다"는 식으로 자신을 부정적으로 평가하지 않도록 지도하는 동시에 "나는 창의적이다", "나는 관습적인 해결방법에 도전한다." 등으로 자신을 긍정적으로 평가하도록 지도해야 한다.

⑥ 교사는 학생들이 문제해결에 관한 창의적 기법을 습득하도록 지도해야 한다. 브란스포드(Bransford) 등(1984)의 IDEAL 모형을 내면화시키는 것도 한 방법이다. IDEAL 모형이란 어떤 문제가 있을 때, 첫째로 문제를 발견하고(identify), 둘째로 문제를 정의하고(define), 셋째로 문제해결전략을 탐색하고(explore), 넷째로 개발된 전략을 적용하고(act), 다섯째로 전략의 효과를 반성하는(look) 사고과정을 의미한다. 이러한 IDEAL 모형을 모든 문제해결 시에 거의 자동적으로 실천하도록 하는 것이 필요하다.

⑦ 문제해결 방법은 특정교과 영역별로 개발되어야 하며, 특정교과의 교육과정에 삽입되어야 한다. 학생들은 예와 연습문제를 해결하는 과정에서 해당 교

과목에 대한 지식을 습득하는 동시에 일반기능이 적용되는 경우와 적용되지 않는 경우를 구체적으로 경험하여야 한다.

### 3) 인지양식

지능과 창의력 이외에 학생들 간의 개인차를 볼 수 있는 인지 특성으로 인지양식을 들 수 있다. 여러 연구는 개인 간의 지적 수행의 차이가 지능, 창의력 등 능력의 차이 외에도 개인이 독특하게 지니고 있는 사고의 유형 내지는 양식에 따라 나타남을 밝히고 있으며(Cronbach & Snow, 1977), 이러한 결과는 비록 모든 학습자들에게 공통적으로 효과적인 학습방법 또는 교수방법은 있을 수 없다고 하더라도, 어떤 특정한 학생에게 어떤 특정한 최적의 학습방법 또는 교수방법이 있음을 시사한다.

#### (1) 인지양식의 정의

인지양식(cognitive style)이란 인지행동에서 나타나는 개인차 즉, 인지적 과제에 대하여 자극상황이나 내적 사태를 초월하여 개인이 일관성 있게 나타내는 반응양식을 의미한다. 넓은 의미에서 인지양식은 개인의 전형적인 정보처리양식이라고 말할 수 있다. 인지양식은 지능, 적성, 흥미, 동기 등 여러 측면에서 개인차를 보이는 데, 자신을 둘러싼 외부 환경이나 사물을 지각할 때도 인지적, 정의적 특성에 따라 주어진 상황이나 정보에 대해 독특한 방식으로 지각, 기억, 사고하는 등의 인지활동을 수행한다.

카건(Kagan)은 인지양식을 외부환경을 개념적으로 유목화하고, 지각적으로 조직하는 방식에 있어서 개인의 항상적인 선호라고 정의하고 있으며, 위트킨(Witkin)은 개인이 자신의 지각과 지적 활동에서 보여주는 특징적이고 일관적인 기능양식이라고 정의하고 있다. 또한 골드스타인(Goldstein)은 인지양식을 지식이나 정보를 조직하고 처리하는 방식, 즉 개인의 특유한 정보처리전략을 나타내는 가설적 구성개념이라고 규정하고 있다(박아청, 1992).

이와 같이 인지양식에 대한 정의는 관점에 따라 다소 차이가 있지만, 개인의 능력상의 차이가 아니라 개인이 사물을 지각하고 인지하는 독특한 방식이라는 점에 대부분 일치하고 있다.

### (2) 인지양식의 유형

버틀러(Butler, 1989)는 다양한 인지양식 유형을 다음과 같이 세 가지로 분류한 바 있다(Tan et al., 2003).

- **심리적/정의적 양식**: 내적인 힘(정신력), 개성에 대한 감각, 성격 특성(예: 사회적·정서적 특성), 자아개념 등 개인의 인성 특성에 기초하여 인지양식을 구분하고자 하는 시도로서, MBTI(Myers-Briggs Type Indicator) 검사에 따른 성격유형 등이 그 예이다.
- **생리적 양식**: 개인의 감각이나 환경적 자극에 대한 선호도에 기초하여 분류하는 것으로 반구 분화(예: 좌측 뇌 또는 우측 뇌), 청각, 시각, 운동, 후각 선호, 또는 환경 조건의 선호(예: 조도, 소음) 등 생리학적 요인에 기초하여 인지양식을 구분하는 것이다.
- **인지적 양식**: 주변 환경의 자극에 반응하고 그것을 사용하는데 일관적인 유형이 있다. 즉 인지적 유형은 여러 사물에 대해 어떻게 의미를 지각하고 형성하는가, 정보를 처리하는데 따른 선호도의 일관성에 따라 구분하는 것이다. 장의존적 또는 장독립적 인지양식의 구분, 충동적 또는 반성적 인지 양식의 구분 등을 예로 들 수 있다.

여러 유형의 인지양식 가운데 교육과 관련하여 특히 주목을 받아 온 것은 위트킨(Witkin)의 장독립적 인지양식 대 장의존적 인지양식, 그리고 카건(Kagan)의 반성적 인지양식 대 충동적 인지양식의 구분이다.

위트킨(Witkin et al., 1977)은 개인에 따라 주어진 상황에서 정보를 받아들이는 독특한 양식에 따라 개인차가 있음을 확인하고, 이를 각각 장독립(field independence)과 장의존(field dependence)으로 분류하였다. 이에 따르면 장독립적인 학습자는 어떤 사물을 지각할 때, 그 사물의 배경이 되는 주변 장의 영향을 받지 않거나 적게 받는 사람 즉, 심리적 분화가 잘 된 사람으로 자신의 주변에 있는 다른 사람 및 세계를 보다 분화된 방식으로 경험하며 자신이 경험한 것을 잘 분석하고 구조화한다. 따라서 복잡한 자극을 대했을 때, 자신에게 필요한 요소와 불필요한 요소를 구분하고 그들간의 상호독립성을 유지시켜 가면서 자극을 지각하고 인지한다. 또한 자아와 비자아를 엄격히 구분하려는 사고방식을 가지고 있기 때문에 자기 지향적이어서 내적인 준거체제에 따라서 주어진 정보나 단서를 처리하는 경향이 있다. 반면에 장의존적인 학습자는 사물을 지각함에 있어서 그 사물의 배경, 즉 주변의 장에 영향을 많이 받는 사람으로 비교적 비분석적이고 직관적으로 자극을 지각하고 인지한다. 또한 심리적 분화가 잘 이루어지지 않아 주어진 대상을 전체적으로 파악하려는 경향이 있으며, 장의 구조가 결여되어 있을 때, 장을 분석하거나 나름대로 어떤 구조를 가하지 않고 있는 그대로 지각하는 경향이 있다. Woolfolk 등은 Witkin 등의 연구결과를 정리하여 장독립형 학습자와 장의존형 학습자의 특성을 다음의 <표 4-2>과 같이 제시하고 있다(박아청, 1992).

**표 4-2 | 장의존형 대 장독립형 학습자의 학습특성 비교**

| 장의존형 학습자 | 장독립형 학습자 |
|---|---|
| • 사회적인 내용을 다룬 자료를 잘 학습한다.<br>• 사회적인 정보를 더 잘 기억한다.<br>• 외부에서 설정한 구조나 목표, 강화를 필요로 한다.<br>• 외부의 비판에 많은 영향을 받는다.<br>• 비구조화된 자료를 학습하는 데 어려움을 겪는다.<br>• 기억조성술을 활용하는 방법을 학습할 필요가 있다.<br>• 주어진 조직을 있는 그대로 받아들이고 재조직하지 못하는 경향이 있다.<br>• 문제해결 방법에 대한 보다 명료한 지시를 필요로 한다. | • 사회적인 내용을 다룬 자료에 집중하는 데 외부의 도움을 필요로 한다.<br>• 사회적인 정보를 이해할 때 맥락을 이용하는 방법을 학습해야 한다.<br>• 자신이 설정한 목표나 강화를 갖는 경향이 있다.<br>• 비판의 영향을 적게 받는다.<br>• 구조화되지 않은 상황을 자기 나름대로 구조화할 수 있다.<br>• 상황을 분석하여 재조직할 수 있다.<br>• 명료한 지시나 안내 없이도 문제를 더 잘 해결할 수 있다. |

자료: 박아청(1992).

Kagan(1965)은 사고와 문제해결의 과정에서 개인에 따라 분석적인 방법을 택하는 학습자와 비분석적인 방법을 택하는 학습자로 나누어, 이들이 어떤 가설을 형성하고 평가하는 인지과정에서 나타내는 반응 속도 및 정확성의 차이를 준거로 하여 반성적 양식(reflective style)과 충동적 양식(impulsive style)으로 구분하였다. 즉, 몇 가지 대안들이 가능한 문제상황에서 어떤 어린이들은 서서히 심사숙고하여 실수를 거의 하지 않는 데 반해(반성적 인지양식), 어떤 아이들은 가설을 성급하게 검토하고 따라서 실수도 많이 저지르는 경향을 보였다(충동적 인지양식).

### (3) 인지양식과 교육

전통적으로 학습자의 인지특성에 대한 연구는 주로 능력의 측면에서 어떤 특성을 밝혀보려고 노력해 왔다. 그러나 최근에는 인지특성을 능력의 측면뿐만 아니라

양식의 측면에서도 검토해야 한다는 주장이 증가하고 있다.

한 개인이 지니고 있는 인지양식을 구별할 때 반드시 어느 것이 좋은 것이고 어느 것이 나쁜 것이라고 말하기는 어렵다. 어떠한 인지양식이 보다 적절한 지의 여부는 실제의 문제상황이 요구하는 특성에 따라 달라질 수 있다. 예컨대, 대학에서 인문과학, 사회과학, 교육 등 전체적인 시야를 포함하는 영역을 전공하는 경우라면, 장의존적인 경향을 지닌 학생이 보다 유리 할 수 있다. 반면에 수학, 자연과학, 공학 및 고도수준의 분석적 사고를 요구하는 영역을 전공하는 경우라면, 장독립적인 학생이 보다 잘 학문적 요구에 적응할 수 있다.

또한 많은 연구들이 특정한 과제에서 반성적인 학습자들이 충동적인 학습자보다 우수한 성취를 보인다고 보고하고 있지만, 충동적인 학습자가 반성적인 학습자에 비하여 뛰어난 성취를 보이는 과제들도 많이 있는 것이 사실이다. 그러나 학교에서의 성공적인 학습은 대부분 과제에 대한 주의집중과 개념에 대한 주의 깊은 사고를 요구하기 때문에 충동적인 학습자는 대체로 불리한 경향이 있다.

인지양식을 교육장면에 적용하면 학생들에게는 학습양식이 되고 교사들에게는 교수양식이 된다. 학생들이 선호하는 학습양식은 학생의 성취에 영향을 주고, 교사가 선호하는 교수양식은 교사의 수업선택에 영향을 준다. 학생들은 자신들의 학습양식과 교사의 교수양식이 일치할 때 가장 잘 배운다. 그러므로 학생들의 학습 양식은 교사의 수업선택에 영향을 준다.

간단한 실험을 위해 [그림 4-3]을 한 번 훑어보자. 이것은 숨은 그림 찾기의 예이다. 이 그림 속에서 재빠르게 얼굴을 찾을 수 있는가? 상대적으로 얼굴을 금방 찾는 사람일수록 장독립적 학습자일 가능성 높다. 따라서 학생이라면 그는 장독립적 학습유형을 선호할 것이다. 만일 교사라면 좀 더 편안한 강의와 인지를 강조할 것이다. 또한 이러한 교사는 부정적 피드백을 사용하여 학생들에게 피드백 제공하기를 더 선호할 것이며, 학생들의 동기부여를 위해 평점이나 개인적 목표 차트를 사용할 것이다. 그러나 숨은 그림을 찾는데 수초 이상 걸렸다든지 아니면 전혀 찾지 못한 사람이라면 아마 장의존적 학습자이거나 장의존적 교사이다. 장의존적 교사라면 학생들과 상호작용하거나 대화하는 것을 좋아할 것이다. 그리고 교정 피드백이나 부정적 평가에 덜 의존할 것이다. 또한 열정적이고 개인적인 환경을 수립하는데 노력할 것이며, 언어적 칭찬, 외적 보상, 개요의 사용, 메타인지적 구조를 통해 동기를 부여하려고 할 것이다.

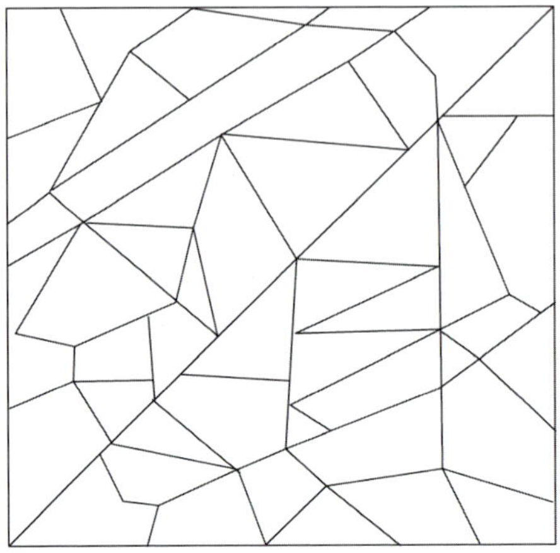

자료: Block & Yuker(1992).

그림 4-3 | 인지양식의 차이를 보여주는 숨은 그림 찾기의 예

한편, 교사가 장독립적 전략을 사용하는 장독립적 교사라면, 그가 가르치는 장독립적 학생들은 최대의 이익을 얻는다. 만약 여러분이 장의존적 전략을 사용하는 장의존적 교사라면 여러분이 가르치는 장의존적 학생들은 역시 가장 큰 이익을 얻는다. 기억해야 할 것은 학생들의 학습양식과 교사의 학습양식이 일치할 때 학생들의 학습이 가장 잘 일어난다는 것이다. 불행하게도 그리고 아주 빈번히, 교사들은 학습양식의 종류를 무시하며 모든 학생을 똑같은 방법으로 가르치고 있다.

또 다른 간단한 실험을 위해 연필이나 펜을 가지고 빈종이 위에 자신의 이름을 써보자. 다 썼으면 펜을 잘 안 쓰는 쪽 손으로 잡은 후 다시 한 번 이름을 써보자. 아마 한 손이 다른 손에 비해 글씨가 잘 써지지 않거나, 서투르거나, 어색하거나, 더 긴 시간이 걸리거나 하는 것을 느낄 것이다. 이는 학교학습과 학습유형이 잘 맞지 않는 경우, 학습자가 어떻게 느낄 지를 잘 시사해준다.

학습자의 인지양식에 대한 이해를 어떻게 교육현장에 적용하여야 할 것인가에 대한 논의는 크게 두 갈래로 나누어지고 있다. 일부 학자들은 인지양식과 교수실제를 최대한 일치시켜야 한다고 주장한다. 이들은 교사가 학습자 개인의 독특한 학습욕구와 기호에 맞도록 학습환경을 최대한 맞추어 주는 것이 필요하다고 하며, 그렇게 함으로써 다양한 강점을 가진 학생들은 교실로 끌어들이는데 이용한다. 또한 그렇게 하지 않으면 학습자로 하여금 욕구좌절, 동기저하에 빠지게 하여 오랫동안 비효과적인 학습에 머물게 할 위험성이 있다고 한다.

반면에 일부의 학자들은 인지양식에 교수를 일치시키는 것이 과연 바람직한 것인지 의문을 제기하고 있다. 이러한 입장에서는 학습자들에게 의타심을 길러주는 것이며 공부하지 않으려는 변명거리를 만들게 하는 것이라고 생각한다(Guild, 1994). 또한 어떤 환경 아래에서는 학생들이 불합리한 교수상황에 부딪치게 되는 수가 있는 데, 이 때 그 가운데서 학생들은 부적합한 관계에 놓이게 된다고 주장한다. 따라서 약한 영역을 대처하여야 하고 적합한 극복력을 회복할 수 있게 지도하지 않으면 안 된다는 견해를 취한다. 예를 들어, 장의존적인 학생은 비형식적인 내용의 교과를 선호하는 반면, 장독립적인 학생은 이론적이고 추상적인 과목을 선호한다는 것을 인식하더라도, 우리들의 현실생활에서는 분명히 이 두 가지 반응 모두를 요구하고 있다는 점에서, 학생들에게 그들의 인지양식에 일치하는 교수형식 만을 제공하는 것은 도리어 해로울 수가 있다는 것이다(박아청, 1992). 이렇게 볼 때, 학습자의 인지양식에 교수형태를 적절히 일치시키고자 하는 시도는 학생의 장점을 살리는 한편 단점을 보완한다는 양 측면을 주의 깊게 고려하는 것이어야 한다.

## 02 특수한 학습자

모든 학습자는 기본적으로 지능, 창의력, 인지양식 등에서 개인차를 보인다. 그러나 그 개인차가 일반적인 수준을 벗어나 특별한 교육적인 지원을 받을 학습자들이 있다. 어느 정도가 일반적인 수준을 벗어나는 것인가를 이해하는 하나의 방법은 통계적 분포를 이용하는 것이다. [그림 4-4]에서 보듯이 흔히 집단의 평균에 비추어 얼마나 떨어져 있는가를 보는 것으로 표준편차(SD)를 이용한다. 예컨대, Wechsler 아동용 지능검사를 가지고 살펴보면 전체 아동 지능의 평균은 100이다. 일반적인 집단에서 50%의 아동은 100이상이고 나머지 50%는 100이하이다. 표준편차 ±1에 해당하는 인구의 약 68%는 85~115 사이이다. 표준편차 ±1에서 벗어나 있는 약 32% 중 약 16%는 85 이하이고 16%이상은 115 이상이다. 그리고 이 약 32% 가운데 표준편차 ±2 바깥에 있는 약 5%의 절반인 2.5%는 70 미만이며, 나머지 2.5%는 130이상이다. 통계적 분포로만 본다면 어떤 특성에서든 그 개인차의 정도가 표준편차 ±2 이상에 속해 있는 즉, 집단의 약 5%에 속하는 아동들은 일단 특별한 학습자라고 판단할 수 있다. 이러한 학습자들은 많은 경우 일반적인 학습자들과는 다른 형태의 교육적 관심과 지도를 필요로 한다.

특수한 학습자는 크게 장애학생과 영재학생으로 구분할 수 있으며, 이와 관련한 우리나라의 교육법으로는 장애인 등에 대한 특수교육법(특수교육법)과 영재교육진흥법이 있다. 여기에서는 다양한 유형의 특별학생 가운데 학습장애, 정신지체, 정서장애, 학습부진, 영재에 한정하여 그 의미를 살펴보고, 그들의 특성과 효과적인 교육방법을 간략히 논의한다.

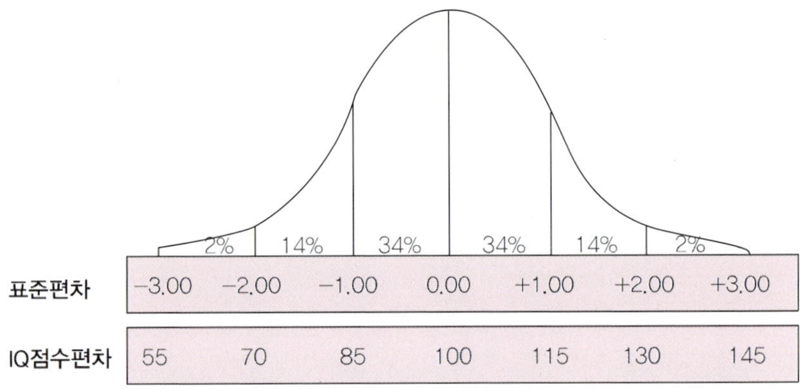


그림 4-4 | 정규분포곡선에서의 표준편차와 IQ의 이론적 분포

자료: 임규혁(1996).

## 1) 학습장애

### (1) 학습장애의 의미

학습장애에 대한 교육적 관심은 1963년 커크(Kirk)에 의해 주도된 '학습장애아 부모의 모임'에서 비롯되었다. Kirk는 뇌손상(brain damage), 난독증(dyslexic), 실어증(aphasic), 지각장애와 같은 다양한 용어로 표현되고 있는 여러 가지 학습문제를 가진 아동집단을 묶어서 학습장애라고 부를 것을 제안했다.

학습장애(learning disabilities)에 대하여 아직 완전히 일치된 정의는 없으나 일반적으로 받아들여지고 있는 학습장애의 정의들에는 ① 학문적 지체가 있고, ② 발달이 고르지 못하고, ③ 중추신경계의 기능장애를 보이지만, ④ 학습상의 문제가 불리한 환경과 정신지체, 정서장애 때문은 아니라는 주된 요인이 내포되어 있다(Hallahan & Kauffman, 1991). 우리나라의 특수교육법에서는 셈하기, 말하기, 읽기, 쓰기 등 특정분야의 학습에 장애를 보이는 경우를 학습장애로 분류하고 있다. 교육학용어사전(서울대학교교육연구소, 1994)에서는 학습장애의 개념을 다음과 같이 설명하고 있다.

학습장애는 정신지체, 정서장애, 환경 및 문화적 결핍과는 관계없이 듣기, 말하기, 쓰기, 읽기 및 산수능력을 습득하거나 활용하는 데 있어 한 분야 이상에서 어려움을 보이는 장애이다. 이러한 장애는 개인에 내재하는 지각장애, 신경체제의 역기능 및 뇌손상과 같은 기본적인 정보처리과정의 장애로 인하여 나타난다. 일반적으로 학습장애는 개인 내에서의 차이 즉 개인의 능력발달에서 분야별 불균형이 나타나는 특징이 있다. 학습장애를 발달적 학습장애와 학업적 학습장애로 나누기도 한다. 전자는 학생이 교과를 학습하기 전에 갖추어야 하는 신체적 기능(주의집중력, 기억력, 인지기능, 사고기능, 구어기능)을 포함하고, 후자는 학교에서 습득하는 학습기능(읽기, 쓰기, 셈하기, 작문)을 포함한다.

이렇게 볼 때, 학습장애란 보통 수준의 지능을 지니고 있고 다른 장애나 환경 및 문화적 결핍요인이 없으면서도, 중추신경계의 이상으로 인해 듣기, 말하기, 읽기, 쓰기, 수학 등 특정학습영역의 능력이 기대치에 훨씬 미치지 못하는 것이라고 정의할 수 있다.

### (2) 학습장애의 특징

학습장애 학생들은 표면적으로는 지극히 정상적인 모습을 나타낸다. 이들은 정신지체나 신체적인 장애를 지니고 있지 않으며, 특별히 가난하거나 결손가정의 학생도 아니다. 단지 특정학습에서 장애를 나타낼 뿐이다.

일반적으로 학습장애 학생들은 다음과 같은 특징을 나타낸다(Eggen & Kauchak, 1992).

① 과잉행동
② 지각운동 손상
③ 정서적 부조화
④ 일반적인 방향지각상의 결함

⑤ 주의집중력 장애(주의산만과 주의집중 시간이 짧음)
⑥ 충동성
⑦ 기억 및 사고의 장애
⑧ 읽기, 쓰기, 셈하기 및 철자 알기와 같은 특정학습장애(과목간 성취의 불균형)
⑨ 말하기, 듣기의 장애
⑩ 다발적 신경증후와 뇌파의 이상성

한편, 벤더와 스미스(Bender & Smith, 1990)는 학습을 수행하는 데 있어서 구체적으로 나타나는 학습장애의 형태를 정리하여 <표 4-3>과 같이 제시하고 있는데, 이러한 특징들은 학습에 문제를 가진 학생들의 전형적인 모습을 보여 주고 있다(임규혁, 1996).

**표 4-3 | 학문적 수행에 있어서의 학습장애**

| | 학문적 수행에서의 학습장애 |
|---|---|
| 읽 기 | • 제대로 읽지 못함<br>• 단어를 거꾸로 읽음<br>• 읽던 곳을 자주 잊어버리고 혼돈함 |
| 쓰 기 | • 맞춤범을 자주 틀림<br>• 글씨를 줄에 맞춰 제대로 쓰지 못함<br>• 쓰기를 마치는 데 매우 오랜 시간이 소요됨<br>• 칠판에 판서한 내용을 보고 적는 데 어려움을 보임 |
| 셈하기 | • 수학적인 개별지식 암기에 어려움을 느낌<br>• 계산에서 자릿수를 혼돈함<br>• 서술 형식의 문제 이해를 매우 어려워함 |

자료: Bender & Smith(1990).

특히 학습장애로 진단 받는 학생들 중에서도 최근에는 주의결핍 및 과잉행동장애(attention deficit and hyperactivity disorder: ADHD)를 보이는 학생들이 점차 증가하는 경향을 보이고 있는데, 주의력 부족 및 과잉행동으로 인해 수업에서 집중력 결핍을 보이는 학생들의 특징을 정리해 보면 다음과 같다(임규혁, 1996).

① 과업수행에 실패를 보임.
② 교사나 친구들의 대화를 청취하는 데 어려움을 보임.
③ 주의가 자주 산만해짐.

④ 교사의 수업에 주의집중이 어려움.
⑤ 수업의 진행을 위해서 지나칠 정도로 과도한 감독을 필요로 함.
⑥ 교실에서 큰 소리로 떠들고 차례 지키기를 어려워 함.

### (3) 학습장애 학생의 교육

학습장애 학생의 잠재적 능력을 신장하기 위한 기회가 학교교육과정에서 제공되어야 하며, 학습장애 학생에게는 그러한 권리가 주어져야 한다는 여론의 확대는 학습장애의 원인과 그 대처방안에 대한 많은 관심과 노력을 가져오게 하였고, 그러한 노력은 원인을 정확히 발견하고 그에 따라 적절한 방안을 수립하여 지도하였을 때, 그러한 현상이 개선될 수 있음을 보여주었다(임승권, 1993).

학습장애 학생을 위한 교육계획이나 프로그램들은 이들의 지각적, 지적, 운동적인 제반 특성들을 직접적으로 반영하여야 하는데, 이들을 위한 지도방법으로는 학습될 과제의 계속성과 단순화에 초점을 두는 과제훈련, 특정발달상 학습장애 지도를 강조하는 학습능력이나 절차의 훈련, 그리고 이 두 가지를 통합한 과제절차훈련 등의 지도전략이 있다(여광응 외, 1993).

과제훈련은 주어진 과제를 수행하는 데 필요한 특정 기능을 집중적으로 훈련한다. 과제훈련법은 학생 내의 특수한 발달상 학습문제나 학생 내의 어떤 능력이 부족한 것이 아니라 과제 그 자체에 대한 경험이 부족한 것으로 본다.

절차훈련법(능력훈련법)은 교사나 지도전문가가 학생의 발달과정 중 교정하지 않으면 학생의 학습과정을 계속 억제시키게 될 특정장애를 판별, 개선시키는 것이다. 과정훈련은 주의, 언어, 변별, 사고, 기억 등과 같은 특정한 발달의 장애를 개선하려는 특수한 훈련절차이다.

과제절차훈련법은 과제를 수행할 때 특정한 과정을 사용하도록 가르치는 것이다. 이 방법을 지도하는 사람들은 학생과 과제를 분석하고 교수자료를 학생의 능력에 결부시킨다. 학생의 분석과 과제분석의 두 가지 결과를 비교하여 고도의 개별화 교수방법과 자료를 설계한다.

학습장애 학생의 지도를 위한 기본적인 원리를 일반적인 지도절차에 따라 정리하여 제시해 보면 다음과 같다(여광응 외, 1993).

① 학생의 특수한 요구의 발견
② 장기목표와 단기목표의 설정

③ 지도할 과제의 분석
④ 학생의 수준에서의 지도
⑤ 교수방법의 결정
⑥ 반응통로의 결정
⑦ 아동의 인지문제에 채택할 과제수행
⑧ 정보제시절차 선정
⑨ 적절한 보상
⑩ 오류 없는 학습준비
⑪ 자료의 반복학습
⑫ 피드백 제공
⑬ 학습진보 측정

## 2) 정신지체

### (1) 정신지체의 의미

정신지체(mental retardation)란 지능이 평균보다 낮으며, 특히 정신적인 발달이 지체되는 것을 말한다. 오늘날 가장 널리 받아들여지고 있는 미국 정신지체아 협회(American Association of Mental Retardation: AAMR)의 정의에 따르면, 정신지체는 현재의 역할에 대한 구체적 한계와 관련이 있다. 이는 의사소통, 자기보호, 가정생활, 사회적 기술, 공동사회 적응력, 자발성, 건강과 안전, 기능적 학습능력, 여가와 노동 등 적응기능 영역 중 두개 이상에서 장애가 동시에 관찰 될 때 쓰여 질 수 있다(AAMR Ad Hoc Committee on Terminology and Classification, 1992).

지능지수의 통계적 분포에 따른다면, 정신지체는 평균에서 표준편차가 2 이상 벗어난 것을 뜻하는데, 이는 IQ의 표준편차가 15인 경우, 100-15×2=70, 즉 IQ 69 이하의 수준에 있는 상태를 지칭한다. 우리나라의 특수교육법은 정신지체를 지능검사 결과가 75이하이며 적응행동에 결함을 지니는 자로 규정하고 있다. 또한, 발달심리학의 관점에서 볼 때 고정되거나 정지된 상태에서 일어나는 것이 아니라 발달시기에 일어나는 변화가능한 개념이다. 여기에서 발달시기는 임신에서 18세 사이의 기간을 의미하며, 기준 이하의 지적 기능과 적응행동의 결함이 이 기간에 나타날 경우에 한해 정신지체의 징후가 있는 것으로 간주된다. 학자들에 따라 약간의 차이가 있기는 하지만, 정신지체는 일반적으로 그 정도에 따라 교육가능급(educable mentally retarded: EMR, IQ 50～75), 훈련가능급(trainable mentally retarded: TMR, IQ 25～50), 그리고 보호급(severely mentally retarded: SMR, IQ 25 이하)으로 분류하기도 한다.

### (2) 정신지체 학생의 특징

정신지체가 나타나는 원인은 출생시에 유전적 요인으로 나타나는 경우가 대부분이다. 그러나 유아기의 질병, 어머니의 정서적 문제, 영양실조, 방사능에의 노출, 약물의 영향, 외상(外傷), 산모의 연령 등에 기인하기도 한다(Charles & Mallian, 1980).

정신지체 학생들은 다양한 상황에서 환경적 요구에 대처하는 데 어려움을 겪지만, 그 정도는 지체의 등급에 따라 커다란 차이가 있다. 그러나 정신지체 학생들도 보통 학생들과 똑같은 생리적, 사회적, 정서적 요구를 가지고 있으며, 그들 간에 많은 개인차가 있기 때문에 이들의 특성에 대한 이해는 본질적인 교육적 지도와 직결된다.

연구를 통해 밝혀지고 있는 정신지체 학생들의 특징을 정리해 보면 다음과 같다.

- **신체 및 운동능력**: 교육가능 정신지체 학생들의 경우, 보통 학생들보다 시각, 청각 및 신경학적인 문제를 가진 경우가 약간 더 많기 때문에 신체 및 운동능력이 열등한 경향이 있다. 훈련가능 정신지체아동 중 대다수는 중추신경계통에 장애나 손상이 있기 때문에 협응, 걸음걸이, 작은 운동기술 등에 문제를 가질 수 있다.
- **주의집중**: 정신지체 학생은 다양한 자극에 주의를 집중하기가 힘들고, 주의가 쉽게 산만해지며, 주의를 집중하는 지속시간이 짧다.
- **기억력**: 몇 분간 낱말, 소리, 또는 그림을 보여 준 다음 그것들을 기억하게 하는 일련의 실험연구에서 정신지체아 집단은 정상아 집단에 비해 낮은 성취를 보였다. 그러나 정신지체아 집단도 일단 학습한 자료에 대해서는 오랜 기간 동안 기억하였다. 이처럼 정신지체 학생들은 보통의 학생들에 비해 단기기억 능력이 부족한 특징을 보이는데, 그 중요한 이유는 적절한 학습전략을 사용하지 못하기 때문이다.
- **언어능력**: 정신지체 학생은 언어발달에 있어서 속도가 느리고, 언어적 연령이 정신연령 보다 낮은 경향을 보인다.
- 이밖에도 정신지체 학생들은 보통 학생들에 비해 학문성취도뿐만 아니라 동기, 자아개념 등 정서적 발달도 미숙한 상태를 보인다.

### (3) 정신지체 학생의 교육

학령기 아동들을 위한 프로그램 선택의 다양성은 정신지체아 개개인을 위해 매우 필요하다. 정신지체 학생의 교육을 위해서는 학생의 요구에 근거한 최소로 제한된 환경에 배치해야 하며, 상황이 허락하면 다른 환경으로 옮겨갈 수 있는 충분한 융통성이 있어야 한다.

정신지체 학생을 위한 교육내용은 장애의 정도에 따라 달라야 한다. 교육가능급의 아동들이라면 가능한 한 정상학급에서 통합교육을 통해 읽기, 쓰기, 셈하기 등 기본기술과, 사회성과 사회적응기술의 내용에 초점을 맞추어 가르칠 수 있을 것이다. 그 정도가 심한 아동들은 특수학급이나 특수교육기관에서 보다 제한적인 내용들을 가르칠 수밖에 없을 것이다.

정신지체아동으로서 특수교육을 받지 않고 일반학교에 입학하는 경우라면 대다수가 교육가능급의 학생이라 볼 수 있다. 특히 경계선에 있는 교육가능급의 아동은 취학전 연령에서는 판별이 쉽지 않아 일반아동들과 같이 특별한 주의를 받지 않고 입학이 허락되기 쉽다. 학급에 정신지체아동이 있을 경우, 교사들에게는 부담이 크게 가중될 수밖에 없다. 따라서 교사나 부모는 이들이 오히려 특수학교에 가는 것이 더 낫지 않을까 하는 생각을 갖게 되기도 한다. 그러나 지체의 정도가 적은 아동일수록 정상적인 또래들과 공부하는 기회를 제공하는 것이 더 효과적이다(송준만, 유효순, 1995).

경미한 정신지체 학생을 보통 학급에서 지도할 때 교사가 고려해야 할 일반적인 원리로는 다음과 같은 내용들이 지적되고 있다(송준만, 유효순, 1995).

① 각 학생의 장단점을 명확히 파악한다.

② 학습의 준비도를 검토하여 지도한다. 선행학습이 어느 정도 이루어졌는지를 알지 못하고 다른 학생과 같은 진도의 교육을 한다는 것은 효과적이지 못하다.

③ 즉각적인 피드백과 보상을 제공한다.

④ 반복연습을 활용한다. 앞서 언급했듯이 이들은 단기기억에 문제를 보이지만 장기기억에는 별로 문제가 없다. 따라서 여러 방법으로 반복하고 연습할 기회를 주어 장기기억을 돕는 것이 효과적이다.

⑤ 중다감각적 접근을 활용한다. 즉 시각, 청각, 촉각을 이용하는 다양한 교육자료를 준비하여 활용한다.

⑥ 개념을 구체적으로 제시하고 다양하게 실생활에 적용한다.
⑦ 학습과제를 작은 단위로 제시한다. 이들은 주의집중과 학습동기 유발의 문제를 지니고 있다. 따라서 과제를 세부단위로 나누어 단계별로 제시하는 것이 성취감을 높이고 학습동기를 유발하는 데 도움이 된다.

### 3) 정서장애

#### (1) 정서장애의 의미

정서장애란 정서의 표현방법이 보통 사람에 비해 편향되어 있거나, 과격하게 표현하는 등 자신의 의지로는 통제하기 어려운 상태에 있는 것이라고 간단히 말할 수 있다. 정서가 과격하거나 과도하게 나타나는 것은 정상인에게도 종종 일어나는 일이지만, 그것은 곧 사라지기 때문에 크게 문제시되지 않는다. 그런데 그러한 행동이 계속적으로 반복되면서 극단적인 표현방법을 통해 사회적 부적응을 초래하는 경우 정서장애의 가능성을 의심하게 된다.

정서장애를 어떻게 정의할 것인가에 대해서는 전문가들 간에도 분명한 합의를 도출하지 못하고 있는 형편이다. 그 이유는 정서나 정상적인 행동에 대한 정의자체가 어려우며 이론가마다 각각의 의견을 제시하는가 하면 정서나 행동을 측정하는 데 어려움이 있기 때문이다.

정서장애의 문제는 전통적으로 정신분석학자나 임상심리학자들이 다루어 왔으며 하나의 질병으로 생각해 왔다. 그러나 최근에는 정서장애 아동의 문제를 단순히 아동의 문제라기보다는 아동과 그의 환경과의 상호작용에서 나온 것으로 생각하게 되었고, 내적인 상태로서의 정서의 측면보다는 그것이 드러나는 행동의 측면에 초점을 맞추게 되었다. 따라서 정서장애를 행동장애라고도 정의하는데 이는 학문적 관점에 따라서 '정서'와 '행동' 중 어느 것을 강조하느냐의 차이라고 할 수 있다. 또한 상대가 중지하기를 바라는 부적절하고 충동적이며 공격적 행위, 말, 과도한 우울과 좌절을 나타내는 만성적 이상행동이라고 정의하고 있다(Graubard, 1973; 임승권, 1993). 일찍이 행동장애를 조작적 정의의 입장에서 아동 자신의 발달과 타인의 생활 또는 그 두 측면 모두를 뚜렷이 방해하는 일탈된 행동을 하는 아동으로 정의한 바 있는 커크와 갤라거(Kirk & Gallagher, 1990)는 보다 최근에는 학교장면과 관련지어 행동장애 학생을 사회적 갈등, 개인적 불만, 학교성적 부진 등을 지속적으로 나타내는 학생으로 정의하고 있다.

이상의 정서장애 또는 행동장애의 정의들에 반영되고 있는 공통점을 몇 가지로 정리해 보면 다음과 같다(송준만, 유효순, 1995).

- **일탈의 정도**: 정서장애 학생의 행동은 극단적이다. 즉 이들의 행동은 정상학생과 약간 다른 것이 아니라 뚜렷하게 차이가 난다.
- **행동의 지속시간**: 문제가 일시적인 것이 아니라 지속적으로 나타난다.
- **사회규범으로부터의 일탈**: 행동이 사회 또는 문화적 기대에 어긋나서 바람직하지 못하다고 평가된다.

한편, 정서장애의 문제가 행동에 초점을 두게 되고, 아동과 환경의 상호작용에 관심이 모아지면서, 기존의 정신분석학자나 임상심리학자들 이외에 학교가 정서장애 학생에 대하여 관여하게 되었는데, 교육심리학자들은 이러한 정서장애를 이상행동이나 과도한 장애를 의미하는 것으로 규정짓기보다는, 교육적 입장에서 "여러 가지 정서적 요인으로 인하여 특수한 행동문제를 나타내는 현상"으로 개념화할 것을 제안하고 있다(임승권, 1993).

### (2) 정서장애의 특징

정서장애의 원인으로는 생물학적 요인, 심리적, 환경적 요인으로 나누어 생각할 수 있다. 생물학적 요인으로는 출생 초기부터의 기질을 비롯하여, 질병이나 영양실조, 뇌손상, 신경조직 이상을 들 수 있는데, 경미한 정도의 정서장애는 이러한 생물학적 요인이 크게 작용하지 않지만 자폐아나 소아분열증과 같이 중증도의 정서장애의 경우에는 생물학적 요인이 주로 작용하는 것으로 보여지고 있다. 심리적, 환경적 요인으로는 아동을 둘러싸고 있는 환경적 요인들에 대해 아동이 지각하고 있는 정서적 분위기를 들 수 있는데 여기에는 아동에게 갈등과 긴장을 야기하는 가족의 분위기, 아동에 대한 부모의 양육태도, 형제관계, 외상(外傷) 경험들이 해당된다.

정서장애 학생들의 행동특성은 크게 공격성과 위축성이라는 두 가지의 상반되는 성향으로 대별할 수 있다. 공격성의 측면에서는 과잉행동, 반항, 적개심, 잔인성, 악의성(惡意性) 등의 특징을 나타내며, 위축성의 측면에서는 부끄러움, 자신감 결여, 타인에 대한 비협조, 우울 등의 특징을 보인다. 이들은 학교에서 학습에 지장이 많고 규칙을 어기며 행동결과에 대해 아무런 반응을 보이지 않는 경향이 있다.

Quay(1972; 1975)는 교사와 부모에 의한 행동평정, 아동의 생활사, 질문지에 대한 아동의 반응 등을 자료로 하여 경미한 정서장애아동들의 행동특성을 다음과 같이 분류해 설명하였다.

- **품행문제(conduct disorder)**: 불복종, 파괴적 행동, 질투, 난폭한 행동 등의 특성을 나타낸다.
- **성격장애(personality disorder)**: 열등의식, 위축감, 불만, 좌절, 죄의식, 불행감 등의 특성을 보인다.
- **미성숙(immaturity)**: 주의집중력이 약하고, 우둔하며, 수동적이고, 백일몽을 잘 꾸며, 자기보다 나이어린 친구를 좋아한다.
- **비행(socialized delinquency)**: 품행문제의 아동들과 유사한 행동을 나타내며, 친구들과 어울려 특히 파괴적이며 법에 저촉되는 행동을 한다.

### (3) 정서장애 학생의 교육

정서장애에 대한 학문적 접근이 다양하듯이 정서장애 학생들을 어떻게 교육할 것인가에 대해서도 다양한 방법이 적용되고 있다. 여기에서는 정규학급의 교사에게 도움이 될 만한 내용들만을 간략히 살펴보기로 한다.

첫째, 교사는 정서장애의 단서에 대한 지식을 가지고 그러한 단서를 보이는 학생들을 객관적이고 지속적인 방법으로 관찰하거나 전문가에게 의뢰하여 장애 여부를 확인하여야 한다. 학교장면에서 교사가 어떤 학생이 정서장애를 지니고 있지 않은지 의심할 만한 단서가 되는 행동특성들로는 다음과 같은 것들이 있다(송준만, 유효순, 1995; Bower, 1969).

① 지적, 감각적, 또는 건강상의 이유로 설명하기 어려운 학습부진.
② 친구나 교사와 원만한 유대관계를 형성, 유지하지 못함.
③ 정상적 상황에서 부적절한 감정을 나타냄.
④ 일반적으로 지나치게 불행해 하거나 침울해 함.
⑤ 개인적인 문제 또는 학교문제와 관련하여 신체적인 증상, 고통, 두려움을 나타냄.
⑥ 과도하게 위축되게 행동하거나 의존적인 행동을 함.
⑦ 지나치게 화를 자주 내고 공격적인 행동을 함.

둘째, 일단 특정학생이 어느 정도의 정서장애를 지닌 것으로 판단되는 경우라면, 그들의 행동통제를 위한 다양한 기법들을 적용할 필요가 있다. 즉 교사는 이들에 대해 충분히 이해하는 자세를 가지고 학생에 대한 현실적 기대와 유지해야 할 행동범주를 분명하게 설정하고, 행동에 대해 일관성 있고 즉각적인 칭찬과 보상을 제공할 필요가 있다. 또한 학생들과 솔직한 의사소통을 시도하여 교사와 학생간에 신뢰적인 관계를 형성해 바람직하지 않은 행동이 표출되지 않도록 노력해야 한다.

### 4) 학습부진

#### (1) 학습부진의 의미

학교현장에서는 특수교육에서 논의되는 장애의 분류에 속하지는 않으면서도 다양한 이유로 인해 학업성취가 뒤떨어지는 학생들을 쉽게 발견할 수가 있는데, 일반적으로 이러한 학생들을 학습부진 학생(underachiever)이라고 일컫는다. 이러한 학생들은 나름대로 독특한 특징을 갖고 있을 뿐만 아니라 출현의 빈도가 높기 때문에 현장의 교사가 관심을 기울여야 하는 대상이 된다.

학습부진 학생에 대한 개념 정의 역시 학자에 따라 다소 차이를 보이고 있다. 학습부진 학생을 Ingram(1953)은 학년진급에 요구되는 만족할 만한 성과를 내지 못하여 연령집단수준의 학업성적을 얻는 데 어려움을 보이는 학습자라고 정의했으며, Kirk(1972)는 지적 결함을 가진 학생이라기보다는 교육과정 적응에 곤란을 겪는 학생이라고 정의하였다. 또한 박성익(1986)은 정상적인 학교학습능력이 있으면서도 선수학습요소의 결손으로 인하여 설정된 교육목표의 최저 학업성취수준에 도달하지 못한 학습자를 학습부진 학생으로 정의하여 개인의 선수학습결손으로 인한 학업성취부진을 강조하였다. 이상의 몇 가지 정의들을 분석해 볼 때, 학습부진의 개념은 앞서 살펴본 학습장애의 개념과 상당한 유사성을 지니고 있음을 알 수 있다. 두 가지 개념 모두가 정상적인 지능수준을 포함하며 학업성취가 부진하다는 공통성이 그것이다.

그러나 학습장애와 학습부진의 개념은 여러 가지 면에서 차이가 있는 것으로 지적되고 있다. 우선 학습장애는 엄연히 장애의 한 분류로서 특수교육의 대상범위에 포함되는 반면, 학습부진아의 개념은 일반교육에서 다루어지고 있는 개념이다(국립특수교육원, 1996). 또한 학습장애로 인한 학업성취부진은 개인의 읽기, 쓰기, 셈하기와 같은 특정분야 또는 여러 분야의 장애로 인한 것인 반면, 학습부진은 그 원인이 무엇이든 학습결과가 최저 수준에 미달하는 경우라는 점에 차이가 있다.

이렇게 볼 때, 학습부진은 주로 뇌에 어떤 문제가 없으면서도 환경적인 문제에 기인하는 학습기회의 부족으로 인해 낮은 학업성취수준을 보이는 학생이라고 정의할 수 있다.

### (2) 학습부진의 특징

학습부진 학생들이 나타내는 특성들은 비록 그 원인이 어떤 특정한 장애에서 비롯되는 것이 아니지만, 학습장애 학생들과 거의 비슷하게 나타나는 것으로 보고되어지고 있다. 앞서 살펴본 학습장애 학생들의 일반적 특성들과 더불어, Myers와 Hammill(1976)은 운동활동장애, 정서불안, 지각장애, 기호화장애, 주의집중장애, 기억장애 등을 그 특징으로 제시하고 있다.

그러나 이러한 특징들은 정상적인 학생들에게도 이따금씩 나타날 수 있는 현상들이며, 학습부진 학생이라고 해서 이러한 모든 특성을 다 나타내는 것은 아님을 주의할 필요가 있다. 결국, 학습부진 학생의 특징을 판별할 때는 이러한 모든 특징을 고려함과 동시에 결과적으로 기대되는 학업성취와 실제 학업성취 간에 의미 있는 차이를 보이는지의 여부에 초점을 맞추어야 한다.

### (3) 학습부진 학생의 교육

학습부진 학생의 지도를 위해서는 역시 앞서 살펴본 학습장애 학생의 교육방법을 활용할 수 있을 것이다. 이 밖에 임규혁(1996)은 학습부진 학생에게 사용될 수 있는 수업전략들을 적응수업전략과 교정수업전략으로 구분하여 소개하고 있는데 이를 정리해 보면 다음과 같다.

#### ■ 적응수업전략(accommodation teaching strategy)

학습자의 학습을 증진시키기 위해 어떤 요소나 전체적인 학습환경을 변화시키는 과정을 말하는 것으로 다음과 같은 내용들이 포함된다.

- 학습부진 학생이 이해할 수 있는 수준으로 각 수업시간에 도달해야 할 학습목표를 제시한다.
- 수업진행에 대한 안내를 위하여 각 단원별 또는 차시별 수업개요를 제시한다.
- 전문적인 어휘의 목록이나 추상적인 개념에 대한 해설자료를 제공한다.
- 학습부진 학생의 수준에 맞는 적절한 가정학습과제를 제공한다.
- 특별교재 또는 학습자료를 활용한다.
- 학습계획서를 작성해 주고 계속적으로 점검한다.
- 정보의 확인, 분석, 저장, 기억방법, 시험준비, 노트필기방법과 같은 학습기술을 지도한다.

■ 교정수업전략(remedial teaching strategy)

학습을 방해하거나 장애가 되는 결함과 약점을 제거하는 데 중점을 두는 것으로, 학습부진 학생의 잘못된 학습습관을 확인하고 이를 수정할 수 있다는 가정 하에 학습자를 변화시키는 데 관심을 갖는다. 따라서 교정수업전략에서는 학습부진 학생에 대한 개인별 진단이 중요하며, 이러한 진단결과에 따라 학습과제 및 적절한 프로그램이 제시되게 된다. 학습부진 학생을 위한 교육프로그램의 유형을 내용에 따라 분류해보면 다음과 같다(Deshler et al., 1972).

- **기초학습기능형**: 읽기, 쓰기 등 기초학습기능에 초점을 둔 프로그램
- **교과개별지도형**: 학생들이 직접적으로 관련없는 내용으로 인해 흥미를 느끼지 못할 경우, 교육과정영역에서 지원 보충적인 역할을 하는 프로그램(Lerner, 1989)
- **직업프로그램**: 학습자의 흥미와 능력에 맞는 직업을 탐색, 준비시키는 과정
- **학습전략형**: 학습부진아의 공부방법을 발전시키고 수업활동을 개선시키는 목적의 프로그램
- **심리치료형**: 아동에 대한 압력의 감소, 교사-학생간, 학생-학생간의 인간관계 개선, 동기양식이나 수준의 변화, 자아개념의 긍정적 변화 등을 목적으로 하는 프로그램

### 5) 영재

역사적으로 볼 때 의학, 과학, 산업, 예술 등의 각 분야에서 일반대중을 계도하

고, 그 시대의 발전에 크게 이바지한 사람들은 고급 두뇌들이었다. 이러한 점에서 우수한 능력을 지닌 아동들을 조기에 발견하여 적합한 교육프로그램을 제공함으로써 그들의 능력을 실현할 수 있는 기회를 제공하는 것은 그 개인의 자아실현이라는 측면에서는 물론 사회발전이라는 측면에서도 필요한 일이다.

영재들을 선발하여 이들에게 알맞은 교육프로그램을 제공하는 것은 결코 쉬운 일이 아니다. 영재의 의미가 정확하게 정의되어 있지 않고, 영재의 특성 또한 분명하게 밝혀져 있지 않기 때문이다. 또한 영재를 찾아내는 방법이나 영재를 위한 효과적인 교육프로그램도 명확히 제시되지 못하고 있는 실정이다.

### (1) 영재의 의미

영재에 관한 초기의 연구들은 사회발전에 공헌한 위대한 사람들을 선정하고 이들을 여러 측면에서 분석하는 데서 출발한 것이 아니라, 지능검사(특히 Stanford-Binet검사 또는 Wechsler Intelligence Scale for Children)에 의해 측정된 지능지수가 높은 아동들을 대상으로 하였다(장언효, 1985). 즉 지능검사에서 일정수준 이상의 점수를 받은 아동을 영재로 분류하고 이들을 대상으로 연구한 것이다. 터만(Terman)은 지능지수가 140 이상인 자, 또는 동일 연령집단에서 상위 1%에 속하는 자를 영재로 정의하였다. 그 후에도 많은 연구들은 그 기준을 달리 하는 경우가 있었으나(예: 상위 5% 이내), 주로 지능을 기준으로 영재를 정의하였다.

지능에 의한 영재의 정의는 그 기준이 비교적 명확하고, 판별을 위해 사용할 수 있는 도구가 잘 조직되어 있어서 널리 사용되어 왔다. 그러나 지능검사 자체의 신뢰도, 타당도 등에 대한 회의의 증가로 지능검사 결과만으로 영재를 정의하는 데 대한 비판이 두 가지 방향에서 이루어졌다(장언효, 1985). 첫째로 영재를 단일요인이 아닌 다요인적 입장에서 보아야 한다는 것이다. 둘째로 지능검사로는 측정할 수 없는 특수한 재능, 이를테면 예·체능, 과학 또는 공학 등의 분야들 중에서 어떤한 분야의 재능을 지닌 아동도 영재로 보아야 한다는 것이다.

영재를 다요인적 입장에서 정의해야 한다는 주장은 전통적인 지능검사로는 인간의 지적 능력을 모두 측정할 수 없다는 것을 인식하는 데서 출발하였다. 길포드(Guilford)의 지능이론에 의하면 인간의 지능은 크게 조작(operation), 내용(content) 그리고 산출(product)의 3차원의 조합으로 구성되는 180가지 요인으로 되어 있다.

그의 이론에 비추어 보면 전통적인 지능검사에서는 언어적 요인이 지나치게 강조되어 있으며, 또 한편으로는 수렴적 사고기능은 잘 측정하지만 창의적 사고의 가장 중요한 요인인 확산적 사고기능은 측정할 수가 없다. 이에 따라 영재를 정의할 때는 지능과 함께 창의성도 포함시켜야 한다는 주장이 나타났다(Getzels & Jackson, 1958; Torrance, 1970). 또, 한편으로는 성취도, 사회성, 사고력 등 창의성 이 외의 다른 요인들을 영재의 개념에 포함시키려는 시도가 이루어졌다.

미국교육성(USOE)의 정의는 이상에서 살펴본 정의를 모두 포괄한다고 볼 수 있다. 미국교육성은 영재를 자격 있는 전문가들에 의해 뛰어난 능력으로 인하여 높은 수준의 과업수행을 할 수 있는 자로 판단된 아동들이라고 정의하면서, 이 아동들은 자기 자신과 사회에 공헌하기 위하여 정규 교육프로그램이 제공하는 것 이상의 특수한 교육프로그램이나 시설을 필요로 한다고 하였다. 여기에서 높은 수준의 과업수행이란 일반 지적 능력, 특수학업적성, 창의적 또는 생산적 사고, 지도력, 시각 및 실연예술, 그리고 정신운동능력 중의 한 영역 또는 여러 영역에서의 성취나 잠재적 능력을 나타내는 것이다.

위의 정의는 사회가 필요로 하는 모든 영역에서 영재가 나타날 수 있다는 주장을 구체적인 가치영역으로 세분하여 제시하고 있고, 창의력을 영재성의 영역에 포함시키고 있다는 특징이 있다. 따라서 영재를 포괄적으로 정의하려 하였다는 점에서 가치가 인정된다.

렌즐리(Renzulli, 1987)가 지적한 바와 같이 이 정의는 동기요인을 포함시키지 않고 있고, 성취의 결과(즉 특수학업적성, 시각 및 실연예술, 정신운동 능력)와 그 성취에 이르게 하는 능력(즉, 일반능력, 창의적 또는 생산적 사고, 지도능력)을 동일 범주로 분류하고 있으며, 지능검사나 적성검사에 지나치게 의존하고 있다.

영재들이 성공적으로 자아를 실현하고 사회발전에 공헌하기 위해서는 지적 능력뿐만 아니라 동기와 같은 비지적(非知的) 요인도 중요하다(Anold, 1962). 이에 따라 아놀드(Anold)는 다음과 같은 여덟 가지 요인을 영재성에 포함시키고 있다.

① 책임감과 과업성취에 대한 욕구
② 목적달성을 위한 계속적인 집념
③ 문제해결에 대한 모험성과 독창성
④ 자신감
⑤ 대인관계의 문제점을 해결하려는 의욕

⑥ 좌절이나 작업 지연을 너그럽게 수용하는 태도
⑦ 목적달성을 위한 계획수립능력과 태도
⑧ 지적 호기심과 모험성

이러한 정의는 영재의 정의에 비지적 요인들도 포함시키고 있다는 장점이 있다. 그러나 이러한 요인들은 상호독립적이기 보다는 상호보완적이라는 점에서 이들 모두가 영재성을 규정한다고 보기는 어려울 것이다.

워드(Ward)는 영재의 특성이 학습능력, 사고능력과 기민성, 호기심 및 욕구로 구성된다고 하였다(Barbe & Renzulli, 1975). 학습능력이란 자연적, 사회적 상황을 정확하게 지각하고, 사실 및 원리를 신속하고 효율적으로 학습·파지·재생하며, 읽은 것을 쉽고 빠르게 이해하는 능력이다. 사고능력 및 그 기민성은 신속하게 원리를 파악하고 빨리 추론하며, 명제의 중요성을 빨리 파악하여 활용하고, 관찰한 사실을 추상화하고, 상상하고, 아이디어 간의 관련성을 연상하며, 분석·종합·조직하는 능력이다. 호기심 및 욕구란 인내심, 목표에 대한 집착, 사상에 대한 호기심, 도전적이고 어려운 일에 대한 관심, 다양한 흥미와 질문 등을 말한다. Renzulli (1979)도 Ward와 유사한 입장에서 일반능력, 창의성 그리고 과제집착력을 중심으로 영재의 특성을 제안하고 영재는 이 중에 어느 한 영역만이 특출하게 높은 사람이 아니라, 이 세 요인에서 모두 평균 이상의 특성을 소유한 사람이라고 정의하였다. 그리고 이들 간의 관계를 [그림 4-5]와 같이 제시하였다.

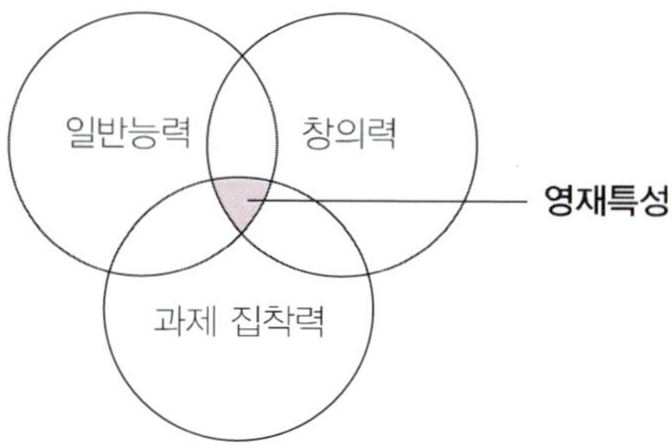


자료: 김언주, 구광현(1998).

**그림 4-5 | Renzulli의 영재특성모형**

Renzulli의 정의의 특징은 위의 세요인 중 어느 한 요인만으로는 영재를 정의할 수 없다는 점이고, 또 이 세 요인은 각각 영재를 구성하는 데 동일한 비중으로 고려되어야 한다는 것이다.

이미 앞에서 언급한 바와 같이 특수분야에서 재능을 나타내는 아동들을 조기에 발견하여 적절한 교육적 조치를 강구해야 한다는 것이 강조되고 있다. 현재 우리나라의 영재교육진흥법은 영재를 재능이 뛰어난 사람으로서 타고난 잠재력을 계발하기 위하여 특별한 교육을 필요로 하는 자로 규정하고 있다.

이상의 논의를 종합해 볼 때, 영재란 높은 지적 능력과 창의적 능력을 가지고 있으며, 과제집착력이 높다고 판단된 자로서 지적 영역, 정신운동영역들 중의 어느 한 영역, 또는 모든 영역에서 탁월한 과업수행을 하거나 할 수 있는 잠재력을 가진 자를 의미한다.

### (2) 영재의 특성

영재의 특성을 밝히는 연구들은 영재들이 동일 연령집단의 아동들에 비하여 신체적, 지적 발달이 빨리 이루어지며, 학습특성, 동기특성, 창의성, 지도력, 의사전달, 공간적 사고, 추상적 사고 그리고 사회적응의 모든 영역에서 긍정적으로 평가된다는 것을 발견하였다. 그리고 과제에 주의를 기울이며, 자율적인 학습에 보다 적극적으로 참여하고 학습기술을 보다 효과적으로 적용하는 것으로 밝혀지고 있다. 또한 정의적인 측면에서도 보다 긍정적인 자아개념을 가지고 있으며, 활동적이고 사려성이 깊으며, 지배성이 강하고 정서적으로 안정되어 있다. 학업성취도도 다른 아동에 비하여 뛰어났다.

관련된 연구들을 종합하여 영재의 특성을 지적·학습적 특성, 창의적 특성 그리고 인성적 특성으로 나누어 정리해 보면 다음과 같다(김언주, 구광현, 1998).

#### ❶ 지적·학습적 특성

- 언어구사력이 뛰어나다. 다시 말해 어휘가 풍부하고 표현력이 우수하다.
- 독서능력이 높다.
- 추상화, 개념화, 종합화능력이 발달되어 있다.
- 인과관계를 쉽게 이해한다. 주위환경에서 구조, 조직, 일관성을 좋아하는 경향이 있으며, 구조나 규칙의 무시를 싫어한다.

- 질문태도나 정보탐색 시에 내면적 가치를 중시하는 면이 나타난다.
- 회상 가능한 다양한 주제의 정보를 많이 가지고 있다.
- 중요한 원리를 쉽게 포착하며 사태, 사람 또는 문제에 관한 일반화를 타당하게 한다.
- 복잡한 문제를 하위요소로 분리하여 체계적으로 분석한다.
- 상식수준이 높다.
- 관찰력이 예민하다.
- 핵심적인 답변을 한다.
- 학교성적이 우수하다.

### ❷ 창의적 특성

- 사고가 유창하다. 하나의 문제에 대하여 가능한 결과 및 관련 아이디어를 많이 창출해 낸다.
- 독창적인 사고를 한다. 주어진 정보에서 항목들을 새롭고 특이하며, 관습적이지 않은 연합 또는 결합을 한다.
- 융통성 있는 사고를 한다. 문제해결에서 여러 가지 대안을 제시하고 다양한 접근을 한다.
- 집중적인 사고를 한다. 기본 아이디어, 상황 또는 문제에 대해 새로운 해결단계, 아이디어, 반응을 한다.
- 복잡한 문제에 대해서도 의지력을 보이며 문제상황에 집착한다.
- 추론을 잘 한다. 가설을 잘 설정하며, '만약……이면'이라는 의문을 많이 갖는다.
- 사물, 아이디어, 상황 또는 문제사태에 대한 호기심이 많다.
- 자신의 견해 또는 아이디어를 쉽고 명료하게 표현한다.
- 미(美)에 대해 민감하며 미적 차원에 끌린다.

### ❸ 인성적 특성

- 완전한 것을 추구하며, 자기비판적이어서 자신의 성취에 쉽게 만족하지 못하고 항상 새로운 것, 도전적인 것을 추구한다.
- 사태판단 시 나름대로 가치판단을 하는 경향을 보인다.

- 회의적이고 비판적이며 평가적이다.
- 자신의 능력을 현실적으로 파악하려 한다.
- 유머감각이 있다.
- 자아의식이 강하다.
- 다른 사람을 지배하려는 경향이 강하다.
- 자신보다 연상의 친구를 사귄다.

이상에서 제시한 영재의 특성은 절대적인 것도 아니며 모든 영재, 모든 상황에서 나타나는 것도 아니다. 개인에 따라 서로 다른 특성을 가지고 있으며 개인내차(intra-individual difference)도 크다. 이런 점에서 영재의 특성이 일반적으로 적용될 수는 없는 것이다. 그러나 이러한 특성들은 세분화된 영재의 영역을 한정시킴으로써 절대적 기준이 되어 갈 수도 있을 것이며, 따라서 구체적 영역의 영재와 관련시켜 특성을 연구할 필요가 있을 것이다.

### (3) 영재학생의 교육

영재를 정의하고 영재의 특성을 밝히는 궁극적인 목적은 영재를 찾아내고 이들을 위해 효과적인 교육과정을 마련하고 가르치는 데 있다. 그러나 영재를 선정하고 잘 가르친다는 것은 결코 쉬운 일이 아니다(장언효, 1985). 여기에서는 영재의 선발과 수업방법을 중심으로 영재교육방법을 간략히 살펴본다.

#### ❶ 영재의 선발

영재교육에서 영재를 찾아내는 것이 중요하다는 것은 재론의 여지가 없다. 그러나 아직도 영재를 어떻게 선발할 것인가에 관한 견해는 일치되지 않고 있다. 이는 영재의 정의가 다양하다는 데 그 원인이 있다고 할 수 있을 것이다.

대부분의 영재판별은 일반적으로 학생들을 위한 구체적인 프로그램과 관련하여 이루어진다. 판별모형으로는 Curry와 Apley의 프로그램 연속모형(continuity model), 뉴욕주립대학의 3단계모형, 그리고 Renzulli의 회전문모형(revolving door model)이 대표적인 모형이다(신세호 외, 1984). 이 중에서 비교적 널리 알려진 Renzulli의 회전문모형을 살펴보면 다음과 같다.

Renzulli는 영재의 정의에 있어 평균 이상의 일반능력, 창의성 그리고 과제집착력이 고르게 고려되는 상태를 영재의 개념에 이용하고 있다. Renzulli가 생각하고 있는 영재의 특성의 발현 내용은 [그림 4-6]과 같다.

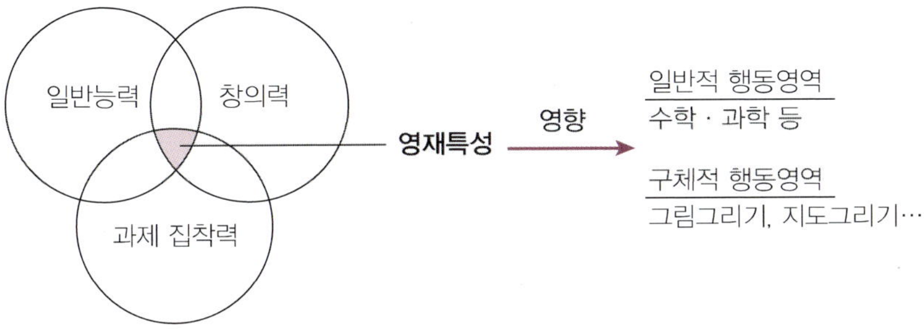


자료: 김언주, 구광현(1998).

**그림 4-6 | Renzulli의 영재 특성규정과 행동의 단계**

Renzulli는 영재 특성의 개념정의에서부터 특별프로그램에의 정치에 이르는 전 과정에 영재로 분류된 아동의 능력 및 요구를 존중하여 개발한 제반 프로그램을 학생들이 자유로이 선택하여 참여하도록 하였다. 즉 과제집착력(과제에 대한 긍정적 태도)이 중시되기 때문에 일반 지적 능력이나 창의성이 뛰어나다고 해서 영재는 아니라는 점을 확실히 하고 있다.

[그림 4-6]의 삼원모형은 영재의 특성을 구성하는 기본요소이며, 이것이 학교교육현장으로 들어올 때는 큰 건물의 회전문처럼 들어가고 나오는 것이 자유롭게 되어 있다. 즉 영재의 넓은 범위를 판별하고, 프로그램에의 접촉은 아동의 자유에 맡기는 것이다.

위에서 언급한 영재판별모형들은 모두 영재의 개념화를 시도하고, 그 개념에 적합한 특성들을 추출한 다음, 이 특성이 나타나는 상황을 검사하는 단계를 거치고 있다. 그리고 나서 검사결과를 기초로 일정수준의 준거에 입각하여 영재를 분류하는 과정이다. 그러나 학교 실제에서 영재를 판별하는 과정은 보다 단순화시켜 논의될 수 있을 것이다. 학교상황에서 이용될 수 있는 과정을 세 단계로 분류하여 제시해 보면 다음과 같다(김언주, 구광현, 1998).

**첫째 단계는 담임교사가 아동에게 관련된 모든 정보를 참조하여 영재를 선정하는 과정이다**: 아동의 지능지수, 창의성수준, 학업성취도, 적성검사결과 및 행동특성 관찰기록 등을 고려하는 동시에 학부모 및 동료교사들의 의견을 들어 잠정적으로 우수아를 선정하는 것이다. 이때 주의해야 할 점은 순종적이며, 자기가 맡은 일에 충실하고 학교성적이 우수한 아동만을 선정할 위험이 있다는 것이다. Pegnato와 Birch(1959)는 교사가 지명한 학생 중의 34.1%가 평균아였다고 보고하였다. 따라서 전적으로 담임교사에게만 의존하여 영재를 선발하는 데는 문제가 있다.

**둘째 단계에서는 조직된 전문가집단이 협의를 거쳐 엄격한 판별기준에 의거하여 영재를 선별한다**: 교육전문가, 교사, 특수교육전문가, 심리학자 등이 개인용 지능검사, 창의성검사, 적성검사 및 표준화학력검사를 통하여 정보를 수집하고 이에 근거하여 영재를 선별하는 것이다. 이때 각종 표준화검사만으로 관련정보 모두를 얻을 수는 없다는 점도 유의해야 한다. 이러한 영재판별을 위한 도구는 일반 표준화검사에서 요구되는 타당도, 신뢰도, 객관도 이외에 성공에 대한 역사적 고려, 사용언어의 적합성, 문화적 적합성, 경제성, 실시소요시간, 표준화집단, 문항으로 구성된 행동영역 등을 고려해야 한다. 정보와 함께 교사나 부모의 관찰기록 또는 진술을 통해 수집된 정보도 필요하다. 이 단계에서 구체적인 활동을 통하여 특정분야의 재능을 정확하고 타당하게 선별해야 한다.

**셋째 단계는 교육프로그램에의 정치단계이다**: 영재가 판별되었다 해서 영재의 선정이 완료된 것은 아니다. 우수아를 찾아내는 궁극적인 목적은 이들의 잠재능력을 계발하기 위해 적절한 프로그램에 정치시키는 데 있기 때문이다. 그러므로 선별된 아동들을 적절한 교육 프로그램에 정치하고, 이들을 계속 관찰·평가하여 이들이 지닌 우수성을 보다 정확하게 판별하여야 한다. 특정분야의 영재라 하여도 그 관심분야나 능력이 나타날 수 있는 영역은 다양하므로 이 과정에서 다양한 프로그램에 접할 수 있는 기회를 제공하는 것도 중요하다.

### ❷ 영재학생을 위한 수업

영재들이 지닌 특성이 특이하고 다양하기 때문에 영재를 위한 수업은 평균적인 아동들을 위한 수업과는 달리 그 기본적인 측면에서 특별한 고려를 하여야 한다. 이 전제들은 다양하게 논의될 수 있으나 다음과 같은 세 가지 측면은 반드시 전제되어야 한다(장언효, 1985).

① 영재를 위한 수업은 영재 개개인의 특성에 알맞게 고려되어야 한다.

② 영재아의 학습과정은 과정중심적이어야 한다.
③ 지적 능력뿐만 아니라 정의적 측면도 강조해야 한다.

한편 영재교육의 일반적 원리는 다음과 같이 제안되었다(National/State Leadership Training Institute, 1972).

① 어떤 특정한 정보나 지식보다는 사고기능 및 사고과정의 발달을 강조해야 한다.
② 학생이 직접 활동에 참여하는 기회를 주어 적극적으로 사고하고 활동하는 태도를 길러야 한다.
③ 학생들이 형식에 얽매이지 않고 다양하게 개인적인 반응을 할 수 있도록 허용하고, 그러한 반응을 고정해 주어야 한다.
④ 가능한 한 학생의 요구와 능력에 따른 대안을 제공하여 학생 스스로 선택할 수 있게 해주어야 한다.

이상에서 살펴본 기본전제나 원리는 모든 영재교육에서 지켜져야 할 준거를 제시하고 있다는 점에서 높이 평가된다. 그러나 실제로 영재를 위한 수업을 모색하는 데 있어서는 이보다는 좀 더 구체적인 지침이 필요하다. 이러한 구체적인 지침은 Hershey(1976)가 밝힌 바 있다. Hershey는 영재의 특성, 이에 수반될 수 있는 문제, 그리고 수업 및 생활지도를 위한 시사점을 <표 4-4>와 같이 제시하고 있다.

**표 4-4 | 영재아의 특성수반문제 및 수업과 생활지도의 시사점**

| 영재아의 특성 | 수반되는 문제 | 수업과 생활지도의 시사점 |
|---|---|---|
| **언어유창성** | | |
| • 풍부한 어휘력 | • 부적절한 독서와 연구 | • 다양한 수준의 도전적인 자료에의 접근 기회 제공 |
| • 유창한 표현력 | • 언어주의로의 도피 | • 구체적인 사고와 개념을 학습할 수 있는 기회 제공 |
| • 폭넓은 정보 | • 박식함과 자만에 빠짐 | • 비슷한 지적 수준을 지닌 동료와의 상호작용 기회 제공 |
| **추상능력** | | |
| • 귀납학습과 문제해결에 관심 | • 연습과 반복에 대한 저항(기초적 능력에서의 갭) | • 기초기능을 자기선택 연구과제의 선수요소와 결합 |
| • 높은 수준의 개념화 | • 세부적인 사항에 소홀 | • 중요한 세부사항을 기술하는 상호수용적 접촉 유도 |
| • 지적 활동에서의 쾌감 | • 시간을 보내기 위해 하는 학습활동과 평범한 수업을 참지 못함 | • 학생에게 개념학습을 위한 대안을 제시하고 확립할 기회 허용 |

| 영재아의 특성 | 수반되는 문제 | 수업과 생활지도의 시사점 |
|---|---|---|
| **지적 호기심** | | |
| • 광범위한 사물에의 관심 | • 제한된 환경에 질식 | • 풍부한 환경 제공 |
| • 복잡성의 선호 | • 단순한 설명에 싫증 | • 재능 있는 수용적인 성인과의 접촉기회 제공 |
| • 지속적인 목표 추구 | • 완고함 | • 분석하고 재고할 기회 제공 |
| **기억력/집중력** | | |
| • 강력한 주의집중 | • 방해에 대한 저항 | • 실천적 계획 논의: 명확한 토론에 의한 협동탐색 기회제공 |
| • 장기간의(지속적인) 주의집중 | • 소단위의 학교일과에 대한 욕구불만 | • 적절한 시간단위의 시간 계획수립 |
| • 정보의 보유와 활용 | • 적절한 정보의 수용력 결어 | • 대한 욕구를 충족시키기 위한 조언자 및 지역사회 자원활용 |
| **독립성/목표지향** | | |
| • 회의주의적 | • 사회적 부정에 너무 쉽게 실망 | • 학생에게 변화의 구조적 제안을 시행할 수 있도록 성의있는 기회 제공 |
| • 자기비판적 | • 타인에 대한 과도한 비판적 태도<br>• 비활동성과 부진에 대한 욕구불만 | • 다양한 배경의 사람들과의 집단활동기회 제공 |
| • 장단점 분석의 명수 | | • 집단상호작용에서 다양한 역할을 가정해 볼 기회 제공(시뮬레이션 활동) |
| **민감성/직관력** | | |
| • 높은 수준의 인식력 | • 속기 쉬움, 비판과 낮은 자아개념에 민감 | • 자신에게 중요한 영역에서 성공할 기회 제공(부진아만큼 영재아도 긍정적 강화 필요) |
| • 예민한 관찰력 | • 동료집단의 거부를 참지 못함 | • 지적인 동료와 이해성 있는 성인과 명백한 문제를 토의할 기회 제공 |
| • 심연한 정서적 반응 (emotional depth) | • 필요한 사회적 자원과 동료의 수용 결여 | • 사회적 책무성과 관련된 역할을 이해할 수 있도록 역할연기의 기회 및 가치설명 기회와 지도성훈련 |
| **창의력** | | |
| • 창의력 | • 때로는 규준과 모순되는 자신의 체제 탐구 | • 교사의 간섭 없이 탐구할 기회 제공 |
| • 과제수행의 새로운 방법 선호 | • 전통에 대한 거부 | • 특히 인간의 관심의 견지에서 전통의 기원을 연구할 기회 제공 |
| • 브레인스토밍과 자유회견에의 관심 | • 지리적 환경에의 도전기회 결여-욕구 불만과 확산적 사고의 회피 | • 심리적으로 안정된 환경에서 모의문제해결을 탐구할 기회 제공 |
| **다예다재/예술성** | | |
| • 관심과 능력의 다양성 | • 관심이 자주 변하고 기초적 역량 확립 실패 | • 주요관심에서의 역량수립을 위한 조기 직업지도 |
| • 다양한 취미 | • 전체 수준의 가능성에 관심을 갖는 지침 결여 | • 조기에 융통성 있는 개별화수업 제공 |
| • 음악과 미술 등 예술에서의 숙련 | • 조기훈련의 결여 | • 재능을 조기에 확인하고 조기훈련기회 제공 |

이와 같은 논의에 기초하여 학교교육에서 실제로 활용할 수 있는 구체적인 수업방법으로는 연구방법의 활용, 탐구수업방법의 활용, 질문법의 활용, 창의성 지도방법의 활용, 평가방법의 활용을 들 수 있다(장언효, 1985).

- **연구방법의 활용**: 영재들의 개인차는 아주 크기 때문에 연구방법을 활용할 수업방법을 활용한 수업방법을 전개하여 학생들이 자율적으로 학습하여 나갈 수 있게 하는 방법이다. 학생들 스스로가 연구과제를 선정하도록 하고 이 과제를 학교 수업장면에서 가르칠 수 있도록 번안함으로써 학생들로 하여금 이 문제에 보다 같은 관심을 가지게 하고 스스로 문제를 해결하도록 한다. 이를 위해 학생들은 여러 가지 자료가 필요하게 된다. 이들 자료를 이용해 문제를 해결하는 데는 필요한 자료를 올바르게 찾는 능력과 찾은 자료를 적절하게 이용하는 능력이 필요하다.

일반적으로 학교교육에서는 주어진 자료의 내용을 간추리고 적절하게 활용하는 방법은 많이 다루어지고 있다. 그러나 어떤 가설을 스스로 설정하고, 이것을 해결하기 위해 필요한 자료를 수집하고 활용하는 방법은 잘 다루어지지 않는다. 영재교육에 있어서는 필요한 자료의 수집계획을 세우고, 이 계획에 따라 실제 자료를 수집하고 이를 활용하여 문제를 해결하는 과정에 대한 학습이 특히 중요하다.

학생들이 연구과제에 깊은 관심을 갖지 않으면 이 방법은 효과를 거둘 수 없다. 학생들이 자율적으로 학습하는 데 필요한 기능을 개발시키기 위해서는 사물들간의 가능한 관계를 여러 측면에서 탐색하여 보고, 이 관계에 대한 가설을 설정하고 이를 검증하는 데 필요한 사실 또는 자료를 찾는 활동이 필요하다.

- **탐구방법 수업의 활용**: 영재교육에서는 사고기능이 강조되어야 한다. 탐구방법은 학습자들이 무엇을 배우느냐에 강조를 두지 않고 '어떻게' 배우느냐에 중점을 둔다. 즉 탐구수업이란 어떤 원리나 법칙을 이해하기 위해서 그 원리나 법칙을 최초로 발견했던 사람이 거쳤던 사고과정을 체계적으로 거치게 하는 방법이다. 그러나 이때 학습자는 자연적 상태에서 경험하는 것이 아니라 체계적으로 잘 꾸며진 상태에서 일련의 경험(또는 실험)을 하게 된다. 따라서 중요한 것은 교사의 질문형식이 된다. 또한 탐구과제가 학생들의 지적 호기심을 자극할 수 있어야 하는데, 이러한 과제는 실패할 확률보다 성공할 확률이 약간 높은 과제이다(Bruner, 1978).
- **질문법의 활용**: 교사의 질문은 수업에서 중요한 역할을 한다. 같은 내용이라도 질문으로 제시하는 것이 더 효과적이다. 또 학생들의 깊은 생각을 유도할 수 있는 질문을 하는 것이 보다 효과적이다.

질문의 유형은 기억회상이나 재인을 요구하는 단순한 질문에서부터 확산적 사고를 요구하는 개방적 질문에 이르기까지 다양하다. 다양한 유형의 질문 중에서 영재들의 관심을 끌 수 있는 질문은 적어도 판단적 질문 또는 개방적 질문이다. 수업에서의 질문과 관련하여 유의해야 할 사항은 모든 학생들의 대답을 판정이나 평가 없이 수용해야 한다는 것이다. 학생들은 자신의 아이디어가 수업에 반영되기를 바라며 실제로 반영될 때 더 많은 아이디어를 창출하게 된다.

- **창의적 지도방법의 활용**: 많은 영재교육자들은 창의성 또는 창의적 사고방식의 신장을 크게 강조하고 있다. 창의성은 문제사태에 민감하게 반응하여 문제의 잘못된 점, 충분히 이해가 되지 않는 점, 탈락된 부분 또는 불합리한 점을 찾아내는 과정이며, 문제의 곤란점을 바르게 찾고 해결방안을 모색하고 가설을 설정하고 이를 확인하며, 최종적으로 이 과정의 결과를 바르게 알려 주는 능력이다. 간단히 말해서 창의적 사고란 가능한 여러 가지 해결방안을 탐색하기 위하여 문제의 폭을 넓히고, 다양한 수준에서 그 해결방안을 모색하는 것이다.

교사들이 학생들의 창의적 사고능력을 신장시키는 방안은 다음과 같다.

① 학생들이 여러 아이디어를 스스로 분류·조직하여 볼 수 있는 기회를 제공한다.
② 학생들이 가능한 한 많은 아이디어를 산출할 수 있도록 격려한다.
③ 여러 가지 사물간의 관계를 규명하고 어떤 결정을 내리고, 이들을 재조직하여 수정·보완하는 기회를 충분히 제공하여 준다.
④ 학생들이 여러 가지 활동을 할 수 있도록 도와주며, 실패를 두려워하지 않도록 도와준다.
⑤ 주어진 문제를 해결하는데 여러 가지 방법이 있다는 것을 알려 준다.
⑥ 학생들이 생각하는 데 필요한 충분한 시간을 제공하여 준다.
⑦ 브레인스토밍 방법을 알려 준다. 이 방법은 여러 사람이 같이 모여 생각하고 아이디어를 산출하는 방법으로 가능한 한 많은 아이디어를 제공할 수 있도록 자유스럽고 편안한 분위기를 조성하는 방법이다.

여기에서 강조해야 할 것은 이러한 절차적 방안과 더불어 내용 측면도 유의하여야 한다는 것이다. 창의적 사고에 필요한 관련내용들을 충분히 학습할 수 있는 기회를 제공했을 때 창의적 사고를 활용한 방법의 효과는 더욱 높아지는 것이다.

- **평가방법의 활용**: 영재집단에 속해 있는 학생들은 다른 집단의 학생들보다 일반적인 능력이 뛰어나다. 그럼에도 불구하고 그 집단의 특성을 무시하고 그 집단 내에서만 상대적으로 학생을 평가하게 되면 비교적 우수한 영재도 낮은 점수를 받을 가능성이 많게 된다. 이와 같은 현상으로 교사 또는 학부모들은 학생을 잘못 평가하는 결과를 가져오게 된다. 따라서 평가는 학생들이 잘하는 것, 못하는 것 또는 이룩한 성취나 노력하여 개선하여야 할 점 등을 구체적으로 알려 주는 기능을 하여야 한다.

영재를 대상으로 하여 자기평가방법 및 동료평가방법을 사용함으로써 아동들의 사고능력을 신장시킬 수 있다. 예를 들어 특정주제에 대해 발표한 것을 중심으로 교사가 "토의과정에서 어느 면이 좋았는가?", "어떤 면이 개선되어야 하는가?" 하는 등의 질문을 함으로써 많은 아동들이 긍정적인 견해를 발표할 수 있도록 도와주고 결국은 다른 사람의 의견을 참조하여 자신을 개선하고, 또 한편으로는 학생들의 비판적 사고능력을 신장시킬 수 있게 된다.

CHAPTER 05

# 학 습

## 01 학습의 개념

인간은 출생시부터 성장하면서 학습을 통해 배움을 획득하고, 그 결과 행동의 변화를 가져온다. 인간이 동물과 다른 특성 중의 하나는 끊임없이 배우면서 변화되는 삶을 산다는 것이다. 무능력한 상태로 태어난 인간이 말과 글을 익혀 다른 사람과 의사소통이 가능하게 되고, 서로의 감정을 이해해가며 사회생활을 영위해 가는 것도 역시 배움이라는 과정이다. 대부분의 사람들은 학습을 '공부'라고 생각하고 있다. 또한 학습이란 용어가 상식적으로 사용될 때는 '배워서 익힘' 또는 '기능이나 지식을 의식적으로 습득하는 행동'을 의미한다(김언주, 1988). 심리학자들은 '학습은 경험이나 연습의 결과 일어나는 지속적인 행동의 변화'로 정의한다. 즉, 첫째로 학습은 행동의 변화가 있어야 한다. 둘째로 이 변화는 비교적 안정된 것이어야 한다. 셋째로 그것은 경험으로부터 나온 것이어야 한다(Hall, 1976). 따라서 학습이란 경험이나 연습의 결과로서 일어나는 비교적 영속적인 행동의 변화라고 정의할 수 있다.

학자에 따라 학습의 특성에 대한 강조점이 다르지만, 대체로 다음과 같은 공통점이 있다(Gagné & Berliner, 1984).

첫째, 학습은 학습자 내부에서 일어나는 변화 즉, 정신상태에 있어서의 변화로 인간의 행동을 관찰함으로써 추론된다. 따라서 학습과 수행행동은 구분되며 학습곡선은 수행지표의 변화를 그래프화한 것이다.

둘째, 학습은 어떤 종류의 가시적인 행동이나 내면적인 행동(사고, 감정)이 새로 생겨났거나 그 방향이 좋건 나쁘건 간에 수행된 모든 행동의 변화를 총칭하며, 교육은 좋은 방향의 변화만을 지칭한다.

셋째, 학습한다는 것은 "가르치는 것을 배운다." 즉, 가르치는 사람(교사)과 배우는 사람(학습자)과의 관계뿐만 아니라 광범위한 의미를 가지고 있다. 경우에 따라서는 가르치는 사람 없이도 스스로 학습하기도 한다.

넷째, 학습은 경험의 결과, 연령의 증가에 따라 학습의 용이성이 증가하기도 하나 단지 성숙의 결과의 원인만은 아니다. 또한 학습은 영속적인 변화로써 약물, 피로, 생득적 반응경향(젖을 빠는 동작) 등으로 인한 행동변화는 학습이 아니다.

다섯째, 학습은 적용과 전이가 가능하며 직접적인 경험의 결과뿐만 아니라 간접적, 대리적 경험 즉, 타인의 행동을 관찰하거나 타인의 사상이나 이념을 읽거나 들었을 때에도 학습이 이루어진다.

## 02 학습이론

학습이 일어나는 과정을 설명하기 위한 것이 학습이론이다. 즉, 행동의 변화를 일으키게 한 학습의 과정으로 학습이 일어나는 행동기제 또는 심리적 기제가 무엇인지를 설명하고 해석하는 것이라 말 할 수 있다.

여러 가지 학습이론 중 행동주의 학습이론, 사회학습 이론, 인지주의 학습이론, 인본주의 학습이론 등에 대해 살펴보고자 한다.

### 1) 행동주의 학습이론

행동주의 학습이론의 기본 원리는 자극(Stimulus)과 반응(Response) 간의 연합으로 자극은 학습자가 환경으로부터 받는 모든 것을 의미하고, 반응은 자극의 결과로 나타나는 행동을 의미한다. 행동주의에서는 학습을 '경험의 결과로 나타나는 관찰할 수 있는 행동의 변화'로 정의한다. 행동주의 학습이론을 체계화하는데 공헌한 사람은 왓슨(J. B. Watson)이다. 그는 인간에 대한 이해가 관찰가능한 외현적인 행동과 그러한 행동을 이끌어내고 강화시키는 사건들에 의해 과학적 관찰에 근거를 두어야 한다고 주장하였다(임규혁, 1996).

### (1) Thorndike의 시행착오이론

손다이크(Thorndike, 1911~1970)는 굶주린 고양이를 문제상자에 가두어 놓고, 문제상자 밖에 고양이가 볼 수 있도록 먹이(생선)를 놓았다. 고양이가 그 먹이를 먹기 위해서 밖으로 나가려고 하는 과정이 어떠한가를 연구하였다. 고양이가 페달을 밟거나 줄을 당겨 상자문을 열게 되면 상자 밖의 먹이를 먹도록 하였다.

이 실험에서 고양이는 먹이를 먹기 위해 여러 가지 반응을 시도하다가 우연히 먹이를 먹는데 성공하게 되고, 이런 과정을 반복하는 동안에 불필요한 동작은 감소되며 상자문을 짧은 시간 안에 여는데 성공하게 되었다. 즉, 고양이는 시행착오(trial and error)를 통해 문을 열고 밖으로 나오는 것을 학습하게 된 것이다. Thorndike는 이런 실험을 통해서 다음과 같은 세 가지 주요한 학습법칙을 제시하였다.

#### ❶ 효과의 법칙

이 법칙은 결과의 법칙이라고도 하는데, 만족한 결과에 대해서는 강하게 반응하고 불만족스런 결과에 대해서는 약하게 반응한다는 것이다. 즉, 학습자가 학습의 과정이나 그 결과에 대해 교사의 칭찬을 받으면 더 열심히 공부하지만 무시되거나 등한시될 때는 공부를 열심히 하지 않게 된다.

#### ❷ 연습의 법칙

빈도의 법칙이라고도 하는데, 자극과 반응의 결합이 반복연습 되는 경우 그 결합이 강해진다는 것이다. 즉, 학습과정에서 반복연습이 많을수록 학습은 결합이 견고해지고, 연습량이 적어지면 학습은 결합이 약해진다.

#### ❸ 준비성의 법칙

학습하는 태도나 준비와 관련되는 것으로, 새로운 사실과 지식을 습득하기 위해서 준비를 충분히 갖추고 있을수록 결합이 용이해진다는 것이다. 즉, 학습하려는 준비가 충분히 되어 있을 때 학습을 하게 되면 되면 만족한 효과를 얻을 수 있다는 것이다.

### (2) Pavlov의 고전적 조건화

고전적 조건화 실험은 러시아의 생리학자 파블로프(Pavlov)에 의해 이루어졌다. Pavlov(1849～1936)는 개의 소화기관을 연구하던 중 개에게 먹이를 주면 그에 대한 반응으로 타액이 분비되었는데, 여러 번 반복하여 먹이를 주는 실험을 하는 동안 그 개는 음식을 맛보기도 전에 음식만 보아도 타액을 분비하고, 나중에는 음식을 가져오는 사람의 발소리만 들어도 타액을 분비한다는 사실을 관찰하였다.

Pavlov는 배고픈 개에게 고기를 주었더니 타액(침)이 분비되었다. 이 때 고기는 무조건 자극(unconditioned stimulus: UCS)이고, 타액 분비는 무조건 반응(unconditioned response: UCR)이다. 다음에는 개에게 중성자극(neutral stimulus: NS)인 종소리를 들려준 직후 무조건 자극인 고기를 주는 것을 반복하였더니 개는 종소리만 들려주어도 타액을 분비하게 되었다. 이 때 종소리만은 중성자극이지만 종소리가 고기와 같이 제시되는 것을 반복해서 타액을 분비하게 되면 종소리는 조건자극(conditioned stimulus: CS)으로 작용하고, 타액은 조건반응(conditioned response: CR)이라고 한다. 즉, 고기(UCS)와 타액(UCR) 사이에는 무조건적인 관계성이 형성되지만 종소리(CS)와 타액(CR) 사이에는 조건화(conditioning)가 형성된다. 이러한 조건화 과정을 [그림 5-1]에 제시하였다.

핸더슨과 버크(Henderson & Burke, 1971)는 고전적 조건화 모델이 학교현장에서 사용될 수 있다는 것을 보여주었다. 빈곤가정의 수많은 어린이들이 아침식사를 굶고 등교하여 학교에서의 상황을 다음과 같이 기술하였다.

> '그들은 학교에 다니는 것을 필요악으로 생각하면서 내키지 않는 마음으로 학교에 온다. 그러나 점심때가 가까워지면서, 특히 점심시간 직전의 과학시간 동안에 불쾌감이 점증됨을 경험한다. 학생들의 배고픔은 자신들의 일(공부)에 주의를 집중하지 못하도록 하는 불안과 긴장을 증가시킨다(Henderson & Burke, 1971: 66).'

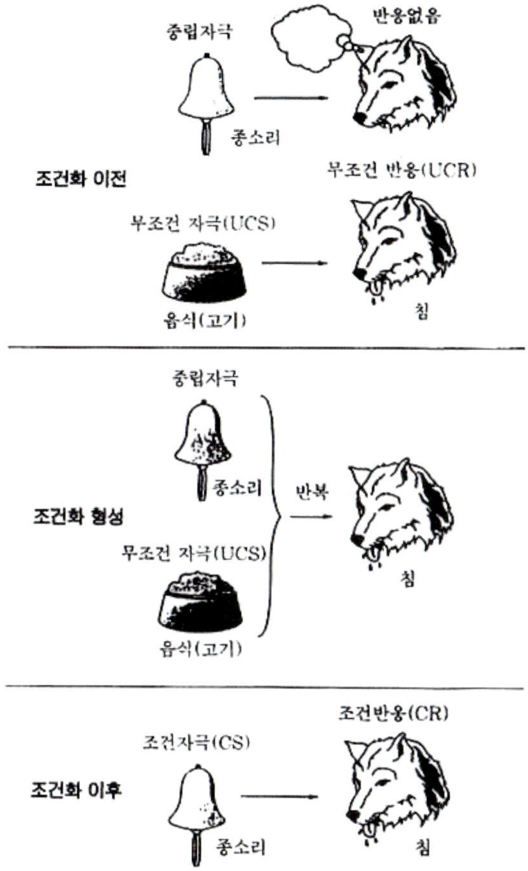


자료: Shaffer(1993).

**그림 5-1 | 자극-반응의 고전적 조건화 단계**

이상의 예에서 배고픔은 무조건 자극(UCS)이고 주의집중을 방해하는 불쾌감, 불안, 긴장 등은 무조건 반응(UCR)이다. 과학시간은 조건자극(CS)이고 과학시간만 되면 발생하는 불쾌감, 불안, 긴장 등은 조건반응(CR)이다. 이와 같은 조건화 현상에 대한 이해는 교육적 처치를 제공할 수 있는 근거를 제공한다. 과학시간이 불쾌감과 같은 조건반응을 야기한다는 것을 알았을 때 과학시간을 다른 시간대로 옮기는 것도 한 방법이다. 그러나 이 방법은 이미 형성된 조건반응이 강하다면 반드시 효과적이라고 볼 수 없다. 오히려 과학시간에 음식을 제공한다면 위의 조건화를 깨뜨릴 가능성이 더 높다. 더 좋은 방법은 급식프로그램을 운영하는 방법이다(김언주, 구광현, 2002).

### ❶ 고전적 조건화의 기본원리

일반적으로 조건반응의 성립을 뒷받침해주는 기본 원리로는 강도의 원리, 일관성의 원리, 시간의 원리, 그리고 계속성의 원리를 들 수 있다(민영순, 1982).

- **강도의 원리**: 조건반사적 행동이 형성되려면 첫 번째 자극보다 그 다음의 자극이 더 강해야만 바람직한 결과를 얻게 된다. 자극의 강도가 일정하거나 먼저 제시한 자극보다 더 강한 것일수록 효과가 크다는 것이다.
- **일관성의 원리**: 행동의 진보적 변화를 가져오기 위하여 어떤 자극을 제시할 경우 그 자극이 질적으로 일관될 때에 조건반응형성이 더 잘 이루어진다. 만약 질적인 면에서 여러 가지 다른 자극으로 바뀌어진다면 효과를 나타내지 못한다.
- **시간의 원리**: 조건자극은 무조건 자극보다 시간적으로 앞서거나 거의 동시에 주어야 한다. 조건자극을 제시한 후 무조건 자극을 제시하는 가장 적당한 시간 간격은 0.5초가량이고, 5초 이상 지연되면 효과를 거두기가 어렵다.
- **계속성의 원리**: 자극과 반응 간에 반복되는 횟수가 많을수록 효과가 있다. 학습에는 반복 연습이 많을수록 효과가 크다는 것이다.

### ❷ 조건화의 학습현상

조건화 과정에서 일어나는 학습현상은 다음과 같다.

- **일반화**: 특정한 자극에 조건화가 형성된 후에 이 조건자극과 유사한 다른 자극에 대해서도 반응을 나타내는 것을 일반화 혹은 자극일반화(stimulus-eneralization)라고 한다. 자극간의 유사성이 클수록 자극 사이의 일반화 가능성이 높다. 예를 들면 종소리에 조건형성이 된 개는 그 종소리와 비슷한 종소리에 대해서도 조건반응을 나타낸다.
- **변별**: 자극의 일반화 상태에서 강화를 계속하면 최초의 조건자극 이외의 다른 유사한 자극에는 반응이 일어나지 않는 것을 변별(discrimination)이라고 한다. 이는 조건자극을 완전히 학습하여 차이점을 변별하여 반응하는 것이다.
- **소거**: 일단 획득된 조건반응에 강화가 주어지지 않으면 그 조건반응은 점점 약해져서 사라지게 되는 현상을 소거(extinction)라고 한다. 반응의 효력이 소거된다는 것은 일단 이루어진 학습효과까지 완전히 소거되는 것은 아니다. 교사가 계속 숙제검사를 하다가 숙제검사를 하지 않으면 점점 숙제를 해오는 빈

도가 줄어들다가 숙제를 해오지 않게 되는데, 이는 자기가 하는 행동에 대한 기대에 만족스런 결과를 얻지 못하기 때문에 생기게 된다.

- **자발적 회복**: 소거가 일어난 후 얼마동안 어떤 자극도 주지 않다가 이전에 학습되었던 조건자극을 제시하면 조건반응이 회복되어 일어나는 현상을 자발적 회복(spontaneous recovery)이라고 한다. 숙제검사를 하지 않다가 다시 계속 숙제검사를 하게 되면 숙제를 해오는 빈도가 증가하게 되는 현상이다.
- **재조건형성**: 자발적 회복이 생긴 후에 조건자극과 무조건 자극을 짝지어서 제시하면 조건반응이 원래의 강도를 되찾는 현상을 재조건형성(reconditioning)이라고 한다. 재조건 형성은 처음 조건형성이 될 때보다 시간이 단축된다.
- **고차적 조건형성**: 조건형성이 된 후에 조건자극을 무조건자극으로, 조건반응을 무조건반응으로 사용하여 또 다른 조건반응이 형성되는 현상을 이차적 조건형성이라고 하고, 이런 방법으로 제3, 제4의 조건자극을 만들어낼 때 이런 현상을 고차적 조건형성(higher-order conditioning)이라고 한다. 고기와 종소리를 짝지워 반복 제시하여 종소리에 대한 타액반응을 조건형성 시킨 후 종소리와 새로운 자극인 불빛을 반복해서 짝지워 제시하면, 불빛에 대해서도 타액반응이 나타나는데 이를 고차조건형성이라고 한다.

### (3) Skinner의 조작적(작동적) 조건화

고전적 조건화는 반응의 확률이 조건자극(CS)에 의해 좌우되지만 조작적 조건화는 반응의 결과에 의해 좌우된다. 스키너(Skinner, 1904~1990)는 작동적 개념을 도입하였는데, 이는 외부의 직접적인 자극 없이도 일어나는 자발적 행위로, 내부로부터 방출된다는 가정아래 조작행동을 방출하는 경향성은 그 행동의 결과에 의해 강화되거나 약화된다는 것이다. 조작적 조건화는 고전적 조건화와 달리 유기체가 원하는 결과를 얻기 위하여 실행하는 자발적이며 능동적인 반응이다. 조작적이라는 용어는 유기체가 원하는 결과를 얻기 위해 선택적으로 환경에 작용하는 것을 의미한다.

조작적 조건화의 실험은 Skinner상자 속에 흰쥐가 지렛대를 누르거나, 비둘기가 단추를 쪼면 먹이가 나오게 고안하였다. 쥐를 이용한 실험에서는 처음에 쥐는 이리저리 돌아다니다가 우연히 지렛대를 누르니 먹이 접시에 먹이가 떨어지는 것을 보게 된다. 쥐가 지렛대를 누르는 반응(R)은 처음에는 우발적으로 발생하지만, 반응의 결과로써 음식(S)을 받게 되면 마침내 쥐는 지렛대 누르기와 음식을 연결하도록 조건화된다. 즉, 지렛대를 누르는 반응은 먹이라는 강화를 받았기 때문에 반복된 것이며, 다시 누르면 다시 강화를 받기 때문에 지렛대 누르는 반응은 증가하게 되었다.

스키너는 흰 쥐가 이러한 행동을 통하여 환경에 스스로 작용함으로써 어떤 결과를 생성해내는 것을 작동이라고 하고, 이와 같은 절차로 학습되는 과정을 작동조건형성이라 하였다.

또한 스키너 상자의 바닥에 전류가 흐르는 전기장판을 설치하고, 쥐가 레버에서 멀어질 때 마다 전기충격을 가하게 되어 전류를 흐르게 하면(벌) 쥐는 본능적으로 레버쪽으로 가게 되어 전류를 피하려고 한다.

Skinner상자 안에서 비둘기가 학습하는 것은 반응(R)과 자극(S)의 연결인데, Skinner가 생각하는 학습의 의미는 다음과 같이 표현될 수 있다(김언주, 1988).

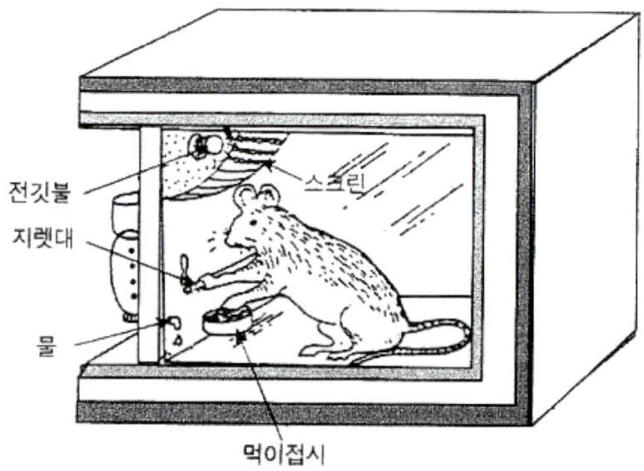


그림 5-2 | Skinner의 실험 상자

앞에서 설명한 첫 번째 상자에서 쥐가 음식이라는 자극을 얻기 위해 지렛대를 누르는 반응을 증가시킬 때 그 자극을 긍정적 강화물이라 하고, 긍정적 강화물로 인해 반응이 증가하는 현상을 긍정적 강화라 한다. 두 번째 상자에서 쥐가 혐오스런 자극(전류)을 피하기 위해 레버 쪽으로 가는 반응을 증가시키는데, 이 때 자극을 벌이라고 한다.

## ❶ 강화

강화(reinforcement)란 어떤 행동의 강도와 발생빈도를 증가시키는 것을 의미하며, 정적 강화와 부적 강화가 있다. 정적 강화(positive reinforcement)란 바람직한 반응을 했을 경우에 반응자가 좋아하는 강화물을 제공하면 바람직한 행동의 강도와 빈도가 증가하는 것을 말하고(예: 인정, 칭찬, 상품 등), 부적 강화(negative reinforcement)란 바람직한 반응을 나타냈을 때 반응자가 싫어하는 것을 제거 혹은 감소시켜주면(예: 청소나 과제를 제외시킴) 반응자가 좋아하는 강화물을 제공하면 바람직한 행동의 강도와 빈도가 증가하는 것을 말한다.

강화계획이란 행동에 대한 강화의 제시나 중단을 지시하는 규칙이나 절차를 말하며, 계속적 강화와 간헐적 강화가 있다. 계속적 강화란 행동이 일어날 때마다 강화를 제공하는 것으로 학생이 손을 들 때마다 지명하는 식으로 모든 반응에 강화를 주는 것이고, 간헐적 강화는 부분적으로 강화를 제공하는 것으로 학생이 손을 들 때 가끔씩 지명하는 식으로 특정한 반응에만 강화를 주는 것이다. 간헐적 강화는 고정간격 강화계획, 변동간격 강화계획, 고정비율 강화계획, 변동비율 강화계획으로 구분한다.

- **고정간격 강화계획**: 반응이 일어난 후 일정한 시간이 지난 다음 강화를 주는 방법이다. 이런 강화는 강화 받을 시간이나 시기가 가까워질수록 반응률이 더 증가하나 강화를 받은 후에는 반응률이 감소한다. 일당, 주급, 월급 등이 이 예에 속한다.
- **변동간격 강화계획**: 강화가 주어지는 간격이 불규칙 방법으로, 이 간격은 매 강화마다 다르다. 강화의 제시가 시간에 따라 변화하므로 반응속도가 비교적 느리다. 낚시나 학기 중에 수시로 퀴즈를 실시하는 것 등이 이 예에 속한다.
- **고정비율 강화계획**: 일정한 반응의 횟수에 따라 강화를 주는 방법이다. 학생이 수학문제 5문제를 풀 때마다 한 번의 강화를 주거나 과수원에서 사과 1상자를 딸 때마다 일정액의 보수를 주는 것 등으로 성과급 보수제도가 이에 속한다.
- **변동비율 강화계획**: 반응의 비율을 불규칙하게 하여 강화를 주는 방법으로, 특정한 수의 반응을 한 뒤에 보상을 받는다. 평균적으로 10번 반응한 후에 보상을 받지만 어느 경우는 단 한번에 보상을 받을 수도 있지만 20번 반응해도 보상을 받지 못한다. 도박이나 복권 등이 이 예에 속한다.

## ❷ 벌

벌(punishment)이란 바람직하지 못한 행동을 약화시키거나 감소시키기 위해 의도되며 수여성 벌과 제거성 벌이 있다. 수여성 벌이란 바람직하지 않은 행동을 감소시키기 위해 불유쾌한 자극을 제공하여 행동반응률을 감소시키는 것을 의미하고, 제거성 벌이란 바람직하지 못한 행동을 했을 때 정적강화를 받을 수 있는 기회를 차단시키거나 감소시킴으로 행동이 일어날 확률을 감소시키기 위한 것이다. 부적 강화는 싫어하는 행동을 제거하는 반면 제거성 벌은 기대하고 바라는 행동을 제거하는 것이다.

**표 5-1 | 고전적 조건화와 조작적 조건화의 비교**

| 특징 | 고전적 조건화 | 조작적 조건화 |
|---|---|---|
| 1. 자극-반응 순서 | • 자극이 반응에 선행한다. | • 반응은 결과(보상)에 선행하여 일어난다. |
| 2. 자극의 역할 | • 반응을 끌어낸다. | • 반응을 야기시킨다. |
| 3. 자극의 특수성 | • 특수한 자극은 특정한 반응을 일으킨다. | • 특수한 자극은 특정한 반응을 일으키지 않는다. |
| 4. 과정 | • 한 개의 자극은 다른 것으로 대치된다. | • 자극에서 대리로 일어나는 것은 없다 |
| 5. 내용 | • 공포와 같은 감정이 일차적으로 관련된다. | • 목적 추구활동이 일차적으로 관련된다. |

### ■ 행동수정

행동수정(behavior modification: BM)은 인간의 행동이 주위환경과의 상호작용에 의해 형성된다는 경험론적 철학에 근거하여 20세기 초에 발달된 행동주의 심리학 이론으로 '학습이론'으로 불리기도 한다. 행동수정 과정은 학습자들의 행동이나 태도를 수정시키기 위해서 계획적, 조직적, 적극적 및 소극적인 강화물을 사용한다. 인간행동의 응용과학으로서의 행동수정 이론은 이 이론만이 가지고 있는 독특성으로 인하여 특히 학교 학습현장에서 많이 활용되고 있다.

행동수정은 적응행동을 습득·유지하고 부적응행동을 약화시키는데 활용함으로써 체계적인 생활지도의 기법이 될 뿐만 아니라 자기 자신에 대한 자긍심, 독립심, 학습에 대한 의욕을 발생시키고 교사와 학생 상호간의 존중심을 개발시키기도 한다. 행동수정은 예전까지의 학생들의 행동문제, 학습문제를 학생의 내부에 그 원인이 있다는 생각과는 매우 다른 접근을 선택했다. 즉, 행동에 관련되어 있는 외적 환경조건들이 무엇인가를 확인하고 그 조건을 조정하려는 입장을 택한 것이다. 따라서 학생들이 문제를 가지고 있든 없든 학습에 도움이 되는 조건을 만들어 주고자 하는 것이 행동수정이 추구하는 목적이다.

■ 프리맥 원리

1965년 프리맥(D. Premack)이 체계화한 원리로, 빈도가 높은 행동은 빈도가 낮은 행동에 대해서 강화력을 갖는 것을 프리맥 원리(Premack principle)라고 한다.

흔히 교사나 부모는 학생들이나 자녀가 좋아하는 활동이 그들이 좋아하지 않는 일을 하도록 하는 데 사용하는 강화물로서, 그들이 싫어하는 행동을 촉진시키는데 사용된다. 예를 들면, 책읽기는 싫어하고 컴퓨터 게임하기를 좋아하는 학생에게 교사가 책을 10장을 읽을 때마다 컴퓨터 게임을 하도록 한다면 학생은 책을 읽는 빈도가 증가할 것이다. 이 원리는 바람직한 행동을 증가시키는 방법 중의 하나이며 행동의 빈도가 높은 행동을 이용해서 행동의 빈도가 낮은 행동을 강화하는 것이다.

### (4) 행동주의 학습이론의 교육적 적용

행동주의 이론은 지금도 학교현장에서 교사들이 학생들을 지도하는데 강력한 수단을 제공하고 있다. 따라서 교사는 학교현장에서 사용될 수 있는 행동주의 이론의 다양한 적용에 대해서 알아보고, 실제로 적용하는데 효과적으로 활용해야 한다.

① 정적강화는 개인과 상황에 적절한 강화물을 선택해야 한다. 특히 강화인자 중 무제한적 사용가능한 것으로 가벼운 미소, 부드럽게 어루만져 주는 것, 말로써 칭찬, 박수를 쳐주는 것인데, 주는 사람, 학습자와의 평소 관계, 학습자의 과거경험, 학습과제에 대한 학습자 가치판단 등에 따라 다르다. 실제로 교사의 미소 짓는 눈과 마주치기만 해도 어린이들이 기뻐하는 것을 쉽게 관찰할 수 있으며 굳이 물질적인 강화인자를 사용하지 않아도 교사의 조그마한 배려가 강화효과를 나타낸다. 그러나 제한적으로 사용할 강화인자로는 선물, 과자, 기타의 상품 및 돈을 보상으로 주는 것이다. 즉, 물질을 강화인자로 사용할 때 역효과가 나타날 수 있기 때문에 적절하게 활용해야 한다.

② 토큰강화를 잘 활용하면 목표행동 학습에 대한 의욕을 높여줄 수 있다.

③ 벌을 사용해서는 긍정적이고 바람직한 행동을 가르치기 곤란하다. 그 이유는 벌은 하지 말아야할 행동을 제시하기는 하나 불행한 정서적 결과를 남기고,

남에게 고통을 주는 것을 정당화시키는 것이 학습될 수 있으며, 공격적인 성격이 될 수 있다.

④ 학습자들은 특정의 조건화에 의해 학습이 된다. 특히 아동들은 성인들보다 환경적 조건의 영향을 많이 받기 때문에 어떤 행동의 결과가 만족을 주게 되면 그 행동은 강화가 되고 그렇지 못하면 소거된다.

⑤ 강화계획을 변별하여 적절하게 사용해야 효과적이다. 지속적인 강화계획은 새로운 행동을 처음 학습할 때 효과적이나 강화물이 제거되면 급격히 소거가 일어날 수 있다. 고정강화계획은 강화물이 제시되는 바로 직전에 행동이 증가하지만 일단 제시된 후에는 다음 강화를 받을 때까지 감소한다. 따라서 처음에는 계속강화를 주다가 일단 습득된 행동을 계속 유지시키고자 할 때는 간헐적 강화계획으로 바꾸어야 효과적이다.

⑥ 학생들이 학교에서 나타내는 많은 정서적 반응은 조건화에 의해 학습된 것이다. 수업 중에 책을 읽는데 더듬었기 때문에 모두들 웃었다면 그 후부터 책을 읽을 것에 대한 불안감이나 공포감을 갖게 된다든지 시험불안을 가지고 있는 경우 등에서 학급에서의 웃음거리, 성적이 나쁘다고 교사에게 심하게 체벌을 당했던 경험 등은 무조건 자극으로 불안이나 공포감 등은 무조건 반응으로 볼 수 있다. 따라서 교실이나 시험치는 분위기(조건자극)는 무조건자극과 연합하여 혐오감, 불안감 및 공포감을 불러일으키게 된다(조건반응). 이런 경우 교사들은 그러한 상황을 피하는 것을 내버려두는 것이 아니라 즐거운 자극을 제공하여 그와 같은 상황에 참여하도록 해야 한다.

⑦ 바람직한 행동의 단서를 제공하여 스스로 할 수 있는 계기를 마련한다.

⑧ 부적절한 행동이 싫증이 날 때까지 계속하도록 그 기회를 제공한다.

## 2) 사회학습 이론

인지적 행동주의 학습이론의 대표적 학자인 반두라(Bandura)는 조건형성과 인지이론을 통합하여 사회인지 학습이론을 제안하였다. 이 이론에서는 학습자의 직접 경험보다 타인의 행동을 관찰하고 모방하는 데서 오는 행동변화를 강조한다. 즉, 직접적인 강화나 벌이 없어도 다른 사람의 행동을 관찰함으로써 학습할 수 있다는 것이다. 따라서 사회학습 이론(social learning theory)은 관찰학습(observational learning)과 대리경험(vicarious experience)을 중요시하여 사회학습을 관찰학습, 모방학습, 인지적 행동주의 학습이라고도 한다. 관찰학습에서는 영화, TV, 소설 등에서도 관찰을 통해 모방학습이 이루어지고, 간접적 혹은 대리경험으로도 행동에 영향을 받는다. 모델의 행동이 관찰자에게 영향을 주는 것은 모델이 행한 반응의 결과에 따르는데, 모델의 행동이 보상받는 것을 본 관찰자는 보상받는 행동을 더 열심히 수행하려고 하고, 부정적인 결과를 가져오는 모델의 행동을 관찰했을 때는 그 행동을 하지 않으려고 한다. 이 외에도 명성, 유능함, 높은 사회적 지위 등을 갖추고 있는 모델의 영향을 더 많이 받으며 관찰자의 성격 및 과거 경험에 의해서도 영향을 받는다. 특히 가정에서의 부모의 행동은 관찰학습이 이루어진다. 가정폭력 등은 자녀가 폭력을 가하는 장면을 관찰하게 되고, 모방학습이 되어 후에 폭력을 하는 행동을 한다는 것이다. 따라서 어린이들에게 바람직한 모델을 제공하는 한편, 바람직하지 못한 모델을 제공하지 않도록 해야 한다. 사회적 학습이론은 두 가지 면에서 중요한 공헌을 하였다. 첫째, 고전적 조건화와 조작적 조건화의 원리만으로는 해결하기 힘들었던 현상에 대한 설명을 제시했다는 점이다. 즉, 아동은 자극이나 보상이 없는 상황에서도 학습이 가능하며 그러한 사실은 두 가지 이론에서 간과되었던 관찰학습을 부각시켰다. 둘째, Bandura는 Skinner의 조작적 조건화와 Piaget의 인지발달 이론 사이에 가교를 놓았다. 즉, 그는 주의. 파지. 조정. 대리적 강화. 자기강화 등의 개념을 사용하여 인간의 내부적이고 인지적인 학습과정을 설명하고 있는 것이다. 결국, 사회적 학습이론은 아동이 자신이 처한 사회적 상황에서 동기화된 욕구를 스스로 학습하는 방식을 이해하는 데 커다란 공헌을 하였다.

### (1) 관찰학습의 과정

주의집중, 파지, 재생, 동기화의 4단계로 구분한다.

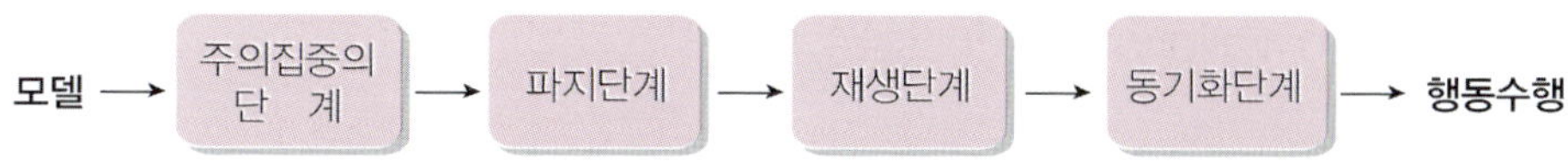


자료: Bandura(1977).

그림 5-3 | 관찰학습의 단계

### ❶ 주의집중(attentional) 단계

어떤 행동을 관찰을 통해 학습하려면 그 행동이 관찰자의 주의를 끌어야만 한다. 감각 능력, 과거의 강화, 모델의 특성이 관찰자의 선택적 주의의 정도에 영향을 미칠 수 있을 것이다. 학습과정에서 교사의 능력, 전문성, 유머 등은 학습자의 주의집중을 시키는데 효과적일 것이다.

### ❷ 파지(retention) 단계

모델을 관찰한 후 일정기간 동안 모델의 행동을 상징적인 형태로 기억하는 것이다. 관찰자는 장기기억 속에 모델의 행동 중 주의집중한 내용을 문자나 부호 등으로 표상시켜야 한다. 파지과정에서 중요한 것은 시연이다. 시연에는 내적 시연과 외적 시연이 있는데, 내적 시연은 개인이 행동하는 것을 마음속으로 상상하는 것이고, 외적 시연은 실제로 행동을 하는 것이다. 내적 시연을 한 뒤 외적 시연을 하면 학습을 효과적으로 할 수 있다.

### ❸ 재생(reproduction) 단계

관찰자가 새로 획득한 행동을 실제의 행동으로 재연하는 과정에서 관찰자의 기억 속에 담긴 심상이나 언어적 부호들은 중요한 기능을 발휘한다. 모방한 행동계열을 마음속으로 리허설을 해본 다음에 실연을 하면 효과적이라는 연구가 이를 뒷받침 한다(Swan & Henderson, 1977). 관찰한 행동은 많은 연습을 통해서 잘 재생할 수 있고, 자신의 행동을 관찰하고 자신의 행동과 모방하고자 하는 모델의 행동과의 비교를 통해서 자기 행동을 수정하며, 관찰자가 정확하게 모방하지 못한 부분은 즉각적인 피드백을 해주어 교정해야 한다.

### ❹ 동기화(motivational processes) 단*계

모델의 행동을 모방하는 것은 강화에 따라 달라진다. 즉, 관찰에 의해 학습된 행동에 대해 강화를 하면 그 행동은 지속되나 처벌을 받으면 그 행동이 일어나는 비율은 감소할 것이다.

### (2) 사회학습 이론의 교육적 적용

교사는 항상 학습자들의 관찰대상이 되어 모델링이 되고 있다는 사실을 기억해야 한다. 교사가 하는 행동과 언어는 학습자들에게 관찰학습이 되어 때로는 의도하지 않은 학습결과를 초래하기도 한다.

① 새로운 행동의 지도를 통한 학습이다. 외국어나 운동기능과 같은 많은 새로운 행동은 다른 사람이 하는 것을 관찰하여 배울 수 있다. 모델링을 통하여 사람들은 스스로 경험하지 못했던 강한 정서적 반응까지도 발달시킬 수 있다. 친구가 수영을 하다가 죽을 뻔한 광경을 목격했다면 수영하는 것을 두려워하게 된다. Bandura에 따르면 관찰을 통한 새로운 행동의 학습이 직접적인 강화를 통해 새로운 행동을 배우는 것보다 훨씬 더 효과적이라고 했다.

② 기존행동의 유발을 통한 학습지도이다. 다른 사람의 행동을 관찰함으로써 우리가 가지고 있는 기존행동 가운데 어느 것을 사용해야 하는가를 알게 해준다. 주의산만한 아동이 서로 옆에 앉아있을 때 교사가 그 중 한 아동이 과제에 주목하는 것을 보고 칭찬을 해 주었더니 옆에 있는 다른 아이도 주의집중이 향상되었다.

③ 금지의 강화 혹은 약화를 통한 학습이다. 만약 수학시간에 과제를 하지 않았는데 벌을 받지 않는다면 대부분의 학생들은 과제를 해오지 않을 것이다. 만약 과제를 해오지 않은 학생이 공부를 잘하는 학생이라면 그 모델링의 영향은 더욱 두드러질 것이다. 심리학자들은 이러한 현상을 파급효과(ripple effect)라고 부른다. 교사는 이런 파급효과를 잘 처리할 때 효과적인 학습지도를 할 수 있다.

④ 타인의 행동을 모방한 학습이다. 다른 사람들을 관찰함으로써 우리는 타인의 행동에 대하여 배울 수 있을 뿐만 아니라 일반적 배경이나 관련된 사물에 관해서 그 여러 가지 양상을 배울 수도 있다. 예를 들어 인형이 공치는 방망이로 사용되는 것을 본 아이들은 인형으로 두들기는 것을 흉내 낼뿐만 아니라 다른 많은 목적에 인형을 이용하기 시작한다(Bandura).

사회학습 이론의 원리를 알고 있는 교사들조차도 아동의 관찰학습이 때때로 관찰대상이 인식하지 못하는 사이에 일어날 수 있다는 사실을 종종 잊게 되는데 이러한 사실은 때때로 의도하지 않은 학습결과를 가져올 수 있음을 암시한다. 예를 들어 자유로운 사고를 중요시 여기는 교사가 학생들이 참신한 혹은 엉뚱하게 보이기도 하는 의견을 제시할 때 그러한 의견을 무시해 버린다면 학생들은 더 이상 자유로운 사고를 하지 않을 것이다. 결국, 교사들의 말과 행동이 일관되지 않을 경우 학생들은 교사의 말보다는 행동을 따르게 될 수 있는 것이다.

교사는 학생들이 교실에서 모델링을 통하여 학습한다는 사실을 항상 기억하고 있어야 하며, 모델링을 통한 학습결과에 대해 신중한 주의를 기울여야 하는데 이러한 학습결과는 대부분 교사가 의도하지 않는 것이며 교사의 행동을 학생들이 어떻게 받아들일지를 파악하는 것 또한 쉽지 않기 때문이다. 그러므로 교사는 자신들이 학생의 모델이 되고 있다는 점을 항상 유의하여, 학생의 성장을 돕겠다는 진실한 목표를 가지고 배움을 사랑하는 모델이 되며 학생들을 신뢰하고 존중하는 자세를 지녀야 할 것이다.

### 3) 인지주의 학습이론

인지주의 학습이론에서는 의식은 수동적인 수용이 아니라 능동적인 활동이며, 직접 의식되는 것은 원자적인 부분들이 아니라 통합되어 있는 전체이다. 학습은 S-R 연합으로 이루어지는 것이 아니라 통찰에 의하여 전체적인 관계를 파악함으로써 이루어진다. 학습은 행동변화가 아니라 인지구조의 변화로 본다. 즉, 행동주의 학습이론이 자극과 반응 간의 연합학습으로 보고 인간의 학습은 조건화된 연합으로서 보는 관점에 비해 인지적 학습에서는 인간의 내적 과정의 측면에서 학습의 의미와 과정을 분석하고 규명해야 한다고 보는 관점이다. 즉, 지각, 인식, 의미, 이해, 기억, 문제해결 등이 인간의 행동이나 학습을 결정하는 중심개념으로 보는 것이다. 인지주의 학습이론의 접근은 독일의 심리학자 분트(Wundt, 1832~1920)의 내성법에서 시작하였다. 내성법이란 인간이 의식의 내용을 스스로 관찰하여 언어로 보고하는 방법이다. 이 방법에 의하면 어떤 복잡한 의식내용이라도 엄격한 내성법에 의해 구성요소를 분석할 수 있고 그렇게 함으로써 의식을 이해할 수 있다고 보았다. 이러한 Wundt의 심리학을 구성주의 심리학 혹은 내성심리학이라고 한다.

또한 인지학습 이론에 중요한 기초를 제공한 형태심리학(Gestalt psychology)은 독일의 철학자 베르트하이머(Wertheimer, 1880~1943)에 의해 Wundt가 주장하는 인간의 의식이란 구성요소의 가상적 종합이 아니라 통합된 전체로서 작용하는 존재라고 주장하였다. 그의 견해의 핵심은 독일어의 Gestalt로 표현되었는데, 이는 조직된 형태, 윤곽 또는 부분의 집합과는 대조되는 조직된 전체를 뜻하는 것이다. 즉, 학습은 사물의 부분들을 개별적으로 공부하는 것만으로는 부족한 것이며 그것이 기능하는 전체를 이해할 때 비로소 가능하다는 것이다. Wertheimer의 이 같은 견해는 Kohler와 Lewin 등에 의해서 더욱 구체화되었다.

### (1) Köhler의 통찰학습 이론

통찰학습(insight)이란 문제 상황에서 문제의 요소들을 재구성함으로써 갑작스럽게 문제해결이 이루어지는 현상을 말한다. 독일의 형태심리학자 퀼러(Köhler, 1887~1967)는 문제해결은 시행착오를 통하여 이루어자는 것이 아니라 통찰을 통해 이루어진다고 보았다. 퀼러는 원숭이가 들어 있는 우리의 천정에 바나나를 매달아 놓고 바닥에는 몇 개의 상자, 작은 막대기, 긴 막대기 등으로 실험하였다. 이 실험에서 술탄(Sultan)이란 침팬지를 이용하였는데, Sultan은 처음에는 바나나를 따먹기 위해 뛰어본다던가, 다시 상자 하나를 놓던가 하다가 상자를 쌓고 올라가서 바나나를 취하였고, 혹은 작은 막대기로 따다가 닿지 않으니까 긴 막대기로 먹이를 취하여 목적을 달성하는 과정에서 자력으로 문제해결을 하였다. 이런 과정은 통찰이 생겼기 때문에 가능하다는 것이다. 즉, 이 실험에서 침팬지는 상자, 막대기와 바나나 간의 관련성을 전체적으로 인식하고 상자와 막대기를 목적달성을 위한 도구로 사용하였으며, 문제 사태를 전체적으로 이해하고 분석하여 인지함으로써 자신의 목적달성을 위한 행동과 결부시켜 재구성 또는 재구조화 과정을 거쳤다는 것이다. 통찰의 특징은 다음과 같다.

첫째, 통찰은 문제장면의 배열에 의존한다. 즉, 문제해결과 관계되는 요소들이 지각될 수 있도록 배열이 잘 되어있을 때 통찰은 쉽게 일어난다.

둘째, 한 번 통찰에 의해 문제가 해결되면 곧 반복될 수 있다. 즉, 점진적인 해결이 시행착오의 법칙인데 반해 돌발적인 해결은 통찰의 법칙이다.

셋째, 통찰에 의해 달성된 해결방법은 새로운 장면에 적용될 수 있다. 즉, 통찰에 의해 학습된 것은 수단과 목적 간의 인지적 관계이다. 따라서 어떤 한 도구는 다른 장면에서 다른 도구로 대치될 수 있다.

그림 5-4 | Köhler의 원숭이 실험

### (2) Lewin의 장이론

사회심리학자 레빈(Lewin, 1890~1947)은 위상심리학을 발전시켜 장이론(field theory)을 발전시켰다. 위상심리학이란 어떤 순간에 처해있는 생활공간의 구조에서 어떤 행동이 일어날 수 있으며, 일어날 수 없는가를 연구한 심리학이다. 레빈은 학습과정의 첫 단계에서의 인지는 분석적으로 이루어지는 것이 아니고 전체적 장의 관계로 이루어진다는 것이다. 장(field)이란 인지가 일어날 때 그 사람에게 심리적으로 영향을 준 전체적 상황이라는 것이다. 장이란 한 사람의 전체적 생활공간(life space)을 뜻한다. 이 생활공간은 환경과 개인으로 구성된다. 개인은 의식적인 행동의 주체자로 개인의 요구, 목적, 신념에 따라 자신의 환경을 지각하기 때문에 환경에 의해 개인이 수동적으로 영향을 받는 것이 아니라, 개인의 요구에 따라 환경을 지각함으로써 개인의 심리적 환경을 구성하고 이에 따라 행동한다. 개인의 요구, 신념, 정서 등 내적 특성이 변화함에 따라 한 개인의 심리적 환경도 변하기 때문에 행동은 물리적 환경에 의해 결정되는 것이 아니라 심리적 환경에 의해 결정된다.

레빈은 인간의 행동(Behavior)이 개인(Person)과 환경(Environment)의 상호작용의 결과라는 함수 B=f(P·E)로 설명한다. 즉, 행동이란 개인과 환경의 상대적 위치의 변화 또는 환경의 인지적 과정에서 일어나는 재구성 작용이다.

장이론에서 인지구조는 생활공간에서 필요나 목적에 부합되는 환경적 단서들을 지각하고 관계를 통찰하는 능력이다. 따라서 생활공간에 있는 환경적 자극의 존재에 대해 새로운 의미를 찾고 관계를 발견하는 것은 바로 개인의 변화, 즉 인지구조의 변화를 의미한다. 장이론에서 인지구조의 변화는 곧 학습이며, 인지구조의 변화는 새로운 의미를 발견하고 새로운 관계를 통찰한다.

장이론은 학습자의 욕구, 기재, 능력 등에 알맞은 개인차에 따른 교육을 실시하며 학생을 존중하는 현대적 학습지도에 커다란 공헌을 하고 있다. 장이론의 특징은 다음과 같다.

① 행동의 목적성이다. 행동의 목적성이란 목표, 꿈, 희망, 요구, 필요가 있을 때 개인은 내적으로 긴장하고 이 내적 긴장에 의해 행동이 발생한다는 것을 의미한다.

② 지각과 실재는 상대적 관계이다. 감각적 자극들은 개인의 목적에 의해 재구조화되고 실재들은 개인의 요구, 목적, 필요에 의해 재해석 또는 지각된다. 사실로 존재하는 것과 지각은 다르며 감각적 자극들은 존재하는 그대로 객관적으로 지각되는 것이 아니라 개인의 내적 특성에 의해 재인식되기 때문에 상대적이다.

③ 상황강조이다. 인간은 자아의 관심을 추구하고 항상 전체로서 관련된 상황을 강조한다.

④ 현재성이다. 행동은 현재 지금 이 순간에 개인이 어디에 있는가, 즉 현재의 심리적 환경에 의해 결정된다. 즉, 장이론은 현시성의 원리를 중시하고 학습을 통찰 또는 인지구조의 변화로 본다.

### (3) Tolman의 기호형태 이론

톨만(Tolman)의 이론은 목적적 행동주의, 기호형태이론, 기호-의미체이론, 기대이론 등 다양하게 불려지고 있다. Tolman의 이론은 신행동주의(S-O-R)에 속하면서도 학습 이론에 있어서는 인지적 측면을 강조하였으므로 인지이론으로 분류된다. 즉, 학습은 단순히 S-R상황에서 일어나지 않고 다양한 상황 속에서 가능하며, 학습자 내부에서 일어나는 인지, 각성, 기대를 중요시 한다. 학습은 자극과 반응의 연합이 아닌 신념, 믿음, 기대 등이다. 기호학습은 한 자극이 나타나면 다음에 어떤 자극이 뒤따를 것이라는 기대를 얻는 것이라고 한다. 학습이란 '기호-형태-기대' 또는 '기호-의미관계'의 형식으로 보았다. 즉, 학습이란 어떤 문제에 부딪쳤을 때 이런 방법으로 행동하면 어느 목표에 도달할 수 있다는 사전인식이나 기대의 성립과 같은 것이며, 학습자는 의미를 학습한다는 것이다. Tolman은 문제사태의 인지를 학습에 있어서 가장 필요한 조건이라고 생각하였다. 그는 학습의 목표를 의미체라 하고 그것을 달성하는 수단이 되는 대상을 기호라고 부르며, 이 양자 간의 수단, 목적 관계를 기호-형태라고 칭하였다. Tolman은 쥐를 이용한 여러 개의 통로가 있는 미로를 이용한 실험에서 처음에는 가장 긴 통로로만 가게하고 짧은 통로는 모두 막아버렸다. 훈련이 끝난 후 짧은 통로를 열어주면 쥐는 긴 통로로 가지 않고 곧장 짧은 통로로 목표점까지 간다. 즉, 쥐는 미로 전체의 인지도를 얻었다는 것이다. 기호-형태설의 특징은 다음과 같다.

① 학습은 환경에 대한 신경조직 속에 형성시키는 것이다.
② 학습하는 행동은 목적지향적이며, 학습에 있어서 개인차를 인정하였다.
③ 학습은 어떤 동작을 배우는 것이 아니라 어떤 반응이 어떤 목표를 달성하게 하느냐하는 목적과 수단의 관계를 의미하는 기호를 배우는 것이다.
④ 학습의 형태에는 보수기대, 장소학습, 잠재학습이 있다.

- **보수기대(reward expectancy)**: 실험에서 동물은 예기했던 좋은 먹이를 나쁜 먹이로 대치하면 경악과 좌절감을 표시하는 행동을 하였다. 이 실험에서 원숭이가 보는 앞에서 그릇 속에 바나나를 넣었다가 원숭이가 보지 않을 때 야채를 넣었더니 바나나가 아닌 것을 알고 먹지 않으려 하였다. 이는 원숭이가 바나나를 기대하고 있었기 때문이다. 즉, 보수가 주어질 것이라는 기대감에 의해서 이루어진다고 보는 것을 보수기대라고 한다.
- **장소학습(place learning)**: 실험에서 동물은 목표에 도달하는 특수한 반응보다 미로와 목표지점과의 관계를 더욱 쉽게 학습하였다. 이 실험에서 출발점에서 목표물까지 도달하는데 여러 개의 통로가 있는 미로가 있는데, 쥐를 처음 훈련시킬 때는 가장 긴 통로로만 가게하고 짧은 통로는 모두 막았다. 훈련이 끝난 후 짧은 통로를 열었더니 그동안 훈련했던 긴 통로로 가지 않고 짧은 통로를 이용하여 목표물에 도착하였다. 이는 쥐가 목표에 도달하는 훈련된 반응보다 미로와 목표지점과의 전체적인 관계성을 학습하였다. 즉, 목표에 도달하는 훈련된 반응보다 미로와 목표지점과의 전체적인 관계성을 학습하는 것을 장소학습이라고 한다.

- **잠재학습(latent learning)**: 배고픈 쥐를 미로 속에 넣고 출발상자에서 시작하여 목표 상자에 이르는 길을 찾게 하였다. A집단의 쥐들은 목표 상자에 도달할 때마다 먹이를 주었으나 B집단의 쥐들은 목표에 도달하더라도 먹이를 주지 않았다. 반복해서 이와 같은 실험을 계속한 결과 A집단의 쥐가 B집단의 쥐보다 더 빨리 목표에 도달하고 오류수도 더 적었다. 여기서 강화를 받지 못한 B집단의 쥐 몇 마리(C집단)에게 다시 목표에 도달하도록 하고 그 때마다 먹이를 주어 강화한 결과 C집단의 쥐는 A집단의 쥐와 마찬가지로 빨리 목표에 도달하고 오류수도 적었다. 이와 같이 B집단의 쥐의 학습은 잠재적으로 내면에 저장되어 있었지만 행동으로 나타나지 않았던 것이다. 이것은 강화가 없는 기간에도 잠재적으로 학습이 되며 미로에 대한 인지도가 형성된 것을 의미한다.

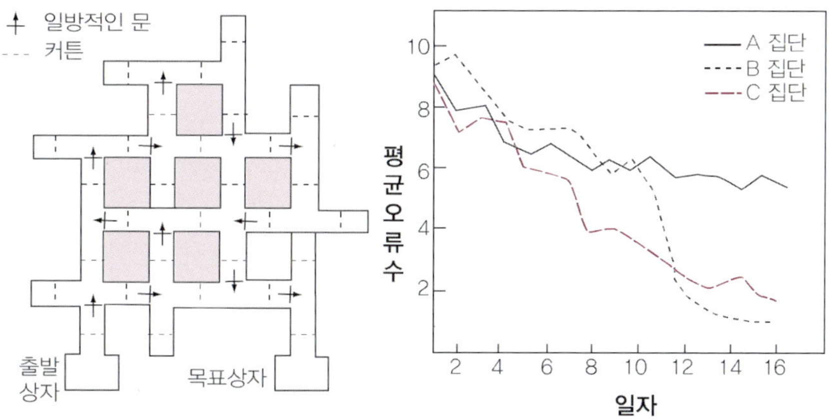


**그림 5-5 | 잠재학습의 미로와 실험결과**

## (4) 정보처리 학습이론

이 이론은 정보와 관련된 인간의 내적 처리과정을 컴퓨터의 처리과정에 비유하여 설명한다. 정보처리 이론에서는 인간의 학습을 외부로부터 정보를 획득하여 의미 있는 정보를 변형시키고, 기억 속에 저장하며, 필요시에 인출하는 정보처리의 기능을 가진 일련의 과정으로 본다. 즉, 부호화-저장-인출의 기억의 3단계로 이루어진다. 정보처리 모델의 구성요소는 정보가 저장되는 정보저장소와 정보의 이동을 의미하는 인지처리과정이다. 정보처리이론에 따른 인간의 기억과정이 [그림 5-6]에 제시되어 있다.

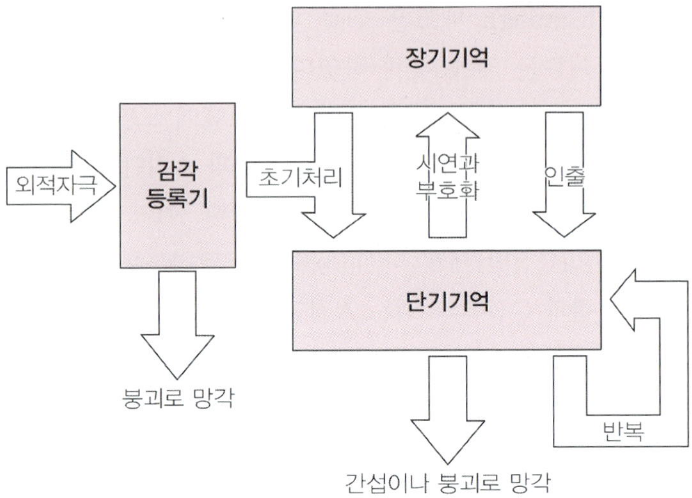


그림 5-6 | 기억의 과정

### ❶ 정보저장소

투입된 정보가 머무르는 장소를 의미하는 정보저장소(information store)는 정보의 저장에 이용되는 서류철이나 주소록 등으로 비유될 수 있다. 이러한 정보저장소에는 감각등록기, 작동기억(또는 단기기억), 장기기억 등의 세 가지 요소가 포함되어 있다.

- **감각등록기**: 감각기억이라고도 하며, 감각기관(시각이나 청각 등)으로 들어온 정보를 순간적으로(0.5~2초) 저장하는 기억이다. 수용량에 제한이 없지만 주위집중하지 않으면 정보는 즉시 소멸되나 주위집중을 하면 단기기억 속으로 전이된다. 학습자가 환경으로부터 눈이나 귀와 같은 감각 수용기관을 통해 정보를 최초로 저장하는 곳이다. 자극을 아주 정확하게 저장하지만, 매우 짧은 시간 동안 저장한다는 특징을 가지고 있다. 시각은 약 1초 정도, 청각인 경우엔 약 4초 정도를 저장한다.
- **단기기억(short-term memory)**: 작동기억(working memory)이라고도 한다. 작동기억은 간단한 암산과 같은 정신작용이 일어나기 때문에 붙여진 이름이다. 단기기억에서는 많은 양의 정보가 의미 있는 형태로 부호화되고 약 20~30초 동안 저장된다. 단기기억의 특징은 정보의 양과 지속시간에 제한이 있기 때문에 청킹(chunking)의 역할이 중요하다. 청킹이란 분리되어 있는 항목들을 보

다 큰 묶음으로, 보다 의미있는 단어로 조합하는 것을 의미한다. 예를 들면, 'm, u, s, i, c'라는 다섯 글자는 작동기억에서는 5개의 단위로 자리하지만, 이들이 'music'이라는 단어로 조합되면 한 개의 단위로 자리하게 된다. 이와 같은 청킹의 적극적인 활용은 제한된 작동기억의 수용량을 증가시키는 좋은 방안이 된다.

- **장기기억(long-term memory)**: 무한한 정보를 영구적으로 저장할 수 있는 곳이다(Ashcraft, 1989). 단기기억에 있던 정보는 시연이나 부호화에 의해 장기기억으로 전송되며 장기기억으로 전송되지 못한 정보는 소멸되어 망각한다. 장기기억에서는 몇 분에서 길게는 평생 동안 저장되기도 한다. 장기기억은 일상기억과 의미기억으로 구분한다. 일상기억(episodic memory)은 주로 개인의 경험을 보유하는 장소이다. 일상기억에서의 정보는 주로 이미지로 부호화되며, 정보가 발생한 때와 장소를 기초로 조직된다. 그리고 일상기억은 기억되는 경험이 매우 의미 있는 경우가 아닐 때에는 종종 인출에 실패하는 경향이 있는데, 이는 보다 최근에 발생한 정보로 인해 인출이 방해를 받기 때문이다. 의미기억(semantic memory)은 문제해결전략과 사고기술, 사실, 개념, 일반화, 규칙 등이 저장된다. 학교에서 학습하는 내용들의 대부분은 의미기억 속에 저장되고, 의미기억에 저장되는 정보들은 서로 연관을 맺으면서 체계적인 네트워크(network)를 구성하게 되는데, 이는 교육과 관련하여 매우 중요한 함의를 가진다. 네트워크라는 말은 장기기억 속에 존재하는 정보들이 따로 따로 분리되어 존재하는 것이 아니라, 서로 관계성을 맺고 상호연결되어 있다는 것을 강조하기 위한 표현이다. 장기기억 속에 존재하는 정보들이 네크워크를 이룬다는 사실은, 학습자가 정보를 수동적으로 받아들이는 것이 아니라 정보를 이해하고 능동적으로 조직한다는 정보처리이론의 기본 가정을 잘 보여준다.

## ❷ 인지처리과정

인지처리과정(cognitive process)이란 어떠한 정보를 하나의 저장소에서 다른 저장소로 옮기는 내부적이고 지적인 활동을 의미하며 주의집중, 지각, 시연, 부호화, 인출과 망각 등의 처리과정이 포함되어 있다.

- **주의집중(attention)**: 자극에 반응하는 것을 의미한다. 주의집중의 독특한 특성은 그것이 선택적이라는 것이다. 감각등록기에 들어온 수많은 자극들은 주의집중을 하지 않으면 곧 유실된다. 따라서 주의집중을 함으로써 시작되는 것이다. 학생들 주위에 많은 자극들이 존재하고 또한 감각등록기의 용량이 무한하다고는 하지만, 관심을 두지 않으면 학습은 일어나지 않는다.
- **지각(perception)**: 경험에 의미와 해석을 부여하는 과정이다. 감각등록기에 들어온 자극에 일단 주의집중을 하면 그러한 자극에 대해 지각을 하게 되고, 일단 지각이 일어난 자극은 그것이 '객관적 실재'로서의 자극이 아니라 개인마다 다르게 받아들이는 '주관적 실재'로서의 자극이 된다. 같은 사물을 보고도 다르게 해석하는 경우를 우리는 자주 보게 된다. 지각은 과거의 경험의 정도에 좌우되며 일반적으로 자극들을 잘못 지각한 경우 그리고 그러한 지각이 장기기억으로 전달된 경우 그것을 제거하는 것은 매우 어렵다.
- **시연(rehearsal):** 작동기억 안에서 이루어지는 처리과정으로서, 정보를 소리내어 읽든지 속으로 되풀이하든지 간에 그것의 형태와 관계없이 계속적으로 반복하는 것을 의미한다. 작동기억 안으로 들어온 정보는 시연을 통해 파지(retention)가 되기도 하고 장기기억으로 전이가 이루어지기도 한다. 우리는 작동기억 안에서 의도한 목적을 달성할 때까지만 시연을 하는 것이다. 예를 들면, 전화를 거는 경우 전화번호를 반복함으로써 머리에 담아두고 있지만, 일단 다이얼을 돌리고 나면 더 이상 번호를 기억하는 데 관심이 없어진다.
- **부호화(encoding)**: 장기기억 속에 존재하고 있는 기존의 정보에 새로운 정보를 연결하거나 연합하는 것으로, 작동기억에서 장기기억으로 정보를 이동시키는 과정을 의미한다. 부호화는 정보처리모델에서 가장 중요한 인지처리과정이라고 할 수 있는데, 이는 부호화가 일어나지 않는다면 우리가 받아들이는 대부분의 정보가 단지 일시적으로 저장되기 때문이다. 새로운 정보가 장기기억 속으로 부호화 되는 데 있어 가장 중요한 것은 유의미한 부호화가 이루어져야 한다는 것이다. 유의미화란 기계적인 암기와 대별되는 것으로, 장기기억 속에 하나의 생각과 다른 생각들이 연결되어 새로운 체제로 구축되는 것을 의미한다. 정보가 유의미하지 않게 단순히 암기로 부호화되는 경우에는 새로운 정보가 기존의 정보와 연결되지 못하고 각각 떨어져 있게 된다. 그러나 새로운 정보와 기존의 정보가 연결된다면, 그 정보는 더욱 유의미해지고 장기기억 속에

저장되는 것이 수월해 질 수 있다.

- **인출(retrieval)**: 장기기억에서 정보를 찾는 탐색과정이며, 부호화와 밀접하게 관련되어 있다. 이는 효과적으로 부호화되지 않으면 효과적으로 인출될 수 있음을 의미한다. 교사는 학생들의 효과적인 정보저장 및 정리에 교수의 초점을 두어야 한다. 저장된 정보는 장기기억의 어딘가에는 분명 존재하고 있지만, 그 정보를 인출할 수 있느냐 하는 것은 정보에 어느 정도 접근할 수 있는가에 달려있다. 설단현상(tip-of-the-tongue)은 장기기억에 존재하는 특정한 정보에 대해 정확하게 접근할 수 없기 때문에 발생한다. 이 현상은 실제 학교현장에서 학생에게 자주 일어나는데, 정확한 인출을 위해서 정교한 부호화가 필요하다.

### (5) 인지주의 학습이론의 교육적 적용

행동주의 학습이론이 자극과 반응 간의 연합학습으로 보고 인간의 학습은 조건화된 연합으로서 보는 관점에 비해, 인지적 학습에서는 인간의 내적 과정의 측면에서 학습의 의미와 과정을 분석하고 규명해야 한다고 보는 관점과 정보처리이론에서 정보가 머무르는 정보저장소와 정보의 이동에 관여하는 인지처리과정은 실제 학교현장에서 적용할 수 있는 교육적 시사점을 살펴보면 다음과 같다.

① 지식의 구조에 대한 이해는 학습에 효과적이다. 이해를 통한 학습은 기계적인 학습이나 단순반복에 의한 학습보다 영속적이며 전이효과를 높여준다.

② 통찰의 원리는 문제해결 학습의 핵심적 부분을 부각시켜주고 있다. 통찰은 문제상황과 그 해결에 열쇠가 되는 중요한 부분들의 관계가 전체적으로 지각될 때 쉽게 이루어지고 통찰에 의해 문제가 해결되면 그 학습은 상당기간 유지된다. 또한 통찰로 얻은 문제해결은 새로운 상황에 적용될 수 있다.

③ 장이론은 인지구성의 성립이나 변용에 있어 개개자극의 성질보다 자극간의 상호관계를 부각시켜주고 있다.

④ 인지적 피드백은 정확한 지식을 확대, 심화해주고 잘못된 학습을 교정해 준다.

⑤ 두 가지 이상의 감각정보를 동시에 제시하지 말아야 한다. 감각등록기에는 매우 짧은 시간만 정보가 머무르다가 소실되므로 교사가 흑판에 필기하며 동시에 설명을 하게 되면 학생은 필기하는데 집중하여 설명을 듣지 못하게 된다.

⑥ 장기기억에 존재하는 정보가 네트워크의 구조로 형성된다는 사실은 교사들에게 교육적 함의를 준다. 즉, 교사는 학습자에게 개별적인 사실만을 제공해서는 안 되며, 반드시 사실들의 관계성에 대해서도 설명해야 한다는 것이다(Eggen & Kauchak, 1992). 따라서 교사는 학습지도를 할 때 다양한 예제를 제시하고 상호연관을 시켜서 설명하면 효과적인 학습이 될 수 있다.

⑦ 학생들이 수업에 주의집중하게 되면 효과적인 학습이 될 수 있다. 시청각 교재를 활용하는 방법, 학생들의 호기심을 자극하는 방법, 중요한 부분을 강조하는 방법, 교사의 목소리 높낮이를 조절하거나 제스처를 활용하는 방법 등으로 주의집중을 유도할 수 있다.

⑧ 교사는 부호와 인출이 밀접하게 연결되어 있다는 사실을 기억하여 학생의 부호화는 유의미하게 일어나도록 하며, 효과적인 인출을 위해서는 성공적인 부호화가 선행되어야 한다. 정보의 유의미성을 높여서 부호화의 처리과정을 촉진시키는 수단으로 능동성, 조직성, 정교화 그리고 기억술 등이 있다(Eggen & Kauchak, 1992).

⑨ 교사는 학생의 지각은 과거의 경험과 자신의 기대에 영향을 받는다는 것을 기억해야 한다. 따라서 학생들이 새로운 정보와 그들이 이미 알고 있는 내용을 연결시킬 수 있도록 도와주고, 학생들이 새로운 자료를 이해하는 데 필요한 정보를 마음속에 떠올리는 데 도움이 되도록 앞서 배운 내용을 복습해 준다.

### 4) 인본주의 학습이론

인본주의 심리학은 정신분석학과 행동주의에 대한 비판을 토대로 전개된 학습이론이다. 무의식적인 욕구와 본능에 초점을 맞춘 정신분석학과 인간은 환경자극에 조건화된다는 행동주의에 비해 인본주의는 내적 인간에 대한 관심을 갖고 인간성과 자아실현을 강조한다. 인본주의 학습 이론에서는 인간의 주체성과 능동성을 강조하며, 정의적 측면을 강조한다. 즉, 학생중심의 교육관과 촉진자로서의 교사의 역할을 강조한다. 인본주의 학습 이론에서 교육의 목표는 전인교육에 있다. 인본주의의 대표적인 학자인 Rogers와 Maslow는 인간은 자신의 잠재력을 실현하기 위한 생득적 욕구에 의해 사람들은 지속적으로 동기화된다고 본다.

인본주의 학습 이론의 수업의 원리는 다음과 같다.

- **자기결정의 원리**: 학생 스스로 학습할 것을 결정해야 한다는 것이다.
- **자발적 학습의 원리**: 학습하는 방법을 배워야 한다는 것이다.
- **자기평가의 원리**: 학생 스스로 자기 평가하는 것만이 진정한 평가라는 것이다.
- **지(知)와 정(情)의 통합의 원리**: 인지적 학습과 정의적 학습을 통합하려는 것이다.
- **위협으로부터의 해방의 원리**: 학습은 위험이 없는 상황에서 가장 쉽고, 의미 있고, 효과적으로 학습된다는 원리이다.

### (1) Rogers의 학습이론

Rogers(1902～1987)는 인간은 선천적으로 선하고 성장지향적이며 자신의 자유로운 선택에 따라 행복하고 가치 있는 삶을 살 수 있는 가능성을 지니고 있다는 긍정적인 입장을 취하고 있다. 따라서 인간은 자기 지시에 따라 행동할 수 있으며 효율적이고 생산적인 삶을 살 수 있다는 확고한 신념을 갖고 있었고 나아가서는 자기실현을 할 수 있다고 보았다. Rogers는 '완전한 기능하는 사람'이란 자신의 잠재력을 인정하고 능력과 자질을 발휘하여 자신에 대한 완벽한 이해와 경험을 풍부하게 하는 방향으로 이동해 나가는 사람이라고 보았다. Rogers는 잠재력을 실현하게 하는 성장을 촉진하는 분위기를 만들기 위해서 상담자는 일치성(진실성과 사실성), 무조건적 존경(수용), 정확한 공감적 이해(타인의 주관적 세계를 깊이 이해할 수 있는 능력) 등의 태도를 갖는다면 내담자는 덜 방어적이 되고 자신과 자신을 둘러싼 세계를 더 개방하게 되며, 결국 사회적이고 건설적으로 행동하게 될 것으로 보았다. 즉, 교사는 학생을 자유롭게 해주고 의미 있는 자기탐색을 할 수 있도록 해줄 때 자신의 길을 발견할 수 있을 것이다. 자신에 대해 가장 잘 아는 학생이 성장하는 자기 인식의 증진에 바탕을 둔 보다 적절한 행동을 발견할 수 있을 것이고, 자신의 잠재력을 실현하게 하는 성장을 촉진할 수 있을 것이다. Rogers는 「Freedom to Learn, 1969」에서 무의미 학습과 유의미 학습이라는 두 종류의 학습을 정의한다(문선모, 1996).

무의미학습(meaningless learning)은 개인에게 아무런 개인적 의미를 갖지 않는다. 단지 정신만을 포함하여 '전인(全人)에 대한 적절성은 없다.' 또한 유의미학습

(signigicant learning)은 직접적 경험, 사고 및 감정을 포함한다. 그것은 자기로부터 시작되며 전인을 포함한다. 유의미학습은 행동과 태도, 때로는 성격에 조차 진정한 차이를 만든다. 그리고 그것은 자기 평가되며, 진정한 욕구를 만족시키고 있는지를 아는 학습자에 의해 평가된다. 따라서 학생은 자신의 학습에 책임을 져야 한다.

### (2) Maslow의 학습이론

매슬로우(Maslow, 1908~1970)는 자신의 심리학적 입장을 Freud 학파(제1세력)와 행동주의 학파(제2세력)에 대한 반동으로 '제3세력 심리학'이라 하였다. 그는 첫째, Freud는 정신적으로 병든 사람들을 연구대상으로 삼았고, 둘째, 행동주의 심리학자들은 인간에 대한 관심보다는 주로 쥐나 비둘기와 같은 동물들에게 관심을 두었으며, 셋째, 행동주의의 과학적 목표가 건강한 사람의 특성을 무시하고 있기 때문에 인간의 가치를 발견하지 못했다. Maslow는 모든 인간은 선천적으로 자아실현을 이루고자 하는 노력 혹은 경향이 있다고 보았고, 인간의 행동을 활성화시키는 인간의 기본욕구를 다섯 단계로 구분하였다. 피라미드 형태의 계급구조로 이루어진 다섯 단계의 욕구위계는 생리적 욕구, 안전에 대한 욕구, 소속감과 사랑 욕구, 존중 욕구, 자아실현 욕구를 말한다. 이 다섯 단계의 욕구 중, 생존에 가장 긴요한 생리적 욕구와 안전에 대한 욕구는 하단 부에 위치해 있으며, 심미적 특성이나 창의적 개성을 추구하는 자아실현욕구는 가장 높은 곳에 위치해 있다. 자아실현욕구는 자기 자신의 충만, 다시 말하자면 한 개인이 가지고 있는 잠재가능성을 실현화하려는 경향의 욕구이다.

#### ❶ 생리적 욕구

생리적 욕구(physiological need)는 인간의 욕구 중에서 가장 기본적이고 강하며 분명한 것으로 음식, 물, 공기, 수면, 성, 추위나 더위로부터 보호, 감각적 자극에 대한 욕구들이 포함된다. 이 욕구는 강하며, 더 높은 단계의 욕구를 충족시키기 위하여 충분히 충족되어야 한다.

#### ❷ 안전욕구

안전(safety)욕구는 환경 내에서의 확실성, 안전질서, 고통회피. 보호 등에 대한 욕구를 말한다.

#### ❸ 소속과 애정의 욕구

생리적 욕구 및 안전욕구가 보장되면 동반자와 가족에 대한 욕구가 생겨 남들과 어울리고 애정을 나누고 싶어 한다. 건전한 사회를 유지하려면 소속과 애정의 욕구(need for belonging and love)를 충족시켜야한다.

#### ❹ 자존감의 욕구

자존감의 욕구(self-esteem need)는 자기 자신과 다른 사람들로부터 존경받고 싶어하는 욕구를 말한다. 이러한 자존감에 대한 욕구는 자기 존중과 다른 사람들로부터의 존경을 모두 포함하는 것이다. 자기존중은 능력, 신뢰감, 개인적인 힘, 적합성, 성취, 독립, 자유 등을 포함하는 것으로, 자기 자신을 가치 있다고 생각하는 것이다. 타인으로부터의 존경은 명성, 인식, 수용, 지위, 평판 등 을 포함하는 것으로 타인으로부터의 좋은 평가를 받기 때문에 자기 자신을 가치 있는 사람으로 간주하게 된다.

#### ❺ 자기실현의 욕구

자아실현욕구(self-actualization need)는 자신이 원하는 종류의 사람이 되고, 자기가 성취할 수 있는 모든 것을 성취하려는 욕구이다. 이러한 욕구는 자아증진을 위한 개인적 갈망이며, 잠재적 능력을 실현하려는 욕망이다.

### (3) 인본주의 학습이론의 교육적 적용

인본주의 학습 이론에서 교육의 목표는 전인교육에 있으며, 학생중심의 교육관과 촉진자로서의 교사의 역할을 강조한다. 인본주의의 대표적인 학자인 Rogers와 Maslow는 인간은 자신의 잠재력을 실현하기 위한 생득적 욕구에 의해 사람들은 지속적으로 동기화된다고 본다. 인본주의 학습이론의 교육적 시사점은 다음과 같다.

① 인간은 본질적으로 선하기 때문에 인간의 내면적 본성이 드러나도록 해주는 것이 바람직하다.

② 인본주의는 객관적인 사실보다는 주관적인 지각이나 판단을 중요시 하는 까닭에 자기 자신에 대한 긍정적인 판단이 건전한 인간 형성에 무엇보다도 중요하다.

③ 인간은 저마다 소중한 자아를 가지고 있고 이를 실현시킬 권리가 있으며, 자신의 자유의지에 따라 주체적으로 행동하고 잠재력을 개발할 수 있다는 것을 기억하고 교사는 이러한 일을 도와야 한다.

④ 교사는 학생들이 성숙한 전인(全人), 자아실현인으로 자라도록 교육해야 한다.

## 03 학습지도의 원리

학습지도의 원리란 학습지도를 바람직한 방향으로 이끌어가기 위한 교육방법의 기준을 의미한다. 즉, 학습지도의 방법상 규준이 될 수 있다고 생각되는 여러 가지 대표적인 원리들이다. 전통적인 학습지도방법은 교사가 중심이 된 강의 및 교과서 중심의 획일적인 지도방법에서 학습자의 자율적 학습활동이 강조되고 흥미와 요구 및 개인차가 존중되며, 다양한 학습매체를 교수방법에 동원한 학습자 중심의 교수이론으로 발전되어 가는 추세라고 할 수 있다. 따라서 교사는 학습자가 스스로 학습할 수 있도록 도와주는 역할을 한다고 볼 수 있다. 학습지도 원리는 시대와 사회에 따라 약간씩 다르나 몇 가지 학습지도 원리를 살펴보면 다음과 같다.

### 1) 자발성의 원리

자발성(spontaneity)의 원리란 학습자 스스로가 능동적으로 학습활동에 의욕을 가지고 참여하도록 하는 원리이다. 즉, 학습지도는 내적 동기가 유발된 학습을 시켜야 한다는 원리로, 유사한 학습원리는 자기활동의 원리, 흥미의 원리, 노작의 원리 등이 있다. 자발성의 원리는 인간 활동의 근원이며, 나아가서는 인간 활동의 가능성이라고 생각할 수 있는 대전제가 되는 것이다. 자발성이란 창조적인 활동의 논리적인 전제가 되는 것이며, 어디까지나 자율적인 학습의 전개를 통하여 육성될 수 있는 것이다. 이는 「자기활동의 원리」이며, 학습의 수동성을 능동성으로 바꿀 수 있다고 보는 원리이다. 학습자의 자발성이란 인간 내부에서부터 모든 방면으로 뻗어나가려는 충동 또는 가능성을 일컬으며 교사는 이 자발성을 이해하고 최대한으로 발전할 수 있도록 항상 노력해야 한다. 수업은 학습자 스스로가 배우고자 하는 자발적인 의욕을 가지고 있을 때 이루어진다. 즉, 동기가 내재된 학습을 하는 것이 지극히 중요한 수업의 원리인데 이것이 바로 자발성의 원리이다. 자발적 학습을 유도하기 위해 상벌을 주거나 경쟁심을 유발시키는 방법을 사용하기도 한다.

### 2) 개별화의 원리

개별화(individuation)의 원리란 학습자를 존중하고, 학습자 개개인의 능력, 소질, 성향 등 모든 발달가능성을 신장시키려는 원리를 말한다. 오늘의 교육은 개인이 가지고 있는 능력·소질 등 모든 발달가능성을 최대한으로 개발·시장시킬 것을 바라고 있다. 이러한 경향은 민주주의의 이념에 부합되고, 교육은 학습자를 개별적 존재로 인정해야 하고 그 개인에 맞는 교육방법을 제공해야 한다. 개별화란 학습지도에서 개인차를 감안하여 학습의 내용과 진도 등을 학습자의 개성과 능력 등에 합치시키는 원리이다. 개별화 교육의 목표는 교사와 학생의 1:1 지도형태로, 학습능력에 있어 개인차가 현저하기에 능력별 지도와 학습의 개별화를 강화하는 방법이며, 학습 집단 속에서 학습자의 개성을 살려서 공동작업에 공헌할 수 있게 하는 방법이다. 학습지도 계획을 세울 때나 지도를 전개할 때, 그리고 학습과제의 부과, 학습결과의 평가 등의 면에서 이 개별화 원리의 적용을 소홀히 할 때는 학습의 효과를 충분히 달성할 수 없게 된다. 학급을 해체한 개별지도 방법으로는 개인 능력차에 따른 학습내용을 학습시켜 평가 진급시키는 방법인 Burk의 개별시스템, 특별히 고안된 교과서에 의해 개인능력에 따라 자율학습하여 진도를 평가하고, 새로운 과제가 주어지는 방법인 Winnetka System(Washburne), 자유와 협동의 원리에 입각한 자주적이고, 개별적인 교수-학습방법인 Dalton Plan(Parkhurst), 학습결손에 의한 학습부진을 최소한도로 줄이기 위한 방법인 St. Louis Plan, 다인수 과밀학급에서 학급 부진아를 감소시키기 위하여 창안된 방법인 Batabia Plan, Club 활동 등이 있다.

### 3) 목적의 원리

목적(purposes)의 원리란 학습자는 학습목표가 분명하게 인식되었을 때 자발적이고 적극적인 학습활동을 하게 된다는 원리이다. 즉, 학습자가 뚜렷한 목적의식을 갖도록 자극을 주어 학습에 대한 동기유발이 되도록 한다면 효과적인 학습이 이루어진다는 것이다. 교육은 목적을 가진 의식적인 활동이며 학습지도는 그 목적을 실현하기 위한 구체적인 방법이다. 효과적인 학습활동이 이루어지려면 학습목표가 명확하고 학습에 대한 목적의식이 뚜렷해야 한다. 또한 교사가 훌륭하게 학습지도를 할지라도 학습자가 학습에 대한 목적의식이 없다면 자발적이고 적극적인 학습활동이 이루어지기 어렵다. 교사는 학습자에게 적절한 학습목표를 제시해줄 수 있도록 해야 하고, 학습자의 목표에 맞는 학습활동을 하도록 지도하는 것이 필요하다.

### 4) 사회화의 원리

사회화(socialization)의 원리란 학교교육을 통하여 학생들이 사회화 되어 유용한 사회인으로 육성시키고자 하는 교육이다. 즉, 공동학습을 통해서 협력적이고 우호적인 학습을 통해 사회화를 돕는 원리이다. 학습은 개인의 인격완성 혹은 인간형성을 목적으로 하는 의도적 활동이다. 아동이 하나의 독립된 인간으로서 그들이 소속한 각종 사회에 참가하여 원만한 사회관계를 맺어 가면서 개인적으로 흐뭇하고 사회적으로 유용한 일원이 되도록 학습을 지도해야 한다. 학교에서 행해지는 학습은 결코 단순한 교과학습만으로 그쳐서는 안 되며, 학생의 지식과 기능을 발달시키는 외에 사회적 요구에 부합되는 것이어야 한다. 학습내용을 현실사회의 사상과 문제를 기반으로 하여 학교 내에서의 경험과 학교 외에서의 경험까지도 상호교류시켜야 되고 집단과정을 통한 협동능력, 책임의식의 학습경험도 제공할 것이 요망된다.

학습지도에서 사회화의 원리를 구현하는 방법은 다음과 같다.

① 전인적인 지도의 관점에서 학습의 개별화와 사회균형을 유지시켜야 하며, 두 원리의 조화를 이루어야 한다. 그러나 지나치게 사회화에 중심을 두어 획일적인 지도가 되어서는 안 된다.

② 학교와 가정에서의 지도 사이에 간격이 벌어져서는 안 된다.
③ 사회화의 원리를 실천함에 있어서 어떤 학습형태를 취하든지 학생 상호간의 인간관계를 잘 조정해야 한다.

### 5) 통합화의 원리

통합화(integration)의 원리란 학습자를 전체적 인격체로 보고 그에게 내재하여 있는 모든 능력을 조화적으로 발달시키기 위한 생활중심의 통합교육을 원칙으로 하는 원리이다. 오늘날의 교육은 지식과 기능을 포함한 전인교육 즉, 전체로서의 환경에 적응할 수 있는 내재적인 모든 능력을 조화적으로 발달시키려 한다. 단편적인 지식의 주입식 교육방법에서 벗어나 자연과 사회의 여러 생활영역과 밀접하게 상호작용하며 인간생활을 통합적으로 이해하도록 교육시켜야 한다. 이것이 통합의 원리이다. 통합의 방법은 학습에 필요한 모든 교재를 학습자의 흥미중심으로 통합하는 교재적 통합과 인격, 성격, 태도, 행동 등과 같은 학습자의 내부로서의 형성을 하는 인격적 통합으로 구분할 수 있다. 따라서 교재의 통합, 인격의 통합, 생활지도의 통합, 지도방향의 통합과 일관성이 이루어져야한다.

### 6) 직접 경험의 원리

직접경험(direct experience)의 원리란 백문(白文)이 불여일견(不如一見)이라는 말이 있다. 학습에 있어 전통적인 방법인 언어위주로 설명을 하는 수업보다는 구체적인 사물을 학습자가 직접 경험을 해봄으로써 학습의 효과를 높일 수 있다는 원리이다. 즉, 구체적 사물을 제시하거나 경험시킴으로써 효과를 볼 수 있다는 시청각 교육의 원리이다. 직접 사물을 관찰, 실험, 실습하고 자료를 수집하여 검증하는 경험을 통하여 타당한 인식작용을 할 수 있는 능력을 배양할 필요가 있다. 직접경험의 원리 또는 직관의 원리란 어떤 사물에 대한 개념을 인식하는데 있어서 언어적 설명보다는 구체적 사물을 직접 제시하거나 경험시킴으로써 효과가 훨씬 크다는 것이다. 교사는 시청각 교재를 학습에 도입시켜 교육방법을 과학화하여야 하여 학습자가 효과적인 학습이 이루어질 수 있도록 도와야 한다.

CHAPTER 06

# 학습에 영향을 미치는 변인

## 01 동 기

### 1) 동기의 개념

동기(motivation)란 인간의 행동을 일으키게 하는 근원적인 힘으로 행동을 목표로 이끌어가는 에너지이다. 즉, 개인의 행동방향을 결정하는 경향이나 태세를 말한다. 동기는 행동을 조직하고 활기 있게 하는 힘이며, 사람을 움직이게 한다. 동기란 움직인다는 의미의 라틴어 Movere에서 유래되었으며, 인간의 행동을 일으키는 근원적인 힘으로 이해되고 있다. 그러나 동기의 개념은 학자들에 따라 약간의 차이를 보이고 있는데, Atkinson(1958)은 '행위의 방향과 강도 및 지속에 대한 직접적인 영향'이라고 하였고, Young(1961)은 '인간과 동물의 행위를 결정짓는 요인'이라고 하였으며, 임규혁(1996)은 '인간행동 과정에서 행동의 활발성을 증감시키고 행동의 방향을 정해 주는 심리적 요인으로서 개체의 행동을 특정한 목표로 이끄는 내적충동상태'라고 하였다. 동기에는 개인차가 크게 작용하며 생리적인 면, 심리적인 면, 감정적인 면을 갖고 상호작용적으로 유발된다고 할 수 있다.

동기란 인간행동의 에너지이고 행동의 활성을 증감시키며 행동의 방향을 결정해 주는 심리적 요인으로써, 자동차에 비유한다면 엔진과 핸들의 기능에 해당된다. 즉 에너지와 방향이 동기개념의 핵심적 요소이다. 이 동기라는 개념은 흥미(interest), 가치(value), 태도(attitude), 포부(aspiration), 유인가(incentive) 등과 함께 쓰여진다. 흥미란 어떤 사물이나 사건 혹은 견해를 선택하여 주의를 기울이는 것이며, 욕구란 어떤 특정한 활동이나 결과가 제공해 줄 수 있는 무엇인가가 결핍된 상태이며, 가치란 자신의 삶에서 중요하다고 여기는 모든 종류의 목표에 대한 지향(orientation)이며, 태도란 정서(감정)·대상(어떤 것)·인지적 요소(학생이 그 대상을 무엇이라고 지각하느냐)를 포함하고 있는 것으로 개인이 현재 지각하고 있는 것에 대한 호의적 혹은 비호의적 감정이며, 포부란 어떤 종류의 성취에 대한 개인의 희망이나 열망이며, 유인가란 각성된 동기를 만족시키는 힘을 가진 것으로 개인에 의해 지각되는 그 무엇이다.

## 2) 동기의 종류

### (1) 일차적 동기와 이차적 동기

동기는 일차적 동기와 이차적 동기로 구분된다. 일차적 동기(primary motivation)는 기본적, 생득적 동기로서 유기체가 생체를 유지하는데 필요한 동기이다. 즉, 식욕, 수면, 성욕, 배설 등이다.

이차적 동기(secondary motivation)는 후천적 학습 및 경험으로서의 동기로 경쟁, 우월, 독립, 상벌, 소속감, 권력, 성취, 야망, 사회적 인정, 자아실현 등이다. 이차적 동기는 환경적 요인이나 상황요인에 따라 학습한 동기, 특히 대인관계 속에서 형성하는 것들이 이에 속한다. 대표적인 일차적 동기의 예는 '성(性) 동기'와 '공격성'이고 이차적 동기의 예는 '권력동기'와 성취동기'이다. 권력동기는 타인으로부터 인정을 받고 집단 속에서 지위를 확보하고자 하는 욕구를 의미하고, 성취동기는 훌륭한 일을 이루고자하는 내적인 의욕으로 도전적이고 어려운 과제를 성취함으로서 만족을 얻으려는 의욕 또는 성취하고자 하는 욕구를 의미한다.

### (2) 일반 동기와 특수 동기

학습과 관련해서 일반 동기와 특수 동기로 구분한다. 일반 동기(general motivation)란 학습상황에서 지식의 습득과 기능의 숙달을 위해 노력하는 지속적이고 폭넓은 경향을 의미한다. 일반 동기는 과목에 따라 약간 차이가 있으나 교육과정 전반에 영향을 준다.

특수 동기(specific motivation)란 특정 영역이나 특정 내용의 학습에 관해서만 동기화 된다. 특수 동기는 특정 과목 혹은 특정 수업시간의 학습에서만 학생들의 학습을 촉진시키게 된다. 따라서 교사의 통제범위 안에 있다고 볼 수 있고, 특정 전략에 의해 변화 될 수 있다.

#### (3) 내재적 동기와 외재적 동기

내재적 동기(intrinsic motivation)란 동기에 대한 설명을 흥미, 욕구, 호기심 등의 내적이고 개인적 요인에 의존하여 유발되는 동기로 학습자가 외적 요인들과는 관계없이 능동적으로 학습에 참여할 때 형성된다. 따라서 내재적 동기에서는 학습자의 활동 그 자체가 보상으로 작용하기 때문에 자발적으로 학습활동에 몰입하고 학습과제 자체나 그것이 가져다주는 성취감을 즐긴다. 따라서 교사의 동기유발이나 흥미를 제고하기 위한 노력을 거의 필요로 하지 않는다.

외재적 동기(extrinsic motivation)란 동기에 대한 설명을 외적이고 환경적 요인에 의존하여 설명하는 이론이다. 즉, 자기 자신이 목적을 향해 움직이는 것이 바로 성적, 처벌, 보상, 사회적 압력 등에서 그 의미를 찾는 경향이다. 따라서 외재적 동기는 학습자의 내면적인 면에 긍정적인 영향을 줄 수도 있으나 대체로 학습자 내부의 동기를 감소시키거나 학습자에게 낮은 자기 인식과 편협한 초점을 향상시킬 수 있다는 점에서 비판을 받을 수도 있다(Eggen & Kauchak, 1992). 외재적 동기는 학습자가 주로 보상을 받기 위해서, 교사의 관심을 사기 위해서, 그리고 책망이나 벌을 피해서 활동하는 것으로 과제 자체에 관심이 있다기보다 활동한 결과로써 얻을 수 있는 것에 더 많은 관심이 있다고 본다.

따라서 학습상황에서 내재적 동기가 외재적 동기보다 더 효과적이지만 교사는 상황, 과제의 성격, 학습자의 특성에 따라서 그에 알맞은 동기유발을 시켜야 한다. 교사는 외재적 동기가 적절한 수준에 이르렀다고 판단되면 내재적 동기를 격려하고, 촉진하는 것이 바람직하다(Brophy, 1988).

### 3) 동기의 기능

동기는 개인이 어떠한 행동을 하는데 있어서 중요한 기능을 한다. 동기가 수행하는 기능은 다음과 같은 네 가지로 구분해 볼 수 있다.

### (1) 시발적 기능

동기는 행동의 원동력으로서 행동을 유발시키는 시발적 기능이 있다. 이것은 학습자들의 학습내용 그 자체에 의해서 동기가 유발되는 경우와 학습결과에 부수되는 칭찬, 상(賞), 성공감 등에 의해 동기가 유발되는 두 가지 경우를 생각할 수 있다.

### (2) 선택적 기능

동기는 행동을 선택하는 선택적 기능이 있다. 모든 학습자들은 자기 자신이 흥미있는 학습문제에 대해서는 항상 적극적인 반응을 보이지만 그렇지 않은 경우에는 학습에 대한 실패를 하거나 외면을 하게 된다. 또한 같은 내용을 같은 시간에 두 사람에게 들려주어도 그것을 받아들이는 태도가 다르다. 따라서 학습은 외부에 의한 강요보다는 스스로 목표를 향해 동기를 유발시키는 것이 학습을 능률적으로 지도하는 방법이 된다.

### (3) 지향적 기능

동기는 행동의 방향을 결정짓는 지향적 기능이 있다. 이 기능은 학습에서 동기가 유발되었을 때 그것은 자신이 학습할 학습목표를 확인하고 있는 것이다. 따라서 학습자로 하여금 자신이 뚜렷한 학습목표를 갖고 학습활동에 임하도록 하는 즉, 동기가 주어지는 학습활동이 요구된다.

### (4) 강화적 기능

동기는 특정한 목표에 지향하는 행동이 일어날 확률을 증가시키기도 하고 감소시키는 강화적 기능이 있다. 이 기능은 학습자로 하여금 학습목표에 대한 행동의 결과가 학습자에게 주는 만족감이나 성취감 등으로 어떤 보상이 주어지느냐에 따라 동기유발의 수준이 달라진다. 따라서 학습자의 욕구가 만족될 만한 행동은 선택되고 강화되지만 그렇지 않은 행동은 점점 약화되거나 소멸된다.

이러한 동기의 기능을 최대한도로 살려서 학습을 하면 가져올 결과, 즉 동기와 학습의 능률과의 관계를 살펴보면 다음과 같다.

첫째, 동기는 학습의 속도를 결정한다. 학습에 있어 동기를 일으키면 학습속도는 빨라진다. 그러나 동기가 너무 강해도 목표에만 정신을 팔려서 넓은 범위의 학습수단을 적절하게 사용하지 못한다.

둘째, 동기는 학습의 도달한계를 결정한다. 이것은 학습하려는 동기의 강도에 따라 학습내용의 양과 질의 한계가 결정된다. 동기가 강하면 강한 만큼 양이 많고 질이 좋으며 약하면 약할수록 양이 적고 질이 낮다.

셋째, 동기가 강하면 오류를 적게 범한다. 학습하려는 동기가 강하게 유발되면 비교적 오류를 적게 범하고 학습속도도 빨라진다는 것이다.

## 4) 동기이론

동기에 관한 이론은 다양한데, 다음과 같이 대표적인 몇 가지 이론들에 대해 살펴보고자 한다.

### (1) 정신분석적 접근

심리학 초기의 동기이론은 주로 인간의 타고난 본능과 관련된 이론으로, Freud는 동기의 주요한 추진력을 충동 혹은 추동(drive)으로 보는 본능이론이다. 본능은 성격의 기본적 요소이며 행동을 추진하고 방향 짓는 동기이다. Freud는 본능을 삶 본능(life instincts)과 죽음 본능(death instincts)으로 나누었다.

인간의 타고난 본능들은 주로 생물학적 욕구로, 음식의 욕구, 갈증해소의 욕구, 수면의 욕구, 성적 욕구 등이 있다. 삶 본능은 인간의 생존을 위해 식욕, 성욕 등과 같은 생물학적인 욕구를 충족시키는데 기여하며, 삶 본능의 에너지는 리비도(libido)라고 하였다. 그리고 죽음 본능은 사람이 죽는 것에 대한 무의식적인 소망을 가지고 있다고 보고 자살이나 파괴적인 행동의 형태로 내부에 지향되거나 타인에 대한 공격성 형태로 나타날 수 있다고 본다. 즉, 개인의 죽음 본능은 공격성으로 표출되어 자신이나 타인을 죽이고자 하는 소망으로 파괴하고 정복하며 죽이도록 하는 추동이다. Freud는 특히 성욕과 공격욕을 인간의 기본적인 동기로 보았다.

### (2) 행동주의적 접근

행동주의 심리학에서는 인간의 행동에 대한 과학적 원리를 밝혀내는 것이었다. 동기의 행동주의적 접근은 자율적으로 행동하는 인간보다는 특정상황에서 주어진 행동의 결과에 따라 수동적으로 행동하는 인간을 가정하고 있다. 이와 같은 입장은 행동과 그 동기는 유기체의 내적인 요소보다는 주어진 환경에 의해 결정되는 환경적 결정론 입장이다. Skinner 상자의 동물실험에서 보는 바와 같이 행동주의적 관점에서 유기체의 행동은 그 결과에 의해 결정된다. 즉, 동기는 행동에 수반되는 보상이나 벌을 통한 강화로 설명된다. 특히 유인가(incentive)라는 개념은 행동주의적 동기이론의 핵심부분이다. 유인가는 접근하는 행동을 일으키는 긍정적인 유인가와 회피하는 행동을 일으키는 부정적인 유인가로 구분될 수 있다.

즉, 학습의 결과에서 얻은 성적이나 어떤 행동에 대해 주어지는 정적강화나 부적강화, 벌 등의 수단을 사용하여 동기화시킨다는 것이다. 그러나 원칙론적인 행동주의자들이 주장하는 반드시 관찰가능한 행동만을 연구해야 한다는 관점은 인간의 행동을 이해하는데 제한점이 있다는 관점에 대한 보완적인 연구로서 신행동주의(neo-behaviorism)가 제기되었다.

전통적인 행동주의자들이 인간의 모든 행동을 자극-반응의 연합인 기계적인 행동 이해에 대해 신행동주의의 대표학자인 Hull(1951)은 사람들의 모든 행동은 욕구나 충동으로 인한 긴장을 감소시키는 방향으로 진행된다는 욕구감소이론(drive reduction theory)을 제안했다. Hull은 욕구가 내적 혐오상태를 일으키며 개인은 그러한 욕구의 감소를 위해 모든 행동의 활력을 증가시킨다고 제안하였다. 여기서 욕구는 체내의 생물학적 결손이 있을 때 존재하며 이러한 생물학적 결손의 만족은 학습을 위한 필요조건이라고 생각하였다. 욕구는 그것을 감소할 것 같은 행동들을 선택적으로 증가시켜 그 행동을 학습하는 것이다. 욕구감소이론에서는 인간의 활동량을 증가시키는 내적 욕구상태인 충동(drive)이라는 개념을 일차적 충동과 이차적 충동으로 구분하였다. 일차적 충동(primary drive)은 근원적인 충동으로 배고픔이나 목마름과 같은 생물학적 욕구에 의해 자극되며, 이차적 충동(secondary drive)은 글쓰기, 사랑, 창작 등의 욕구와 같은 획득적인 충동으로 일차적 충동과의 연합과정에서 발생하는 충동이다. 따라서 이차적 충동은 생존에 필요한 일차적 충동을 넘어서는 것이며, 일차적 충동과의 결합을 통해 형성된다.

이와 같이 형성된 이차적 충동은 충동을 감소시키는 방향으로 행동을 유발시킨다. 자극에 대한 반응은 감소된 충동으로 인해 자극과 반응에 대한 강화가 습관적으로 발생하며, 이처럼 자극과 반응간의 짝지워지는 정도를 습관강도(habit strength)라고 한다.

그러나 습관강도에 의해 형성되는 행동이라도 상황에 따른 인간의 구체적인 충동과의 관계에 보다 큰 영향을 받는다. 이런 현상을 반응경향성이라고 하며, 반응경향성(tendency of response)은 충동과 습관강도와의 함수관계로 나타낼 수 있다.

반응경향성 = 충동 × 습관강도

이와 같이 인간의 행동을 유발하는 변수로 인간의 충동과 그에 대한 감소라는 개념을 도입한 신행동주의의 욕구감소이론은 다양한 인간의 원인을 이해하는 동기 연구에 중요한 접근방식이 되었다. 동일한 행동을 수행한 서로 다른 두 사람에게 동일한 보상이 주어졌을 때 한 사람에게는 그것이 강화자로 작용하지만 다른 사람에게는 그렇지 못한 경우가 많다. 즉, 컴퓨터 게임을 좋아하는 민수와 만화 보기를 좋아하는 경수에게 보상을 주고자 할 때, 컴퓨터 게임을 할 시간을 주는 것으로 강화자로 사용한다면 경수는 결코 충동감소가 일어나지 않을 것이다. 따라서 교사가 학교현장에서 개개인에 적합한 강화자를 사용한다면 효과적인 학습지도가 될 것이다. 특히 강화에 의한 동기유발은 어린 학생들에게 사용할 때 효과적이므로 교사는 초·중등 학생들에게 적합한 강화자를 사용해야 할 것이다.

교사는 강화자의 사용에 있어서 초등단계의 학생들과 중·고등학교 학생들 사이에 존재하는 희소성의 원칙을 고려해야 한다. 초등학교 수준에서는 다수의 학생들에게 제공되는 보편적인 강화자가 각 개인에게 발휘한다(Stipek, 1988). 그러나 중·고등학교는 상징적인 강화자나 희소성이 있는 강화자가 효과를 발휘한다. 고학년 학생일수록 다른 많은 학생들보다 뛰어나게 좋은 성적이나 특별한 상을 받을 때 효과적이다. 즉, 누구나 받을 수 없는 특정한 강화자를 얻었을 때 동기유발이 더욱 효과적으로 이루어지는 경향을 보인다.

그러나 동기의 행동주의적 접근에 대한 비판도 제기되고 있다. 과제에 대한 외재적 보상은 내부의 흥미와 동기를 저하시킨다는 비판(Morgan, 1984)이 있는데, 보상이 제공되지 않은 자유시간에 스스로 과제를 선택하여 학습하는 경향을 감소시키며(Green et al., 1976), 문제의 선택에 있어서도 문제에 정답을 했을 때 보상을 받은 경험이 많은 학생이 그렇지 않은 학생에 비해서 쉬운 문제를 선택하는 경향이 많다는 것이다(Hater, 1978). 그리고 고학년 학생의 경우 쉬운 문제를 완성했을 때 교사의 과도한 칭찬은 오히려 학생 자신이 낮은 능력을 가졌다고 느끼게 할 수 있다(Graham, 1991). 따라서 교사는 이런 점들을 감안하여 각 학생에게 적합한 강화자로 보상을 주어야 한다.

### (3) 인지주의적 접근

동기에 대한 인지주의적 관점은 '인간이 세계에 대해 이해하려는 욕구를 지니고 있다'라는 것으로부터 출발한다. 인지주의 이론가들은 인간을 능동적이고 적극적으로 사고하는 이성적인 존재로 보며, 인간의 내재적인 동기를 강조하여 외적인 동기를 강조하는 행동주의 입장과는 대조적인 차이를 보인다. 인지주의적 접근의 대표적인 이론으로 귀인이론과 자기가치 이론 및 기대×가치 이론 등에 대해 살펴보면 다음과 같다.

#### ❶ 귀인이론

동기에 대한 인지적 접근은 개인들이 자신의 행동이나 그 결과에 대하여 어떻게 설명하고 추론하는가에 초점을 맞춘다. 개인이 자신이나 타인의 행동에 원인을 돌리는 과정을 귀인과정이라고 하며, 이러한 과정에 관한 일련의 이론들을 귀인이론이라고 한다. 웨이너(Weiner, 1979; 1980)는 귀인이론을 체계화시켰다. 귀인이론(attribution theory)이란 '성공이나 실패에 대하여 자신의 행동에 대한 원인을 귀속시키는 경향성이다.' 성공이나 실패의 원인을 자신의 능력이나 노력 등의 내적 원인으로 생각하는 경우와 우연한 결과나 운 등의 외적 원인으로 생각하는 경우에 행동의 차이를 가져온다. Weiner는 학생들이 그들의 성공이나 실패의 원인을 능력(ability), 노력(effort), 학습과제의 난이도(task difficulty), 운(luck) 등의 네 가지 원인으로 설명하고, 이들 원인들은 원인의 소재, 안정성, 통제가능성 등의 세 가지 차원이 있다고 주장하였다.

- **원인의 소재(locus of causality)**: 성공이나 실패의 원인이 개인의 내부에 있는가 혹은 외부에 있는가에 따라 원인의 소재가 달라진다. 성공과 실패의 원인

을 능력이나 노력으로 귀인하는 내적 원인과 운이나 과업의 난이도 등으로 귀인시키는 외적 원인으로 구분한다.

- **안정성(controllability)**: 성공과 실패의 원인이 항상 같은가 아니면 변화하는가에 따른 '귀인을 변화시킬 수 있는 가능성의 정도'로 안정적 귀인과 불안정적 귀인으로 구분한다.
- **통제가능성(controllability)**: 성공과 실패의 원인을 통제할 수 있는가 없는가이다.

자신이 제기한 귀인의 세 가지 차원이 동기에 대한 중요한 시사점을 준다고 지적한다.

① 통제의 위치는 자존심과 연관이 있다. 만약 성공이나 실패가 내적요인에 귀인된다면 성공은 자부심을 증진시키고 이에 따라 동기를 높이겠지만, 실패가 내적으로 귀인되면 자존심을 감소시킬 것이다.

② 안정성의 차원은 미래에 대한 기대와 관련이 있다. 만약 학생이 자신의 성공(혹은 실패)의 원인을 과목의 난이도와 같은 안정된 요인들에 돌린다면 이후에도 그 과목에 대한 안정적인 결과를 기대할 것이다. 그러나 만약 어느 학생이 그날의 운과 같은 불안정한 요인들에 귀인한다면 차후 시행에서 안정적인 미래예측을 하기 어려울 것이다.

③ 통제가능성의 차원은 분노와 우울과 관련이 있다. 만약 개인의 실패가 통제 불가능한 내부적 요인에 귀인 된다면, 그는 우울하거나 좌절되겠지만, 실패가 통제가능한 외부적 요인에 돌려진다면 이는 그 대상에 대한 분노로 연결될 것이다.

대표적인 귀인 4가지를 <표 6-1>과 같이 나타낼 수 있다.

**표 6-1 | 귀인과 각 차원과의 관계**

| 귀인요소 | 원인의 소재 | 안정성 | 통제가능성 |
|---|---|---|---|
| 능력 | 내적 | 안정적 | 통제불가 |
| 노력 | 내적 | 불안정적 | 통제가능 |
| 운 | 외적 | 불안정적 | 통제불가 |
| 난이도 | 외적 | 안정적 | 통제불가 |

동기에 대한 귀인이론은 학습된 무기력감(learned helplessness)을 설명할 수 있다. 학습된 무기력감은 내적 능력이나 외적 상황에 의해 개인의 통제가 불가능하다는 지각에서 비롯될 수 있다. 이와 같이 일상에서 마주치는 사건이나 결과를 대부분 통제 가능하지 않은 것으로 믿을 때 '학습된 무기력감'이 발달된다(Seligman, 1975). 학습된 무기력감은 동기적, 인지적, 정서적 유형의 결손을 가져온다. 무기력감을 느끼는 학생은 동기화되지 않으며 그 어떤 학습도 시도하지 않는다. 그들은 학습의 결과에 대해 매우 비관적 견해를 가지고 있기 때문에 연습의 기회를 잃어버린다.

동기에 대한 인지적 접근을 정리하면, 귀인이론은 학교학습에서의 성공과 실패에 대하여 그 원인을 무엇이라고 지각하느냐에 따라 후속되는 학업적 노력, 정의적 경험, 미래학습에서의 성공과 실패에 대한 기대 등이 달라진다는 것과 학생이 성취결과에 대한 원인지각 내용을 알면 미래의 학업성취도를 증진시킬 수 있다는 것을 알 수 있다는 것이다. 동일한 행동이나 결과에 대한 다른 귀인이 다른 감정 상태를 유발하며, 미래 행동의 방향을 결정한다. 따라서 학습자가 성취결과에 대한 원인을 무엇이라고 지각하고 있는지를 알면 그의 미래의 학업성취도를 예언할 수 있고, 나아가서는 학습자의 인과적 귀인을 바람직한 요인으로 변경시키면 미래의 학업성취도를 증진시킬 수 있다. 이와 같은 원리를 응용한 것이 귀인변경프로그램으로 실패에 대한 2가지 귀인과정은 다음과 같이 설명된다.

실패 → 추론된 능력 결핍 → 무능감 → 성취감소에서 실패 → 노력결핍 → 죄책감과 수치감 → 성취증가로 변경된다. 즉, 실패를 추론된 능력부족으로 귀인할 때는 무능감, 우울함, 성취감소 현상이 나타나고, 실패를 노력부족으로 귀인할 때는 죄책감, 수치감 및 성취증가 현상으로 나타난다.

귀인의 예를 들면, 민수는 유경에게 데이트를 신청했는데 거절당했을 때, 첫째, 민수는 거절당한 원인을 자신의 특성 때문이라고 내적 귀인을 할 수 있다. 즉, 민수는 자신의 특성 중에서도 별로 뛰어나지 못한 외모나 능력, 활달하지 못한 성격 때문이라고 생각할 수 있다. 외모, 능력, 성격은 안정적이고 지속적인 특성이기 때문에 이 경우에 민수는 내부적-안정적 귀인을 한 것이다. 둘째, 민수는 자신이 유경에게 데이트를 신청할 때의 말투나 행동에 간곡함이나 정성이 부족해서 거절당했다고 생각할 수 있거나 다소 장난기가 있어서 충분히 예의를 갖추지 못했기 때문일 수도 있다. 즉, 이러한 데이트 신청행동은 민수가 노력에 의해서 변화시킬 수 있는 불안정한 요인이다. 따라서 이 경우는 내적-불안정한 귀인을 한 것이다. 셋째,

민수 자신이 거절당한 이유를 유경의 오만하고 쌀쌀한 성격 때문이라고 생각할 수 있다. 이 경우는 자신보다 타인의 특성에 원인을 돌리는 외적-안정적 귀인을 한 것이다. 넷째, 민수는 데이트 신청을 할 당시 유경의 기분이 좋지 않았다거나 주변에 친구가 있었기 때문에 거절한 것이라고 생각할 수 있다. 이 경우는 외적-불안정한 귀인을 한 경우이다.

**표 6-2 | 세 차원의 8가지 귀인 모형**

| 차원분류 | | | 실패에 대한 이유 |
|---|---|---|---|
| 내적 | 안정적 | 통제 불가능 | 낮은 적성 |
| | | 통제 가능 | 절대 공부를 안 한다. |
| | 불안정적 | 통제 불가능 | 시험 당일에 아팠다. |
| | | 통제 가능 | 그 시험을 위해 공부하지 않았다. |
| 외적 | 안정적 | 통제 불가능 | 학교의 요구사항이 너무 높다. |
| | | 통제 가능 | 교사가 편파적이다. |
| | 불안정적 | 통제 불가능 | 운이 나빴다. |
| | | 통제 가능 | 친구들이 도와주지 않았다. |

## ② 자기가치 이론

코빙톤(Covington) 등은 성취욕구, 성공과 실패에 대한 귀인, 능력에 관한 신념과 자기가치(self-worth)사이에는 관련성이 있음을 상술하고 있다(Covington, 1984; Covington & Omelich, 1984; 1987). 그들은 학생들의 동기상황을 성취지향의 학생, 실패회피의 학생, 실패수용의 학생 등 세 종류의 학생이 있음을 제안하였다.

첫째, 성취지향형 학생들(mastery oriented students)은 성취에 가치를 부여하고 능력을 개선, 발달시킬 수 있는 것으로 본다. 기술과 능력을 증진하기 위해서 학습목표에 중요성을 둔다. 실패를 두려워하지 않으며, 성공을 그들 자신의 노력에 귀인한다. 실패는 그들의 능력과 자기가치감에 위협이 되지 않으며, 그들은 난이도가 중간 정도의 목표를 설정하고 위험을 무릅쓰며 실패에 대해 건설적으로 대처해 나간다. 그들은 일반적으로 성공을 자신의 노력 탓으로 돌리고 학습결과에 대한 책임이 자기 자신에게 있다고 본다. 그들은 경쟁적인 상황에서 가장 훌륭하게 수행하고 빨리 학습하며 자신감과 활력을 갖고 있고 긴장과 각성이 되어 있다. 그들은 구체적인 피드백을 좋아하고 게임의 규칙을 학습하는 데에 열심이어서 결과적으로 성공을 할 수 있다. 이러한 모든 요인들이 지속적이고 성공적인 학습에 기여한다(Alderman, 1985; McClelland, 1985). 따라서 그들은 학습에 대한 책임을 스스로 지고 높은 수준의 자아효능감을 갖고 있다.

둘째, 실패회피형 학생들(failure-avoiding students)은 능력에 대해 실재적 견해를 갖고 있으며, 수행목표를 설정하는 경향이 있다. 즉, 능력에 대한 고정적인 인식을 가지고 수행목표를 세우며 그것과 연관하여 자신에 대한 유능감과 자기가치 수준을 형성한다. 그들은 자신감과 자기 가치감이 결여되어 있다. 그들은 유능감을 갖기 위해서 실패로부터 자기 자신과 자아상(self-image)을 보호해야만 한다. 만일 그들이 대체로 성공해 왔다면, 그들은 단지 위험을 무릅쓰지 않음으로써 그리고 알고 있는 것에 충실함으로써 실패를 회피할 수도 있다. 반면에 그들이 성공의 경험도 있지만 또한 실패의 경험을 갖고 있다.

불행히도 실패회피 전략들은 자기 패배적이며 대체로 실패의 결과를 초래한다. 이들은 어느 정도 성공과 실패를 함께 경험한 목표에 대해서는 늦장부리기, 노력하지 않기, 아주 낮거나 높은 수준의 목표 정하기, 결과에 관심 없는 척하기 등의 실패 회피 전략을 사용한다. 예를 들면, '나는 지난밤까지 숙제를 시작하지 않은 점을 고려해 볼 때 이 정도면 잘 한 거라고 생각'하는 것처럼 미약한 노력이나 매우 낮거나 매우 높은 목표의 설정, 주의를 기울이지 않는 등의 전략을 반복할 수 있다.

셋째, 실패수용형 학생들(failure-accepting students)은 실패가 계속 되고 변명거리가 없어지면 이들은 자신을 완전히 무능한 존재로 결론을 내린다. 그 결과 자기 가치감과 자기효능감은 극도로 감소하여 자포자기의 상태로 되고 만다. 이들은 실패가 자신의 낮은 능력 때문이라고 생각한다.

교사는 실패회피형 학생들과 실패수용형 학생들에 대해 특별한 관심을 가지고 지도해야 한다. 학생들에게 현실적으로 가능한 수행목표를 세우도록 하고 노력하여 성공경험을 갖도록 적절한 지도를 해주는 것이 필요하다. 성공적 성취감은 수행에 대한 성공의 반복된 경험 축적으로 가장 강력한 자기효능의 자원이 되며, 반대로 실패의 경험은 자기효능에 대한 평가를 감소시킨다.

예를 들면, 가치 있는 과제를 성공적으로 반복 수행하면, 개인은 그 과제에서의 성공적 기대를 향상시켜서 그 과제를 지속하여 인내심을 갖고 그에 따른 행동변화를 증진시킬 수 있다.

### ❸ 기대×가치이론

기대×가치이론(expectancy×value theories)은 동기의 강도는 행동의 결과가 얻어진다고 보는 기대와 이에 대해 개인이 갖고 있는 가치지향에 따라 달라진다고 본다. 즉, 목표에 대한 접근경향성은 목표에 대한 강도, 목표도달의 가능성, 그리고 목표가 가지고 있는 유인가 간의 함수로 본다(Atkinson, 1983). 이를 공식으로 표시하면 다음과 같다.

$$T = M \times P \times I$$

T : 목표에 접근하려는 경향성(tendency to approach an goal)
M : 동기(motivation)
P : 목표도달의 가능성(probability)
I : 목표가 가지고 있는 유인가(incentive)

이 이론에서 동기란 두 개의 중요한 요소, 즉 개인의 목표도달에 대한 기대와 개인에게 주는 목표의 가치의 산물이라는 것이다. 기대×가치이론은 사람들이 사물이나 사건에 대한 사려 깊은 평가과정 즉, 태도가 초래할 가능한 결과들의 가치에 근거해서 태도를 형성한다는 것이다. 사려 깊은 평가과정은 결과의 가치뿐만 아니라 그러한 결과가 유발될 가능성도 고려한다. 사람들은 좋은 결과가 야기되는 태도를 취하고 나쁜 결과가 야기되는 태도는 피한다. 즉, 태도를 취할 때 사람들은 다양한 기대되어지는 성과의 주관적 효용성을 극대화하려고 한다. 사람이 자기에게 가장 많이 소용이 되고 또 얻고자 하는 것을 얻을 가능성이 높은 것을 향해 행동한다고 가정한다. 즉, 사람은 자기가 가장 원하면서 성공할 확률도 가장 높은 것을 택한다는 이론이다. 태도, 가치 또는 흥미가 비슷한 사람이 나타났을 때 그와 사귀면 자신에게 좋은 결과가 올 것을 예상하고 실제로 그렇게 될 가능성도 가장 높아 보인다. 또한, 잠재적 상대자의 매력도 뿐만 아니라 성공의 기대 즉, 그 사람이 자기와 짝이 되려고 하는 가능성을 고려한다. 매력이 적은 사람들은 자기보다 더 매력적인 어떤 사람으로부터 거부당할 것을 기대하기 때문에 매력이 적은 사람들을 찾는다. 그래서 유사한 사람을 선호하게 된다고 예언하는 것이다.

기대×가치이론과 학습 이론은 모두 정적 요소와 부적 요소를 합산함으로써 태도가 결정되어진다는 공통점이 있는 반면에 차이점으로는 ① 기대×가치이론은 개인의 과거경험이 중요하지 않고 단지 현재의 유인가가 중요하게 고려되어진다. ② 기대×가치이론은 특정한 태도를 취함으로써 사람들이 얻거나 잃는 것을 강조한다. ③ 기대×가치이론은 사람을 계산적이며, 활동적이고 이성적인 의사결정자로 보는 반면에 학습 이론은 사람을 감정적이며 환경에 의해 통제되어진다고 간주한다.

### (4) 사회학습론적 접근

동기의 사회학습 이론(social learning theory)은 행동주의적 접근과 인지적 접근을 통합한 것이다. 사회학습론적 접근에서의 대표적인 동기이론은 Bandura의 자아효능감이론을 들 수 있다.

#### ❶ 자아효능감 이론

반두라(Bandura, 1986)는 자아효능감(self-efficacy)이란 '어떤 과제를 성공적으로 조직하고 실행하는 자신의 능력을 지각하는 특성'이라고 정의한다. 자기효능감이란 개인이 수행을 위해 요구되는 행위를 조직하고 실행해 나가는 자신의 능력에 대한 판단이다. 즉, 나는 잘 할 수 있다는 믿음 혹은 기대와 같은 것이다. Bandura는 자기효능감은 어떤 사람이 무엇을 하려고 선택할 것인가, 그 과제에 얼마나 많은 노력을 투자할 것인가, 얼마나 오랫동안 그 과제에 매달릴 것인가, 그 과제와 관련하여 얼마나 많은 감정적 스트레스를 경험할 것인가 등에 영향을 미친다고 주장하였다. 자아효능감은 우리가 도달하려는 목표의 지속성에 영향을 주며, 목표수립을 통해서도 동기에 영향을 미친다. 효능감을 지니고 있는 학생은 과업에 직접적으로 집중하지만 그렇지 않은 학생들은 스스로 무력감을 느끼게 되어 과제를 회피하려 한다(Schunj, 1990). 만약 주어진 영역에서 높은 자아효능감을 갖는다면 그는 높은 목표를 설정한 것이고 어려움에 직면했을 때도 끈기를 보일 것이다. 그러나 자아효능감이 낮은 수준이라면 문제에 직면할 때 그 과제를 회피하거나 쉽게 포기할 것이다(Bandura, 1993). 자아효능감이라는 동기는 자아개념과도 부분적으로 관련 있을 뿐 아니라 교사와 학생이 학습장면에서 상호작용하는 경험의 질에 따라 발달한다. 따라서 교사는 학생들이 느끼는 자아효능감은 스스로에게 긍정적인 감정을 경험하도록 보다 상위의 과제에 도전하도록 열정을 갖게 한다는 사실을 상기하여야 한다. 또한 자아효능감은 단순히 학생들에게만 영향을 미치는 것이 아니라 교사의 수행에도 영향을 준다. 자신의 능력에 신뢰감을 느끼고 있는 교사와 그렇지 않은 교사가 학생들의 학업성취에 상이한 영향을 미친다는 연구결과(Dembo & Gibson, 1985)는 실제 학급에서 보다 바람직한 수행을 유도하는 교사의 태도를 강조한다.

자아효능감 증진방법에 대해 살펴보면 다음과 같다.

① 다양한 상황에서 성공적인 성취경험을 할 수 있어야 한다.

② 남이 성공을 거두는 것을 보여줌으로써 자신의 효능감을 높일 수 있다.

③ 언어적인 설득으로 학생들의 효능감을 증진시킬 수 있다. 학생들의 노력에 대한 긍정적인 평가를 해주고, 과거의 성공경험을 일깨워주며, 다양한 기술들을 제공함으로써 학생들의 자기효능감을 증진시킬 수 있다.

④ 정서적인 흥분을 긍정적으로 해석하고 대처할 수 있는 기술을 제공해야 한다. 긴장이나 불안에 대처하는 기술을 훈련시키는 것이 중요하다.

자아효능감의 교육적 시사점은 다음과 같다.

① 대리경험은 비슷한 상황에 있는 다른 사람들의 성공적 행동을 관찰하여 자신의 상황을 관리할 수 있는 간접적 경험을 말한다. 교사는 학생과 비슷한 연령, 성, 학습능력을 가진 대상을 모델로 선정하여 관찰하도록 해주는 것이 필요하다.

② 언어적 설득은 사람들이 자신이 소유한 능력을 긍정적으로 믿을 수 있도록 하여 추구하려는 것을 성취하도록 이끈다. 이러한 언어적 설득만으로 자아효능이 쉽게 강화되지는 않으나, 설득을 통해 개인의 능력에 대한 의구심을 감소시키고 스스로 노력하도록 지지해 주는 것이다.

③ 자아효능감은 단순히 학생들에게만 영향을 미치는 것이 아니라 교사의 수행에도 영향을 미친다. 자신의 능력에 신뢰감을 느끼고 있는 교사와 그렇지 않은 교사가 학생들의 학업성취에 상이한 영향을 미친다는 연구결과는 실제 학급에서 보다 바람직한 수행을 유도하는 교사의 태도를 강조하고 있다.

### (5) 인본주의 동기이론

인본주의적 관점은 인간을 동물과 같이 수동적으로 환경에 반응하는 존재, 혹은 무의식적 갈등에 사로잡힌 존재로 파악하기보다는 인간적인 인간으로 보기 시작하였다. 인본주의 심리학은 건전한 인간자체를 대상으로 삼았으며, 인간을 능동적인 성장잠재력을 지니고 있는 주체로 보았다. 동기에 대한 인본주의적 해석은 사람들이 다양한 행동을 하는 동기의 내재적 근원을 자아실현 혹은 자아충만성으로 가정하며, 이러한 인간적인 욕구를 충족시키기 위하여 인간들은 다양한 행동으로 개입한다고 주장하였다. 그들의 공통적인 주장은 자신의 잠재력을 실현하기 위한 생득적인 욕구에 의해 사람들은 지속적으로 동기화된다는 것이다.

따라서 교사는 학생들이 지니고 있는 내재적 자아실현과 자아충만성의 욕구를 찾아내어, 그것이 발휘될 수 있도록 촉진시켜 주는 역할을 해야 한다. 그러므로 생활에 문제가 생긴 사람들이 자신의 내적 자원들을 발휘할 수 있는 촉진적 환경을 만드는데 주력한다. 대표적인 학자로는 Rogers와 Maslow가 있다.

Maslow는 동기의 인본주의적 관점을 더욱 발전시켜서 욕구의 위계를 제시하였다. 인간의 욕구는 생리적 욕구, 안전욕구, 애정과 소속감의 욕구, 자기존중의 욕구, 자아실현의 욕구(능력을 개발하고 이를 통해 새로운 기회를 열고 싶은 욕구)가 위계를 이루고 있어서 각 욕구는 하위 단계의 욕구들이 어느 정도 충족되었을 때, 비로소 지배적인 욕구로 등장하게 된다([그림 6-1] 참조).

Maslow의 욕구의 위계모델은 생존, 안전, 소속과 자존의 욕구를 '결핍욕구'라 명명하고, 이런 욕구들이 만족될 때, 그것을 달성하고자 하는 동기는 감소한다. 그리고 세 개의 상위수준의 욕구들, 즉 지적 성취, 심미적 이해, 자아실현의 욕구를 '성장욕구'라 명명하였으며, 이러한 욕구들이 충족될 때, 개인의 동기는 더 높은 성취를 위해 증가한다. 결핍욕구는 일단 만족되면 그것을 달성하려는 욕구가 감소되는 반면에 성장욕구는 충족되면 충족될수록 더 높은 성취를 위해 더욱 노력한다.

따라서 교사는 결핍욕구가 만족되지 못한 학생은 학습에 대한 동기유발이 어려우므로 빈곤 학생이나 부모의 양육을 제대로 받고 있지 못한 학생들에 대한 특별한 지도가 요구된다는 점을 생각해야 한다. 인본주의적 관점에서는 인간 스스로 성장하고 발달할 수 있는 잠재력이 있다고 보기 때문에 누구나 동기화된다고 본다. 따라서 교사는 학생들의 잠재적 가능성을 실현할 수 있도록 격려하고 도와주어야 한다. 학생들에게 내재되어 있는 긍정적인 경향성을 증진시키기 위해 학생들의 자존감을 향상시키고 학습내용이나 주제가 학생들의 자아와 욕구에 연결되어 있어야 할 것이다.

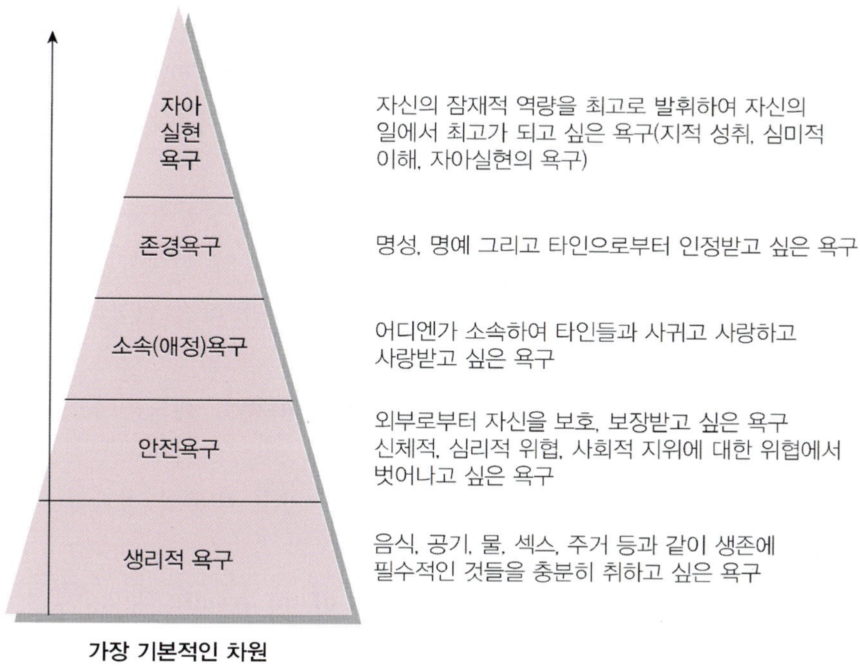


그림 6-1 | Maslow의 욕구위계

## 5) 학습동기

학습동기(learning motivation)란 학습자로 하여금 어떤 학습목표를 향해서 학습하게 하는 학습자의 모든 심리적인 상태로서, 학습활동 전개에 있어 학습의욕을 일으키게 하는 유기체 내의 내적인 힘을 말한다. 적절한 학습동기는 학습을 적극적으로 수행할 수 있도록 하여 만족스런 결과를 가져오게 한다.

### (1) 성취동기

McClelland의 성취동기이론(achievement motivation theory)은 Maslow의 이론과 마찬가지로 인간의 욕구에 기초한 동기부여 이론이다.

성취동기란 '도전적이고 어려운 과제를 성공적으로 수행하려는 욕구이다(Atkinson, 1980; 1983).' 성취동기는 Murray에 의해 처음 제시되었고, 그 후에 맥클랜드(McClelland)와 앳킨슨(Atkinson)에 의해 체계화되었다. 성취동기의 측면에서 Murray는 정의적인 측면을 강조하고 McClelland와 Atkinson은 기대-가치라는 인지적인 측면을 강조하였다.

성취동기가 높은 사람의 행동특성은 다음과 같다(McClelland, 1985).

- **과업지향형(task-oriented)**: 능률적 수행이나 도전적으로 자기 능력을 시험하는데 흥미를 느낀다.
- **모험성(adventuresome)**: 문제해결이 극히 어려워서 성공확률이 낮은 경우에는 도전하지 않으며, 과제난이도가 중간 수준인 경우에 선택하는 경향이 있다.
- **성취가능성에 대한 자신감(self-confidence)**: 자신이 하는 활동의 성취가능성을 긍정적으로 믿는다.
- **정력적, 혁신적 활동(energetic, revolutional activity)**: 새로운 문제해결을 요구하는 상황에서 성취동기가 잘 유발된다.
- **책임감(responsibility)**: 지시나 명령에 의하지 않고 행동의 결과를 자신의 책임으로 본다.
- **행동결과에 대한 지식의 중요시(knowledge of the result)**: 과제수행을 위해서 자신이 쏟은 노력이 성공을 가져왔는지 아닌지를 알려는 경향이 크다.
- **미래지향형(future-orientation)**: 과거의 경험이나 현재 시점의 평가보다 미래 상황을 예견한다.

McClelland는 조직 내 개인의 동기를 부여시키는 욕구를 성취욕구(need for achievement), 권력욕구(need for power), 그리고, 친화욕구(need for affiliation)의 세 가지 형태로 파악함으로써 동기부여를 이해하는데 공헌하였다. 또한 모든 조직은 목표를 위한 집단이기 때문에 특히 성취욕구의 중요성을 강조하고 있다.

- **성취욕구**: 성취욕구(need for achievement)란 어려운 과제를 달성하고, 일을 보다 효율적으로 처리하며, 복잡한 직무를 숙달하고자 하는 욕구를 말한다. 이들의 특성은 어려운 일을 성취하려는 것, 물질·인간·사상을 지배하고 조종하며 관리하려는 것, 그러한 일을 신속히 그리고 독자적으로 해내려는 것, 스스로의 능력을 성공적으로 발휘함으로써 자긍심을 높이려는 것 등에 관한 욕

구를 갖고 있다고 심리학자들은 규정하고 있다. 이러한 성취욕구가 강한 사람은 성공에 대한 강한 욕구를 가지고 있다. 성취욕구가 높은 사람은 성공에 대한 강렬한 희망을 가지고 있으며 또한 실패에 대해서도 비슷한 정도의 두려움을 가지고 있다. 또한 그들은 책임을 적극적으로 수용하며, 행동에 대한 즉각적인 피드백을 선호한다.

- **권력욕구**: 높은 권력욕구(need for power)를 가지고 있는 사람은 리더가 되어 남을 통제하는 위치에 서는 것을 선호하며 타인들로 하여금 자기가 바라는 대로 행동하도록 강요하는 경향이 크다. 이들은 논쟁에서 이기는 것을 원하고 다른 사람의 생각이나 행태를 바꾸려는 시도를 하며, 권위와 지위를 가지는 자리를 획득하려고 노력한다.
- **친화욕구**: 친화욕구(need for affiliation)가 높은 사람은 다른 사람들과 좋은 관계를 유지하려고 노력하며 타인들에게 친절하고 동정심이 많고 타인을 도우며 즐겁게 살려고 하는 경향이 크다.

권력욕이 강한 사람은 타인의 권력이 미치는 직무에 배치하는 것보다는 자기가 타인에게 행동을 통제하는 직무에 배치하는 것이 동기부여가 되고, 친화욕이 강한 사람은 독립적으로 직무를 수행하는 곳에 배치하는 것보다는 다른 사람과 밀접한 관계를 유지할 수 있는 직무에 배치하는 것이 동기부여의 효과가 있으며, 성취욕이 강한 사람은 도전할 가치가 없거나 우연에 의해서 목표를 달성할 수 있는 직무보다는 개인에게 많은 책임과 권한이 주어지는 도전적인 직무에 배치하는 것이 동기부여가 된다.

앳킨슨(Atkinson)은 동기화된 행동이란 개인이 지니고 있는 다양한 동기들의 상대적 강도 또는 준비라고 보았으며, 이 외에도 상황의 특징이나 상황 내에서 제시된 자극들이 동인과 행동의 종류를 결정한다고 본다. 이런 행동특징을 모형화시켜 다음과 같은 공식으로 설명하고 있다.

$$\text{성취경향강도} = \text{성공추구동기} \times \text{성공기대치} \times \text{유인가}$$

성취경향강도(strength tendency to achieve success: TS)란 성취하고자 하는 행동경향성의 정도를 말한다. 여기에는 세 가지 요인, 즉 성공하려는 동기(Motive to achieve success: Ms)와 성공기대치(expentancy of success: Ps), 유인가(value of intentive: Ins)가 영향을 미친다는 것이다.

이 공식에서 Ms란 일정한 행동상황에서 개인이 지니고 있는 일반적이고 안정된 동기를 나타내며, Ps와 Ins의 값은 현재 당면하고 있는 상황과 유사한 상황에서 과거에 개인이 경험했던 내용에 의해 결정되는 요인이다. Atkinson의 이론에서는 성취를 통해서 얻을 수 있는 현재의 결과뿐만 아니라 인간이 장래에 얻으려고 기대하는 성과에 대한 주관적 예견이 동기과정에 미친다는 미래지향적 측면을 강조한다.

### (2) 성공추구동기와 실패회피동기

학생들의 성취동기를 성공추구동기(Motive to achieve success: Ms)와 실패회피동기(Motive to avoid failure: Maf)로 설명하고 있다. 성공추구동기가 높은 학생들은 실패회피동기가 높은 학생들보다 중간 정도의 난이도 과목에 접근하려는 경향이 두드러지며, 실패회피동기가 높은 학생들은 과목에 대한 실패를 감수하면서도 어려운 과목을 선택하는 경향이 있다. 이는 자신의 실패를 과목의 난이도에 귀인시키려는 목적이며 이런 현상은 학생들의 실제적인 학업성취에는 도움을 주지 못한다. 반면에 성공추구동기에 의해서 동기화되는 학생들은 지나치게 비현실적인 어려운 과제에 도전하지 않는다. 따라서 성공추구동기가 높은 학생들은 적절한 학습동기를 형성함으로써 학교학습 수행능력을 높일 수 있게 된다.

이처럼 성취동기가 높으면 적절한 목적을 설정하게 되고 학습과제 수행에서의 어려움을 극복할 수 있으나 성취동기가 낮거나 실패회피동기가 높으면 자신의 능력에 비해 지나치게 높거나 낮은 목표를 갖게 되고 수행에 심혈을 기울이지 않는 결과를 나타낸다. 그리고 학생들의 실패회피동기는 발달 단계에 따라 상이한 양상을 보이기도 한다. 저학년 학생들은 과제난이도에 관계없이 가까이에 접해있는 과업에 몰두하는 매우 과업지향적인 모습을 보이는 반면, 고학년으로 갈수록 실패회피경향이 증가한다(Stipek, 1984).

<표 6-3>에서 볼 수 있듯이 성공추구동기를 갖는 학생들은 학습과제를 실패했을 때 성취동기가 증가되고, 실패회피동기를 갖는 학생들은 학습과제를 성공했을 때 성취동기가 증가한다. 일반적으로 성취욕구가 높은 학생들은 도전적인 과제물, 높은 기준, 명백한 피드백, 재도전의 기회 등에 동기화되는 경향이 있으며, 실패회

피에 높은 욕구를 가진 학생들은 성공을 위한 여러 강화, 자유로운 평가, 실패로 인한 당황으로부터의 방어 등에 동기화 된다. 따라서 교사들은 학생들에게 적절한 난이도의 과제를 배분시켜 학생들의 성공경험과 실패경험을 조절함으로써 성취동기를 향상시키고 유지시킬 수 있다.

**표 6-3 | 동기유형과 과제의 성공, 실패 함수로서의 동기변화**

| | Ms 〉 Maf | Ms 〈 Maf |
|---|---|---|
| 성 공 | 동기 감소 | 동기 증가 |
| 실 패 | 동기 증가 | 동기 감소 |

자료: Weiner(1980).

### (3) 학습동기 유발방법

학습동기란 학습자로 하여금 어떤 학습목표를 향해서 학습하게 하는 학습자의 모든 심리적인 상태로서, 학습활동 전개에 있어 학습의욕을 일으키게 하는 유기체 내의 내적인 힘을 말한다. 적절한 학습동기는 학습을 적극적으로 수행할 수 있도록 하여 만족스런 결과를 가져오게 한다. 동기유발의 일반적 원리는 첫째, 일상생활에서 이미 경험한 내용과 학습내용을 관전시킨다. 둘째, 학습자의 흥미와 관심을 학습내용과 관련시킨다. 셋째, 성공의 필요성 등을 체험케 하여 학습의욕을 고취시킨다. 넷째, 학습목표를 정확히 알린다. 다섯째, 학습자료, 수업매체 등에 대한 학습선호도나 준비 등에 대한 개인차에 따라 학습과제를 제시한다.

학습동기 유발방법은 내적 동기유발방법과 외적 동기유발방법으로 구분된다.

#### ❶ 내적 동기유발

학습의 장에서 동기의 목표를 학습자 내부에 두어 학습자체에 의해 동기가 유발되는 방법이다. 즉, 학습자의 요구, 흥미, 태도, 목적 등에 의해 동기가 유발된다. 따라서 내적 동기유발 방법으로는 첫째, 학습자가 학습문제에 대해 호기심을 갖도록 한다. 둘째, 성취감의 경험을 늘려주고 실패의 경험을 줄여준다. 셋째, 지식과 기능, 인격 등에 감명을 줄 수 있는 모델을 정하여 동일시하도록 유도한다. 넷째, 학습목표를 분명히 알게 한다. 다섯째, 학습결과에 대한 지식을 제공한다.

### ❷ 외적 동기유발

학습의 장에서 학습의 동기가 외부에서 도입되어 동기가 유발되는 방법이다. 즉, 점수나 칭찬, 상벌 등에 의해 이루어지는 동기이다. 외적 동기유발 방법으로는 첫째, 상과 벌을 적절히 사용한다. 상은 학습자의 목표추구 행동을 더욱 촉진시키는 역할을 하여 학습행동을 유발하는 강화의 기능을 한다. 상의 내용은 물질적인 것보다 정신적인 보상감을 갖도록 제시하는 것이 효과적이다. 즉, 선물이나 돈 등의 물질적인 것보다 격려와 칭찬, 인정 등의 정신적인 보상이 더 지속적인 효과를 갖는다. 둘째, 학습과정에서 학습자들의 적절한 경쟁과 협동을 통해서 자극을 받는다. 그러나 과열된 경쟁은 학습동기에 부정적인 결과를 가져오게 하므로 적절한 경쟁심을 갖도록 한다. 협동은 목표를 공동으로 도달하는 행동과정으로 학습효과를 높일 수 있다.

## 02 학습의 전이

### 1) 전이의 의미

사전학습 내용이 후속학습 내용에 영향을 주는 것을 학습의 전이(transfer of learning)라고 한다. 즉, 이전에 학습한 내용이 뒤에 학습하는 것을 촉진시킬 수도 있고 방해할 수도 있다. 학습의 전이에는 긍정적(적극적) 전이와 부정적(소극적) 전이, 수평적 전이와 수직적 전이로 분류한다. 긍정적 전이(positive transfer)란 사전학습이 후속학습을 하는데 긍정적으로 작용하는 것이고, 부정적 전이(negative transfer)란 사전학습이 후속학습을 하는데 방해하는 것이다. 수평적 전이(horizontal transfer)란 한 특수 분야에서 학습된 것이 다른 분야의 학습이나 실생활에서 이용되는 것이고, 수직적 전이(perpendicular transfer)란 한 행동수준(예: 이해수준)에서의 학습이 그 보다 고차적인 행동수준(예: 문제해결수준)의 학습을 촉진시키는 것이다(김언주, 1971).

## 2) 전이의 이론

전이의 이론은 형식도야설, 동일요소설, 일반화설, 형태이조설로 분류할 수 있다.

### (1) 형식도야설

형식도야설(formal discipline)은 인간의 심리적 과정을 그것의 기능 혹은 능력으로 설명하려는 이론인 능력심리학에 기초한다. 도야란 인간의 소질이나 능력을 개발하여 바람직한 상(像)으로 형성하는 과정이다. 형식도야설은 7자유학과(문법, 논리학, 수학, 대수학, 기하학, 천문학, 음악)를 통한 인간의 정신능력(의지력, 기억력, 판단력, 주의력, 추리력 등)을 도야할 것을 주장하였다. 즉, 많은 훈련을 통해 근육이 단련되듯이 정신기능 또한 단련과 훈련시키면 더 강해짐으로서, 이것이 다른 어려운 문제해결에 전이된다는 것이다. 1800년대에는 헬라어, 라틴어, 수학 등이 가장 중요한 교과목으로 간주되었으며, 이 과목들은 마음의 단련과 추리능력의 증진에 가장 유용한 것으로 생각되었다. 이 설은 교육의 결과보다 과정을 중시하며, 인간의 전이능력을 인정한다.

### (2) 동일요소설

동일요소설(theory of identical elements)이란 사전학습과 후속학습 간에 동일한 요소가 있을 때 상호간에 연합이 일어나 전이가 잘 일어난다는 것이다. Thorndike는 형식도야설에 대해 반론을 제기하고 동일요소설을 제안하였다. 손다이크에 의하면, 마음은 일반 능력이 아니고, 매우 구체적인 자극에 대하여 다양한 정밀 반응을 제공하는 특수한 습관과 연상으로 구성되어 있다. 사실상, 마음은 수없이 특수한 조작이나 기능에 대한 편리한 명칭이다(Stratton, 1922). 손다이크의 이론은 한 활동의 훈련이 다른 활동으로 전이되는 경우는 그 활동들이 공통된 상황-반응 요소들을 공유했을 때라고 진술한다. 예를 들면, 더하기를 잘하는 사람이 곱셈을 공부할 때 이해가 빠른 것은 더하기와 곱하기가 같은 요소를 가지고 있기 때문이고, 영어를 잘 하는 학생이 불어를 배울 때 단어나 문법습득을 쉽게 한다는 것이다.

### (3) 일반화설

일반화설(generalization theory)이란 사전학습과 후속학습 간의 전이 여부는 사전학습에서 학습된 원리나 법칙이 후속학습에서 사용될 수 있느냐에 의해 좌우된다는 이론이다. 전이가 일어나기 위해서는 사전학습에서 이해한 원리를 후속학습에 일반화시킬 수 있을 정도로 두 학습 간에 공통요소가 충분히 있을 때 전이가 잘 일어난다는 것이다. 이 이론은 일정한 학습장면에서의 경험을 조직적으로 개괄화 또는 일반화해서 다른 장면에 적용했을 때 전이가 일어난다. 예를 들면, 수학을 잘하면 물리도 잘한다는 것이다. 일반화설을 주장한 쥬드(Judd, 1908)의 실험에서 초등학교 고학년 아동들을 실험집단과 통제집단으로 나누었다. 실험집단에게는 수중에서의 빛의 굴절원리를 가르친 후 수중 12인치 깊이에 있는 표적에 창을 명중시키는 연습을 시켰다. 반면, 통제집단에게는 이 원리를 가르치지 않고 연습을 시켰더니 두 집단은 비슷한 실패를 보였다. 그러나 수중 목표물을 4인치 깊이로 옮겨서 실험하였더니 실험집단의 명중률은 월등히 높았다. 이는 동일요소가 전이된 것이 아니라 굴절의 원리에 대한 이해가 전이되었음을 알 수 있다.

어떤 의미로는 일반화설은 동일요소설의 확장이라고 말 할 수 있다. 새로운 상황은 학습자가 적용할 수 있도록 이전 상황과 공통점이 충분히 많아야 한다. 그렇지 않으면 전이는 일어나지 않는다. 일반화설은 보다 효과적인 수업에 도움을 주는 포괄적인 이론을 제시한다(이성진, 1997).

### (4) 형태이조설

한 문제의 장면에서 얻은 원리가 다른 문제해결에 적용되었을 때의 과정을 형태이조(transposition)라 한다. 즉, 장을 구성하고 있는 요소들 간의 관계를 파악하거나 주어진 문제의 구조적 성질을 이해했을 때 전이가 일어난다는 것이다. 이 이론은 형태심리학에서 주장된 이론으로 어떤 상황에서의 완전한 형태의 수단-목적관계를 이해하는 것이 원리를 이해하는 것 보다 전이가 더 잘 일어나도록 한다는 것이다. 전체의 학습상황이 유사하거나, 심리적 상태가 유사할 때 전이가 일어난다. 즉, 어떤 장면 또는 학습자료의 역학적 관계가 발견되거나 이해될 때 그것이 다른 장면이나 학습자료에 전이된다는 것이다. 형태이조설은 두 자료간의 단편적 요소의 공통성보다는 형태나 관계성의 공통성을 강조한다.

### 3) 전이이론의 교육적 시사점

첫째, 학습의 전이는 새로운 학습에 대한 동기와 밀접한 관련을 맺는다.

둘째, 즉각적인 피드백을 통하여 결과에 대한 정확한 지식을 갖게 하며 학습내용이 새로운 학습에 적용될 수 있는 기회를 많이 제공해 주었다.

셋째, 학습내용이 유사성 있게 계열적으로 구조화시켜 제시하도록 하였다.

## 03 기억과 망각

### 1) 기억

기억(memory)이란 학습경험의 사실 및 내용을 저장하여 간직했다가 필요한 때에 재생하여 인지해내는 과정이다. 학습과 기억이라는 말은 가끔 동일한 의미로 사용되어 왔으며, 넓은 의미에서 기억이란 과거에 경험한 행동들에 대한 재생 및 재인 능력을 말한다(Zandan, 1980).

기억은 기명, 파지, 재생, 재인의 4단계를 밟아서 현재 학습경험의 사실이 전 학습경험의 사실과 같다는 것을 확인하는 데까지의 일련의 심리적 과정을 말한다. 즉, 기억이란 새로운 학습경험이 중추신경에 기명되어 의식 범위 내에서 파지되었다가 어떤 자극에 의해서 머릿속에서 표상으로 재생되어 재인되는 과정이다.

- **기명(memorizing)**: 자극을 지각하거나 정보를 받아들여 정리하는 과정이며, 경험내용을 머릿속에 흔적으로 각인하는 과정이다.
- **파지(retention)**: 기명된 것을 일정기간 동안 기억흔적으로 간직하는 것이다.
- **재생(reproduction)**: 파지하고 있는 내용을 생각해내어 의식화하는 과정이다.
- **재인(recognition)**: 기명된 내용과 재생된 내용이 일치하는지를 의식하는 것이다. 이때 기억된 모든 것이 회상되거나 재생되는 것은 아니다. 기억된 것 중에서 재생되는 것을 파지라 하고 재생되지 않는 것을 망각이라고 한다.

기억의 과정은 주어진 정보를 받아들이는 입력(부호화), 정보를 필요할 때까지 일정기간 동안 유지 보관하는 저장, 필요할 때 정보를 찾아내는 인출의 세 단계로 구성된다.

기억의 구조는 저장기간 또는 의식여부에 따라 일반적으로 감각기억, 단기기억, 장기기억으로 나누어진다. 첫째, 감각기억(sensory memory)은 순간적으로 대상(정보)을 감각(시각, 청각)적 이미지 형태로 기억하는 것이고, 이 정보들 중에서 주의를 기울인 정보만이 단기기억으로 넘어간다. 둘째, 작동기억(working memory)은 현재 의식하고 있는 정보들을 정보처리 하는 동안의 작업대와 같은 역할을 하는 것이며, 약 20~30초 동안 저장된다. 셋째, 장기기억(long term memory)은 나중에 재생할 수 있도록 비교적 영구히 저장되는 강화된 기억을 말한다.

### (1) 기억의 강화

학습에 있어서 파지율을 높이고 망각률을 낮추는 것은 매우 중요한 문제이다. 따라서 기억력의 증대와 강화는 학습의 성공과도 밀접하다. 결국 학습과정에서는 단기기억을 장기기억화 시키는 방법이 중요하다. 기억을 강화하는 방법들로는 심상, 조직화 및 정교화, 시연, 의미화, 주의집중, PQ4R 등을 들 수 있다.

- **심상(imagery)**: 제시된 자극에 대해 심상을 떠올려 조직화하는 방법으로, 기억할 내용이나 정보를 자기가 알고 있는 장소나 거리, 대상에 관련시켜 기억하고 재생하는 방법이다.
- **조직화 및 정교화**: 주어진 자극에 대해 우리가 알고 있는 지식을 동원하여 내용을 첨가하여 살을 붙이고, 가다듬고, 관련 내용을 의미 있게 조직화하는 등의 과정 일체를 가리킨다. 사람들은 자극 정보들을 범주적 또는 주제중심의 위계적 조직화를 통해 보다 상위수준의 의미로 정교화 처리하여 기억해야할 단위 용량을 줄임으로써 기억을 높인다고 한다. 예를 들면, 조선조 왕의 이름을 외울 때 "태정태세문단세......." 등으로 기억한다든가, 무지개 색을 "빨주노초파남보"로 기억하는 방법 이다.
- **시연(rehearsal)**: 단기기억에서 정보를 잃어버리지 않으려고, 단기기억 속으로 되풀이해 집어넣는 능동적 과정이다. 학습을 할 때 반복학습을 함으로써 학습내용을 장기기억화 할 수 있다.

- **의미화**: 기억해야할 정보를 그 정보와 관련된 의미와 연결시켜서 기억하는 방법으로 장기기억에서는 주로 정보의 의미가 부호화 된다. 예를 들면, 이삿짐센터의 전화번호가 2424라던가, 물건을 파는 가게 전화번호가 4989 등이다.
- **주의집중**: 주어지는 자극이나 정보에 대해 그 색상, 형태, 크기, 특징 등에 대해 주의를 집중하여 기억하면 장기기억화에 도움이 된다.
- **PQ4R**: 이 방법은 개관(preview), 질문제기(question), 읽기(reading), 숙고하기(reflect), 암송(recite), 복습(review) 등 6단계로 이루어진다(Thomas & Robinson, 1972). 이 방법은 학습내용을 장기기억화 하는데 효과적이다.

## 2) 망각

### (1) 망각의 원인

망각(forgetting)이란 일단 기억한 정보가 시간의 경과, 사용하지 않는 것 등의 원인으로 인해 약화되고, 소멸되어 다시 재생되지 않는 현상을 말한다. 전에 학습했던 것을 상기하거나 재생할 수 있는 능력의 상실. 망각현상을 설명하는 이론에는 여러 가지가 있다. 간섭이론에서는 선 학습 또는 후 학습이 간섭하기 때문에 망각이 일어난다고 주장한다. 형태심리학에서는 기억흔적이 시간의 경과와 더불어 보다 좋은 형태로 재조직되지 않으면 망각이 촉진된다고 주장한다. 정신분석 이론에서는 억압에 의한 동기적 망각현상은 매우 복잡하기 때문에 어느 한 이론에 의하여 만족스럽게 설명할 수 없다고 본다.

무의미한 철자를 암기하는 것과 같은 기계적 학습이 시일이 경과함에 따라 망각되는 모습을 나타내는 곡선을 망각곡선이라 하는데, 처음 몇 시간동안에는 급속하게 망각되나 5~6일이 지나면 일정한 선에서 안정된다. 망각곡선은 파지의 양을 보여주기도 하기 때문에 파지곡선이 되기도 한다. 이러한 망각곡선은 모든 학습이 아니라 기계적 학습과 같은 특수한 경우에만 나타난다.

[그림 6-2]와 <표 6-4>에서 보면, 학습 직후에 망각율이 가장 높게 나타났다. 이 망각률은 0.33시간(20분)이 지났을 때 망각률이 41%였고, 1시간이 지난 후에는 55.8%의 망각률을 보이고 있다. 이 망각률은 시간이 경과함에 따라 망각 속도가 점점 느려지는 것을 보여주고 있어서 시간의 증가에 따라서 망각총량은 올라가고 망각속도는 떨어지는 것을 알 수 있다. 따라서 학습 및 강의 후 강의내용을 즉시

복습하는 것은 기억을 돕는 효율적인 방안이다.

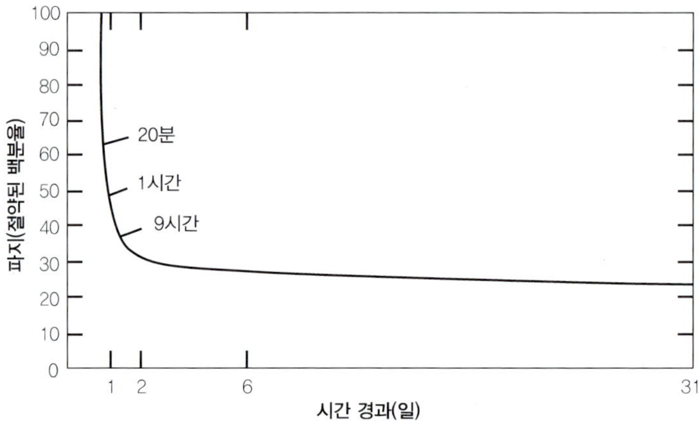


**그림 6-2 | Ebbinghaus(1885)의 망각 함수**

**표 6-4 | 무의미 철자의 망각률**

| 경과시간 | 파지율(%) | 망각률(%) |
|---|---|---|
| 0.33 | 58.2 | 41.8 |
| 1 | 44.2 | 55.8 |
| 8.8 | 32.8 | 64.2 |
| 24 | 33.7 | 66.3 |
| 48 | 27.8 | 72.2 |
| 6일 | 25.4 | 74.6 |
| 1개월 | 21.1 | 78.9 |

에빙하우스(H. Ebbinghaus)는 인간의 기억을 처음으로 연구한 사람으로서, 1885년에 중요한 논문을 발표하였다. 이 논문에 보고된 연구는 인간의 기억을 처음으로 엄격한 실험으로 밝힌 것이었다. Ebbinghaus가 연구한 당시에는 피험자 집단이 없었다. 그러므로 그 자신이 피험자가 되었다. 그는 DAX, BUO, LOC와 같은 자음-모음-자음의 세 글자 무의미 철자들을 혼자서 학습하였다. Ebbinghaus는 여러 실험 중 하나에서 13개 음절로 구성된 목록을 틀리지 않고 순서대로 두 번 반복할 수 있을 정도로 학습하였다. 그 다음 지연 기간을 달리하여 이 목록의 파지(retention) 검사를 하였다. 그는 완벽하게 두 번 암송한다는 기준을 사용하여 이 목록들을 재학습하는 데 걸리는 시간을 계산했다. 그는 두 번째 학습이 첫 번째 학습보다 얼마나 더 빠른지 측정하였다. 그가 어떤 목록을 처음 학습하는 데

1,156초가 걸렸고, 그 목록을 재학습하는 데 467초가 걸렸다고 하자. 이것은 그가 재학습에서 1,156－467=689(초)를 절약했음을 뜻했다. 이 절약은 원래 학습에 대한 백분율로 689/1,156=64.3퍼센트라고 표기할 수 있다. Ebbinghaus는 파지간격의 함수로 나타낸 것이다. 이 그림이 보여 주듯이, 처음에는 급격한 망각이 일어나지만, 재료를 학습한 후 30일까지는 망각이 지속적으로 서서히 일어난다.

24시간을 파지간격으로 사용하여, Ebbinghaus는 만일 어떤 목록을 완전히 두 번 반복 암송하는 기준까지 학습한 후, 그 목록을 30번 더 암송하면 어떤 일이 발생하는지 관찰하였다. 과잉학습(over learning)을 하지 않을 경우에는, 33.8퍼센트의 절약점수를 얻을 수 있었지만, 이와 같은 과잉학습을 함으로써 24시간 후 파지검사에 나타난 절약점수는 64.1퍼센트였다. 이처럼, 추가학습 시행은 나중의 파지검사에서 절약점수를 높였다.

망각의 원인을 설명하는 이론들은 다음과 같다.

- **소멸설**: 사용하지 않음으로서 기억흔적의 쇠퇴로 인해 소멸되어 망각이 일어난다는 설이다. 망각은 대뇌 피질부에 남겨진 기억흔적이 사용하지 않아서 시간의 경과와 더불어 지워지거나 붕괴·쇠퇴함으로써 나타난다고 보는 관점이다.

과잉학습

과잉학습(over learning)이란 학습완성규준에 도달하여 학습이 성립된 후에도 다시 그 학습을 반복하여 계속하는 것을 말한다. 일반적으로 이 절차에 의해서 반응이 용이하게 된다는 의미도 포함되어 있다. 이와 같은 학습은 Ebbinghaus가 기억 실험에서 반복학습의 효과를 다루었을 때 사용되었고, 그 후에도 학습의 정도, 파지 또는 망각 등의 연구에 많이 사용되고 있다. 일정한 학습완성 규준에 도달하기 위하여 소요한 시행수를 100% 학습 때의 시행수를 기초로 하여 그 비로써 나타낸다. 일반적으로 과잉학습이 커짐에 따라 파지되는 정도가 크다. 이런 현상은 강화횟수가 증대함에 따라 소거저항도 증대한다는 사실과도 같다. 정신박약아동의 학습에서 과잉학습이 중요한 원리가 되고 있다. 과잉학습 효과를 볼 때, 추가적인 학습은 기억흔적의 지속성을 더욱 증가시켜 망각이 더디게 일어나도록 하여 장기간의 파지에 도움이 되지만 효용체감의 법칙에 따른다. 과잉학습의 결과에서 첫째, 50% 과잉학습은 회상량을 상당히 증가시키나, 100% 과잉학습은 회상량을 더 이상 증가시키지 않는다. 둘째, 학습 후 시간이 경과할수록 과잉학습의 가치가 증가한다는 것이다. 미리 목표로 정한 학습기준에 도달한 후 다시 추가하여 실시하는 연습이나 훈련. 학습에 도달할 때까지 필요한 연습 횟수는 사람에 따라 다르다. 각자가 이 기준에 도달할 때까지 필요로 하는 연습 횟수(0%의 과잉학습)의 1.5배를 50%, 2배를 100%의 과잉학습이라고 한다.

- **간섭설**: 새로운 정보가 이전 정보의 인출을 더 어렵게 한다는 이론이다. 즉 유사한 자극 정보를 새로 학습하면 이것과 전에 학습한 내용 간에 간섭이 일어나 망각이 일어난다는 것이다. 일반적으로 삽화기억은 쉽게 간섭의 영향을 받아 망각되나, 의미기억, 즉 일반 지식에 대한 기억은 간섭의 영향을 덜 받는 것으로 밝혀졌다. 이 간섭에서의 산출이론은 반응경합과 해소학습 이론이 있다.
- **억압설**: 정서에 의한 일시적 의도적으로 기억하려 하지 않기 때문에 생기는 망각이다. Freud는 불쾌한 것이나 고통스럽고 충격적인 경험들을 억압하려는 경향이 있다고 본다. 정서를 수반하는 내용이 억압되어 일시적으로 무의식 내로 잠재함으로써 망각이 일어난다고 보는 견해이다.

### (2) 망각의 방지방법

망각을 방지하는 방법은 다양하나 몇 가지 방법을 소개하자면 다음과 같다.

① 학습내용을 구조화하여 기호화할 것.
② 기존 경험과 관련시켜 학습자료의 유의미성을 높일 것.
③ 최초의 학습 직후에 연습할 것.
④ 동기존의 유사경험과 관련시켜 변별성을 높일 것.
⑤ 충분한 강도로 학습할 것.

## 04 자기충족예언

자기충족예언(Self-fulfilling Prophecy)이란 어떤 기대가 실현될 것이라는 믿음을 갖고 이의 실현을 위해 노력함으로써 결국 원래 기대를 현실로 실현시키는 것이다. 이의 핵심은 기대의 실현을 위해 끊임없는 노력과 헌신을 부여하는데 있다. 머튼(Merton)에 의하면 자기충족예언이란 처음의 잘못된 상황규정이 새로운 행동을 불러일으켜 처음의 잘못된 상황규정을 현실로 실현시킨다는 것이다. 즉, 자기충족예언은 왜곡된 판단이나 평가가 마치 사실인양 취급되어지는 과정으로 한 예언이 형성되면 그 예언이 인간의 행동에 구속력을 가하여 바로 예언자체의 실현을 위한 강력한 수단이 된다는 것이다. 인간행동에 대한 이러한 사회심리학적 매커니즘은 매우 광범위하게 적용되고 있다. 착실하게 잘 운영되고 있던 은행이 왜곡된 소문에 의해 하루아침에 파산된 예나, 약의 성분이 병을 낫게 하는 경우보다는 약을 먹었으니까 나을 것이라는 기대로 인한 안심이 병을 낫게 하는 위약효과, 상대편 국가가 전쟁을 유발할 것이라는 기대가 한 나라로 하여금 전쟁준비를 하게하고 그 정보가 상대편 국가에 전달되고 확인되는 상호강화의 악순환 과정에서 결국 전쟁이 시작된다는 것 등이며 이러한 예가 학교학습상황에서도 적용됨을 알 수 있다.

로젠탈과 재콥슨(Rosenthal & Jacobson, 1968)은 "공부를 잘하는 사람"이라고 표지를 달아 놓은 학생의 지능은 그 교실내의 다른 학생들보다도 향상된 것을 발견하였다. 그런데 이 학생들은 실제로 공부를 잘하는 학생들이 아니었고 무선표집을 한 학생이었을 뿐이었다. 이는 교사들이 그들을 총명한 학생들로 여기고 또 특별히 취급했기 때문이었다. 이 실험에서 교사기대 효과는 저학년, 중간능력그룹, 하류계층 학생들에게 더 뚜렷하게 나타났다. 그러나 이 연구는 학생 개개인에 대한 교사의 기대가 어떻게 형성되며, 그러한 기대가 어떠한 경로를 거쳐 학생의 성적에 영향을 미치는가는 설명해 주지 못했다.

교사의 기대가 어떤 방식으로 형성되며, 이 기대에 따라 교사가 학생을 어떻게 대하며, 학생들의 학습결과가 어떻게 차이 나는지를 미국 St. Louis시의 어느 유치원에서부터 초등학교 1~2학년까지를 연결해서 3년간 종단적 연구를 한 리스트(R. Rist)의 연구에서 볼 수 있다. 교사들은 신입생들을 우수학생, 중간학생, 열등학생으로 구분하여 좌석배치나 질문 및 관심의 표시 등에서 이 세 집단을 다르게 대하였다. 좌석배치는 4가지 요인에 의해 배치된 것으로 첫째, 아동의 외적인 특징 즉 외모, 두발, 피부색깔 둘째, 아동의 지도성과 대인관계 기술 셋째, 아동이 쓰는 언어 형태, 즉 언어적 표현의 정도, 표준어의 사용여부 넷째, 사회적 배경 즉 가족의 수입, 교육 등이었다. 그런데 Rist가 지적한 중요한 사실은 교사가 어린이들을 구분하는데 있어서 어린이들의 계층배경에 영향을 받으며, 입학 초에 형성된 학생구분은 학년이 바뀌어도 변함없이 지속되었다는 것이다.

Rist는 교실의 자연적인 상황에서 교사기대의 형성 및 차별적 기대 그리고 학습결과의 차별적 심화 등을 보여준 연구였다.

## 1) 교사기대의 근거

### (1) 사회계층과 교사기대

교사의 기대형성에 학생의 사회계층이 많은 영향을 주고 있다. 사회계층이란 매우 복합적인 요소로 이루어지는데 이는 가정의 직업, 수입, 학력, 문화적 경험뿐만 아니라, 미국의 경우는 인종, 한국의 경우는 지역(도시-농촌)의 변인등과 얽혀있다. 베커(H. Becker)의 연구에 의하면, 교사들은 중류계층 출신의 학생들에 대해서는 교사의 지시에 순응하여 가르치기 쉽다고 생각한 반면 하류층 학생들에 대해서는 배우려는 열의도 없고, 학교나 학업에 전혀 관심이 없기 때문에 그들을 가르치기가 '매우 어렵다'라고 기대를 하고 있다는 것이다. 또한 학생의 출신계층은 교사의 기대형성과 밀접한 관련이 있다. 즉 사회계층이 교사기대에 미치는 영향력은 동일 인종의 아동을 직접 지도할 경우와 아동의 사회계층이 교사 자신에 의해 직접 추론될 경우 더욱 더 크다는 것이며, 교사기대는 실험적 상황보다는 자연적 상황에서 이상의 두 가지 경우에 의해 영향을 더욱 많이 받는다고 퍼실(C. Persell)은 보고하고 있으며, 브라운(C. Braun)은 기대의 원천을 교사의 인성 특성, 사회 및 학교 내부에서의 사회적 편견과 사회적 경험, 지능이나 문화실조와 같은 교육적 개념과 신념들, 집단편성과 시험계획과 같은 교육구조 등 네 가지로 제시하고 있다.

### (2) 학습능력과 교사기대

여기서 학습능력이란 I.Q, 학업성적, 검사점수 등 인지능력을 의미한다. 특히 학습상황에서 학생의 능력은 미국의 경우 I.Q로 대표되고 한국의 경우 학업성적으로 대표된다. 특히 블룸(B. S. Bloom)이 지능지수와 학업성적 간에 .50내지 .70의 높은 상관이 있음을 밝힌 뒤부터는 학습능력 요인으로 I.Q가 지배적이었다.

Rosenthal과 Jacobson의 피그말리온(Pygmalion) 효과의 연구에서는 교사가 학생을 보는 관점에 따라 학업성취도가 달라진다는 기본전제하에 교사가 학생을 능력있는 것으로 기대하고 대해주면 능력이 신장된다는 것이다. 피그말리온 효과는 교사의 편애나 편견에 대한 교육적·사회적 설명에 해당되는 이론으로 자성예언의 효과와 같으며, 의약계에서는 플라세보(Placebo) 효과와 같다.

자성예언과 피그말리온 효과가 교육에 공통적으로 시사하는 바는 교사가 공부를 잘할 것이라고 기대하는 학생들이 실제로 공부를 잘하는 경향이 있다는 것이다.

조세핀(A. Josephine)은 교사기대 형성에 I.Q와 사회계층이라는 두 가지 변인의 영향을 살펴보았다. 그 결과 교사들은 I.Q가 높은 아동에 대해서는 "영리하다"는 기대를, 사회계층이 높은 아동에 대해서는 "자율적이다"라는 기대를 하고 있었으며, 높은 I.Q를 지닌 낮은 사회계층의 아동이 낮은 I.Q를 지닌 높은 사회계층의 아동보다 더 긍정적인 교사기대를 받고 있음을 알았다.

롱과 핸더슨(B. H. Long & E. H. Henderson)은 교사기대와 학생의 인종, 사회계층, 학업성적, 교실행동 등의 네 가지 변인과의 관계를 연구하였다. 그 결과 학업성적과 교실 행동이 사회계층과 인종보다 더 높은 상관이 있음을 알았다.

### (3) 행동특성과 교사기대

학생의 학습능력에 대한 정보가 인지적인 측면을 강조한 것이라면, 행동적 특성은 학생의 사회적, 도덕적 태도 및 행동이라는 정의적 특성에 강조점을 둔 것이다. 중등학교에 있어서 교사의 기대는 학생의 학습습관, 성숙도, 교실에서의 행동 등에 의해 영향을 받는다고 내쉬(R. Nash)는 지적하고 있다. 즉 교사의 기대는 학생의 학습능력 보다는 인성적 요인과 더 깊은 관계가 있으며, 이것이 교사의 기대수준을 좌우한다는 것이다.

좋은 학생이란 교사의 규율에 순응하며 교사의 도덕적 기준에 반항하지 않는 학생이라고 베커(Becker) 역시 지적하고 있으며, 머피(Murphy)도 교사들은 품행이 방정하고 예의바른 학생을 공부 잘하는 학생보다 더 선호하고 있음을 지적하고 있다. 킹(R. King)은 교실의 참여관찰을 통해서 교사들은 학생들을 양호, 대체로 만족함, 불량의 세 가지 수준으로 분류하는데, 이 때 사용된 교사들의 기준이란 교우관계, 학습과정, 규범예의 순응도, 성격, 가정환경, 직접관찰 등이라고 보고하고 있다. 브라우디(Broudy) 등은 교사의 기대와 편견의 원천을 규정짓는 것으로 경제적 배경, 검사점수의 결과, 학생에 대한 부정적인 언질, 학교형태, 외모, 말투, 단조성, 후광효과(halo effect), 준비도, 좌석배치, 경험있는 교사의 사회화, 학생의 행동, 능력별 학급편성과 진단분류 등을 제시하고 있다. 즉, ① 경제적 지위가 낮은 부모의 사회적·경제적 지위에 대한 낮은 기대. ② 검사점수의 결과로 인해 고정된 능력에 대한 편견으로 더 높은 기대 가능성이 배제된다. ③ 교사의 특정학생에 대한 질책은 낮은 기대와 관련이 있다. ④ 시골학교는 낮은 기대와 관련이 있다. ⑤ 값싼 옷차림은 낮은 기대와 관련이 있다. ⑥ 사투리나 말투가 부정적인 단서가 되어 낮은 기대를 갖게 한다. ⑦ 서툰 글씨체는 낮은 기대를 갖게 한다. ⑧ 한 가지 특징으로 학생의 전체적인 능력을 평가하는 경향이 있다. ⑨ 성장속도가 느리거나 지식과 경험의 결핍은 변하지 않는 현상이라는 고정관념. ⑩ 교실의 측면이나 뒷좌석에 대한 낮은 기대. ⑪ 새로 맡게 된 담임에게 다른 교사가 학생의 부정적인 특성을 강조하는 경향. ⑫ 가난한 학생에 대한 교사의 낮은 기대 등이다.

피그말리온 효과(Pygmalion effect)

피그말리온 효과란 '사람은 진실된 자신보다 남으로부터 기대받는 모습대로 행동하게 된다는 원리'이다. 그리이스 신화에 나오는 키프로스 섬의 피그말리온이 상아로 만든 여신상을 사랑하고 있는데, 미와 사랑의 여신인 아프로디테가 거기에 생명을 불어넣어 아내로 삼게 했다는 전설에서 유래되었다. 이 말은 학교교육이나 생산 활동에서 교사나 책임자가 기대하는 대로 학생과 직공은 능률을 발휘하게 된다는 자기충족적 예언을 나타내는데 쓰인다. 즉, 교사가 어떤 학생을 '우수할 것이다'라는 기대로 가르치면 그 기대를 받은 학생은 다른 학생보다 더 우수하게 될 확률이 높다는 것이다. 학생들에 대한 기본적 신뢰, 학생의 능력에 대한 가능성을 믿지 않고서는 좋은 교육이 기대되지 않는다는 것을 실험적으로 밝혀주고 있다.

## 05 연 습

### 1) 연습의 의미

연습(exercise)이란 일정한 새로운 경험이나 행동의 획득을 목표로 하여 그 목표에 도달하기 위해서 끊임없이 반복하는 운동과정과 그 효과를 포함한 전체과정을 말한다. 연습에 의해서 학습, 경험, 작업상황이 어떻게 변화되고 달라지는가를 알기 위해 학습결과를 종축으로 하고 학습횟수를 횡축으로 하여 연습에 의한 질적·양적인 변화를 표시한 것이 연습곡선(practice curve)이다.

### 2) 연습곡선의 유형

#### ❶ 직선형 연습곡선

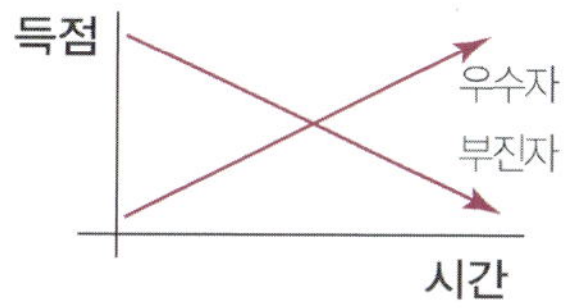


그림 6-3 | 직선형 연습곡선

직선형 연습곡선은 상황에 따라 융통성이 있는 운영을 할 때 성취효과가 크다.

#### ❷ 부적 가속곡선

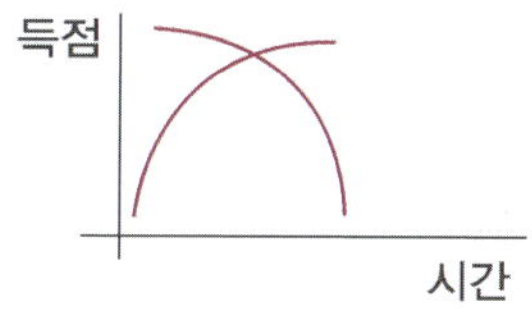


그림 6-4 | 부적 가속곡선

부적 가속곡선은 전제형 학습방법으로 학습자의 흥미유발과 내적 동기가 적고 학습초기에는 급속한 진보를 보이나 학습을 계속함에 따라 학습효과는 시간이 흐를수록 저하된다.

#### ❸ 정적 가속곡선

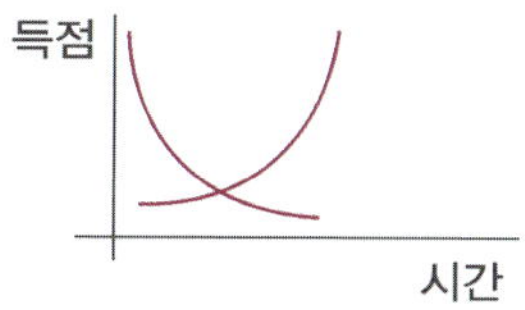


그림 6-5 | 정적 가속곡선

정적 가속곡선은 민주형으로 학습초기에는 학습자의 흥미유발과 내적 동기가 있으며, 학습자 스스로 학습에 참여하며 학습성취도가 크다. 이 곡선은 초기에는 진보가 느리지만 학습을 계속함에 따라 급속한 진보를 보인다.

## ❹ S자 곡선

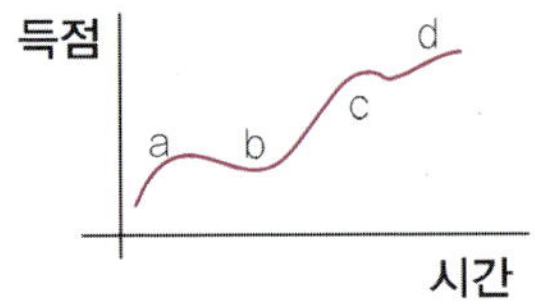


a. 진취적극전개, 성취효과 큼
b. a의 platue(일시정체)
c. 도약, 약진, 돌진 상태
d. 최종 고원(platue)

그림 6-6 | S자 곡선

> 최종고원 현상
>
> - 학습자 스스로 자신능력 한계점 인식하는 상태
> - 학습성취 효과가 더 이상 발생하지 않는다.
> - 학습성취 효과가 일시정체
> - 심리적 불안 갈등 고조
> - 원인: 학습방법이 좋지 않음.

S자 곡선은 정적 가속곡선과 부적 가속곡선을 합한 것으로 연습초기에는 정적 가속도로 진보하지만 그 계속 과정에서 부적가속도로 진보하는 경우이다. 이 유형의 곡선은 학습자가 어릴 경우에 나타난다.

### 3) 학습의 고원현상

학습의 고원현상(plateau phenomenon)이란 학습곡선이 적극적 가속도 곡선에서 소극적 가속도 곡선으로 바뀌어지는 중간에 계속적인 연습에도 불구하고 학습능률이 더 이상 오르지 않고 제자리걸음을 하는 시간을 갖게 되는데, 이런 상태를 말한다.

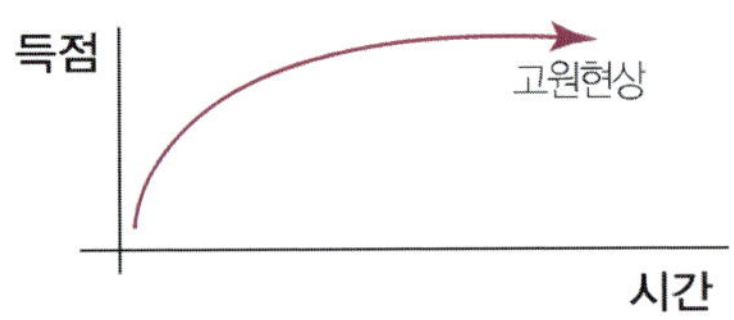


그림 6-7 | 학습의 고원현상

고원현상이 발생하는 이유는 다음과 같다.

① 학습과제에 대한 실망과 흥미의 상실

② 학습과제의 곤란도 증가
③ 나쁜 습관의 형성이나 고집
④ 과제의 일부분에 신경을 집중한 경우
⑤ 적합한 학습방법 채택 실패

### 4) 연습방법

학습의 파지와 효과적인 학습을 위해서는 반복학습이 필요하다. 연습에 의한 학습 및 작업효과의 향상은 일반적으로 학습자의 능력, 기능, 동기, 체질, 작업의 성질, 곤란도, 장소나 상황 등에 따라 차이가 있다. 학습이나 작업은 연습횟수(빈도)와 밀접한 관계를 가지고 있다. 즉, 학습이나 작업의 결과는 연습의 횟수와 정도에 따라 얼마나 파지할 수 있는가와 밀접한 관계가 있다. 또한 같은 연습을 계속 반복한다면 기억하고 이해하는 정도가 아니라 자동적으로 기억되어 행동으로 옮길 수 있게 되는데, 이것을 숙련(drill)이라고 한다.

연습의 방법으로는 전습법과 분습법으로 구분한다.

#### (1) 전습법

전습법(whole method)은 학습할 범위를 한꺼번에 학습하는 방법이다. 전습법이 효과적인 경우는 다음과 같다. 첫째, 학습과제가 비교적 유의미하고 통찰학습이 가능한 경우 둘째, 과거의 학습효과가 적극적인 전이로 활용되는데 용이한 경우 셋째, 분산적 학습법을 하는 경우 넷째, 잘 알려진 지식과 기능을 숙달하기 위한 고도의 요구가 있을 경우 다섯째, 지능이 우수한 자 여섯째, 연령이 증가함에 따라 유리하다. 전습법의 장점은 망각이 적고 시간과 노력이 적게 들며 학습에 필요한 반복이 적다.

#### (2) 분습법

분습법(part method)은 학습할 범위를 몇 개의 단위로 나누어 학습하는 방법인데, 순수분습법, 점진적 분습법, 반복적 분습법으로 구분한다. 분습법이 효과적인 경우는 다음과 같다. 첫째, 학습내용이 복잡하고 곤란도가 큰 경우 둘째, 학습분량이나 작업량이 비교적 많은 경우 셋째, 학습과제가 유의성이 없는 경우 넷째, 동기 유발이 낮고 많은 노력과 시간이 투입되어야 하는 경우 다섯째, 학습의 초보단계인 경우이다. 분습법의 장점은 저학년 학습자에게 유리하고 학습효과가 빨리 나타나며, 주위와 집중력의 범위를 좁히는데 유리하다.

- **순수 분습법**: 각 학습내용의 범위를 일정한 기준에 도달할 때까지 각각 학습하고 그 후 각 학습내용의 범위를 동시에 학습하여 일정한 기준까지 학습하는 방법이다.
- **점진적 분습법**: 학습내용의 범위 1과 2를 학습하고, 다음 학습내용의 범위1과 2를 동시에 학습하며, 그 다음 학습내용의 범위 1, 2, 3을 동시에 학습한다. 이와 같이 학습할 범위를 점차 합해서 전체를 학습하는 방법이다.
- **반복적 분습법**: 학습내용의 범위1을 학습하고, 다음 학습내용의 범위2를 동시에 학습하며, 다음 학습내용의 범위 1, 2, 3을 동시에 학습하고, 그 다음 학습내용의 범위 1, 2, 3, 4 ..... 등의 식으로 동시에 학습하는 방법이다.

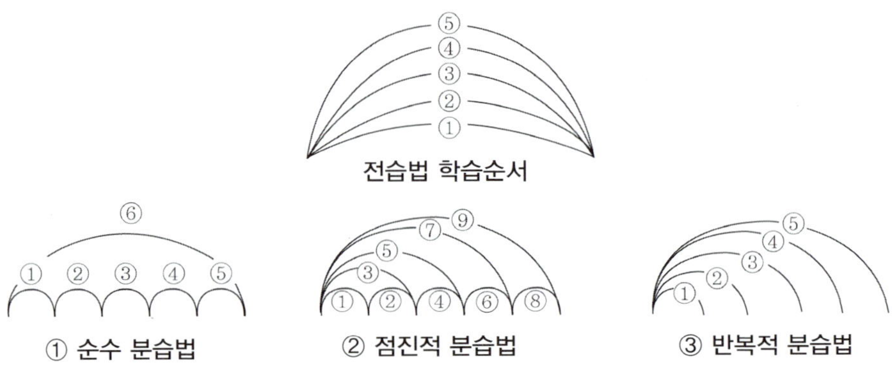


그림 6-8 | 연습방법

CHAPTER 07

# 수 업

## 01 수업의 개념

학교교육에서 핵심으로 이루어지고 있는 활동은 가르치고, 배우는 것이다. 흔히 가르친다는 의미로 교수(teaching)와 수업(instruction)이란 용어를 사용하고 있다. 대체로 교수와 수업을 같은 의미로 사용하고 있으나 엄밀히 구분하면 약간 다르다. 교수란 교사가 의도적인 목적을 가지고 하는 일체의 활동이고, 수업이란 학습이 일어날 수 있도록 학습자의 내·외적 조건을 체계적으로 조정하는 과정이다.

가네(Gagné, 1964)는 "교수란 교사가 교사의 자격으로 하는 모든 행동이다"라고 하고, "수업이란 학습자 외부에서 학습의 내적 과정을 지원하기 위해 고안된 일련의 사상이다"라고 정의하였다. 따라서 교수가 수업보다 포괄적으로 사용하고 있어서 학급경영이나 생활지도 등의 교사의 일체의 활동이 포함되는데 반해서, 수업은 교수보다 한정적으로 사용되고 있는 것으로 본다.

## 02 수업이론의 유형

### 1) Glaser의 수업모형

Glaser의 수업모형은 학습내용을 정보로 간주하여 수업과정을 막대한 양의 정보가 신속하고 정확하게 처리되는 컴퓨터의 구조와 기능에 비교시킨 수업모형이다.

글레이저(Glaser, 1962)는 수업과정을 하나의 체제(system)로 파악하고, 4단계로 구분하고 있다. 즉, 수업과정을 수업목표 → 출발점 행동진단 → 수업절차 → 성취도 평가의 네 가지 구성요소로 되어 있고, 전단계가 후속단계를 계속적으로 결정하고 수정하며, 각 단계가 피드백에 의해 유기적으로 서로 관련되어 있다. 각 단계에서 얻어진 수업과정을 도식화하면 [그림 7-1]과 같다.

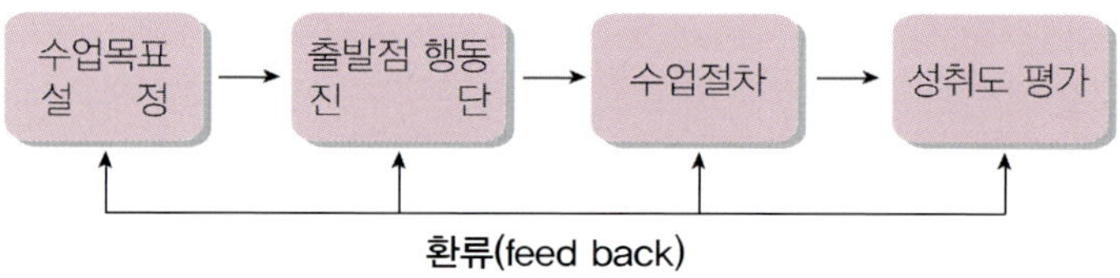


**그림 7-1 | Glaser의 수업모형**

① **1단계는 수업목표의 설정이다.** 수업목표(instruction objective)는 학생들이 성취해야 할 궁극적 목표이며, 관찰, 측정, 기술이 가능한 것으로 세분화되어야 한다. 수업목표는 도착점 행동으로 설명되며, 도착점 행동(terminal behavior)이란 수업이 끝났을 때 학생들이 보여줄 수 있는 성취를 의미한다. 수업목표 진술은 구체적으로 세분화하여 명시적으로 진술되어야 한다.

② **2단계는 출발점 행동진단이다.** 출발점 행동(entering behavior)이란 새로운 수업과정이 시작하는 단계에 있어서 학습자들의 학습정도나 수준을 진단하는 것이 필요하다. 이 단계에서는 학습자의 종합적 진단을 통한 학습자의 준비성 및 새로운 수업참여의 가능성 여부를 판단한다. 지금까지는 출발점 행동으로 선행학습정도, 적성, 지능 등의 지적인 요인들이 고려되었으나 흥미, 태도, 자아개념과 같은 정의적인 요인들과 신체적인 요인들도 고려해야 할 것이다.

③ **3단계는 수업절차(instruction delivery)이다.** 수업절차란 교사가 학습자에게 가르칠 내용을 직접 가르치는 과정 즉, 교사의 수업전개활동을 말한다. 이 단계에서는 수업현장에 필요한 수업전개의 구체적인 단계 및 절차를 구안하고, 교재의 재구성 및 교과내용에 적합한 교수매체나 학습자료의 준비, 다양한 교과내용에 대한 적합한 교수방법의 선정이나 활용 등으로 효과적인 수업과정이 이루어진다. 또한 형성평가에 의한 교정학습이 제공된다.

④ **4단계는 성취도 평가이다.** 설정된 수업목표가 얼마나 달성되었는지를 평가하는데, 형성평가와 총괄평가의 두 가지로 구분한다. 형성평가(formative evaluation)는 교수-학습과정이 진행되는 동안 평가하는 것이고, 총괄평가(summative evaluation)는 교수-학습과정이 완전히 끝났을 때 평가하는 것이다. 형성평가에서 얻어진 정보는 후속되는 학습활동을 조정하는데 이용하고, 총괄평가의 결과는 설정된 수업목표에 대한 도달정도를 판단하는데 이용되며, 다음 단위의 교수과정 설계의 기초자료로 활용된다. 즉, 평가에 의해 계속적인 피드백이 행해지고, 각 단계별 수정, 조정, 보완이 이루어진다.

이상에서 Glaser의 수업모형을 중심으로 각 단계를 살펴보았는데, 이를 바탕으로 모형의 특징을 정리하면 다음과 같다(박완희, 1994).

① 출발점 행동의 진단을 수업과정의 한 단계 이상으로 매우 중요시 하고 있다.
② 수업과정을 계속적인 의사결정과 그것의 수정과정으로 보고 있다.
③ 특정의 교과나 단원에 관계없이 일반화될 수 있도록 수업과정을 객관화·표준화시키고 있다.
④ 계속적인 피드백을 통해 각 단계의 유기적 관계를 강조하고 있다.
⑤ 교수공학적 접근을 전제로 학습자들 간의 개인차를 상당한 정도로 반영시킬 수 있다.

Glaser의 수업모형은 너무 개괄적이어서 실용적인 가치가 결여되어 있다는 비판이 따르기는 하나 교육과정, 학습지도 그리고 교육평가를 하나의 시스템 속에 통합하여 다루고 있다는 점과 수업과정을 교사의 계속적인 의사결정 과정으로 보고 거기에 관련된 여러 요인들을 매우 적절하고 간결하게 개념화시켰다는 장점이 있다.

### 2) Carroll의 학교학습모형

캐롤(Carroll, 1963)은 “학교학습의 한 모형”이라는 논문을 통해서 완전학습의 가능성을 처음으로 제시하였다. 이 모형은 전체 교육과정에 관심을 둔 완전학습을 위한 학습모형으로 학교학습을 촉진하고 개선하는데 필요한 실질적이고 구체적인 전략을 제안하고 있다. 이 모형은 인지적, 기술적 학습을 위한 것으로 정의적 학습에는 영향을 미치지 못했고, 학업성취를 위한 학습의 경제에 더 관심을 두었다.

Carroll은 학습자들의 학습정도에 영향을 미치는 변인으로 적성, 수업이해력, 학습지속력, 수업의 질 그리고 학습기회 등 다섯 가지 변인으로 들고, 적성, 수업이해력 및 학습지속력을 개인차 변인으로, 수업의 질과 학습기회를 수업변인으로 분류하였다. 다섯 가지 변인들 간의 관계를 방정식으로 나타내어 학습의 정도를 알아보았는데 여기서 학습의 정도는 수업목표에 진술된 도달기준에 비추어 실제로 도달한 학습정도를 뜻한다. 학습에 사용한 시간은 학습자가 학습과제에 능동적으로 주의를 집중하여 학습에 몰두한 시간을 말하고, 학습에 필요한 시간은 주어진 학습과제를 완전히 학습하여 수업목표로 진술된 수준까지 도달하는데 필요한 시간을 의미한다.

이와 같은 명제를 공식으로 표현하면 다음과 같다.

$$\text{학습정도} = f\frac{\text{학습에 사용한 시간}}{\text{학습에 필요한 시간}} = f\frac{\text{학습 기회} \cdot \text{학습 지속력}}{\text{적성} \cdot \text{수업 이해력} \cdot \text{수업의 질}}$$

- **적성(aptitude)**: 학습자가 최적의 수업조건에서 주어진 학습과제를 완전히 학습하는데 필요한 총 시간의 양으로 측정된다. 즉, 학습자의 학습적성은 완전학습하는데 필요한 시간의 양을 결정해준다는 것이다. 학습자의 적성은 개인차가 있으므로 특정학습과제에 대한 학습자의 적성이 높은 학습자가 낮은 학습자 보다 수업목표를 성취하는데 필요한 시간의 양은 적다. 따라서 학습적성이 낮은 학생은 과외수업 등으로 학습에 필요한 시간의 양을 제공해 준다면 수업목표에 도달할 수 있을 것이다.
- **수업이해력(ability to understand instruction)**: 학습자가 수업내용이나 교사의 설명을 이해하는 능력이다. 교사의 수업활동이 대부분 언어적 활동이며 교과

서도 주로 인쇄된 문자로 구성되어 있다. 따라서 교사가 사용하는 언어나 교과서를 잘 이해하는 능력을 가진 학습자는 수업목표에 도달하는데 큰 도움이 될 것이다. 수업이해력은 학습해야할 과제의 성질과 학습절차를 이해하는 학습자의 능력으로 정의되며, 학습자의 일반능력과 언어능력으로 대표된다.

- **수업의 질(quality of instruction)**: 학습과제 제시방법의 적절성을 말한다. 즉, 학습자들이 학습과제를 쉽게 이해하고 습득할 수 있도록 수업을 적절히 조직하여 제시하는 것이다. 수업의 질을 높이기 위해서는 첫째, 수업목표나 학습내용이 학습자들의 발달정도에 맞도록 학습자들이 잘 이해할 수 있는 언어나 기타 수단으로 전달되어야 한다. 둘째, 학습의 각 단계가 분명한 계열이 되어서 앞 단계의 학습이 다음 단계의 학습을 위한 출발점이 될 수 있도록 학습과제를 재조직하고 재구성해야 한다. 셋째, 학습자들의 참여를 유도할 수 있도록 수업의 전 과정이 가능한 개개 학습자들의 흥미나 욕구를 충족시킬 수 있도록 계획되고 실행되어야 한다. 넷째, 수업의 참여 결과에 대한 적절한 피드백이 제공되어야 한다.
- **학습기회(opportunity)**: 특정학습과제를 학습할 수 있도록 학습자에게 주어진 시간이다. 즉, 학습자의 의사와 관계없이 외부로부터 학습자에게 주어진 학습을 할 수 있는 시간이다. Carroll은 누구나 각자의 학습자에게 필요한 만큼의 시간을 제공해준다면 완전학습에 도달할 수 있을 것으로 가정한다.
- **학습지속력(perseverance)**: 학습자가 특정학습과제를 일정한 수준의 성취를 할 때까지 계속해서 몰두해서 학습하는 시간의 양을 말한다. 학습지속력은 학습동기, 흥미, 인내심 등과 밀접한 관계를 가진 개념이다.

이상에서 살펴보았듯이 Carroll의 학교학습모형은 완전학습의 이론적 토대를 제공하였다. 이 모형에서는 학습에 관련된 변인을 시간 개념으로 이해하고 있기 때문에 수업목표에 도달하는 것은 학습을 위해 사용하는 시간의 양에 따라 달라질 수 있다는 공헌점이 있다. 따라서 각 학습자에게 적정한 학습할 시간을 제공해준다면 수업목표에 도달할 수 있다는 점에서 기존의 우수아와 열등아라는 개념에서 빠른 학습자와 느린 학습자라는 개념으로 변화시켰다.

### 3) Bruner의 수업이론

인지적 수업이론을 대표하는 브루너(Bruner)의 수업이론은 교육에 대한 적용으로서 제시하고 있다. 이 수업이론은 처방적이고 규범적이다. 즉, 지식이나 기술을 배우고 가르치는데 가장 효과적인 방법을 수립하고 실천하는 활동과 관계되는 법칙을 제시한다는 점에서 처방적이고, 학습되어야 할 것이나 기술을 익혀야할 수준을 가늠하는 준거와 학습자가 정해진 수준가지 도달하는데 필요한 조건을 제시한다는 점에서 규범적이다. Bruner의 수업이론은 학습경향성, 지식의 구조화, 학습의 계열화, 강화, 학습자 사고의 자극이라는 5가지 측면을 포괄하고 있다(Bruner, 1966).

- **학습경향성(predisposition)**: 학습자가 학습하고자 하는 의욕을 의미하며, 준비성이나 출발점 행동과 유사하다. 여기서는 학습동기가 중요한데, 외적 동기보다는 내적 동기를 중시하는 발견적 학습이 중요시된다. 학습경향성의 조건으로는 학습과제가 적절한 수준의 불확실성을 지니고 있어야 한다는 가능성 탐색의 자극, 실패에 대한 불안감을 제거해 주어야 한다는 가능성 탐색의 유지, 학습자들이 수업목표와 학습과제를 인식해야 한다는 가능성 탐색의 방향을 제공한다는 3가지 조건을 제시한다.
- **지식의 구조화(structure of knowledge)**: 한 사물을 얽어매고 있는 요소 내지 그 요소가 얽혀있는 모양 즉, 학문의 기저를 이루고 있는 일반적인 아이디어, 기본 개념, 일반적 원리이다. Bruner는 모든 지식은 구조를 가지고 있다고 전제하고, 학습자들이 특정 영역의 지식을 쉽게 학습할 수 있도록 지식을 구조화하는 구체적인방식을 제시해야 한다고 본다. 특정영역의 구조를 알게 되면 정보를 단순화시키고, 새로운 명제를 산출하며, 지식의 조작능력을 증진시킬 수 있다는 것이다. 지식의 구조는 세 가지 특징으로 기술될 수 있다. 즉, 표현방식, 경제성 그리고 생성력이다. 잘 구조화된 지식이란 올바른 방법으로 표현되고, 경제성과 생성력이 있도록 조직화된 지식을 말한다(이홍우, 1987).
  첫째, 지식의 표현방식은 작동적, 영상적, 상징적으로 표현할 수 있는데 예를 들면, 아이에게 그네를 타는 방법을 가르치려고 할 때, 그네에 직접 데리고 가서 그네를 타는 법을 가르치는 것은 작동적 표현이고, 그네 그림을 보여주거나 TV에서 그네 타는 광경을 보며 가르치는 것은 영상적 표현이며, 설명으로만 가르치는 방법은 상징적 표현이다.

둘째, 지식의 경제성이란 정보를 최대한 간소하게 요약해서 표현하는 것이다. 요구되는 정보의 양이 많을수록 그 지식의 경제성은 낮다. 표현양식에 따라 경제성은 상징적 > 영상적 > 작동적 표현 순이다.

셋째, 지식구조의 생성력이란 문장의 의미를 파악해 낼 수 있도록 구성하는 것을 의미한다. 즉, 특수한 구조가 학습자로 하여금 새로운 명제를 표출해 내거나 문제해결을 위해 정보를 이용할 때, 학습한 명제를 지적 산출력(응용력이나 전이가)을 가졌는가를 의미한다.

- **학습의 계열화(sequence)**: 계열이란 학습자들이 학습내용을 이해, 변형, 전이하는데 도움이 될 수 있도록 학습과제를 순서대로 조직하고 제시하는 원칙을 말한다. 학습내용을 어떻게 조직하느냐에 따라 학습의 효과가 좌우된다. 계열에 따른 학습과제를 조직할 때는 선행학습, 발달 단계, 자료의 성격, 개인차 등을 고려해야 한다.
- **강화(reinforcement)**: 수업과정에서 상벌은 학습활동의 결과와 방향을 알려주며, 상벌의 교정적인 정보활용은 학습자 스스로 자기 학습의 결과를 확인하고 이에 따르는 만족과 불만족을 느끼는 내적 보상이 이루어진다. 강화가 내재적 보상과 관련하여 학습결과가 교정적인 정보로 사용되었을 때 효과적이다. 교수-학습과정에서 적용될 상벌의 성격과 적용방법을 명시해야 하고, 내적 보상과 외적 보상이 균형을 이루어야 한다. 외적 보상이 강하면 성취 자체로부터 받는 보상이 줄어들고, 성공에 대한 외적 보상은 성공한 수준의 행동만 되풀이하게 될 가능성이 높다.
- **학습자 사고의 자극**: Bruner는 인간은 스스로 무엇인가를 발견하려는 욕구를 지닌 존재로 보고 발견학습을 주장하였다. 발견학습(discovery learning)이란 학습해야할 학습과제의 최종적인 형태를 학습자 스스로 찾아내는 방법이다. 즉, 교사의 최소한의 지도와 학습자의 최대한의 탐구 및 시행착오에 의해 원리나 규칙을 깨닫고 문제를 스스로 해결하는 학습방법을 말한다. 따라서 교사는 학생들이 자발적으로 사고하는 태도를 갖도록 교과를 가르쳐야 할 것이다. 즉, 교사는 탐구적 사고의 절차를 학생들에게 가르쳐야 한다.

Bruner는 위와 같은 요소들을 가장 이상적으로 조직할 수 있는 방법이 발견학습이라고 하였다. 발견학습이란 학습자에게 교과를 최종적인 형태로 제공하는 것이 아니라 그 최종적 형태를 학습자 스스로 조직하도록 요구되는 상황에서 일어나는 학습이다. 발견학습은 외적 동기보다 내적 동기에 바탕을 두고 있으므로 교사가 제시하는 시간이나 양을 최소로 하고 학습자 자신에게 더 많은 책임을 부과하는 수업이다.

Bruner의 수업이론에서 교사는 첫째, 학습자 개인에게 학습에로 나아가는 선행경향성을 가장 잘 효과적으로 심어줄 수 있는 경험들을 명백히 해주어야 한다. 둘째, 학습자가 가장 잘 파악할 수 있도록 지식체제를 구조화하는 방법을 명백히 해주어야 한다. 셋째, 학습자료를 어떻게 제시하는 것이 효과적인지의 계열을 명백히 해주어야 한다. 넷째, 수업과정에서 상벌의 성격과 그 적용방법을 명백히 해주어야 한다.

### 4) Gagné의 수업이론

가네(Gagné, 1974)는 인간 학습의 결과로 얻어지는 산출물을 5가지 능력(학습유형=위계학습의 결과: 언어정보, 지적기능, 인지전략, 운동기능, 태도)으로 분류하고, 그 각각의 능력들을 바로 교수활동을 통해 가르쳐야 하는 목표로 보고 있다. 수업형태와 방법 및 절차는 바로 수업목표가 무엇인가에 따라 달라진다. 따라서 5가지 다양한 수업목표에 따라 학습조건이 달라질 수밖에 없다. 이러한 이유로 Gagné의 수업이론을 목표별 수업이론이라고 부른다.

#### (1) 목표별 수업원리

- **언어적 정보의 수업**: 언어적 정보(verbal information)의 수업은 명제적 지식 또는 선언적 지식으로서 어떤 사실 또는 일련의 사건에 대해 구두로 말하거나, 글로 진술하는 것을 말한다.
- **지적 기능의 수업**: 지적 기능(intellectual skills)이란 학습자 주변에 있는 환경에 대하여 이를 개념화하여 반응하는 능력을 말한다. 방법적 지식 또는 절차적 지식으로서 구어, 읽기, 쓰기, 수의 사용 등과 같이 상징 또는 기호를 사용한다. 이것의 하위유목은 식별, 개념, 원리, 문제해결학습 등이다.
- **인지전략의 수업**: 인지전략(cognitive strategies)은 내적으로 조직된 통제과정이다. 학습방법, 사고방법, 독서방법 등과 같이 독자적으로 개발하고 있는 사고전략이다. 이를 위한 수업은 많은 지적기능의 학습을 통해서 가능하다.

또 다른 방법은 생산적 사고의 개발을 위한 연습의 기회를 많이 제공하는 것이다.

- **태도의 수업**: 태도(attitudes)란 어떤 대상에 대한 찬반 또는 호오(好惡)를 선택하게 하는 어떤 사람의 내적인 정신적 경향을 의미한다. 태도를 직접적으로 가르치는 방법은 강화의 방법에 의한 것이다. 간접적으로 태도를 가르치는 방법은 대리적인 강화를 이용하는 것이다. 모범적인 인간에 의한 시범보이기도 이 원리에 해당한다.
- **운동기능의 수업**: 운동기능(motor skills)이란 어떤 일을 수행하기 위한 몸의 움직임을 말한다. 예를 들면 네모를 그리거나 자전거를 타거나 피아노를 연주하는 것과 같은 것들이다. 반복적 연습을 통해 잘 학습된다.

### (2) Gagné의 위계학습유형

Gagné는 인간의 학습이 단순한 것에서 복잡한 것으로, 저차원에서 고차원으로 발전하는 위계를 이루고 있으며 한 단계의 학습은 다음 단계의 학습에 필수적인 선행요건이 된다는 학습위계(learning hierarchy)에 기초를 두고 있다. 이 이론은 수업목표분석, 학습과제분석 및 수업이론 정립에 기여하였다. Gagné는 8가지 학습유형이 위계를 이루고 있고 하위 학습이 이루어져야 상위 학습이 가능하다는 것이다.

- **신호학습(signal learning)**: Pavlov의 고전적 조건형성에 의한 반응으로 이루어지는 학습으로, 자극이나 신호에 대해 정서적 반응을 하는 학습이다(예: 사람의 얼굴표정을 보고 기쁨이나 화가 났는지를 알게 된다; 학교에서 종소리를 듣고 수업의 시작과 종료를 알게 된다).
- **자극-반응학습(stimulus-response learning)**: Skinner의 조작적 조건화 원리에 의해 이루어지는 학습으로, 특정자극에 대해 구체적인 반응을 하는 것이다(예: '사과'(자극)를 보여주었더니 아이는 '사과'(반응)라고 대답한다. 카드에 '엄마'(자극)라고 써서 보여주었더니 아이가 '엄마'(반응)라고 읽는다).
- **연쇄학습(chaining learning)**: 전 단계에서 학습한 자극-반응의 연결들을 연결시키는 학습으로, 운동기능에서의 자극과 반응의 결합이 연쇄적인 것을 의미한다(예: 체조를 순서대로 하는 것을 배운다, 한글의 자음과 모음을 연결하여 사물의 이름을 쓴다).

- **언어연합학습(verbal association learning)**: 개별적 언어가 순서에 맞도록 연결시키는 학습이다. 또한 우리말과 같은 외국어 단어를 학습하기 등이다(예: 학습-learning; '새'라는 단어와 '날다'라는 단어가 연결되어 '새가 날다'라든가 '사람'과 '뛰다'라는 단어가 연결되어 '사람이 뛴다.' 등)
- **중다변별학습(multiple discrimination learning)**: 여러 가지 구체적 반응과 연쇄반응을 학습하여 그것들을 구별할 수 있는 능력이다. 즉, 비슷한 여러 대상을 구별할 수 있는 능력을 학습하는 것을 말한다(예: 여러 모양의 도형을 제시했을 때 삼각형을 다른 것과 구별하는 능력, 어떤 자동차를 보고 자동차의 이름, 생산연도, 모델, 생산회사 등을 말할 수 있다).
- **개념학습(concept learning)**: 공통된 속성을 이해하고 그것을 기준으로 하여 사물을 분류하는 것이다. 즉, 사물의 공통적인 성질이나 추상적인 성질을 분류하는 것이다(예: 크다, 작다, 등의 사물의 공통 성질에 대해 분류하거나 반응하는 것).
- **원리학습(rule learning)**: 개념과 개념 간의 관계를 파악하는 능력을 획득하는 것을 의미한다. 즉, 개념들 간의 관계가 연결됨으로써 학습이 된다(예: 사각형의 넓이를 구하려면 가로와 세로의 길이를 곱하면 된다).
- **문제해결학습(problem solving learning)**: 학습자가 이전에 경험하지 못했던 어떤 문제에 대해 몇 가지 규칙을 적용해서 해결하려는 학습이다. 즉, 이전 단계에서 논의된 여러 종류의 학습에서 획득한 능력을 주어진 문제해결에 응용하여 문제를 해결하는 능력을 학습하는 것을 말한다.

### (3) 학습의 과정과 수업사태

수업사태란 수업장면에서 교수가 학습의 사태를 통제하는 일련의 활동을 말하는 것으로 학습이 일어나는 시기에 학습자 주의의 자극장면을 공간적 차원에서 적절히 배열한다는 것이다. Gagné는 수업사태를 9단계로 나누면서 이러한 9가지의 사태들이 학습의 내적과정을 돕기 위한 외적인 도움을 주는 하나의 가능한 방법들이라고 말한다. 이들 각 사태들의 구체적 특성은 학습이 의도하는 능력에 따라 달라져야 한다고 주장한다. 이러한 교수의 9가지 사태들은 하나의 학습능력을 가르치기 위하여 교수를 계열화하는 기본적인 원리들로 해석될 수 있는 것이다.

- **동기의 활성화**: 학생들의 동기유발을 활성화시키는 것은 그들이 수업에 의해 이룰 수 있는 일에 대한 정보를 주는 것이다. 학습자들에게 객관적인 정보를 제공하는 것은 학생들이 수업의 적절한 측면에 주의를 집중할 수 있게 도와준다. 학습자의 학습동기를 활성화시키는 방법에는 보상동기, 과제동기, 성취동기 등이 있다.
- **수업목표의 제시**: 학습과제를 다루기 전에 학습을 통해 달성해야 할 목표를 제시한다. 학습자는 학습의 결과로서 기대되는 성취가 어떤 것인지를 알아야 한다. 학생들이 자신들의 달성해야 할 목표를 인지함으로써 자신이 학습태도를 재형성한다. 이때 학습목표를 효과적으로 전달하기 위하여 학생이 쉽게 이해할 수 있는 언어나 도구로 나타내는 것이 좋다.
- **주의집중**: 수업의 시작과 동시에 학생들의 주의를 이끌어 내는 것이 중요하다. 학생들의 시선을 교사에게 집중시키고, 관심을 갖게 하는 것이 우선시 되어야 한다. 학생들이 주의를 끄는 방법은 학생들에게 색다른 자극을 제시하거나, 학생들의 흥미를 돋구는 방법을 활용하거나, 학습과제와 관련 있는 행동을 보여준다(예: 자가용과 열차가 건널목에서 부딪쳐 두 사람이 죽었다는 신문기사를 읽어주고, 이 비극은 운전자가 표지판의 모양에 주의를 기울였다면 피할 수 있었을 것이라고 이야기 한다).
- **회상의 자극**: 새로운 정보를 성공적으로 동화하기 위해, 학생들은 그들의 기억 속에 이미 저장되어 있는 관련 정보를 회상할 필요가 있다. 교사는 학생들의 기존 정보를 상기시켜서 새로운 자료에 그것을 관련지어서 적절한 설명을 회상할 수 있도록 자극해야 한다(예: 가르칠 표지판의 모양과 각각의 개념적 의미를 나타내는 명칭 즉, 멈춤, 위험, 철길, 양보 등을 함께 제시한다. 이 때 표지판을 하나하나 따로 제시하지 않고 짝을 지워 제시함으로써 독특한 특징에 주의를 기울이도록 한다. 계속해서 한 번에 두 개씩 비교하면서 각 모양의 이름을 알려준다. 위험의 경우에는 마름모 모양을 지닌 몇 가지 다른 유형의 표지판을 보여준다).
- **학습안내 제공**: 학습안내 제공은 자극을 보다 의미 있게 만들려는 노력이다. 여러 가지 구체적이고 친밀한 예의 제시나 연결시키려는 노력이 필요하다. 학습자의 학습행위를 이끌거나 특정개념이나 원리를 가르치고자 할 때 교사가 질문이나 힌트 등의 자극을 제시하는 것이다. 학습지침을 제공한다는 것은 교

사가 학습자에게 해답을 가르쳐 주는 것이 아니라, 오히려 하위 개념이나 법칙을 적절하게 결합시켜 새로운 법칙을 발견하도록 유도하는 사고방식을 의미한다(예: 두 가지 다른 표지판이 들어있는 여러 개의 화면을 제시한다. 맞거나 틀린 명칭과 함께 표지판의 모양을 무작위로 제시하고, 학습자로 하여금 모양과 명칭이 맞는지, 틀리는지를 지적하도록 한다. 또는 학습자가 표지판의 모양을 보고 그 밑에 이름을 써 넣도록 한다. 이때 학습안내 목적은 모양을 적절히 부호화 하도록 돕는 것이 목적이며, 이는 개념의 이름과 함께 대조되는 모양들을 확인하는 연습의 기회를 제공함으로써 이루어진다).

- **기억의 강화**: 수업은 배운 것을 파지하게 하고 새로운 환경에서의 학습에 전이를 가능하게 한다. 학습자가 기억을 쉽게 할 수 있도록 여러 가지 방법이 계획되어야 하는데, 학습내용을 분류하고 도표나 그래프의 형태로 조직하여 제시하는 것은 파지를 가능하게 하는 하나의 자료가 될 수 있다(예: 적절한 용어가 여러 개 쓰여진 다양한 모양의 표지판을 다양한 상황에서 제공하고, 그 개념을 확인하는 연습의 기회를 계속 제공한다. 수업에 따르는 관련 문제를 반복하여 연습하는 것).
- **학습의 전이촉진**: 학생들이 문제해결을 위해 다른 분야의 원리나 개념을 전이하거나 일반화할 수 있어야 한다. 전이를 제공하는 것은 수업내용이 새로운 과제나 새로운 환경에 전이가 가능하도록 하는 다양한 환경을 만들어주는 것이다. 즉, 학습자가 학습한 것을 다양한 경우에 활용해보도록 환경과 경험을 만들어주는 것이 중요하다.
- **수행유도(성취행동 유도)**: 학습자들이 학습한 것이 무엇인가를 알아보기 위한 단계이다. 수행은 공식적으로 질문법을 많이 사용하는데, 짧은 문제나 퀴즈 혹은 시험의 형태를 취하거나, 연습문제나 과제를 수행하거나 배운 것을 실습할 수 있는 기회를 제공하여 유도한다.
- **피드백 제공**: 학습자의 성취행동이 어느 정도 정확하였는가에 대한 정보를 주어야 한다. 즉, 학습자가 학습의 결과로 얻어진 과제수행이 얼마나 성공적이었고 정확했는지에 대한 결과를 알려준다. 피드백을 통해서 학습자는 그들의 최초의 목표를 알게 되고 수행의 개선이 필요한 학습자들은 얼마나 더 많은 연습이 필요한지를 알게 된다.

표 7-1 | Gagné의 모형

| 학습 국면 | 교수(수업)사태 |
|---|---|
| 동기화 (동기 확립·기대) | 1. 동기유발: 수업목표를 학습자에게 인지시킨다. |
| 이해 (주의: 선택적 지각) | 2. 주의 집중시킨다. |
| 습득 (부호화) | 3. 재생을 자극한다. |
| 파지단계 (기억/저장) | 4. 학습지도 제공한다. |
| 회상 (인출) | 5. 파지를 촉진시킨다. |
| 일반화 (전이) | 6. 학습의 전이를 촉진시킨다. |
| 수행 (반응) | 7. 수행을 유발시킨다. |
| 피드백 (강화) | 8. 피드백을 준다. |

## 5) Ausubel의 수업이론

오수벨(Ausubel, 1963)은 인지심리학자이면서 설명적 수업이론, 그리고 이와 관련된 수용학습(reception learning)을 지지한다. 설명적 학습의 근거는 선행조직자 개념에서 찾아볼 수 있고, 설명적 수업이론에서는 기계적 학습(rote learning)이 아닌 유의미 학습(meaningful learning)을 강조하고 있다. Ausubel은 학습자 스스로가 지식을 발견할 때에만 의미 있는 학습이 이루어진다고 생각함으로써 수용학습은 곧 기계적 학습이라는 것을 거부한다. Ausubel의 이론은 수업의 주된 수단인 교사의 설명방법을 체계화하여 교실학습을 의미 있게 하려는데 목적을 두고 있다.

### (1) 유의미 학습

Ausubel은 '학습에 가장 큰 영향을 미치는 것은 이미 학습자가 알고 있는 것이다.'라고 하면서 학습자의 기존의 지식에 대해 가장 큰 의미를 부여하였다. 학습될 내용과 학습자의 인지구조가 상호작용하여 기존의 인지구조에 새로운 의미가 구성됨으로서 일어나는 학습이다. 즉, 새로 학습할 내용이 학습자의 인지구조 속에 존재하고 있는 기존의 개념과 어떤 연관을 지음으로써 일어나는 학습이다. 새로운 정보를 학습자의 인지구조에 포섭(subsumption) 혹은 정착(anchoring)시키고, 이를 통해 새로운 정보가 유의미(meaningful)하게 되는 것을 유의미 학습(meaningful learning)이라고 한다. 새로운 학습내용이 인지구조에 포섭될 수 있는 관련성이 있으면 학습은 촉진되고, 기존의 지식은 새로운 지식을 포섭하여 지식의 폭을 넓혀간다. 포섭이란 새로운 명제나 아이디어가 이미 학습자의 머릿속에 조직되어 존재하고 있는 보다 포괄적인 인지구조 속으로 동화 또는 일체화되는 과정이다. 오수벨은 유의미 학습의 조건을 세 가지로 제시하고 있다.

① 학습과제(learning task)가 논리적으로 유의미가를 가지고 있어야 한다. 논리적 유의미가(logical meaningfulness)를 갖으려면 학습과제가 실사성과 구속성을 가질 때 일어난다. 실사성(substantiveness)이란 그 구조와 내용을 어떻게 표현하더라도 그 의미와 내용이 변화되지 않는 불변적 속성이다. 즉, 개념, 법칙, 이론, 명제 등에 내재된 본질적 속성을 말한다. 예를 들면, '사각형의 네 내각의 합은 360°이다'라는 명제는 '네 내각의 합은 360°인 것은 사각형이다'로 표현해도 의미가 변하지 않는다. 구속성(nonarbitrariness)이란 일단 임의적으로 맺어진 관계가 시간이 경과함에 따라 하나의 관습으로 굳어진 상태로 임의적으로 변경할 수 없는 명제이다. 예를 들면, 칠판, 책상, 의자 등은 예전부터의 명칭이라 임의적으로 바꿀 수 없다.

② 학습자가 그의 인지구조 내에 학습과제를 수용할 수 있는 관련정착지식(relevant anchoring idea)을 가지고 있어야 한다. 이는 학습자가 새로운 학습과제와 관련을 맺을 수 있는 관련지식을 의미하는데, 관련정착지식이 있을 때 잠재적 유의미가를 갖는다고 한다. 잠재적 유의미가(potential meaningfulness)는 학습과제가 논리적 유의미가를 가지고 있으며, 학습자가 인지구조에 그 학습과제와 관련된 개념적 내용을 파지하고 있는 것이다. 즉, 학습자의 선행학습경험, 나이, IQ, 직업, 사회적 지위 또는 문화적 배경에 따라 달라질 수 있다.

③ 학습자가 유의미 학습태세(learning set)를 갖추고 있어야 한다. 즉, 특정한 학습 방법을 통하여 학습과제를 인지구조에 연결지으려는 학습자의 성향이나 의도가 있어야 한다는 말이다.

### (2) 선행조직자

선행조직자(advanced organizer)란 새로운 학습과제를 학습하기 전에 제시되는 개론적 내용으로 새로운 학습과제보다 일반성, 추상성, 포괄성의 정도가 높은 자료를 제시하는 것을 말한다. 즉, 선행조직자의 역할은 새로운 정보를 인지구조 내에 포함시키기 위한 발판을 마련하는 것이다. 선행조직자는 학습자가 이미 알고 있는 자료와 새로운 자료를 연결시켜주는 역할을 하는 것으로 이해될 수 있다(Woolfolk, 1990). 선행조직자는 학습내용보다 먼저 제시되어야 효과적이다. 선행조직자의 종류는 설명조직자와 비교조직자가 있다. 설명조직자는 학습자의 인지구조 속에 관련정착지식과 학습과제가 유사하지 않을 때 학습자료와 관련하여 미리 제시되는 추상적·포괄적 내용이고, 비교조직자는 관련정작지식과 학습과제가 유사할 때 그 차이를 분명히 하여 상호간에 변별력을 증가시키는 내용을 말한다.

### (3) Ausubel의 선행조직자 수업모형

Ausubel의 수업모형은 세 단계로 구성된다. 즉, 선행조직자의 제시 → 학습과제나 자료의 제시 → 인지조직의 강화이다. 1단계에서 선행조직자를 제시하는데, 교사는 수업목표를 명료화하고 선행조직자를 제시하며 관련 지식과 경험을 상기하도록 한다. 2단계에서는 학습과제나 자료를 제시하는데, 학습자의 주의집중을 유지시키고 조직화를 명료화하며 학습자료의 논리적 순서를 명시한다. 3단계에서는 인지조직을 강화하는데, 우선 통합적 조직의 원칙을 제공하고, 적극적 수용학습을 조장하며, 교과목에 대하여 비판적 접근을 하도록 하고, 명료화 한다.

|  |  |
|---|---|
| 〈1단계〉 선행조직자 제시 | • 수업목표를 분명히 한다.<br>• 조직자를 제시한다.<br>– 정의적 특성을 확인한다.<br>– 예제를 제시한다.<br>– 배경을 제공한다.<br>– 반복한다.<br>• 학습자가 자신의 지식과 경험을 의식하도록 자극한다. |
| ↓ | |
| 〈2단계〉 학습과제 또는 자료의 제시 | • 조직을 분명히 한다.<br>• 학습자료의 논리적 조직을 명백히 한다.<br>• 자료를 제시한다. |
| ↓ | |
| 〈3단계〉 인지조직의 강화 | • 통합적 조화의 원칙을 이용한다.<br>• 적극적 수용학습을 조장한다.<br>• 교과목에 대하여 비판적 접근을 하도록 한다.<br>• 명료화한다. |

그림 7-2 | Ausubel의 수업모형

이 모형에서 교사는 학습자가 새로운 자료와 이전의 학습자료를 구별할 수 있도록 도와주고 학습자료와 조직자를 관련지어주는 역할을 해야 한다. 또한 학습자의 기존 인지구조를 이해하고 학습자료를 이런 인지구조에 관련지어 제시해야 한다. 교사는 학습자가 새로운 자료의 의미를 명료화하고, 새로운 지식을 기존의 지식과 조화시키며, 새로운 자료가 적합한 지식이 되도록 하고, 지식에 대하여 비판적으로 접근할 수 있는 능력을 증진시키도록 도와주어야 한다.

### 6) 한국교육개발원(KEDI) 일반모형

이 수업모형은 한국교육개발원이 학교에서의 현장검증을 거쳐 가면서 심혈을 기울여 연구·개발한 수업모형이다. 이 모형의 특징은 첫째, 초·중등학교 전 교과에 걸쳐 사용될 수 있는 수업절차 전개방식을 제시하고 있다. 둘째, 각 교과의 특징에 따라 지도단계를 다양하게 변경시킬 수 있다. 셋째, 수업과정을 일련의 계속적인 과정으로 보고 이에 따른 수업운영상의 융통성 부여할 수 있다. 넷째, 과밀학급 상황에서 교사에게 부담감을 주지 않으면서 가능한 개인차를 고려한 수업과정을 진행할 수 있다. 다섯째, Glaser의 수업모형과 흐름이 유사하나. 그것을 현장검증을 거쳐 좀더 구체적으로 세분화시켰으며, 특히 발전단계를 설정한 것은 매우 독특한 특징이자 강점이라고 하겠다([그림 7-3] 참조).

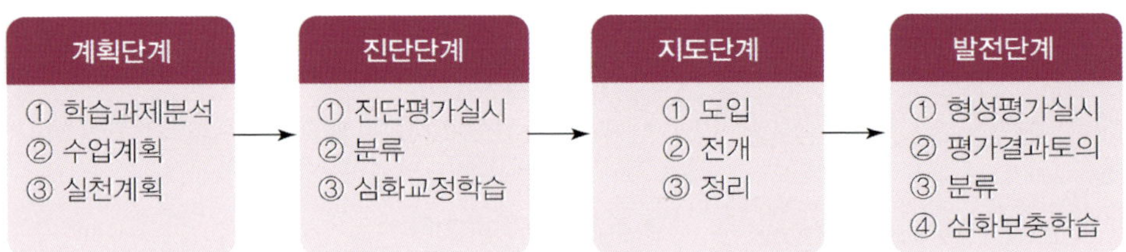


그림 7-3 | 한국교육개발원의 수업절차

#### (1) 계획단계

① 수업지침서에 제시된 수업목표와 내용구조를 확인하고 이해한다.

② 지역사회나 학교실정에 맞는 수업을 계획한다.

③ 수업의 실시과정에 따르는 구체적인 실천계획을 수립한다.

### (2) 진단단계(진단평가 실시)

① 진단검사 결과에 따라 학생을 무결손, 부분적 결손, 전반적 결손으로 분류
② 무결손 학생에게는 심화학습, 부분적 결손학생에게는 프로그램 학습교재나 연습교재를 이용하여 교정학습을 하고 결손이 심한 학생에게는 소집단 특수 지도를 실시한다.
③ 학생의 수업시간 배분은 10%이다.

### (3) 지도단계(본수업 전개)

① **도입단계**: 수업목표 이지, 동기유발, 선수학습 관련짓기가 이루어진다.
② **전개단계**: 해당 학습과제의 내용을 학생들에게 제시하고 학생들은 이에 반응하며 이해하여 나간다.
③ **정리단계**: 일단 학습된 내용을 정리하고, 연습을 통한 강화를 촉진하며, 새로이 학습한 내용을 학생들이 지적체계의 일부로 종합하고 내면화하는 한편, 새로운 사태에 적용하고 일반화할 수 있도록 지도한다.

### (4) 발전단계(형성평가 실시)

① **형성평가 실시**: 학생들의 학습상황을 파악한다.
② **평가결과 활용**: 심화학습 기회제공(학습이 완성된 학생), 보충학습 기회제공(부분적인 미완성 학생), 교사 직접지도하의 보충학습(미완성 학생)
③ 학생의 수업시간 배분은 10~20%이다.

### (5) 평가단계

① 총괄평가를 실시한다.
② 통계처리나 문항분석을 통한 결과를 토의한다.
③ 결과를 활용한다.

## 03 수업 방법

### 1) 수업방법의 의미

수업방법의 유형은 다양하게 분류되고 있다. 수업주체에 따라 교사중심 수업과 학생중심 수업으로 분류할 수 있으며, 수업집단의 크기에 따라 대집단 수업, 소집단 수업, 개별학습 등으로 구분할 수 있다(조성일, 2001). 수업방법은 어느 방법이 가장 좋다고 말할 수는 없다. 왜냐하면 각 방법에 따라 장·단점이 있고, 학생의 수준, 수업할 장소 및 학습내용 등에 따라 수업방법을 다르게 선택해야 하기 때문이다. 하이만(Hyman, 1974)은 수업방법의 선정을 위한 준거를 다음과 같이 제시하고 있다. 첫째, 교사의 능력과 교과목에 대한 지식과 흥미에 적합해야 한다. 둘째, 목표로 하는 수업방법의 형태에 적합해야 한다. 셋째, 학생의 능력에 적합해야 한다. 넷째, 교수 상황의 시간과 장소에 적합해야 한다. 다섯째, 다루어야 할 교과목에 적합해야 한다. 여섯째, 가르치는 학생수에 적합해야 한다. 일곱째, 학생의 흥미와 경험에 적합해야 한다. 여덟째, 학생과 교과목의 적합성의 관계와 교사와 학생의 관계를 고려해야 한다. 다양한 수업방법 형태 중 대표적인 수업방법 형태를 중심으로 살펴보고자 한다.

### 2) 수업방법의 유형

#### (1) 강의법

강의법(lecture method)은 가장 오래된 전통적인 교수방법으로, 주로 언어에 의한 설명과 해설을 통하여 학생들을 지도하는 교수형태이다. 이 방법은 수업과정에서 빈번히 사용되는 수업방법이다. 강의법의 바람직한 수업상황은 첫째, 새로운 주제나 단원을 소개할 때이다. 둘째, 쉽사리 획득하기 어려운 중요한 자료를 제시하고자 할 때이다. 셋째, 교과서의 내용을 보완하고자 할 때이다. 넷째, 학습단원을 마친 후에 중요한 내용을 요약해줄 때이다. 다섯째, 짧은 시간 안에 많은 자료를 소개하고자 할 때이다.

강의법의 장점은 다음과 같다. 첫째, 한 명의 교사가 다수의 학생들을 대상으로 다량의 지식을 체계적으로 전달할 수 있다. 둘째, 난해한 문제를 용이하게 설명할 수 있다. 셋째, 학습자의 감정자극과 동기유발이 용이하다. 넷째, 학습보조 자료를 적절히 제시함으로써 학생들의 동기유발이 가능하다.

단점으로는 첫째, 학습자의 수동적 역할로 인해 학생들의 활동기회를 제약한다. 둘째, 학습자의 개성과 능력이 무시되기 쉽다. 셋째, 지식위주의 교육에 빠지기 쉽다. 넷째, 고등정신의 기능을 기르는데 미흡하다는 점 등을 들 수 있다.

따라서 성공적인 강의를 위해서 교사는 강의준비를 철저히 해야 하고 수업 중 적절한 예를 들고 다양한 교수매체를 활용하여 학습자들의 이해를 돕고 동기유발을 시키기 위한 교사의 교수양식, 자료, 강의내용과 결부될 수 있는 음성, 몸짓, 동작 등을 다양하게 사용해야 한다. 강의법의 단계는 다음과 같다.

### ❶ 도입 단계

강의 시작인 도입단계에서는 교수자와 학습자간의 우호적인 관계를 형성하고, 학습자들이 본 학습으로 자연스럽게 옮겨갈 수 있도록 주의집중을 시킨다. 주의집중과 학습동기를 유발하기 위하여 학습내용과 관련된 사례나 선수학습 지식을 자극하는 발문을 제공하고, 전체적인 학습흐름을 알 수 있도록 선행조직자나 학습개요를 제시한다. 도입단계는 총 학습시간의 5~10%를 차지하는 것이 적절하다(김신자, 2000).

### ❷ 전개 단계

전개단계에서는 도입단계에서 형성된 학습분위기를 바탕으로 구체적인 학습내용을 제공하는 단계이다. 강의법은 학습내용을 교수자의 설명이나 해설에 의하여 학습자에게 전달하는 방법이고, 설명은 개념이나 지식획득의 중요한 수단이 된다. 변영계 등(2000)은 효과적인 설명방법을 다음과 같이 제시하고 있다.

① 정의 또는 일반적인 서술을 사용한다.
② 비교 혹은 유추 형식을 사용하여 설명한다.
③ 실례나 사실을 제시하면서 설명한다.
④ 증명 혹은 통계를 사용하여 설명한다.
⑤ 학습자의 시청각에 호소하여 설명한다.

⑥ 반복해서 설명한다.

⑦ 학습자의 특성에 알맞은 사례, 유머 등을 섞어가면서 설명한다.

### ❸ 정리 단계

정리단계는 강의한 내용을 정리하고 종합하는 단계로서, 전개단계에서 설명된 내용을 요약하고, 중요한 내용은 강조하며, 학습한 내용을 다양한 상황으로 전이할 수 있는 기회를 제공한다. 다음 학습내용의 예고와 과제의 제시는 학습내용과의 연결성을 제공한다. 정리단계는 총 학습시간의 5~10%를 차지하는 것이 적절하다(김신자, 2000).

## (2) 토의법

토의법(discussion method)은 공동학습의 일종으로 학급조직을 고정시키지 않고 비형식적인 토의집단으로 구성해서 자유로운 토론을 함으로써 문제해결에 협력, 집단사고를 통한 집단적 결론으로 이끌어나가는 학습방법이다.

토의법의 장점은 다음과 같다. 첫째, 타인의 의견존중 및 협력하는 태도와 실천력을 함양할 수 있다. 둘째, 스스로 사고하는 능력을 함양함으로써 민주적 태도와 고등정신 기능을 기를 수 있다. 셋째, 다수의 의견에 따라 결정된 결론에 따르는 민주적 시민의식을 함양할 수 있다. 넷째, 복잡한 교육목표달성에 효과적이다.

단점은 첫째, 저학년이나 학습능력이 낮은 학습자 수업에서 형식적인 토의가 되기 쉽다. 둘째, 시간의 비경제성과 인원의 제한이 있다. 셋째, 정보전달이 느리다. 넷째, 어려운 사실과 개념을 다루기는 어렵다. 다섯째, 토의 전에 충분한 준비가 필요하다.

토의는 집단의 규모나 활동방식에 따라 다양하게 제시될 수 있는데, 토의법의 유형에 대해 살펴보면 다음과 같다.

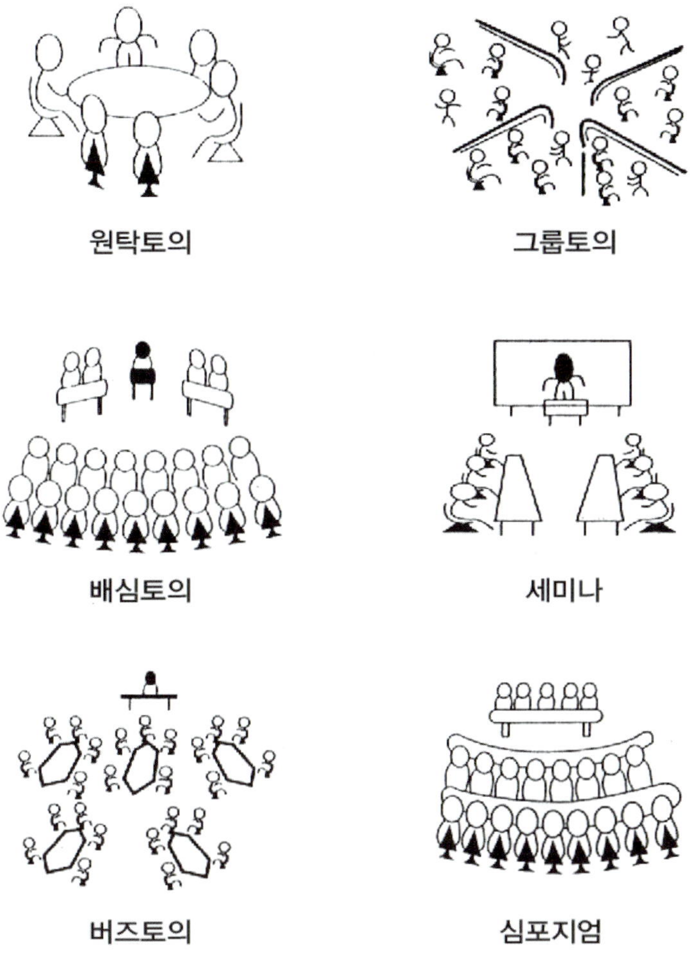


그림 7-4 | 토의법의 유형

## ❶ 원탁토의(round table discussion)

원탁토의라는 말은 둥근 탁자에 앉아서 모두가 동등한 자격으로 이야기할 수 있다는 데에서 유래되었다. 이 토의의 의제는 일상적인 것에서부터 사회적 현안에 이르기까지 그 범위가 다양하다. 가족회의 또는 반상회와 같이 10명 정도의 구성원이 어떤 의제에 대해서 비슷한 정도의 지식과 관심을 가지고 있으면 이루어질 수 있다. 참가인원이 정해진 주제에 대해 상호동등한 관계 속에서 자유롭게 의견을 교환하는 방식이다. 참여자들의 발언이 활발하게 이루어지고, 참여자 모두 토의에서 합의된 결과에 대한 책임을 똑같이 공유한다는 점에서 매우 민주적인 토의방법이나 시간이 많이 걸리고 발언이 특정인에게만 편중될 우려가 있으므로 토의에 참여하지 못하는 사람이 있을 수 있다. 따라서 성공적인 토의가 이루어지려면 충분한 경험이 있는 사회자가 침묵하거나 소외되는 참여자도 발언할 수 있는 기회를 적절히 제공하고, 소모적 논쟁이나 논박으로 주제에서 벗어나지 않도록 해야 한다.

### ❷ 배심토의(panel discussion)

토의주제에 관한 지식과 경험이 풍부한 대립되는 의견을 가진 4~6명의 패널 구성원들이 공개석상에서 사회자의 진행에 따라 토의하고, 청중으로부터 질문을 받는 방식이다. 토의 주제에 대해 상반되는 견해를 가진 소수의 패널 구성원들은 발언 시간에 대해 사회자의 적절한 통제를 받으며 토의가 진행된다. 이 방법은 사회자의 능력에 따라 토의를 통해 많은 문제를 취급할 수 있고, 청중과 발표자 사이에 자발적인 의사교환이 가능하나 비공식적인 대화를 중심으로 이루어지므로 논리적이고 체계적인 정보의 제시가 어렵고, 대부분의 질문에 완벽한 응답을 기대하기 어렵다. 가능한 예리한 사고력의 소유자로 즉석에서 명확하게 답변할 수 있는 발표자를 선정해야 하고, 사회자는 1인당 발표시간을 2~3분을 소요하지 않는 범위 내에서 간결하게 의사를 발표하도록 통제해야 한다.

### ❸ 공개토의(forum discussion)

포럼은 고대 로마에서 재판이나 공적 문제에 대하여 공개토의를 개최한 공공의 광장을 뜻한 데에서 유래되었고 공청회 또는 공개토의라고 한다. 로마시대의 포럼은 시민들이 모여서 자유롭게 연설·토론하는 장소였는데, 오늘날의 포럼도 자유토론에 가까운 성격을 가지고 있다. 서로 상충되는 입장을 대표하는 1~2명의 전문가가 주어진 시간 내에 공개연설을 한 뒤 그 내용을 중심으로 청중과 질의응답하는 방식으로 그 문제에 대한 인식을 넓히고 해결책을 모색하고자 한다. 이 방법은 사회자가 연설자의 시간을 적절히 통제하고 청중의 질문을 유발시키며, 질의시간이나 발언횟수를 적절히 조절해야 한다. 도시개발 계획, 대학입시 제도, 교통정책 등에 관한 여론을 수렴하여 반영하려고 할 때나 학급회의나 전교집회 등에서 적용하는 방법이다.

#### ❹ 심포지엄(sysposium)

고대 철학자 아리스토텔레스의 학습방법에서 유래된 것으로 하나의 주제를 놓고 2명 이상이 각각 다른 각도에서 의견을 표시한 후 청중들의 질문에 답변하는 형식의 토론방법이다. 특정 주제에 대해 다각적이고 종합적인 분석이 가능하다는 장점이 있으나 자칫 집단 강연식으로 흐르게 되는 경우도 많다. 오늘날에는 향연이라는 의미 외에도 화기애애한 분위기에서 진행되는 학술적인 토론회나 그 밖에 신문·잡지 등에서 특정한 테마를 놓고 2명 또는 그 이상의 사람들이 각자의 견해를 발표하는 공중토론이다. 특정한 주제에 대하여 3~6명의 전문가가 미리 원고를 준비하여 강연식으로 발표하고, 사회자의 진행에 따라 발표자와 청중 사이의 질의응답이나 토의도 가능하다. 참가자들은 토의주제에 대해 전문적인 지식이나 정보, 경험 등을 지니고 있어야 한다. 이 방법은 다양한 지식과 경험의 제시가 가능하고, 참가자 전원이 토의주제에 관련된 지식이나 정보를 체계적이고 깊이 있는 토의가 가능하다.

#### ❺ 세미나(seminar)

토의주제에 대해 전문적인 지식을 갖고 있는 전문가나 연구자로 구성된 소수집단의 형태로 참석자 전원이 자신의 의견을 발표할 기회가 있는 것이 특징이다. 주제발표자의 공식적인 발표에 대해 참가자들이 사전에 준비된 의견을 개진하거나 질의하는 방식으로 토의가 이루어진다. 사회자와 발표자, 참가자들이 토의주제에 대한 전문적 지식과 정보를 소유하고 있기 때문에 전반적으로 매우 활발한 상호작용 속에서 토의가 진행된다. 참가자들에게 특정주제에 대한 전문적인 연수나 훈련의 기회를 제공해 주는데 목적이 있다. 따라서 참가자 전원은 보고서 형식의 간단한 자료들을 상호교환할 수 있어야 하고 체계적이고 깊이 있게 토의하기 위해서는 사전에 철저한 연구와 준비가 되어야 한다. 일반적으로 교수의 지도 아래 지정된 주제를 가지고 학생들이 공동으로 토론·연구하게 하는 교육방법이나 학회에서 지명된 몇 명이 분담된 소주제(小主題)에 대하여 연구하여 발표하고, 이를 바탕으로 참가자의 토론을 통하여 이루어지는 연구활동이기도 하다.

### ⑥ 버즈토의(buzz discussion)

이 토의는 다수인을 상대로 토의할 때 3~6명으로 편성된 집단이 주어진 주제에 대해 토의를 하는 형태이다. 약 6분간 토의주제에 대해 토의한 후 그 결과를 대표자가 발표하고 전체가 토의하는 소집단 토의방법의 하나이다. Buzz란 '벌들이 윙윙' 거리는 것을 뜻하는 것으로 수업 진행시 6명씩 여러 그룹으로 나누어 토의를 진행하므로 시끄러운 학습상황을 강조하여 일명 '와글와글 학습'이라고도 한다. 이 방법은 소수인원으로 그룹을 형성하여 참가자 상호간의 친근감을 갖게 하고 각자의 자유로운 발언의 기회를 갖게 함으로써 자아 참여를 체험하고 적극적인 태도로 토론에 참여할 기회를 줄 수 있다.

### (3) 문답법

문답법(questions method)은 교사와 학생사이에 질문과 대답에 의하여 학습활동이 전개되는 형태로 질문법이라고도 한다. 이 방법은 전통적인 학습형태이며, 소크라테스가 문답법을 진리탐구 및 학문전수의 방법으로 체계화시켰다.

문답법의 장점은 첫째, 학생들의 사고력, 비판력, 표현력 신장에 도움이 된다. 둘째, 학습에 자극을 주어 학생들의 흥미와 동기유발이 가능하여 참여도를 높일 수 있다. 셋째, 발표력 신장과 주체적인 학습이 가능하다는 것을 들 수 있다.

단점은 첫째, 특정 학습자 중심의 수업이 되어 그 외의 학생들의 흥미를 잃기 쉽고 학습속도가 지연된다. 둘째, 교사중심의 수업이 될 우려가 있다. 셋째, 사고의 영역을 한정시키기 쉽다는 점을 들 수 있다.

따라서 교사는 사전에 수업에 대한 준비와 계획을 치밀하게 하고 학생 전원에게 응답의 기회를 골고루 주어야 하며, 합리적이고 융통성 있는 자세를 지녀야 한다.

문답법은 일반적으로 구조화－질의－반응－대응의 4단계로 이루어진다.

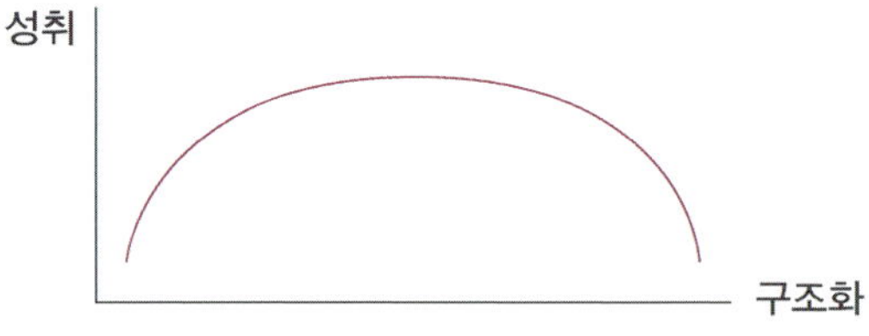


그림 7-5 | 학업성취와 구조화의 관계도

① **구조화**: 교사가 수업에서 논의될 문제에 대해 간단히 정리해 주고, 구조화가 적절했을 때 학업성취에 최적의 효과를 얻을 수 있다.

② **질의**: 학생의 반응을 유도하기 위한 교사의 질문을 의미한다. 질의할 때 학생들의 지적능력을 자극할 교과내용과 관련된 질문을 많이 하여야 하고 교사의 질문은 적용, 분석, 종합, 평가 등의 고차원적인 지적기능을 자극할 수 있어야 한다.

③ **반응**: 교사의 질문에 대한 학생의 응답 또는 대답을 의미한다. 학생의 지명은 질문 전에 하는 것이 더 효과적이다.

④ **대응**: 학생의 반응에 대해 교사가 평을 해주거나 수정해 주는 것을 의미한다. 이 때 교사는 3초 이상 서로 생각할 여유를 갖고 대응하는 것이 즉시 대응하는 것보다 좋다.

좋은 발문과 좋지 않는 발문의 조건

**좋은 발문은 다음과 같다.**
첫째, 정확하고 간결한 발문
둘째, 구체적인 발문
셋째, 학습자의 사고를 자극하는 개방적인 발문
넷째, 반성적 사고를 자극하는 발문
다섯째, 학습자의 수준에 맞출 것
여섯째, 개인차를 고려하고 생각할 틈을 주는 발문
일곱째, 자연스럽고 우호적이며 친절한 태도의 발문

**좋지 못한 발문은 다음과 같다.**
첫째, 묻는 내용이 추상적이거나 명확하지 못한 발문
둘째, 교재의 핵심에서 벗어난 발문, 아동·학생의 사고를 동원하지 않는 발문
셋째, 일괄 해답이 곤란한 발문
넷째, 둘 중의 하나를 택하게 하는 발문
다섯째, 반대되는 답을 요구하는 발문

발문은 학습자들의 비판적·반성적·합리적 사고 등 다양한 수준의 사고를 자극하고 개발하여 이끌어준다. 또한 교사와 학습자, 또는 학습자와 학습자 상호간의 문답을 통해서 학습자들은 스스로 탐구하는 능력을 배운다. 따라서 교사는 성공적인 답변을 한 경우에는 칭찬과 격려로써 성취감을 갖게 하고, 미흡한 답변을 한 경우는 친절한 지적과 격려로 위축감을 주는 일이 없도록 하며 암시적으로 다시 질문하여 학생 자신이 틀린 것을 스스로 찾을 수 있도록 한다.

### (4) 문제해결법

문제해결법(problem solving method)은 학습자가 생활하고 있는 현실적인 장면에서 당면하는 여러 문제들을 해결해나가는 과정에서 지식, 기능, 태도, 기술 등을 종합적으로 획득하도록 하는 학습방법으로 문제법이라고도 한다. 문제해결법은 문제를 매개로 하여 성립되는 수업의 형태로, 주어진 문제를 반성적 사고의 과정을 통하여 문제해결을 하고자 한다. 듀이(Dewey)는 학습자가 일상생활에서 부딪치는 문제를 반성적 사고(reflective thinking)를 통해 스스로 문제해결을 하는 능력을 길러주어 사회에 잘 적응하여 살아갈 수 있도록 하고자 한다.

문제법의 장점은 첫째, 실생활과 관련된 문제를 학습의 소재로 하여 학습자의 구체적인 행동과 경험을 통하여 학습한다. 둘째, 학습자의 자발적인 학습이 이루어진다. 셋째, 민주적인 생활태도를 배양한다는 점이다.

단점은 첫째, 교과의 체계적인 학습이 어렵다. 둘째, 체계적인 기초학력을 기르기 가 어렵다. 셋째, 자칫 수업상황이 어수선하여 학습의 방향에 일관성을 잃을 우려가 있다는 점이다.

문제해결학습법의 목표는 첫째, 학생들에게 문제해결을 위한 유용한 기술을 배울 수 있는 교육적인 경험을 제공한다. 둘째, 학생들은 당면한 문제를 자립적으로 해결하려는 기본 태도를 가지고 있다. 셋째, 학생으로 하여금 성인이나 교사에 대한 의존심을 버리고 자립심을 갖게 한다. 넷째, 교육적인 상황과 일상생활 상황에 다양한 문제를 다룰 수 있다. 다섯째, 문제해결 접근을 위한 효과적인 수단이 된다. 여섯째, 주어진 상황에 대한 이해력과 정보를 발전시키는데 제 일차적인 경험을 학습자들이 할 수 있다(Maley, 1978).

문제해결과정은 문제의 인식 → 문제해결방법의 수립 → 자료의 수집 및 분석 → 자료의 조직 및 종합 → 결론의 검토와 정리의 5단계로 구분한다.

- **문제의 인식**: 학생들에게 흥미 있고 사회적으로 가치 있는 것을 선정하여 명백하게 인식시키는 단계이다.
- **문제해결방법의 수립**: 문제해결에 필요한 분단의 구성, 학습내용의 분담, 시간계획, 해결방법 등을 정하는 단계이다.
- **자료의 수집 및 분석**: 계획에 따라 문제에 관련된 자료를 수집하고 분석하는 단계이다.

- **자료의 조직 및 종합**: 수집하여 분석한 자료를 관찰, 실험, 조사, 비교를 통하여 논리적으로 조직하고 종합하는 단계이다.
- **결론의 검토와 정리**: 조직되고 종합된 자료를 검증하는 단계로서 결론을 이끌어내어 재점검하고 응용하여 재확인한 후 성공적인 결론이 도출되었을 경우에 발표를 한다.

### (5) 구안법

구안법(構案法, project method)은 킬패트릭(Kilpatrick, 1918)이 제안한 학습법으로, 마음속에 생각하고 있는 것을 구체적으로 실현하고 형상화하기 위하여 자기 스스로가 계획을 세워 수행하는 학습방법이다. 여기서 구안(project)의 의미는 '구상하다', '생각하다', '묘사하다' 등의 의미로 사용되며, 이것은 마음속에 품고 있는 것을 구체적으로 실연하며 형상화하기 위해서 자기 스스로 계획을 세워 수행하는 활동으로 볼 수 있다. 이 방법은 문제를 구체적이고 실천적으로 해결하고, 문제는 학습자 자신이 목적을 가지고 계획에 의해 선택하고 수행하며, 문제해결을 위해 물질적인 자료가 활용된다.

구안법의 장점은 다음과 같다. 첫째, 생활을 통해서 실제적인 문제해결의 기회를 제공하므로 학교생활과 실제생활을 결부시킬 수 있다. 둘째, 학습자의 흥미에서 출발하므로 동기유발을 할 수 있고 주도성과 책임감을 훈련시킬 수 있다. 셋째, 창조적·구성적 태도를 기를 수 있다. 넷째, 자발적이고 능동적인 학습을 촉구할 수 있다. 다섯째, 협동성·지도성·희생정신 등을 함양할 수 있다.

단점은 첫째, 우수한 학습자가 학습을 독점할 우려가 있고 능력이 부족한 학습자에게는 시간과 정력이 낭비될 우려가 있다. 둘째, 문제를 해결하기 위한 자료가 많이 사용되어 자료를 얻기가 어렵다. 셋째, 수업이 무질서하게 진행될 우려가 있다. 넷째, 교재의 논리적 체계가 무너질 우려가 있다. 다섯째, 감상적인 면의 학습을 등한시할 우려가 있다는 점을 들 수 있다..

구안법의 단계는 다음과 같다.

- **목적파악**: 학습 문제를 선택하고 학습 목적을 확인하는 단계이다.
- **계획수립**: 계획을 세우는 단계이다.
- **실행**: 흥미를 가지고 활발하게 활동하는 단계이다.

- **평가**: 자기평가, 상호평가, 교사평가를 하는 단계이다.

### (6) 협동학습

협동학습(cooperative learning)은 학생들의 경쟁보다는 협동을 통해 상호작용을 촉진하기 위해 집단보상과 협동기술을 강조하고 학습능력이 각기 다른 학습자들이 동일한 학습목표를 향하여 소집단 내에서 함께 활동하는 학습방법이다. 학생 상호 간에 협력하여 과제를 수행함으로써 동료에게 배우는 학습효과와 협동기술을 촉진시킬 수 있고, 구성원들의 성공적인 학습을 위해 서로 격려하고 도움으로써 학습 부진을 개선할 수 있으며, 학업성적이 낮은 학습자의 자아존중감의 부정적인 측면을 해소할 수 있는 방안이다.

협동학습의 유용성은 첫째, 문제를 해결하고 확산적 사고를 고취시킬 수 있다. 둘째, 제한된 과학기자재를 공동으로 활용할 수 있다. 셋째, 학습자들의 상호작용 기능을 발달시킨다. 넷째, 학습자들의 자신감이 증진된다. 존슨(Johnson, 1981) 등은 협동학습이 전통적인 교수법보다 다음과 같이 효과적이라고 결론지었다. ① 협동이 개인 간 경쟁 및 개인별 노력에 비해 상당히 효과적이다. ② 집단 간 경쟁에 의한 협동이 개인 간 경쟁 및 개인별 노력에 비해 우월하다. ③ 개인 간 경쟁과 개인별 노력 간에는 의미 있는 차이가 없다.

협동학습의 장점은 첫째, 혼자서 하는 것보다 더 많은 학습을 할 수 있다. 둘째, 협동학습을 많이 한 경우 사회적응에 도움이 된다. 셋째, 혼자 시도하기 어려운 문제도 협동학습을 통해 주어진 과제에 도전하는데 필요한 적절한 기질, 성향, 태도 등이 개발된다. 넷째, 다른 학습자들의 학습방법을 관찰하고 배울 기회를 갖는다. 다섯째, 협력적 태도를 기를 수 있다는 것이다.

단점은 첫째, 학습과정이나 학습목표보다 집단과정만을 중요시할 우려가 있다. 둘째, 어떤 일을 수행할 때 과정보다 결과를 중요시 할 수 있다. 셋째, 협동학습과정에서 특정 학습자나 리더가 잘못 이해하고 있는 것을 그대로 따라갈 우려가 있다는 것이다.

### (7) 역할놀이

샤프텔(Shaftel, 1967) 부부는 30여년 동안 일상생활에서 성실성, 정의감, 애정 등의 민주적 이상을 실천하도록 학생들을 가르치는 데 이 수업모형을 적용해 왔다. 역할놀이(role play)는 인간관계의 문제에 대하여 자발적으로 연기해 보고 다른 연기자의 행동과 관찰자의 토의내용을 중심으로 역할연기를 분석해보는 새로운 수업기법이다(Levit, 1955). 전형적인 교실수업에서 역할활동의 목적은 참여자와 관찰자가 실제적인 문제상황에 참여하여 문제를 해결하고 이해하도록 하는 것이다. 예를 들면, 모의재판이나 모의 주주총회 등을 실제상황의 재현과 같은 상황으로 재현하여 밝히는 데에 있다. 역할놀이는 개인들로 하여금 그들의 사회적 세계 안에서 개인적 의미를 발견하게 하고 개인적 문제들은 사회집단의 도움을 받아 해결하는 데 도움을 준다. 사회적 딜레마인 경우 즉 대인관계와 같은 문제에 있어서 구성원 모두가 함께 참여하여 문제해결에 노력할 것이 요구된다. 이 모형은 도덕, 국어, 사회 같은 교과에 적용될 수 있으며 개인적 가치와 행동을 분석하고 대인관계 문제를 해결하기 위한 전략을 개발하고 타인에 대한 감정이입을 돕는 데 효과적이다.

역할놀이 수업모형은 다음과 같은 6단계로 이루어진다.

- **상황 및 문제 선정의 단계**: 역할놀이 상황은 교실에서 일어나는 학생상호간 문제, 신문에서 거론되는 최근의 관심사, 문학 작품이나 역사적 상황 등에서 얻어진다.
- **준비 단계**: 다시 역할상황의 소개와 장면설정 두 단계로 구성된다. 학생들이 역할상황에 있기 위해서는 우선 문제되는 이야기나 사진, 대화에 참여해야 하고 역할놀이 상황에서 어떤 일이 벌어지고 있는지를 이해해야 한다. 경우에 따라서는 장면과 관련 인물, 감정을 이해하기 위하여 그 문제에 관한 책을 읽거나 토의를 거칠 수 있다. 장면을 학생 스스로 설정하도록 돕는 것이 좋다.
- **실연자를 선정하는 단계**
- **실연자 이외의 청중을 준비시켜야 단계**: 교사는 나머지 학생들이 주의 깊고 예의바르게 반응적이 되도록 가르쳐야 한다. 관객들은 보고들은 것을 기억하고 해석할 수 있어야 하고 나아가 자신이 설정한 준거에 따라 검토하고 평가할 수 있어야 한다.
- **실연하는 단계**: 학생들은 역할을 수행하는데 있어 자연스럽게 마치 실제상황과 유사하도록 해야 한다. 역할활동이 유창한 극화가 되리라고 기대하지 말고, 각 역할의 실연자가 어떻게 반응할 것인지에 대한 불확실성은 그 역할을 느끼

는 것의 부분일 뿐만 아니라 생활의 일부분이기도 함을 인식해야 한다. 후속 토의가 사건이나 역할에 대한 학생의 이해를 빠트린 것이라면 교사는 그 장면을 재현하도록 요구할 수 있어야 한다.

- **토론과 평가 단계**: 일단 한 차례 역할놀이가 끝나면, 토의를 하고 거기에서 얻은 통찰력을 다음 역할놀이에 활용하도록 한다.

역할놀이의 장점은 다음과 같다. 첫째, 학습자의 감정, 태도, 가치, 지각에 대해 탐색할 수 있다. 둘째, 자발적인 문제해결 능력을 증진시킬 수 있다. 셋째, 학생들은 역할활동을 통해 얻은 통찰력을 실제생활에 적용할 수 있다. 넷째, 역할활동에서 어떤 역할을 행함으로써 언어능력과 도덕관념을 발전시킬 수 있다. 다섯째, 역할활동 방법을 배움으로써 인간 상호작용의 기술을 배우고 새로운 행동이나 기술을 습득시킬 수 있다.

단점은 첫째, 역할활동 구성준비에 어려움이 많다. 둘째, 역할의 고정이 새로운 사고를 방해할 수 있다. 셋째, 전체 학급구성원의 참여가 어렵다. 넷째, 시간과 노력이 많이 든다. 다섯째, 학습평가가 어렵다.

역할놀이의 적용상 유의점으로는 첫째, 역할활동을 통해 배우고자 하는 학습목표를 분명하게 해야 한다. 둘째, 교사가 미리 학습준비를 철저히 해야 한다. 셋째, 수행할 역할이 어떤 것인지 명확하게 해주어야 한다. 넷째, 필요한 때에 적절한 시간을 확보해서 할 필요가 있다 등을 들 수 있다.

### (8) 발견학습

학습해야할 학습과제의 최종적인 형태를 학습자 스스로 찾아내는 방법이 발견학습(discovery learning)이다. 즉, 교사의 최소한의 지도와 학습자의 최대한의 탐구 및 시행착오에 의해 원리나 규칙을 깨닫고 문제를 스스로 해결하는 학습방법을 말한다. 지식획득의 과정에 주체적으로 참가함으로써 학생들로 하여금 자연이나 사회를 조사하는 데 필요한 탐구능력을 몸에 배게 하고, 인식의 기초가 되는 개념의 형성을 꾀하며, 다시 새로운 것을 발견·탐구하려는 적극적인 태도를 기르려고 하는 학습활동을 말한다. 발견학습의 기원은 Socrates의 대화법, Rousseau의 아동중심 교육사상까지 거슬러 올라가며, 반성적 사고를 강조한 Dewey의 사상과 Bruner의 발견학습, Massialas의 사회과 탐구모형, Schwab의 과학탐구모형에서 찾을 수 있다. 발견학습과 탐구학습은 학습자 스스로 문제를 인식하고 해결해 가는 과정을 중시한다는 점에서 이 두 가지는 동일한 개념으로 간주할 수 있다. 탐구(inquiry)나 발견(discovering)은 지식 자체가 아니라 지식을 얻는 과정이나 방법 혹은 활동으로 표현되며, 흔히 문제해결, 반성적 사고의 과정을 포함하고 있다.

발견학습과 탐구학습은 학습자들이 지식획득의 과정에 주체적으로 참가함으로써 학습자 스스로 탐구능력을 키워나간다는 데서 거의 같은 방법이라 할 수 있으나 탐구적이라는 말에는 객관적인 근거를 바탕으로 하여 논리적으로 문제를 해결한다는 의미가 내포되어 있으므로 증거를 제시할 수 없거나 문제해결과정에 논리성이 결여되어 있을 때에는 탐구라는 용어를 쓰는 것은 적절하지 않다. 발견학습은 학문중심 교육과정에서 강조되고 있으며, 기본개념이나 원리는 학습자들이 스스로 깨닫게 되고 그러한 탐구과정에서 학습될 탐구능력과 태도를 중시한다. 그러므로 초등학교의 저학년과 중학교에서는 발견학습이 적용될 수 있고, 고등학교부터는 탐구학습이 적용될 수 있다.

발견학습의 특징은 첫째, 교재의 기본구조에 대한 철저한 학습을 강조한다. 둘째, 학습효과의 전이를 중요시한다. 셋째, 학습의 결과보다 과정과 방법을 중요시한다. 넷째, 교사주도적 수업이 아니라 학생주도적 수업이다. 다섯째, 발견활동(통찰활동)을 중시한다는 것이다.

발견학습의 장점은 다음과 같다. 첫째, 학생들의 지적능력을 증진시킨다. 둘째, 학생들은 발견학습과정을 통해 발견하는 방법과 탐구적 발견법을 학습한다. 셋째, 장기적인 파지와 전이가 잘 될 수 있는 학습이다.

단점은 첫째, 모든 지식을 학생 스스로 발견하기 어렵다. 둘째, 수업에 대한 계획과 구조화가 필요하다. 셋째, 시간이 많이 걸리므로 내용이 제한되고 현실성이 결여된다는 점이 지적되고 있다.

발견학습의 과정은 다음과 같다.

- **문제 발견**: 문제의식을 가지고 구체적인 사실을 관찰하는 단계이다.
- **가설 설정**: 학습자의 직관적 사고를 통해 가설을 설정한다.
- **가설 검증**: 분석, 종합 등을 통하여 객관화한다.
- **적용**: 학습자가 스스로 여러 관계의 규칙성과 유사성을 찾아내기 위하여 현실 장면에 적용한다.

이상의 발견적 과정을 거치게 됨으로써 학습자들은 자기 스스로 생각하여 발견한 결과(지식)를 습득할 뿐만 아니라 동시에 탐구방법의 발견도 습득할 수가 있다.

### (9) 컴퓨터 활용학습

컴퓨터 활용수업(computer based instruction)은 컴퓨터 관리수업(computer managed instruction: CMI)과 컴퓨터 보조수업(computer assisted instruction: CAI)으로 구분한다.

컴퓨터 관리수업(CMI)은 컴퓨터가 직접 가르치는 기능을 하는 것이 아니라 컴퓨터를 통해 개별학습자의 학습내용, 진도, 그리고 성취도 등 학습에 관한 정보를 저장하고 평가하면서 개별적인 지침을 주어 학습을 관리하고 도움을 주는 시스템이다. 학습지도과정에서 교사나 학교행정가들을 도와주기 위해서 고안되었다. 학습자의 반응에서부터 전체 교수시스템의 결과에 이르기까지 다양한 정보를 모으고 관리하는 데 적용되며, 시험문제 출제, 컴퓨터 채점, 성적처리에 활용될 수 있다.

CMI의 장점은 첫째, 학습자의 수준이나 학습자의 필요에 따라 적절한 교수활동을 지원할 수 있다. 둘째, 교사와 학습자의 역할을 바꿔줄 수 있다. 셋째, 일상적인 행정업무 부담을 덜어준다. 넷째, 교수자원을 효율적으로 활용하도록 도와준다.

단점은 첫째, 시험문제은행, 진단원칙, 처방을 개발하는 데 전문적인 지식, 노력, 시간, 경비가 많이 소요된다. 둘째, 컴퓨터에 의한 평가가 정의적 영역이나 정신기능적 영역을 평가하는 데 적절하지 않다.

컴퓨터 보조수업(CAI)은 컴퓨터를 통하여 학습이 이루어질 수 있는 모든 학습을 포함한다. 즉, 컴퓨터를 통하여 학습자료나 그 자료와 관련된 질문을 제시하고, 제시된 질문이나 자료에 대하여 컴퓨터를 통해 응답하는 식의 수업을 말한다. CAI를 통한 학습은 개인적이며 각자의 능력에 따른 학습을 가능토록 하며, 자신의 수준에 맞는 단계로 이동할 수 있음으로 시간을 절약할 수 있고, 피드백을 이용하여 학습자의 부족한 면을 보충할 수 있으며 그래픽이나 음향 그리고 애니메이션을 이용하여 학습자에 흥미를 유발시킬 수 있다.

CAI의 장점은 다음과 같다. 첫째, 자신의 학습진도에 따라 수업이 가능하여 개별학습을 할 수 있다. 둘째, 기존의 교실수업에서 제공하지 못했던 학습환경을 제공한다. 셋째, 컴퓨터를 통한 프로그래밍 학습은 그 과정에서 요구되는 문제해결과

지속적인 오류 검증 및 수정의 작업을 통하여 고도의 사고능력을 신장시킬 수 있다. 넷째, 정보화 사회에 대처해 나갈 수 있는 능력을 기를 수 있다. 다섯째, 학생 중심의 수업이 가능하다. 단점은 첫째, 학습경험을 획일화시킬 가능성이 있다. 둘째, 일반적으로 학생의 요구를 충족시키는데 활용되지 못할 수 있다. 셋째, 소프트웨어가 가지는 한계와 하드웨어가 가지는 한계가 있다(직선이나 원을 나타낼 때, 수식 표현의 어려움, 무리수를 사용할 수 없음).

CHAPTER 08

# 성격과 성격평가

## 01 성격의 개념

성격(personality)이란 용어는 라틴어의 persona(가면)에서 유래된 것으로 겉으로 사람들에게 보여지는 개인의 모습 및 특성을 나타낸다. 희랍시대에는 배우가 무대에서 연극을 할 때 가면을 쓰고 연극을 했다고 한다. 이처럼 가면의 뜻에서 유래한 성격의 뜻은 개인이 다른 사람에게 보여주는 전체적인 인상, 즉 다른 사람에게 지각된 특성이라고 할 수 있다. 성격은 한 인간이 환경에 적응해 나가는 과정에서 비교적 일관성 있게 나타나는 개인 특유의 행동 및 사고양식이다.

올포트(Allport)는 '성격이란 개인의 특유한 행동과 사고를 결정하는 심리·신체적 체계인 개인내의 역동적 조직'이라고 정의하였고, 미셸(Mischel)은 '성격이란 보통 개인이 접하는 생활상황에 대해 적응의 특성을 기술하는 사고와 감정을 포함하는 구별된 행동패턴을 의미한다.'고 하였으며, 카버와 샤이어(Carver & Scheier)는 '성격이란 한 개인의 독특한 사고와 행동 및 감정의 양상을 창조해내는 개인 내부의 심리신체적 체계의 역동적 조직이다'라고 정의하였다.

여러 학자들이 정의한 성격에 대한 내용을 종합해 보면, 첫째, 성격이란 개인 내부에 있는 특징적인 행동과 사고를 결정해 주는 정신적, 신체적 체재의 역동적 조직이다. 둘째, 타인에게 어떤 인상을 주는 것, 혹은 타인에게 어떤 영향을 주는 개인이 가지는 인간관계 즉 사회적인 자극 가치이다. 셋째, 환경의 독자적 적응

방식을 결정하게 하는 개인적인 여러 특징과 행동양식의 종합체계이다. 넷째, 안정되고 변화에 저항적인 것으로서 사회적 가치를 지닌 습관의 체제와 습관들이다. 따라서 성격이란 개인이 환경에 적응하는 특징적인 양식으로서, 타인과 구별되게 하는 독특하고, 일관성이 있으며, 안정적인 사고, 감정 및 행동방식의 총체이다.

## 02 성격이론

성격에 대한 이론은 관점에 따라 특성이론, 행동인지적 접근, 정신역동적 접근, 인본주의적 접근, 사회문화적 접근으로 구분할 수 있다.

### 1) 특성이론

#### (1) 유형론: 히포크라테스의 체액론, 크레츠머와 셀돈의 체격론

##### ❶ 히포크라테스(Hippocrates)의 체액론

인간신체의 체액에 따라 성격을 분류하였다.

- **다혈질(sanguine temperament)**: 낙천적 성격이며 명랑하고 온정이 많으며 정서적이며, 흥분이 빠르고 가벼운 편이다. 그리고 쾌활하고, 교제가 능하고 농담을 즐겨하고 비만형이다.
- **우울질(melancholic temperament)**: 소심하여 작은 일에 신경을 쓰고, 근심 걱정이 많으며 우울에 잠겨 쾌활하지 못하고 비관적 경향이 있다. 그리고 모든 일에 불평불만이 많고 항상 주의력이 깊기 때문에 과학자나 정밀직업에 종사하는 사람이 많다. 얼굴은 야윈 편이며 창백한 인상이다.
- **담즙질(choleric temperament)**: 빨리 흥분하고 쉽게 노하며 행동은 민첩하나 오래 가지 못하고 자부심은 강한 편이다. 모든 행동이 활발하고 과단성이 있고 흥분하는 경우가 자주 있어 실수가 많다.

- **점액질(phlegmatic temperament)**: 냉정하고 침착하며 동작은 느리나 오래 지속한다. 이 성격은 노인처럼 행동이 느리나 끈기가 있다 체질은 목이 짧고, 피부 빛은 거무스름하다.

### ❷ 크레츠머(Ernst Kretshmer)의 체격유형론

- **쇠약형**: 체격이 마르고 키가 크고 내향적이며 정신분열증에 걸릴 확률이 높다.
- **단구비만형**: 체격이 뚱뚱하고 키가 작으며, 정서불안정하고 조울장애를 보이는 경향이 높다.
- **근육형(투사형)**: 근육과 골격이 잘 발달하고 정신분열증 및 조울증을 나타내는 경향이 있다.

### ❸ 쉘던(William Herbert Sheldon)의 체형론

- **내배엽형(내장긴장형)**: 내장근육 발달, 사교적, 온화함, 애정적이고 차분한 성격
- **중배엽형(신체긴장형)**: 근육발달. 힘이 넘치고 경쟁적, 공격적이며 대범한 성격
- **외배엽형(대뇌긴장형)**: 쇠약 체격이고 지적, 억제적, 내향적이고 초조한 성격

## (2) 특질론: 올포트, 카텔, 아이젱크

### ❶ 올포트(G. Allport)의 특질이론

- **주특질**: 개인에게 매우 지배적이며, 거의 모든 생활에 영향을 미치고 강렬하게 개인의 행동을 지배하며, 매우 영향력이 크다. 그러나 이 특질은 아주 소수의 사람들만이 소유하고 있으며, 히틀러나 스쿠루지가 대표적 인물이다.
- **중심특질**: 비교적 보편적이고 일관된 영향을 끼치는 것으로 우리가 한 개인을 기술할 때 사용하는 특성들로 자주 드러내기 때문에 다른 사람들이 쉽게 판별할 수 있으며, 보통 2~10개까지이며, 이러한 중심특질을 통해서 각 개인의 성격을 쉽게 알아볼 수 있다.
- **이차적 특질**: 개인에게 가장 영향을 적게 주는 특질로 주특질과 중심특질보다 덜 두드러지고 덜 일관적이며, 매우 밀접한 관계를 맺은 사람들에 의해서만 발견되어질 수 있다.

### ❷ 카텔(Cattell)의 특질이론

과학적인 방법으로 연구하였고 요인분석 방법을 통하여 16개 성격특성요인을 추출하였다.

- **표면특질**: 미소를 짓는 것, 악수하는 것, 도와주는 것 등의 행동 관찰.
- **근원특질**: 개인의 행동, 생각, 감정에 영향을 주는 것.
- **16개 성격특성요인**: 냉정성-온정성 / 낮은 지능-높은 지능 / 약한 자아강도-강한 자아강도 / 복종성-지배성 / 신중성-정열성 / 약한 도덕성-강한 도덕성 / 소심성-대담성 / 강인성-민감성 / 신뢰감-불신감 / 실제성-사변성 / 순진성-실리성 / 편안감-죄책감 / 보수성-진보성 / 집단의존성-자기충족성 / 약한 통제력-강한 통제력 / 이완감-불안감

### ❸ 아이젱크(Eysenck)의 성격론

- **내향성**: 조용하고 내성적이며 깊고 좁은 인간관계를 추구한다. 활동적인 운동보다는 정적인 취미를 즐긴다.
- **외향성**: 사교적이고 낙천적이며 충동적이다. 감정의 통제를 잘한다.
- **신경증적**: 매우 불안하고 우울해지며 변덕스럽다. 모든 자극에 매우 민감하다.
- **정신병적**: 반사회적인 성향을 띄며 공격적이고 충동적이며 정서적 냉담성을 지닌다. 사람에 대한 사랑 및 신뢰가 결여되어 있으며 적대적이다.

## 2) 과정이론

### (1) 정신분석

지그문트 프로이트의 정신분석학을 바탕으로 하는 성격이론이다. 정신분석학은 인간의 행동을 무의식에서 부터 기원하는 욕망과 초자아로 대표되는 자기통제 기제의 작용결과 나타난 결과로 본다. 성격의 세 구조는 원초아(id), 자아(ego), 초자아(superego)로 구성되었다.

## ❶ 아들러(Alfred Adler)의 개인심리학

오스트리아의 심리학자이자 신경의학자, 정신치료가로서 개인심리학(individual psychology)의 창시자로 유명하다. 아들러의 이론을 개인심리학이라고 부른 것은 개인을 총체적(holistic)으로 보았다는 점이다(Hjelle & Ziegler, 1981). 인간은 누구나 열등감이 있다.

- **열등감**: 그는 자기완성을 위한 필수요인으로 열등감을 제시함으로서 열등감을 긍정적인 측면에서 보았다. 열등감 콤플렉스의 세 가지 원천으로 기관열등감(개인의 유전에 의한 신체에 대해 어떻게 생각하는가와 관련된 것), 과잉보호(부모의 양육태도와 관련), 양육태만(부모가 자녀에게 최소한 도리를 하지 않는 것과 관련)을 제시하였다.
- **우월성 추구**: 개인이 열등감을 극복하고 완성에 도달하기 위한 우월성 추구를 하면 건강한 생활양식을 갖게 되어 심리적 건강을 달성한다. 인간이 문제에 직면했을 때 부족한 것을 보충하고 낮은 것은 높이고 미완성의 것은 완성하며, 무능한 것을 유능한 것으로 만드는 경향성이다.

## ❷ 융(Jung)의 양향성

- **내향성**: 내적이며 주관적이고 수동적이며 비사교적이다. 새로운 환경을 선호하지 않는다. 갈등상황에서는 본인의 입장을 양보하는 특징이 있다.
- **외향성**: 외적이고 객관적이며 사교적이다. 갈등상황에서 양보하거나 철회하기보다는 상황에 직면하여 해결하고자 하는 특징을 띈다.

**표 8-1 | Jung의 내향성과 외향성 성격 구분**

| 내향성(内向性) | 외향성(外向性) |
|---|---|
| • 주관적으로 모든 것을 결정하기가 쉽다.<br>• 절대적인 표준과 원리에 의해서 행동한다.<br>• 융통성과 적응력이 부족하다.<br>• 자신의 병 같은 것에 집착한다.<br>• 적응은 언제나 인퇴적(引退的)이고 환상적이다.<br>• 전형적인 신경증은 강박관념이나 강제당하는 상태이다. | • 객관적인 자료에 의해서 행동한다.<br>• 필요성과 기대에 의해서 행동한다.<br>• 새로운 사태에 적응을 잘 한다.<br>• 자신의 병 같은 것에는 거의 무관심이다.<br>• 적응은 언제나 보상적이다.<br>• 전형적인 신경증은 히스테리이다. |

### (2) 행동주의적 접근

행동주의 심리학에서 영향을 받은 성격이론으로 인간의 성격이 외적 환경의 작용에 의해 형성된다고 본다. 성격 등의 인간행위도 사회적인 조건부여에 의해 좌우된다고 하였다. 이들은 개인의 행동에 따른 결과 돌아오는 보상에 따라 어떤 행동은 강화되고 다른 행동은 감소된다고 여겼고, 이러한 보상기제를 조절하면 개인은 그에 따른 자기통제력이 형성되고 그 결과 특정한 성격이 형성된다고 보았다.

### (3) 사회인지적 접근

사회학습 이론은 1940년대 중반 이후 줄리안 로터(J. B. Rotter)에 의해 기본적인 틀이 완성되었고, 이후 반두라(Bandura), 미셸(W. Mischel) 등으로 이어진다. 사회인지이론은 상황을 변별하여 반응하는 개인의 사회인지적 역량을 강조하는 이론이다. 개인은 능력감, 부호화 책략, 기대, 주관적 가치, 자기조절체계 등(Mischel의 인지사회적 개인변인들)에서 서로 다르다. 특성이론에 반대하여 등장하였고 사회심리학과 인지심리학의 영향을 받았다.

#### ❶ 미쉘(W. Mischel, 1973)의 성격이론

성격이론이 되려면 다음 5가지의 인지사회학습 개인변인을 고려해야 한다.

- **개인의 능력(competence)**: 사람들이 인생경험을 통해 발달시키는 기술. 능력은 정적인 지식이 아니라 대면한 상황에 집중할 수 있게 해주는 적극적인 과정이다.
- **부호화 방략과 개인적 구성개념(encoding strategies & personal constructs)**: 세계를 바라보는 방식과 틀, 경험에 따라 달라진다.
- **행동-결과 기대(behavior-outcome expectancy)**: 특정한 행동은 특정한 결과를 낳는다는 신념 혹은 기대. 우리는 기대에 따라 행동을 명세화한다.
- **주관적 가치(subjective value)**: 개인이 원하거나 가치를 두는 것이다.
- **자기조절 체계와 계획(self-regulatory system and plans)**: 사람들은 목표를 세우고 계획하며, 이런 목표에 따라 행위를 하고 수정한다.

### ❷ 로터(Julian B. Rotter)의 성격이론

로터의 성격이론은 학습개념 및 원리에 근거한다. 성격은 통일성을 가지고 안정되어 있으면 많은 경험에 의해 더욱 안정성을 증가시키고, 과거의 경험을 기초로 하여 새로운 경험을 선택하게 되는 것이라고 말한다. 즉, 이런 의미에서 성격은 매우 안정성이 있는 것으로 성격에는 여러 가지 경험에 대한 잠재력이 있기 때문에 변화될 수 있다고 가정하며 그 변화는 목표지향적이라고 생각한다. 로터는 성격의 기능을 네 가지 개념을 제안하였다.

- **행동잠재력(behavior potential)**: 주어진 상황에서 우리가 할 수 있는 모든 행동 중에서 특별한 행동 혹은 반응을 할 가능성을 의미한다.
- **기대(expectancy)**: 개인이 주어진 상황에서 어떤 방식으로 행동하면 특별한 강화가 일어날 것이라는 가능성의 평가이다.
- **강화가치(reinforcement value)**: 개인이 많은 강화들 중에서 특별한 강화에 대한 중요성 혹은 선호도를 부여하는 것을 의미한다.
- **심리적 상황(psychological situation)**: 개인의 자극에 대한 지각 및 반응에 영향을 주는 내적 및 외적 요인의 조합 즉 개인이 반응하는 심리적 맥락을 말한다.

## (4) 인본주의적 접근

인본주의 심리학은 정신분석이론, 행동주의, 특성이론에 대한 비판과 더불어 대두되었고, 인본주의 정신의 강조 특히 자기실현의 욕구를 강조한다. 인간의 자유의지와 개인의 주관적 경험을 강조하는 이론으로 현상학적 성격이론이라고도 불린다. 이 이론은 개인의 직접적인 경험에 의해 형성된 자기 자신과 타인에 대한 가치평가가 성격의 형성과 행동에 영향을 미친다고 파악한다. Rogers는 자기실현의 욕구, 조건적 존중, 내담자중심 치료를 강조하였고, Maslow는 결핍동기 대 성장동기, 욕구위계설, 자기실현에 대해 강조하였다.

## (5) 사회문화적 접근

사회문화적 접근은 사회문화적 맥락 속에서 개인의 성격이 결정된다고 파악한다. 이들은 문화인류학의 연구성과를 토대로 문화에 따라 남·여의 성역할이나 개인의 행동양식 등이 다르다는 점에 주목하였다. 따라서 사회문화적 접근은 인류는 문화에 따라 매우 다양한 성격유형을 가지고 있다고 파악하며, 동시에 이들 문화의 비교를 통해 인류의 공통적인 심리적 특징들을 연구한다. 베네딕트((R. Benedict)와 미드(Mead) 등은 문화에 따른 성격의 차이를 제시하였다.

## 03 성격형성에 영향을 미치는 요인

개인의 성격에 영향을 미치는 변인을 유전적·생리적 요인과 환경적·문화적 요인에 나누어 살펴보면 다음과 같다.

### 1) 유전적·생리적 요인

자율신경계, 내분비선, 체격, 용모에 영향을 주며 성격은 유전적인 요인이 강하다. 성격이론에서 히포크라테스(Hippocrates)의 체액에 따른 기질설이나 셀든(Sheldon)의 형태기질설 등은 유전적 입장에서 보는 견해이다. 뉴만과 프리만(Newman & Freeman)의 공동연구에 의하면, 쌍생아의 성격검사에서 여러 가지 성격특성을 비교해 본 결과, 일란성 쌍생아간의 상관관계가 이란성 쌍생아간의 상관관계보다 더 높은 상관관계를 보였다. 유전자가 똑같은 일란성 쌍둥이는 신체, 성격, 지능도 비슷하다. 일란성 쌍둥이가 눈 색깔이 같을 일치율은 99.5%이지만 이란성 쌍둥이는 28%이다. 쌍둥이가 모두 불안증에 걸릴 일치율은 일란성이 40%이지만, 이란성은 4%에 불과하다. 정신분열증은 일치율이 각각 48%, 17%이다. 일란성 쌍둥이가 같은 암에 걸릴 일치율이 5~10%인 것과 비교할 때 정신질환이나 성격의 유전성이 얼마나 높은 지 알 수 있다.

### 2) 가정

가정은 부모, 형제 등 혈연관계에 의해 구성되어 있으므로 지극히 친밀한 일차적인 인간적인 관계가 이루어지게 되는 심리적·교육적 장소로서 아동의 기본성격형성에 가장 많은 영향을 받는다. 설리반(Sullivan)에 의하면, 성격발달에 가장 중요한 시기를 유아기라고 하고, 부모의 영향은 가장 많이 받으며 이때 형성된 성격은 성인이 된 후에도 성격에 영향을 미친다고 하였다. 버크(Buks)의 쌍생아 성격검사에서 일란성 쌍생아로 태어난 두 여아를 환경이 각기 다른 두 곳에서 키우게 하였다. 그 결과 좋은 환경에서 자란 여아는 안정된 성격을 가졌고, 상냥하고 사교적이며 모든 일에 자신감을 가지고 있었던 반면, 좋지 않은 환경에서 자란 여아는 융통성이 없고 마음의 안정을 잃고 있었으며, 모든 일에 자신감이 없고 열등감에 깊이 쌓여 있었다. 이 연구에서 자라온 환경의 차이가 그들의 성격형성에 많은 변화를 가져왔음을 알 수 있다. 성격형성에는 출생순위, 자녀의 양육태도에 따라 아동의 성격발달에 영향을 준다.

### (1) 출생순위

아들러(Alfred Adler)는 자녀의 출생순위에 따라 성격이 다르게 형성된다고 보았다. 첫째 아이는 부모의 모든 사랑과 관심을 받다가 둘째가 태어나면 '폐위된 왕'이 된다. 우월한 위치와 지배적이고 통솔적인 위치를 차지한다. 둘째 아이의 특성은 경쟁이다. 이들은 매우 경쟁적인 반면 적을 이길 수 없다면 강한 협력의 태도를 발전시킬 수 있다. 막내 아이는 과잉보호될 가능성이 매우 커서 매우 의존적이 되어 독립심이 부족하다. 독자는 가족 관심의 중심이 되고 자신의 중요성에 대해 과장된 견해를 갖는다. 아들러는 독자가 전형적으로 소심하고 이기적이며 의존적이라고 보았다.

### (2) 양육태도

쉐퍼(Schaefer)의 양육태도 모형을 구체적으로 설명하면 다음과 같다.

- **애정적-자율적 유형의 부모**: 자녀에게 관심을 갖고 대화를 나누며 자녀의 의사를 존중하고 독단적인 의사소통을 피한다. 또 자녀에 대해 허용적이고 관용적이며 통제나 복종을 피하고 자녀가 지닌 부정적인 감정도 자유롭게 표현하게 함으로써 자녀의 정서적인 안정을 돕는다. 이러한 부모에게서 성장한 자녀는 능동적이고 독립적이며 외향적일 뿐만 아니라 사회적응능력이 높다.

- **적대적-자율적 유형의 부모:** 자녀에 대한 거리감, 무관심, 태만, 냉담적인 태도를 보인다. 이러한 부모의 자녀들은 불안정한 정서와 위축된 행동을 보이며 부정적인 획득 기제를 자주 사용하게 된다.
- **애정적-통제적 유형의 부모:** 의존성 조장, 과보호, 소유적 태도를 보이는 경향이 있어, 자녀를 소유물로 생각하여 자녀가 독립적인 행동을 할 때 좌절감을 느끼게 되며 새로운 탐색을 제한함으로써 새로운 반응-습득의 기회를 축소시킨다. 그러므로 자녀들은 의존적이고 사교성, 창의성이 낮으며 상상적 적대감정이나 잠재적 적대감정을 갖게 된다.
- **적대적-통제적 유형의 부모:** 권위적, 독재적, 요구 반복적, 거부적인 태도를 보이므로 자녀들은 자아에 대한 분노와 함께 내면적으로 많은 갈등과 고통을 지니게 되어 사회에 잘 적응하지 못한다.

### 3) 학교

학교는 가정 다음으로 학생들이 가장 많은 시간을 보내고 동료들과 상호작용을 하고 교사들의 영향력을 받는 장소이다. 학급활동을 통하여 아동들의 정의감, 책임감, 협동성, 지도성들의 성격특성이 그들의  인간관계를 통해 비로소 형성된다. 이러한 점에서 학급이라는 집단이 가족집단의 영향 못지않게 아동의 성격형성에 많은 영향을 미친다. 특히 개인이 속한 학급분위기, 담당교사의 태도나 지도형태, 또래 친구들과의 관계가 성격형성에 큰 영향을 미친다. 교사의 분위기에 의해서도 학급분위기가 많은 영향을 받으며 학급분위기가 전제적, 민주적, 방임적 분위기가 있다.

- 민주적 분위기하에서는 아동들이 자율적으로 참여하고 친화적이고 집단목표를 향해서 상호협력하는 공동체의식이 강하다.
- 전제적 분위기에서는 경직되어 있고, 학급구성원 간에도 협력적인 태도가 부족하다.
- 방임적 분위기에서는 아동들의 자유활동의 범위는 크다고 할 수 있겠으나, 학급구성원의 알력이 생기기 쉽고, 안전사고가 일어날 위험이 많고, 교사에 대한 태도도 공격적이다.
- 교사의 태도나 성격에 의해서도 아동성격에 영향을 미치는데, 교사는 지식의 전달자라기보다는 학생들에게 문화적 가치관 및 행동양식을 습득시켜주는 동

시에 합리적 설득, 모범, 풍부한 경험으로 생활지도와 인생안내자로서 모든 역할을 충분히 담당해야 한다. 따라서 교사의 태도나 성격이 감수성이 예민한 학생들에게는 큰 영향을 미치므로 솔직하고, 유머, 인내와 솔선성을 지니고 학생 개개인의 인간성을 존중하는 성품을 지녀야 한다.

### 4) 사회문화의 영향

개인은 사회화를 통해 그 사회가 요구하고 기대하는 행동양식을 배우고 그 사회의 가치와 규범을 익힌다. 따라서 개인의 성격은 그가 생활하는 상황의 사회문화적 영향을 받게 마련이다. 에릭슨은 성격형성에 사회문화 환경의 중요성을 강조하였다. 에릭슨은 자아가 선천적으로 갖추어진 내적 준비와 외적인 문화 환경과의 원만한 기회를 결합시키므로 성격이 발달한다고 하였고 바람직한 성격발달을 위해서는 자아가 선택할 수 있는 문화 환경이 중요하다고 믿었다. 또한 인간의 성격이 문화 환경적인 요인에 의해 결정된다고 주장하는 대표적 이론은 행동주의 학습 이론에서 찾아볼 수 있다. 왓슨(John B. Wastson)과 스키너(B. F. Skinner)는 환경이 아동의 성격발달을 형성하는 데 영향을 미치고, 대부분의 인간의 행동은 학습되거나 학습에 의해 수정되며, 인간은 학습을 통하여 지식과 언어를 습득하고, 태도와 가치관을 형성하며, 두려움과 기쁨을 경험하며, 자신에 대한 통찰력을 기른다.

대체로 동일문화에 속하는 성원의 대다수가 가지고 있는 성격구조의 핵심인 사회적 성격에 따라 유사한 의식구조를 형성한다.

예를 들면, 한국인은 체면중시적, 이해관계 중시적, 성격이 과거에는 은근과 끈기였으나 최근의 변화는 성격이 급하며, '빨리빨리' 문화가 자리를 잡고 있다. 일본인들은 친절, 다테마에(남들에게 자신의 진심을 숨기고 진심과는 다른 모습을 보임을 뜻하는 말)와 혼네(진심), 메이와쿠(민폐)를 끼치는 것도 당하는 것도 무척 싫어하며 무사도 기질이 있다. 중국인은 자존심이 매우 강하고 체면과 명분을 중시하면서도 실리적이다. 미국인은 합리적이고 준법정신이 강한 나라이고, 영국인은 꼼꼼하고 독일인은 고집이 세며, 프랑스인은 낭만적이다.

이와 같이 개인의 성격이 그가 속한 사회문화의 특성에 따라 달라짐으로서 민족성 또는 국민성이 개인의 성격형성에도 영향을 미치는 것이다.

## 04 성격평가

성격평가(personality assessment)는 개인의 지속적인 동기의 성향이나 비교적 지속적인 행동성향을 체계적으로 측정하고 판단하는 활동이다. 성격이라는 개념의 포괄성으로 인하여 주로 감정이나 의지적 특징과 같은 정의적 측면을 강조하지만, 인지적이거나 신체적인 측면도 판단에 포함된다. 성격평가는 관찰이나 면접, 표준화된 검사 등을 활용한다. 객관적 성격검사는 그 실시와 채점이 표준화되어 있는 것이다. 이러한 검사들은 피검자에게 제시되는 자극들 및 이러한 자극들에 반응하기 위한 선택지들이 고도로 구조화 되어 있고, 사람에 따라 변화되지 않는다는 점 때문에 객관적인 것으로 간주된다. 그에 반해 투사적 기법은 검사의 실시에 있어서 상당히 많은 융통성이 요구되며, 채점은 피검자의 반응에 대한 채점자의 판단에 의존한다.

표준화된 검사는 MMPI처럼 목록에 의한 자기보고 결과를 합산하는 방식으로 각 특성의 정도를 점수화거나, 잉크반점검사와 주제통각검사로 개인 성격의 역동적 특징을 투사하여 척도화하는 방법으로 대별된다.

### 1) 자기보고식 성격검사

자기보고식 성격검사로는 MMPI, CPF, 16PF, MBTI 검사가 있다.

#### (1) 다면적 인성검사(Minnesota Multiphasic Personality Inventory: MMPI)

1943년 미네소타대학 Starke Hathaway(임상심리학자)와 Jovian Mckinley(정신과의사)가 비정상적 행동을 효율적이고 신뢰롭게 평가, 진단하기 위해 개발하였고, 국내외에서 가장 많이 사용되는 성격검사의 유형이다. 다면적 인성검사(MMPI)는 개인의 현재 심리상태, 스트레스의 정도, 적응의 수준 등을 파악하여 보다 심층적인 성격의 분석을 도모하는 가장 널리 사용되는 표준화된 심리검사로 총 566문항으로 이루어져 있으며, 예, 아니오(진위형)로 응답하도록 되어 있고, 검사의 내용은 주요 비정상적 행동의 종류를 측정하는 10가지 임상척도(Hs, D, Hy, Pd, Mf,

Pa, Pt, Sc, Ma, Si)와 그 사람의 검사태도를 측정하는 4개의 타당척도(알 수 없다, L, F, K)로 구성되어 있다. 타당성 척도는 ① L(Lie, 허위)척도(15문항)는 자신을 지나치게 완벽하고 이상적으로 꾸며내는 것을 포착할 수 있으며. 낮은 점수를 보인 사람은 자기신뢰감이 높은 사람이라고 할 수 있다. ② Q(Question, 무반응) 척도는 원점수 100이상이면 임상척도 점수를 신뢰하기 어렵다. 이런 경우는 정신쇠약증, 우울증 등의 피검사자에게서 발견된다. ③ F(Frequency, 신뢰성)척도(64문항)는 응답이 얼마나 평균으로부터 벗어나 있는지(비전형적인지)를 측정한다. 높은 점수의 경우 정신병이나 실직, 이혼, 사별 등에 의한 혼란된 감정상태를 반영하는 것이다. ④ K(correction, 교정)척도(30문항)는 자기옹호나 자기방어, 그 반대로 자신의 결점 및 약점 노출 정도를 측정한다. 높은 점수를 보인 사람은 자신에 대해 지나치게 방어적이고 긍정적인 면만 나타내 보이려고 하는 사람이며, 중간 정도의 점수를 보인 사람은 자아강도가 높고 정서적 방어가 효과적이며, 현실접촉이 좋고, 대처기술이 탁월한 사람이라고 평가할 수 있다.

10가지 임상척도는 척도1: 건강염려증(Hypochondriasis, Hs-33문항), 척도2: 우울증(Depression, D-60문항), 척도3: 히스테리(Hysteria, Hy-60문항), 척도4: 반사회성(Psychopathic Deviate, Pd-50문항), 척도5: 남성특성-여성특성(Masculinity-Femininity; MF-60문항), 척도6: 편집증(Paranoia, Pa-40문항), 척도7: 강박증(Psychasthenia, Pt-48문항), 척도8: 정신분열증(Schizophrenia, Sc-78문항), 척도9: 경조증(Hypomania, Ma-46문항), 척도0: 내향성(Social Introversion, Si-70문항) 등으로 구성되어 있다.

이 검사의 장점은 실시와 채점과정이 간편하고 객관적이며, 피검자 본인이 생각하는 주관적인 심리적 문제를 파악할 수 있으나, 피검자가 고의적으로 반응을 조작할 수 있다는 단점이 있다.

### (2) 캘리포니아 성격검사(California Psychological Inventory: CPI)

1956년 거프(H. Gough)가 개발하였고, 병리적 집단을 규준으로 삼지 않고 정상적 규준집단을 사용해서 만들어진 검사로 CPI문항의 1/3이상이 다면적 인성검사(MMPI)의 문항을 기초로 하고 있다. 사회성, 관용성, 책임성 같은 사회문화적인 일반적 성격특성을 측정하기 위해 고안되었으며, 정상적인 개인의 사회적 적응과 내부적 적응을 이해하는 데 도움을 주는 검사이다. 검사문항은 480문항이고, 4개

척도군과 18개 척도로 구성되었고, 생득적 특징보다는 후천적, 사회학습적 요인을 많이 포함하고 있으며, 학업이나 직업 영역에서 성공을 예언하는 데 유용하게 활용할 수 있다.

① 제1군에는 심리적 안정감이나 우월성·자신감 등을 나타내는 것으로서 지배성, 지위상승 욕구, 사교성, 사회적 안정감, 자기만족감, 행복감 등의 하위척도로 구성되어 있다.

- **지배성(Dominance)**: 대인관계에서 주도권을 잡고 리더십을 발휘하기 좋아하며 타인과의 경쟁을 두려워하지 않는 정도를 측정하기 위한 척도이다.
- **지위상승욕구(Capacity for Status)**: 개인의 현재 지위와는 상관없이 개인이 도달하고 싶은 사회, 경제적 지위, 즉, 현실적 야망 혹은 야심의 정도를 측정하기 위한 척도이다.
- **사교성(Sociability)**: 사교적이고 활달하며 낯선 상황에서도 사람들과 잘 어울리고 자기를 표현하는데 주저하지 않는 정도를 측정하기 위한 척도이다.
- **사회적 안정감(Social Presence)**: 사회적 상호작용에서의 안정감, 자신감, 활력, 자발성 등을 측정하기 위한 척도이다.
- **자기만족감(Self Acceptance)**: 개인적 가치감을 가지고 있으며 자신에 대해서 확신감을 갖는 정도를 나타내는 척도이다.
- **행복감(Sense of Wellbeing)**: 현재 자기생활에 만족하고 행복감을 느끼는 정도를 측정하기 위한 척도이다.

② 제2군에는 사회적인 성숙도나 책임감이라는 내용으로서 책임감, 사회적 성숙성, 자기통제력, 관용성, 호감성, 임의성 등의 하위척도로 구성되어 있다.

- **책임감(Responsibility)**: 규칙과 질서에 대해 철저하며 양심적이고 주인의식이 강한 정도를 측정하기 위한 척도이다.
- **사회적 성숙성(Socialization)**: 개인생활에서 사회적 가치의 내재화 및 상호작용에서의 역할인식이 발달되어 있는가를 측정하며, 일탈이나 비행의 가능성을 변별하는 척도이다.
- **자기통제력(Self-Control)**: 자기조절 및 자기통제의 적절성 정도, 충동성과 자기중심성에서 벗어날 수 있는 정도, 규칙과 규율에 동조하는 정도를 측정하는 척도이다.

- **관용성(Tolerance)**: 어떤 사실에 대해 성급하게 판단하기를 삼가고 다양한 관점과 가치를 개방적이고 수용하는 사회적인 신념과 태도를 평가하려는 척도이다.
- **호감성(Good Impression)**: 타인에게 좋은 인상을 주려고 하며 타인이 자신을 어떻게 평가하는 지에 신경을 쓰는 정도를 측정하기 위한 척도이다.
- **임의성(Communality)**: 사회적 통념이나 관습에 대한 보수적인 태도 및 아무렇게나 반응한 사람을 찾아내기 위한 척도이다.

③ 제3군에는 성취능력이나 지적 능력에 대한 척도로서 순응적인 성취능력, 자립적인 성취능력, 지적능력 등의 하위척도로 구성되어 있다.

- **순응적 성취(Achievement via Conformance)**: 강한 성취욕구를 측정하기 위한 척도로 내면화된 인식구조나 조직에 따르려는 강한 성취욕구를 측정하기 위한 척도이다.
- **독립적 성취(Achievement via Independence)**: 사고의 독립성, 창의성, 자기실현 등이 보상되는 상황에서의 성취를 예언하는 척도이다.
- **지적 효율성(Intellectual Efficiency)**: 지적 능률성을 측정하기 위한 척도이다.

④ 제4군에는 지적인 모형이나 흥미의 양식을 나타내는 것으로서 공감성, 융통성, 이성적(異性的) 성향 등의 하위척도로 구성되어 있다.

- **심리적 예민성(Psychological Mindedness)**: 타인의 내적 욕구, 동기, 경험 등에 관심을 가지고 반응하는 정도를 측정하는 척도이다.
- **융통성(Flexibility)**: 개인의 사고와 사회적 태도의 융통성, 변화를 측정하기 위한 척도이다.
- **여성성(Femininity)**: 흥미의 여성성 및 남성성을 측정하기 위한 척도로서 여성지향성의 점수가 높을수록 여성적 흥미나 특성이 강하다.

### (3) 다요인 인성검사(Sixteen Personality Questionnaire: 16PF)

16PF는 1949년 카텔(Cattell, R.)에 의해 개발된 개인의 근본적인 성격특성 파악을 위한 다중선택검사법이다. 다요인 인성검사의 각 문항은 '아주 그렇다(1)'에

서 '전혀 아니다(5)'까지 5단계로 응답할 수 있도록 되어 있다. 척도로는 타당도 척도인 무작위 반응척도 및 14개의 성격척도들로 이루어져 있다. 이 검사는 요인분석(factor analysis)을 통해 외향성, 불안, 완고함, 독립심, 자기통제의 5가지 범주로 나누어지는 16가지 성격특성(따뜻함, 추리력, 정서안정성, 지배성, 쾌활성, 규칙준수성, 대담성, 민감성, 불신감, 추상성, 개인주의, 걱정, 변화개방성, 독립심, 완벽주의, 긴장감)을 측정하기 위한 185개 문항으로 이루어진다. 특히 향후 경력개발 경로를 설정하는데 있어서 필요한 개인 경력개발 일람표(personal career development profile)를 만들 때 활용할 수 있기 때문에 개인이 자신을 이해하고 경력을 관리하는데 도움을 주는 대표적인 검사법이다.

### ❶ 무작위 척도(일관성의 측정)

피검자의 잘못된 검사반응을 탐지해내기 위해 고안된 척도이다.

### ❷ 성격척도

- **온정성 척도**: 피검자의 대인관계 선호정도를 알아보는 척도이다.
- **자아강도 척도**: 피검자의 자아가 얼마나 안정되어 있는지를 알아보는 척도이다.
- **지배성 척도**: 피검자의 대인관계 방식을 파악하려는 목적으로 구성되었다.

### ❸ 특수척도: 2차 요인척도

- **정열성 척도**: 피검자 행동의 활발한 정도를 측정하는 척도이다.
- **도덕성 척도**: 피검자의 초자아 내면화 상태를 알아보는 척도이다.
- **대담성 척도**: 대인관계 행동에 있어서 대담한 정도를 측정이다.
- **예민성 척도**: 피검자의 타고난 성향을 알아보는 척도이다.
- **공상성 척도**: 내담자의 사고경향성을 알아보는 척도이다.
- **실리성 척도**: 피검자의 대인관계 행동경향성을 탐색한다.
- **자책성 척도**: 죄책감의 정도를 측정한다.
- **진보성 척도**: 피검자의 현실인식 태도를 알아보는 척도이다.
- **자기결정성 척도**: 피검자의 의사결정방식을 알아보는 척도이다.

- **자기통제성 척도:** 피검자의 자기행동 통제력을 측정하는 척도이다.
- **불안성 척도:** 피검자의 정서불안 정도를 측정하는 척도이다.

16PF는 피검자의 성격을 정확하고 일목요연하게 보여준다. 따라서 전문가가 아니라도 결과표를 보면 누구나 쉽게 피검자의 성격을 파악할 수 있도록 되어 있어서 현재 학교현장에서 가장 많이 활용되고 있는 검사 중에 하나이며. 검사결과 높게 나타난 성격특성과 낮게 나타난 성격특성을 고려하여 자신에게 어울리는 직업을 선택할 때 참고할 수 있다. 또한 비행청소년 집단이나 충동적 장애, 집단따돌림, 대인관계, 우울증 등 성격적 특성을 파악하는 도구로써 활용될 수 있다.

### (4) MBTI 성격검사

MBTI는 캐서린 브릭스(Briggs, K.)와 그의 딸인 이사벨 마이어스(Myers, I. B.) 모녀가 개발한 대표적인 성격검사이다. 정신과 의사인 융(Jung, C. G.)의 심리유형론을 근거로 하는 심리검사로, 개인이 쉽게 응답할 수 있는 자기보고 문항을 통해 각 개인이 인식하고 판단할 때 선호하는 경향을 힘을 발휘하는 성향(외향형과 내향형), 정보를 지각하는 성향(감각형과 직관형), 의사결정을 내리는 성향(사고형과 감정형), 라이프스타일 성향(판단형과 인식형) 등 각각 2가지로 구분된 4개의 선호경향에 따라 파악한다. 이를 바탕으로 개인의 성격, 흥미 등의 특성과 함께 선호하는 작업환경 및 직업에 대한 정보를 제공하는 것이다.

**표 8-2 | MBTI 4가지 선호경향**

| 지표 | | 설명 |
|---|---|---|
| 외향 (Extroversion) | 내향(Introversion) | • 주의초점: 에너지의 방향은 어느 쪽인가? |
| 감각(Sensing) | 직관(iNtuition) | • 인식기능: 무엇을 인식하는가? |
| 사고(Thinking) | 감정(Feeling) | • 판단기능: 어떻게 결정하는가? |
| 판단(Judging) | 인식(Perceiving) | • 생활양식: 어떤 생활양식을 채택하는가? |

| | | | |
|---|---|---|---|
| **ISTJ 소금형**<br>한번 시작한 일은 끝까지 해내는 성격 | **ISFJ 권력형**<br>성실하고 온화하며 협조를 잘하는 사람 | **INFJ 예언자형**<br>사람에 관한 뛰어난 통찰력을 가진 사람 | **INTJ 과학자형**<br>전체를 조합하여 비전을 제시하는 사람 |
| **ISTP 백과사전형**<br>논리적이고 뛰어난 상황 적응력 | **ISFP 성인군자형**<br>따뜻한 감성을 가지고 있는 겸손한 사람 | **INFP 잔다르크형**<br>이상적인 세상을 만들어가는 사람들 | **INTP 아이디어형**<br>비평적인 관점을 가진 뛰어난 전략가 |
| **ESTP 활동가형**<br>친구, 운동, 음식 등 다양함을 선호 | **ESFP 사교형**<br>분위기를 고조시키는 우호적인 성격 | **ENFP 스파크형**<br>열정적으로 새 관계를 만드는 사람 | **ENTP 발명가형**<br>풍부한 상상력으로 새로운 것에 도전 |
| **ESTJ 사업가형**<br>사무적, 실용적, 현실적인 스타일 | **ESFJ 친선도모형**<br>친절, 현실감을 바탕으로 타인에게 봉사 | **ENFJ 언변능숙형**<br>타인의 성장을 도모하고 협동하는 사람 | **ENTJ 지도자형**<br>비전을 갖고 타인을 활력적으로 인도 |

그림 8-1 | 16가지 성격유형

### 2) 투사적 성격검사

투사는 우리의 내적인 어떤 감정이나 정서적인 면을 인식하기 위해서 사용하는 불가피하면서도 자연스러운 지각의 한 과정이다. 구조화되지 않는 검사로 검사자극에 대해 자유롭게 말하는 것이므로 이 반응에는 개개인의 동기와 욕구, 사고, 정서 등이 반영된다. 투사적 성격검사는 TAT, 잉크반점검사, HTP, SCT 등이 있다.

#### (1) 주제통각검사(Thematic Apperception Test: TAT)

그림을 보고 만드는 공상적인 이야기를 통해서 의식적 및 무의식적인 경향을 알려는 목적으로 머레이(H. A. Murray)와 모간(C. D. Morgan)에 의해서 만들어진 검사방법으로 그 그림 속에 무슨 일이 일어나고 있으며, 또 어떻게 되어 그렇게 되었으며, 또 결과는 어떻게 될지를 피험자에게 이야기하게 함으로써 그 피험자의 갈등·욕구·경험·감정 등을 확인할 수 있다. 본질적으로 사람들은 그 그림 장면 속에 자기를 투사시켜서, 주인공과 자기를 동일시하기 때문에 주인공으로 하여금 자기의 동기·경향·감정을 대신해서 나타내게 한다.

TAT는 개인과 환경간의 관계를 밝히는 검사로서, 피검자의 성격, 내적 욕구 및 동기, 환경과의 심리적 갈등에 대한 정보를 빠르게 얻을 수 있다는 장점을 지니고 있다. 피검자가 쉽게 동일시할 수 있는 여러 생활장면을 묘사한 30장의 그림 카드와 1장의 공백카드로 구성되어 있다. TAT검사를 통해서 첫째, 대인관계와 환경에 대한 통각이나 의미있는 해석을 나타내는 성격의 역동을 알아본다. 둘째, 피검자에게 독특한 상황의 그림카드를 제시하여 각 그림마다 이야기를 상상해서 이야기 하도록 요구한다. 셋째, 주인공은 대개 피검자를 반영한다. 넷째, 피검자의 상상 속에서 반복적으로 언급되는 주제들은 성격역동의 지표로 예측가능하다.

그림 8-2 | TAT 그림카드

자료: 강봉규(2006).

### (2) Rorschach 잉크반점검사

이 검사는 1921년 스위스의 정신과 의사인 로샤(H. Rorschach)가 만든 것으로 가장 대표적인 투사법 검사로 임상연구에서 가장 널리 사용되고 있다. 이 검사에서 사용되는 것은 아래 사진처럼 데칼코마니 양식에 의한 대칭형의 잉크얼룩으로 이루어진 무채색 카드(흑백카드) 5장, 부분적인 유채색 카드 2장, 전체적인 유채색 카드 3장 등 총 10장의 카드로 구성되어 있다. 10장의 카드는 한 번에 하나씩 정해진 순서로 피검사자에게 제시되며, 피검사자는 잉크의 얼룩처럼 그린 여러 장의 그림을 보여주고, 그 그림이 무엇처럼 보이는지를 설명한다.

피검사자는 카드를 돌려서 어떤 각도로든 각 잉크반점을 볼 수 있고, 각 잉크반점에 대해 제한없이 여러 가지 반응을 할 수 있다. 검사자는 이것을 하나하나 설명하진 않고 다만 "제게 무엇이 보이는지 말해주세요."라는 식의 간단한 말만하여 반응을 얻어낸다. 하지만 만일 피검사자가 "이거 돌려서 봐두 되나요?"라는 질문을 물어본다면 간단히 대답한다.

로샤검사는 일련의 막연하고 무의미한 잉크반점에 의해 한 사람에게서 일어나는 지각반응을 분석하여 그 개인의 인격성향을 추론하는 정신상태 진단검사이다. 이 검사는 환자에게 모호하고 불규칙한 형태의 잉크얼룩을 제시하여, 투영되는 환자의 지각반응을 분석하여 그 개인의 인격경향을 추론하는 검사로서, 불안, 긴장, 갈등을 측정하여 주로 개인의 성격구조를 밝히려는 것이다. 검사의 주요 항목은 다음과 같다. 첫째, 어떤 위치를 보고 반응했는지, 둘째, 잉크반점의 어떤 형태를 보았는지, 마지막으로 어떤 내용을 반응했는지를 분류하여 내재적 심리를 정리된 기준의 척도에 따라 채점한다. 따라서 로샤검사의 경우 심리검사자의 경험과 정확한 분석이 피검자의 심리를 파악하는데 중요한 요소가 된다.

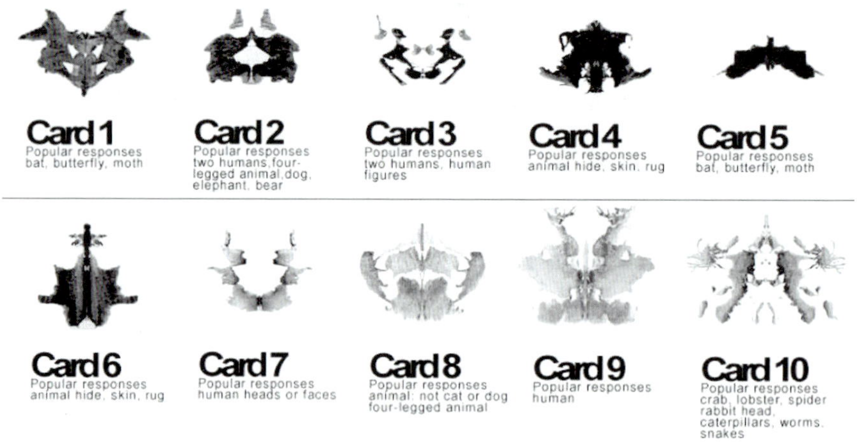


자료: 강봉규(2006).

그림 8-3 | 잉크반점 카드

### (3) 집, 나무, 사람 검사(House-Tree-Person: HTP)

존 벅(John Buck)에 의해 개발된 검사로, 그는 기존의 인물화검사(DAP)에 집과 나무를 첨가하여 피검자가 중요하게 생각하는 영역들과 관련된 정서적, 표상적 경험을 파악하고자 하였다. 집-나무-사람(House-Tree-Person)은 중성적인 자극이지만 자기상을 풍부하게 투사할 수 있는 대상으로서, 피검자에 대한 직관적이고 상호작용적인 이해를 가능하게 한다.

HTP 검사는 피검자에게 집, 나무, 사람을 차례로 그리게 한 뒤 몇 가지 질문을 통해 그림에 대해 해석한다. 이 검사의 장점은 실시가 쉽고 소요시간이 짧으며, 언어표현 및 지적 능력에 크게 제한을 받지 않고, 복잡한 채점절차 없이 피검자의 직접적인 투사반응을 목격할 수 있다는 점이다. 그러나 다른 투사검사에 비해 도출되는 반응이 적으며, 실시 및 해석과 관련하여 신뢰도와 타당도에 큰 제한이 있다.

HTP 검사방법은 우선 16절지 백지 4장과 HB연필. 지우개를 준비하고 백지 우측상단에 작게 1~4번을 기입한다.

1번 기입한 백지를 피험자에게 가로로 내주며 “이 종이에 집을 그리십시오.”

2번 기입한 백지를 세로로 내주며 “이 종이에 나무를 그리십시오.”

3번 기입한 백지를 세로로 내주며 “이 종이에 사람을 한명을 전신을 그리십시오.”

4번 기입한 백지를 세로로 내주며 “이번에는 3번에 그린 반대성의 남자 혹은 여자를 한사람 전신을 그리십시오.”라고 지시한다.

‘집’은 피검자의 집에서의 생활, 가족 간 상호작용과 관련된다. 가령 굴뚝에서 연기가 나오는 집 그림은 현재 가정상황이 거칠고 소란스럽다는 것으로 해석될 수 있다.

‘나무그림’은 피검자가 자신에 대해 무의식적으로 느끼는 모습과 감정을 반영하는데, 만일 바람에 흔들리는 나무가 그려지면 현재 피검자가 환경적인 압력을 경험하고 있음을 나타낸다.

‘사람그림’은 피검자의 의식적인 자기개념(self-concept), 신체상(body image) 또는 대인관계를 맺는 방식 및 가족 등의 중요한 타인에 대해 느끼는 감정들을 반영한다.

검사자는 비판적인 태도로 그림의 세부적인 특징에 접근하기보다 그림의 전체적인 인상에 주목해야 하며, 그렇게 함으로써 다른 임상적인 자료들과 더불어 피검자의 성격 및 발달력을 보다 정확하게 이해할 수 있다.

### (4) 문장완성검사(Sentece Complection Test: SCT)

미완성된 문장을 완성하게 하여 피검사자의 투사를 유도하는 심리검사로, 기존의 단어연상 검사 및 자유연상 검사를 변형한 검사이다. 19세기 독일의 심리학자 헤르만 에빙하우스(Hermann Ebbinghaus)가 미완성 문장을 통해 피검자의 정서반응을 직접 유발시킬 수 있다고 본 이래로, 현재 사용되는 문장완성검사는 조셉 M. 색스(Joseph M. Sacks)에 의해 개발되었다. Sacks는 20명의 심리치료자에게 적응에 있어 중요한 '가족, 성, 자기개념, 대인관계'의 네 가지 영역에 관한 피검자의 중요한 태도 및 임상적 자료를 이끌어낼 수 있는 미완성 문장 3개씩을 만들도록 하였다. 원래는 60개의 문항으로 구성되어 있었으나 내용이 반복되는 것을 제외하고 50개의 문항이 현재 많이 사용되고 있다.

총 33문항으로 한 문장의 주어, 동사 부분만 제시되어 있으며, 피검자 스스로 나머지 부분을 작성해야만 한다.

#### ❶ 아동용

- **가족영역**: 어머니, 아버지, 가족에 대한 태도를 담고 있는 문항으로 구성되어 가족에 대한 지각, 정서적 관계 등을 파악할 수 있다.
- **사회영역**: 또래와의 상호작용, 일반적인 대인관계 등에 대해 파악할 수 있다.
- **학교영역**: 학교에 대한 지각, 성취와 욕구에 대한 지각 등을 파악할 수 있다.
- **자기영역**: 미래지향, 소원, 일반적인 정신건강 등의 개인내적 기능을 파악할 수 있다.

#### ❷ 성인용

현재 임상장면에서 널리 사용되고 있는 Sacks에 의해 개발된 것으로 50개의 문항이 현재 많이 사용된다.

- **가족영역**: 어머니, 아버지, 가족에 대한 태도를 담고 있는 문항으로 구성되어 있으며, 어머니와 아버지, 가족 전체에 대한 태도를 나타내도록 하는 문장으로 구성되어 있다.
- **성 영역**: 이성관계에 대한 것으로 여성, 결혼, 성 관계에 관한 태도를 표현할 수 있는 문항으로 구성되어 있다.

- **대인관계영역**: 친구, 지인, 직장동료, 직장상사에 관한 태도를 포함한다.
- **자기개념영역**: 자신의 두려움, 죄의식, 목표, 자신의 능력, 과거와 미래에 대한 태도가 포함되어 있으며, 현재, 과거, 미래의 자기개념과 그가 바라는 미래의 자기상과 실제로 자기가 될 것 같다고 생각하는 모습에 대한 정보를 제공해 준다.

SCT는 개인과 집단 모두에게 실시될 수 있으며, 약 20분에서 40분 정도의 시간이 되며, 검사지를 주면서 수검자에게 지시문을 읽어 보도록 하고 질문이 있으면 하도록 한다.

다음의 지시문과 유의할 사항은 아래와 같다.

> 지시문: "다음에 기술된 문항들은 뒷부분이 빠져 있습니다. 각 문장을 읽으면서 맨 먼저 떠오르는 생각을 뒷부분에 기록하여 문장이 되도록 완성하여 주십시오. 시간제한은 없으나 가능한 빨리하여 주십시오. 만약 문장을 완성할 수 없으면 표시를 해두었다가 나중에 완성하도록 하십시오."

유의할 점은 다음과 같다.

① 답에는 정답, 오답이 없으며, 생각나는 것을 쓰도록 할 것.
② 글씨나 글짓기 시험이 아니므로, 글씨나 문장의 좋고 나쁨을 걱정하지 말 것.
③ 주어진 어구를 보고 제일 먼저 생각나는 것을 쓸 것.
④ 시간에 제한은 없으나 너무 오래 생각지 말고 빨리 쓰도록 할 것.

투사적 검사로서의 문장완성 검사의 유용성을 확인하기 위하여, 미완성된 한 개의 문장을 10명의 수검자에게 주고 결과를 분석했던 초기의 연구 예를 들어 보자.

> 수검자들은 "아버지가 어머니에게 대하는 태도를 보면 나는 ____"라는 문장에 대해서 다음과 같은 10개의 반응을 도출하였다.
>
> 1. 매우 행복하다.
> 2. 별로 관심 없다.
> 3. 그를 죽이고 싶다.
> 4. 그를 따라 하고 싶다.
> 5. 기분이 좋다.
> 6. 반항심이 든다.
> 7. 좋다.
> 8. 존경스럽다.
> 9. 무섭다.
> 10. 젖비린내가 나는 것 같다.

문장완성검사는 피검자가 검사에 대해 경계하고 회피하는 태도를 보이더라도 피검자의 완성된 문장에서 유의미한 정보가 드러나게 된다. 완성된 문장에 나타난 피검자의 감정이나 문장의 맥락을 통해 대상에 대한 피검자의 태도 및 심리적인 역동을 잘 파악할 수 있으며, 실시하기가 간편하고 시간이 적게 소요될 뿐만 아니라 피검자의 언어능력 및 현실검증력 등도 확인할 수 있다. 그러나 피검자의 의식적인 통제나 방어가 쉽게 이뤄진다는 단점이 있다.

**표 8-3 | 객관적 검사와 투사적 검사의 비교**

| | 객관적 성격검사(자기보고형/지필검사) | 투사적 성격검사 |
|---|---|---|
| 종류 | • 다면적 인성검사: MMPI<br>• 캘리포니아 성격검사: CPI<br>• 다요인 인성검사: 16PF<br>• MBTI 성격검사 | • 로샤검사<br>• 주제통각검사(TAT)<br>• 집, 나무, 사람 검사(HTP)<br>• SCT 문장완성검사 |
| 장점 | ① 검사의 시행, 채점, 해석이 간편하여 응답이 용이하다.<br>② 검사자나 상황변인의 영향을 덜 받으며, 검사결과의 객관성이 보장된다.<br>③ 검사제작 과정에서 신뢰도 및 타당도에 대한 증거를 확보할 수 있다. | ① 독특하고 다양한 반응이 도출될 수 있다.<br>② 수검자가 인식하지 못하는 정신현상까지 측정이 가능하다.<br>③ 지적능력, 언어 또는 문화적 제약이 상대적으로 적다. |
| 단점 | ① 검사자의 사회적 바람직성이 응답결과에 영향을 미친다.<br>② 검사문항이 특정상황에서의 특정한 상황간의 상호작용 내용을 밝히기에 한계가 있다.<br>③ 응답의 범위가 제한되므로 검사자의 진술기회가 상대적으로 적다. | ① 검사자극이 불분명하고 모호하다.<br>② 모호한 자극에 대한 반응의 종류가 다양하기 때문에 그것을 실시 및 해석하는 데에는 많은 훈련과 경험이 필요.<br>③ 채점과정이 매우 복잡하고 주관적인 측면이 있어서 신뢰도 및 타당도에 대한 비판이 있다. |

CHAPTER 09

# 생활지도와 상담

## 01 적응과 부적응

### 1) 적응

적응(adjustment)이란 개인이 자기 자신이나 환경에 대해서 만족한 관계를 갖는 것을 뜻한다. 개체 자신과 환경과의 사이에 조화된 관계를 가지려면 자신의 행동을 변화시키든지 또는 환경을 변화시키든지 하는 과정이 포함된다. 그러므로 적응의 과정에는 환경의 요구나 조건에 합치되도록 개인이 자신을 변용하여 순응(adaptation)하는 것과 개인이 자신의 욕구나 조건을 충족시키기 위해서 환경을 통제하는 것, 순응과 통제를 동시에 만족시켜 새로운 체제를 낳는 창조의 과정 등이 포함된다.

따라서 적응이란 사회의 요구나 질서에 수동적으로 일치한다는 소극적인 의미만을 가지는 것이 아니고, 개인과 환경의 관계에서 상호교섭적이며 역학적인 성격을 띤 것으로 사회의 요구나 문제에 당면해서 그것을 적극적으로 해결하려는 고도의 조화된 발전을 창조하는 과정이라 할 수 있다. 일반적으로 인간은 적응전략으로 자아방어기제를 많이 사용한다.

프로이트는 불안이란 원인이 명확하지 않은 두려움. 즉각적인 만족을 하지 못한 원초아로 인해 생긴 부정적인 심리적 결과. 개인에게 적극적으로 해결하거나 회피해야만 하는 절박한 위험을 알려주는 현실적인 자아의 활동이라고 보고, 이런 불안을 감소시키기 위해 인간은 자아방어기제를 사용한다는 것이다.

자아방어기제는 불안으로부터 자기 자신을 보호하기 위한 전략으로, 무의식적으로 작동한다. 인간은 기본적으로 불안을 원치 않기 때문에 다양한 방어기제를 사용하게 되는데, 무분별하고 충동적으로 사용하는 경우 병리적이 된다. 방어기제(Defense Mechanism)가 작동되는 두 가지 공통의 특징은 무의식적 작동, 그리고 현실부적응 혹은 왜곡이다.

대표적인 방어기제들을 살펴보면 다음과 같다.

① **억압(repression)**: 의식에서 용납하기 어려운 생각, 욕망, 충동들을 무의식 속으로 눌러 넣어버리는 것이다. 억압을 통해서 자아는 위협적인 충동, 감정, 소원, 상상, 기억 등이 의식되는 것을 막아준다. 특히, 죄의식, 창피 또는 자존심의 손상을 일으키는 경험들은 고통스러운 불안을 일으키므로 특히 억압의 대상이 된다(예, 단기기억상실).

② **부정(denial)**: 고통스러운 사실이 있다는 것에 대한 인식을 의식적으로 거부하는 것으로 부정함으로써 참기 어려운 생각·감정·사건들로부터 벗어날 수 있다(예, 아들이 사망하였을 때, 사람들이 자신에게 거짓말을 하고 있으며 아들이 어딘가에서 분명 살아있으리라고 굳게 믿는 경우).

③ **투사(projection)**: 투사란 자신의 불만이나 불안을 해소시키기 위해서 남에게 뒤집어씌우는 식의 방어기제이다. 즉 자신의 욕구나 감정, 태도 등을 타인의 내부에서 발견하는 것이다. 자신이 잘못이 있어 불만스럽고 불안하면 공연히 남의 잘못을 공격하고 비난하여 스스로의 압박감으로부터 벗어나려고 하는 행위이다(예, 실력없는 목수가 연장 탓한다).

④ **동일시(identification)**: 동일시란 자기가 실현할 수 없는 적응을 타인이나 어떤 집단에서 발견하고 자신을 그 타인이나 집단과 동일한 것으로 느낌으로써 자신의 욕구를 만족시키는 행위이다(예, 작은 아빠가 판사인데 자신을 동일시하여 우쭐대는 경우).

⑤ **승화(sublimation)**: 승화는 억압당한 욕구가 사회적 · 문화적으로 가치 있는 방향으로 가도록 노력함으로써 욕구를 충족하는 기제이다(예, 주먹이 센 사람이 권투선수가 되어 명예를 얻는다).

⑥ **전치(displacement)**: 자신에게 위협적이었던 기억을 자신보다 약한 대상, 혹

은 자신에게 해를 끼치지 못하는 안전한 대상에게 돌리는 것이다(예, 직장에서 상사에게 꾸지람을 들은 가장이 상사에게 항의를 하지 못하고 퇴근하여 아내나 자녀에게 신경질을 내는 경우).

⑦ **반동형성(reaction formation)**: 반동형성이란 자신의 욕구가 너무나 받아들일 수 없는 감정이나 생각, 욕구를 그와는 정반대의 정서로 표현하는 기제이다(예, 포르노에 매료된 사람이 반포르노 운동에 적극적으로 참여하는 경우).

⑧ **보상(compensation)**: 보상은 자신의 결함과 무능에 의하여 생긴 열등감이나 긴장을 해소시키기 위하여 장점 같은 것으로 그 결함을 보충하려는 행동이다(예, 빈수레가 더 요란하다)

⑨ **합리화(rationalization)**: 합리화는 자기의 실패나 약점을 그럴듯한 이유를 들어 남의 비난을 받지 않으려고 하는 방어기제이다(예, '이솝의 여우와 신포도 이야기, 교사가 학생에게 성적이 왜 나쁘냐고 질문하자 시험전 날 너무 아파서 공부를 못했다고 대답하는 경우).

⑩ **해리(dissociation)** : 마음을 편치 않게 하는 성격의 일부가 그 사람의 지배를 벗어나 하나의 독립된 성격인 것처럼 행동하는 경우이다(예, 몽유병, 이중인격 등으로 '지킬박사와 하이드'가 좋은 예).

## 2) 부적응과 스트레스

### (1) 부적응

부적응(maladjustment)이란 일정한 환경이나 조건에 맞추어 적응하지 못하는 것을 말한다. 김동극(1980)은 주어진 환경에 적응을 못하고 항상 갈등과 욕구좌절이 일어나며, 사회집단의 기준에 순응하지 않거나 사회·문화적 기대치에서 이탈된 행동을 부적응 행동이라고 정의하였고, Hewett(1971)는 사회화에 실패하여 연령, 성별에 따라 사회가 기대하는 행동 양식으로부터 일탈된 행동을 부적응 행동이라고 하였다.

Kirk(1972)는 부적응 행동의 특성을 교실에서 쉽게 관찰할 수 있는 부적응 행동으로서 공격성 행동, 퇴행성 행동, 신체적 징후 등으로 나누어서 그 특성을 설명하였다.

첫째, 공격성 행동은 거짓말을 잘하거나 도벽이 있으며 의도적으로 물건을 파괴하는 행동을 의미한다.

둘째, 퇴행적 행동은 지나치게 민감하며 잘 울고 이상한 공포심을 갖는 것을 의미한다. 즉 지나치게 수줍어하거나 열등감에 잘 빠지며 항상 우울하고 불안해하는 것을 뜻한다.

셋째, 신체적 징후는 손톱을 깨물거나 얼굴이나 전신에 경련이 일어나며 몸이나 머리카락을 잡아당기고 발을 흔들거나 손가락으로 책상을 두드리는 행동을 말한다. 복통, 두통을 자주 일으키기도 한다.

부적응의 원인으로는 생물학적 원인, 욕구좌절이나 갈등, 불건전한 정서의 경험, 가정환경 등을 들 수가 있다.

① **생물학적 원인**: 부모로부터 전수받은 생물학적 특성이나 질병, 생리적 조건 등이 원인이 되어 부적응을 일으키는 경우이다. 신체적 장애나 지체불구자 등이 이에 해당된다.

② **욕구의 좌절이나 갈등**: 인간의 욕구와 충동이 만족스럽게 이루어지면 건전한 적응상태를 유지할 수 있지만, 이것이 방해를 받아 좌절될 경우 긴장이 유발되며 부적응상태로 빠지기 쉽다.

③ **불건전한 정서적 경험**: 정서란 내외적 자극에 따라 신체적인 표현과 함께 일어나는 폭발적인 감정들을 말하며 자연스러운 현상이다. 그러나 우리의 경험들 가운데 계속적인 긴장이나 과도한 불안, 불필요한 공포를 야기시키는 정서적 경험을 비롯하여 적대감이나 죄책감을 갖게 되는 경험, 심리적 차별감, 열등감을 느끼는 정서적 경험 등은 부적응의 원인으로 간주되고 있다.

④ **가정환경**: 가정환경이 만족한 상황이 못되어 부적응이 야기되는 경우가 많다. 부모의 양육태도, 편모, 편부와 같은 가정결손, 부모의 이혼, 고부간의 갈등 등으로 인한 가정환경들이 만족한 상태가 되지 못해 부적응이 야기되는 경우가 허다하다. 물론 이러한 환경이 모든 아동에게 똑같이 작용하는 것은 아니며, 수용하는 사람에 따라 적응하기도 하고 부적응 상태에 놓이기도 하므로 사람에 따라 달리 나타나고 있다는 것도 이해해야 한다.

### (2) 스트레스

스트레스(stress)란 심리학과 생물학에서 유기체의 기능을 교란시키는 긴장이나 장애를 일컫는 용어이다. 스트레스는 현대 사회에서 살아가는 과정에서 피할 수 없는 일이며. 개인이 잠재적으로 스트레스를 줄 만한 상황을 통제할 수 있는가 없는가는 그의 활동능력에 심각한 영향을 미칠 수 있다. 만일 스트레스가 지나치게 강하거나 방어기제가 부적절하면 심신장애 또는 다른 정신적 장애가 나타날 수 있다. 적당한 스트레스는 삶의 활력이 될 수도 있지만 스트레스를 어떻게 관리하느냐에 따라 몸과 마음에 나쁜 영향을 줄 수도 있다. 즉 개인이 어떻게 대처하느냐, 개인이 처한 처지에 따라 좋은 스트레스(eustress)가 될 수도 있고 부정적 스트레스(distress)가 될 수 있다. 따라서 스트레스에 잘 대처하는 것은 매우 중요하다.

스트레스의 원인과 예방에 대해 살펴보기로 하겠다.

#### ❶ 스트레스의 원인

스트레스(stress)란 걱정, 근심, 일에 대한 불만족, 지나친 과로 등으로 생겨나는 것이라고 여겨지지만, 실제로는 기분 좋은 흥분이나 행복감까지를 포함하는 인간 생활환경의 변화에서 야기되는 모든 행동적·신체적 변화를 일컫는다. 다시 말해서 스트레스란 자기욕망과 환경조건 때문에 느끼는 긴장상태를 말하며, 이 스트레스에 대한 적절한 대처여부에 따라 적응 정도가 결정된다고 볼 수 있다. 한 개인에게 부적응을 유발시키는 스트레스 원인은 매우 다양하다. 여기서는 스트레스의 대표적 유형으로 갈등, 불안, 압박감에 대해 살펴보기로 한다.

■ 갈등

갈등(conflict)이란 서로 대립되는 두 개 이상의 욕구가 동시에 만족될 수 없는 심리적 상태를 의미한다. Lewin은 두 개 이상의 행동목표를 선택할 때 거의 같은 장(場)의 힘(field forces)이 대립된 상태를 갈등이라고 하였다.

레빈(Lewin)은 장의 힘의 역학적 관계에서 다음과 같은 4개의 갈등유형을 밝히고 있다.

- **접근－접근갈등**: 두 개의 긍정적인 욕구가 동시에 나타나서 어느 것을 선택해야 될지 곤란한 상태의 갈등이다. 즉 집에서 공부도 하고 싶고, 영화구경도 가고 싶을 때 경험하는 갈등상태이다.
- **회피－회피갈등**: 두 개의 부정적인 욕구가 동시에 일어날 때 생기는 심리적 갈등으로 이럴 수도 저럴 수도 없는 진퇴양난의 상태이다. 즉 학교에 가지 않으면 꾸지람을 받아야 하고, 몸도 불편할 때 경험하는 갈등이다.
- **접근－회피갈등**: 긍정적인 욕구와 부정적인 욕구가 동시에 생겨 경험하는 심리적 갈등이다. 즉 대학은 가고 싶은데 공부는 하기 싫은 경우 경험하게 되는 갈등이다.
- **이중접근－회피갈등**: 두 개 이상의 긍정적 목표와 부정적 목표가 동시에 존재할 때 느끼는 갈등상태이다. 예를 들면, 한 학생이 대학을 선택하는데 있어서, S 대학은 어렵지만 마음에 있고, H 대학은 무난하지만 별로 마음에 차지 않는 경우에 경험하는 갈등이다.

#### ■ 불안

불안(Anxiety)은 욕구좌절이나 생활변화와 같은 스트레스원에 의한 정서반응의 일부일 수 있으나, 불안 그 자체로도 스트레스를 유발할 수 있다. 불안은 학생들의 학교생활을 통해 쉽게 관찰될 수 있다. 여기서는 시험과 관련하여 학생들이 경험하는 시험불안, 불안과 학습효과, 시험불안 완화를 위한 방안에 대하여 살펴보고자 한다.

- **시험불안** : 시험불안은 시험이나 시험과 같은 사태(대중 앞에서의 발표 등)에서 나타난다고 하였다. 일반적으로 높은 시험불안은 시험결과에 방해적인 영향을 미친다고 하였으며, 과제가 시험과 같은 성격을 많이 띨수록 불안은 높아지고, 시험결과는 나쁘게 나오고, 반대로 시험불안이 적을수록 불안이 감소되고 성적이 향상된다고 하였다. 따라서 일반적으로 학습에 있어서 일정 정도의 불안은 긍정적인 학습효과를 가져오지만 적정수준 이상의 불안이 계속된다면 스트레스 요인이 되는 것이다. 시험불안이란 시험을 앞두고 어느 정도 불안해지는 것을 말하며 가슴이 뛰거나 땀이 나거나, 가쁜 숨을 쉬는 것 등은 정상적인 반응이지만, 주의집중이 안 된다든지 두통, 복통, 기침 등의 신체증

상을 보이거나 공부한 내용을 전혀 기억을 하지 못하는 정도라면 '문제상황'이라고 볼 수 있다.

- **불안과 학습효과**: 스필버거(Spielberger) 등의 연구에 의하면 수업장면에서 불안이란 언제나 피하거나 감소시켜야 한다는 결론을 내리기는 어렵다고 한다. 능력 있는 학생은 능력이 없는 학생보다 어느 수준의 불안에서 얻는 이익이 더 많다. 필요에 따라서 교사는, 지능지수가 높은 학생에게는 신중히 불안을 증가시킬 필요가 있다. Spielberger 연구 중 불안과 IQ와의 관계는 다음과 같다. 중간 정도의 IQ를 가진 학생들 중 불안이 낮은 학생이 높은 학생보다 성적이 좋으며, 높은 불안은 IQ가 낮은 학생의 성취도에는 아무런 영향도 미치지 못하고, IQ가 아주 높은 학생들의 경우에는 높은 불안이 성취도를 촉진하는 경향이 있었다. 학업성취도에 불안이 미치는 장기적인 영향에 대한 추적연구에서 우수하면서 불안이 높은 학생 중에서도 실패한 비율은 우수하면서도 불안이 낮은 학생 중에서 실패한 비율보다 4배나 많았다.

#### ■ 압박감

압박감은 어떤 행동기준이나 규범에 맞추려고 할 때 또는 급속한 환경변화에 대처해 나갈 때 경험하는 긴장상태를 말한다. 압박감은 내부압력과 외부압력으로 나눌 수 있다. 일반적으로 내부압력은 자존심 유지와 관련되어 있는 반면에, 외부압력은 남들과의 경쟁, 사회조건의 급속한 변화, 가족 및 친구들로부터 기대 등이 포함된다. 또한 현대사회는 복잡하고 급속한 변화를 겪고 있기 때문에 그만큼 변화속도나 변화의 다양성에 재빨리 대처해 나가야 한다.

### ❷ 스트레스 예방

학교현장에서 학생들의 스트레스와 부적응행동 예방을 위해서는 다음과 같은 내용을 숙지하여 지도해 나가는 것이 필요하다.

- 신체적 건강과 정신적 건강을 증진시키도록 한다.
- 친근한 인간관계를 갖도록 한다.
- 자신에 대한 올바른 인식을 가질 수 있도록 한다.
- 자신의 고민을 이야기할 수 있는 기회와 용기를 갖도록 한다.

- 여유 있고 침착하고 관대한 마음을 가질 수 있도록 한다.
- 학생 능력에 맞는 과업을 준다.
- 공부와 휴식 간의 균형을 유지하도록 한다.
- 문학과 예술에 대해 보다 넓은 관심을 갖도록 한다.
- 집단활동에 참여하고 소속감을 갖도록 한다.
- 현실에 대한 성실성을 기르도록 한다.
- 만족한 인생관을 갖도록 한다.
- 개인적 목표를 세우는 능력을 기르도록 한다.
- 욕망을 전환하는 방법을 지도한다.

스트레스 자가평가

미국 YMCA가 1980년대에 개발한 웰네스(Wellness)라는 새로운 건강프로그램에 의하면 다음의 20개 항목은 스트레스가 쌓이면 잘 나타나는 증후라고 한다.
스트레스가 어느 정도인지 해당되는 번호에 "○"으로 체크 후 점수를 확인하는데,
㉮ "○"이 0~6개이면 심신건강 상태는 양호한 편이고,
㉯ 7~15개이면, 스트레스로 인하여 몸의 균형상태가 깨질 위기에 있다는 신호로, 스트레스 해소를 위한 적극적 노력이 필요하며,
㉰ 16~20개이면 심신건강상태가 매우 위험하니 전문가와 상담하는 것이 좋다고 한다.

| | |
|---|---|
| ① 재미있는 일이 있어도 즐길 수 없다. | ② 커피, 담배, 술 등이 늘어나고 있다. |
| ③ 쓸데없는 일에 마음이 자꾸 끌린다. | ④ 매사에 집중할 수 없는 일이 자주 생긴다. |
| ⑤ 아찔할 때가 있다. | ⑥ 타인의 행복을 부럽게 느낀다. |
| ⑦ 기다리게 하는 것을 참지 못할 때가 있다. | ⑧ 금세 '욱'하거나 신경질적이 된다. |
| ⑨ 잠이 깊이 안 들고 도중에 깰 때가 있다. | ⑩ 때때로 머리가 아플 때도 있다. |
| ⑪ 잠들기 어렵다. | ⑫ 식욕에 이상이 있다. |
| ⑬ 이전에 비해 자신감이 떨어진다. | ⑭ 등, 목덜미가 아프거나 쑤실 때가 있다. |
| ⑮ 쉽게 피로하고 늘 피곤함을 느낀다. | ⑯ 타인이 자신의 말을 하지 않을까 두렵다. |
| ⑰ 사소한 일에도 가슴이 두근거린다. | ⑱ 나쁜 일이 생기지 않을까 불안하다. |
| ⑲ 타인에게 의지하고 싶은 마음이 강해진다. | ⑳ '나는 이제 틀렸다'라는 생각이 든다. |

# 02 생활지도

## 1) 생활지도의 개념

생활지도는 한 가지 사태에만 국한된 것이 아니라 생활의 모든 면을 포함하고 있다. 생활지도(guidance)란 학생의 일상생활에서 해결하여야 할 여러 가지 문제, 즉 교육적·가정적·사회적·직업적·신체적·정서적 문제를 자력으로 해결할 수 있도록 도와주며 지도하기 위한 조직적 봉사활동이다(신윤호, 오만록, 2005). 존스(Jones, 1970)는 "생활지도란 선택과 적응, 문제해결에 있어서 어떤 사람에 의하여 주어지는 개인적인 조력이다."라고 하였고, 쉬처와 스톤(Shertzer & Stone, 1981)은 "생활지도란 개인들이 개인자신과 자신의 주위세계를 이해할 수 있도록 조력해 주는 과정이다."라고 정의하고 있다. 생활지도는 한 개인이 자기이해 및 자신의 특성을 이해하게 하도록 도와주어 일상생활에서 여러 가지 문제해결을 할 수 있도록 돕는 것이다. 생활지도의 개념에 내포된 핵심적인 사항과 생활지도가 추구해야 할 방향을 정리해 보면 다음과 같다.

① 생활지도는 조력의 과정이다.
② 생활지도는 개인에 관심을 두며. 자신과 환경과의 관계에 이해를 돕는다.
③ 생활지도는 모든 학생을 대상으로 모든 연령층의 학생을 대상으로 한다.
④ 생활지도는 처벌보다 지도를, 치료보다 예방을 앞세운다.
⑤ 생활지도는 과학적인 근거를 기초로 하며, 자율성을 기본원리로 한다.
⑥ 생활지도는 종합적인 접근이 시도되어야 하며 관련인사들의 협동적인 과업이어야 한다.
⑦ 생활지도는 자아발견과 자기발전을 북돋아주고 자율적인 지도능력을 기본으로 삼는다.
⑧ 생활지도는 주로 개인의 존엄성과 개성발달에 초점을 둔다.
⑨ 생활지도는 참되고 진정한 사랑에 기초한 지도를 중시한다.

## 2) 생활지도의 필요성

최근 들어 급격한 사회변화, 가족구조의 변화, 청소년 문제의 증가에 따라 생활지도의 필요성이 강조되고 있으며, 학교폭력 및 학생범죄가 증가하고 있는 추세로 생활지도의 필요성이 절실하다. 생활지도와 상담이 우리사회에 필요하고 중요한 이유는 개인적인 측면과 사회적인 측면에서 생각해 볼 수 있다(김충기, 2002).

### (1) 개인적 측면

① 자신이 가지고 있는 잠재가능성 개발
② 자신의 진로상의 여러 가지 문제해결 역량강화
③ 당면한 개인적 문제, 즉 교육적, 직업적, 가정문제, 사회적 문제, 도덕적 문제, 건강문제, 여가선용, 이성문제, 종교문제, 가치관정립, 이데올로기 등의 해결과 적응
④ 민주시민의 육성
⑤ 자아실현
⑥ 인권의 존중

### (2) 사회적 측면

① 가정환경의 파탄내지 가족기능 및 역할의 변화
② 학생범죄, 인터넷 중독, 학교폭력, 가출, 왕따, 우울, 청소년 자살, 미혼모 등의 청소년 문제의 증가
③ 사회변화로 인한 정신질환 및 신경증적 질환의 증가
④ 인터넷 문화의 범람으로 인한 청소년 성가치관의 혼란
⑤ 인구구조의 변화(저출산, 초고령화 시대)로 인한 사회변화와 가족구조의 다양화
⑥ 여가시간 증대로 인한 삶의 질 욕구의 증가
⑦ 환경오염으로 인한 청소년 건강문제의 증가
⑧ 고도의 산업사회와 정보화시대로 인한 직업양상의 변화

### 3) 생활지도의 목표

생활지도는 학생이 당면한 여러 가지 문제를 스스로 해결하고 환경에 적응하도록 도와주는 것을 목적으로 한다. 박성수(1998)는 생활지도의 목표를 다음과 같이 요약하고 있다.

① 통합적 존재로서 인간의 전인적 발달을 촉진한다.
② 개인의 다양한 경험을 의미 있게 통합한다.
③ 환경에 적절하게 대응할 수 있는 인간적 특성을 발달시키도록 한다.
④ 자기 자신을 바르게 이해하고 자신의 여러 인간적 특성을 현명하게 활용할 수 있도록 한다.

또한 생활지도의 직접적 목적은 다음과 같다(Humohreys & Traxler, 1954).

① 학생 개개인으로 하여금 그들 자신을 정확하게 이해하도록 돕는다.
② 학생으로 하여금 그가 가진 잠재력을 발견하고 그것들을 충분히 계발하도록 돕는다.
③ 학생 자신이 당명하는 문제사태를 정확히 파악하여 그것들을 스스로 해결할 수 있도록 돕는다.
④ 학생으로 하여금 복잡다양한 생활환경 속에서 신체적·인지적·정의적·사회적인 모든 면에서 안정되고 조화로운 성장·발달을 하도록 돕는다.
⑤ 학생으로 하여금 모든 환경 상황에 건전하고 성숙한 적응을 할 수 있도록 돕는다.
⑥ 학생들이 그들이 속한 사회를 위해서 민주시민으로서의 공헌을 하도록 돕는다.

또한 생활지도의 간접적 목적은 다음과 같다(Froehlich, 1950).

① 학생에 대한 생활지도활동을 통하여 교사는 학생을 보다 정확하게 이해하고 지도할 수 있다.
② 교사로 하여금 생활지도를 통하여 학생의 행동을 분석하고 이해하는 기술. 즉 학생지도의 기술과 태도를 갖추게 한다.
③ 학교행정가로 하여금 생활지도 프로그램의 실천을 통하여 학생들을 정확히 파악하게 하고 지역사회의 유대를 갖게 한다.
④ 생활지도 프로그램은 연구활동에도 도움을 준다.

### 4) 생활지도의 영역

① **교육지도:** 학교생활에 적응하는데 도움을 주는 신입생 오리엔테이션, 학업지도, 교육정보의 제공, 진학 및 진로지도 등이다.

② **직업지도:** 직업정보의 제공, 직업준비교육, 직업상담, 취업알선, 졸업 후의 추수지도 등이다.

③ **인성지도:** 개인의 건전한 인성발달을 도모하기 위한 지도로 개인적 습관과 태도, 이성문제, 기타 개인의 심리적 적응문제 등이다.

④ **사회성지도:** 사회의 미풍, 양속, 관례에 대한 적응을 돕고 바람직한 인간관계를 통해서 사회적 생활태도와 민주시민으로서의 자질을 배양시키는 것이다.

⑤ **건강지도:** 신체적 발달과 정신적 건강의 습관, 태도에 대한 지도 등이다.

⑥ **여가지도:** 여가를 보다 적절하게 이용해야 되겠다는 자각과 적당한 여가활동의 선택, 여가활동의 숙련을 위한 지도이다.

⑦ **성에 관한 지도:** 올바른 성의식과 태도를 가질 수 있도록 하기 위한 성교육, 양성평등교육, 성폭력·성희롱 예방 등에 관한 지도이다.

⑧ **도덕성 지도:** 도덕적 가치, 판단, 그 행동까지 포괄하는 개념으로서 정의와 진실을 함양하고 건전한 도덕관을 갖도록 지도한다.

### 5) 생활지도의 기본원리

생활지도가 궁극적으로는 아동이 개인의 문제를 스스로 발견하여 해결하며 사회생활에 적응해 나갈 수 있도록 도와주는 과정이라면, 아동이 한 인간으로서의 자아실현을 위한 가능성에 대한 깊은 신념을 가지고 임해야 한다. 이러한 입장에서 생활지도의 기본 신념과 방향은 다음과 같으며 이것이 현대 생활지도의 기본원리라 할 수 있다.

① **개인의 존중과 수용의 원리:** 생활지도는 인간의 존엄성을 인정하고 모든 개인이 한 인간으로서 존중받아야 하며, 모든 개인의 가치를 수용하고, 그들의 가능성과 현실을 인정하며 그들 나름의 발달을 할 수 있는 기회를 조장하여야 한다는 원리이다.

② **자율성 존중의 원리**: 생활지도를 통하여 모든 개인이 정상적으로 발달하도록 도움을 주어 본인 스스로 문제의 핵심을 파악하고 가능한 방안을 탐색하여 의사결정을 할 수 있도록 자율적인 능력과 태도를 강조하는 원리이다.

③ **적응의 원리**: 적응이란 주어진 환경이나 여건에 자기자신을 맞추어 가는 과정 혹은 자기의 욕구를 충족시키기 위해서 주변의 환경적 요인을 변화시키는 과정이다. 생활지도는 개인의 특성 및 자신에 대한 이해를 통해서 건전한 자아개념을 갖도록 지도하여 적극적으로 자신의 생활에 적응하도록 하는 원리이다.

④ **인간관계의 원리**: 생활지도는 태도와 가치관의 변화나 인성적 통정과 같은 정의적인 학습과 관련이 깊다. 이러한 정의적인 학습은 교사와 학생 사이의 참다운 인간관계 즉, 감정이 교류하는 관계가 성립될 때 가능해지며 학습도 촉진된다는 원리이다.

⑤ **자아실현의 원리**: 자아실현(self-actualization)이란 인간은 잠재적 가능성을 생득적으로 타고 나며, 또한 그것을 현실화하고 실현하려는 욕구로 생활지도의 최종목표는 개인의 자아실현을 하도록 인간의 동기를 인정하고 그것을 자극함으로써 모든 개인으로 하여금 자신을 보다 완성되고 충분한 조건을 구비한 인간으로 발달할 수 있게 하는 힘을 부여해야 한다는 것이다.

## 6) 생활지도의 과정

### (1) 학생조사활동(inventory service)

생활지도의 기초적인 단계로서 학생들을 개별적으로 이해하는 데 필요한 기초적인 자료를 조사, 수집하는 활동이다.

- **조사활동의 영역**: ① 가정환경, ② 성적, ③ 특별활동, ④ 교외활동, ⑤ 지능, 적성, 흥미, 성격, ⑥ 장래의 희망 등이 조사활동의 영역이 된다.
- **조사활동의 원칙**: ① 객관적이고 신뢰도가 높은 정보, ② 수집된 정보는 문제해결에 필요한 사실과 요인이 포함되어야 한다. ③ 다양한 방법과 기술에 의한 정보를 수집하여야 한다. ④ 얻어진 정보는 기록, 보관되어야 한다.

- **학생조사활동을 수행하는 단계**: 1단계－사정, 필요의 인식, 2단계－필요한 결정과 판단의 인식, 3단계－결정의 구체화, 4단계－판단의 구체화, 5단계－정보수집, 6단계－정보의 분석과 해석, 7단계－사정결과의 보고. 8단계－평가와 feedback 등이다.
- **학생조사의 방법**: 표준화검사나 임상검사(비표준화검사)등이 동원된다.

### (2) 정보활동(information service)

학생들을 둘러싸고 있는 여러 가지 환경과 문제해결에 관련된 정보를 제공해 주는 활동으로 교육정보, 직업정보, 개인적·사회적 정보 등의 영역이 된다.

#### ❶ 정보활동의 영역

- **교육정보**: 교육의 과정에 관계되는 모든 정보를 말한다. 신입생 오리엔테이션(orientation)에서 학교, 학과, 교과, 이수학점, 장학금, 도서관 이용 등의 정보 등을 제공하는 것도 교육정보이다.
- **직업정보**: 직업에 관한 정보와 직업세계의 분석 및 각종 직업에 필요한 자질 및 장래성 등 직업과 관련된 일체의 정보를 의미한다.
- **개인적·사회적 정보**: 개인의 인성적 적응과 사회적 적응을 하는 데 도움이 되는 일체의 정보를 포함한다.

#### ❷ 정보의 제공

정보제공실, 정보제공자, 학교신문, 뉴스레터, 게시판 등을 통한 정보제공, 각종 집회 활동, 홈룸(home room), 특별활동, 각종 오리엔테이션을 통한 정보제공 등의 방법이 있다.

### (3) 상담활동(counseling service)

생활지도의 중핵적 활동으로 지도조언을 담당하는 상담자(counselor)와 지도조언을 받는 피상담자(내담자, counselee)와의 문제해결을 위한 역동적 활동으로 지시적 상담, 비지시적 상담과 절충적 상담 등이 있다.

#### (4) 정치활동(定置活動, placement service)

학생의 능력, 적성, 흥미 등에 맞는 환경에 위치시키는 활동으로서 직장의 선택, 학과의 선택, 특별활동이나 home room 또는 클럽활동의 부서배치, 상급학교나 특정한 학교에 입학하는 등의 다음 단계로 옮겨가는 데 적성에 맞도록 조력을 하는 활동이다. 교과 선택, 출석, 부업, 생활지도, 과외활동, 지역 사회운동 등과도 관련시켜 생각할 수 있다. 정치활동은 학생에 관한 충분한 자료와 정보를 토대로 학생이 스스로 희망하는 분야를 선택할 수 있도록 조력하는 데 주안점이 있다.

#### (5) 추수활동(follow up service)

지도를 받은 학생이 어느 정도 건전하게 적응하고, 개선되었는가를 알아보고 그 결과를 환류(feedback) 시켜 새로운 생활지도 계획의 자료로 삼기 위해 추수활동을 한다. 여기에는 재학생, 퇴학생, 졸업생 등이 포함이 된다. 추수활동은 전화, 면접, 관찰, 질문지, 방문지도 등을 통해서 이루어져야 한다. 추수활동의 결과는 반드시 새로운 생활지도계획에 반영되어야 한다.

## 03 상담활동

### 1) 상담의 개념

상담(counseling)이란 도움을 필요로 하는 내담자(counslee)와 전문적 훈련을 받은 상담자(counselor)와의 대면적 관계에서 수용적이고 구조화된 관계를 형성하고 내담자 자신과 환경에 대해 의미 있는 이해를 증진함으로써 내담자의 자기이해, 의사결정 및 문제해결이 이루어지도록 상담자가 전문적으로 도와주는 과정이라 할 수 있다. 윌리암슨(Williamson)은 '상담이란 훈련과 기술, 신용으로서 상담자와 내담자의 적응문제를 해결하는 면대 면의 관계'라고 정의하고 있다. 밀러(Miller)는 '카운슬링이란 가정과 학교와 사회에 최대한으로 적응할 수 있도록 자기이해와 필요한 자기지도를 할 수 있도록 개인을 돕는 과정'이라고 한다. 이와 같이 상담은 단순한 대화라는 입장을 포함하여 목적이 반드시 개입되어야 하고, 문제해결과 자기통찰의 기회를 갖는데 의미가 있다. 그러므로 상담은 교육적·직업적·인성적·사회적 문제를 갖고 있는 개인에게 전문적인 입장에서 훈련과 소양을 갖춘 전문가에 의해 개인 대 개인, 개인 대 집단의 관계 속에서 계획적·전문적으로 도와주는 임상적인 봉사과정 및 활동이라고 말할 수 있다.

## 2) 상담의 형태

### (1) 위기상담

위기상담(crisis counseling)이란 상담자가 거의 파멸상태에 이른 내담자를 대하는 상담이다. 이러한 상태에 있는 내담자는 파괴적 감정에 빠지기 쉽다. 자살기도·약물 불안·실연 등 거의 분열된 상태에 이른 내담자를 대상으로 상담자가 직접 개입하거나 전문가에게 위탁하는 등이 있을 수 있을 수 있다.

### (2) 촉진상담

촉진상담(facilitative counseling)은 학생들이 장차 미래를 탐색하고 현재의 문제를 도와주는 학습지향적 상담이다. 직업정치(職業定置)·학업문제·결혼 등 비교적 명백한 활동을 도와주는 것으로 단기에서 장기간에 이르기까지 일반적인 상담을 한다.

### (3) 예방상담

예방상담(preventive counseling)은 내담자에게 장차 일어나게 될 여러 가지 문제를 사전에 필요한 행동을 취해서 방지하는 상담이다. 성교육·약물남용·자아와 생업 인지 등 장차 일어나게 될 문제를 가지고 이에 대한 예방프로그램 같은 것을 구성하여 일정기간 상담하거나 위탁할 수도 있다.

### (4) 발달상담

발달상담(developmental counseling)은 개인(내담자)의 전 생애를 통해서 이루어지는 상담 유형이다. 상담자는 각 연령층에 속하는 내담자로 하여금 이완되고 압력을 느끼지 않고 위기를 느끼지 않는 상담에서 개인적 성장이 이루어지도록 돕는 것이다. 주로 초등학교 시절에는 적극적인 자아개념의 발달을 촉진하는 문제가 다루어져야 하고, 중·고등학교 시절에는 정체감(identity)의 확립과 직업의 선택과 적응문제가 다루어진다.

**표 9-1 | 상담의 형태**

| 형태 | 시간 | 상담문제 | 상담자활동 |
|---|---|---|---|
| 위기상담 (crisis counseling) | 즉시 | • 자살기도<br>• 약물불안<br>• 실연 | • 개인적지지<br>• 직접적인 개입<br>• 더 필요한 지지의 집중<br>• 개인상담이나 적합한 의료원이나 기관에 의뢰 |
| 촉진상담 (facilitative counseling) | 단기간에서 장기간에 이르기까지 다양 | • 직업정치<br>• 학업문제<br>• 결혼에의 적응 | • 개인상담: 내용과 감정의 반영<br>정보제공<br>해석<br>직면<br>행동지시 등을 포함 |
| 예방상담 (preventive counseling) | 문제별로 일정한 기간 | • 약물인식<br>• 자아와 진로인식<br>• 약물인식 | • 정보제공<br>• 적합한 프로그램에 의뢰: 프로그램 내용과 과정에 관한 개인상담 |
| 발달상담 (developmental counseling) | 일생동안 계속 | • 초등학교에서 긍정적인 자아개념 발달<br>• 중년에서의 진로 변경<br>• 죽음의 수용 | • 가치관의 명료화<br>• 의사결정 검토<br>• 중요인물과 환경적 정치(定置)에 관련된 개인적 발달에 관한 개인상담 |

## 3) 상담의 목표

### (1) 내담자 행동의 변화

상담을 통해서 내담자가 보다 건전하고 생산적이고 만족스러운 생활을 할 수 있도록 행동을 변화시켜준다. 따라서 상담은 내담자를 보다 생산적이고 행복한 생활을 영위하고 만족한 삶을 누리도록 하는데 도움이 되는 행동을 형성하거나 증진시키는 것을 목적으로 한다. 타인과의 관계, 가족상황, 학업성취, 직업상의 적응, 일상생활습관 등과 같이 어떠한 영역에 관련된 행동변화가 필요한가를 촉진할 수 있어야 한다.

### (2) 내담자의 정신건강의 증진

상담을 통해서 보다 적극적으로 내담자의 정신건강을 촉진시켜주게 되면, 개인은 타인과의 통합, 적응 또는 적극적인 동일시 현상을 성취하게 된다. 내담자는 책임을 느끼는 것을 배우고, 독립적이며 행동 통합을 이루게 된다. 아울러 상담의 노력으로 학생으로 하여금 일상생활에서 경험하는 욕구좌절이나 갈등, 비판, 초조, 파멸의 경지에서 벗어나 현명하게 현실적으로 긍정적인 사고를 지닐 수 있는 능력을 기를 수 있고 건전한 성격을 발전시키는 활동을 중심으로 이루어져야 함을 강조하고 있다.

### (3) 내담자의 문제해결과 증세의 제거

상담의 목표는 때로는 상담관계가 가져오는 문제해결 또는 시험, 걱정, 공포, 불감증, 무기력, 야뇨증, 알콜 중독 등과 같은 증세를 제거하는 것으로 생각한다. 문제해결을 자아의 실현과 동일시하는 것도 가능하며, 자아실현은 궁극적으로 개인의 행복을 가져와 참된 삶을 추구할 수 있으므로, 상담은 무엇이든 학생들이 당면한 문제를 체계적이고 과학적인 방법을 통하여 해결해 나가는데 초점을 둔다. 격변하는 사회변화 속에서 겪게 되는 문제로 인한 고민이 해결되지 않을 경우 스트레스가 쌓이고, 욕구불만이나 좌절감을 초래하며 부적응을 일으켜 문제행동을 일으키기 쉽다.

### (4) 내담자의 자기문제에 대한 의사결정의 조력

상담을 통해서 여러 가지 문제에 대한 내담자 스스로의 의사결정을 할 수 있도록 조력한다. 상담에서는 개인이 선택하고 결정하기 위해 필요한 정보를 제공하고 의사결정에 개입하는 정서적인 문제나 심리적인 특성을 확인하고 분석하며, 장애가 되는 측면을 극복하도록 한다. 상담에서 선택과 결정의 필요를 내담자가 인식하여 이에 요구되는 정보를 이해·수용·수집·평가하는 긍정적이고 적극적인 태도를 길러야 할 것이 무엇보다 강조된다. 즉, 장차 미래에 직면하게 될 선택이나, 결정이 여러 번 이루어진다. 이때 선택이나 결정이 제대로 적합한 시기에 이루지 못하면 문제가 발생한다.

#### (5) 내담자의 잠재력 촉진과 개인의 효율성 증진

블로쳐(Blocher, 1974)가 주장하고 있는 개인적 효율성을 높이기 위한 관점에서 정의한 두 가지 상담목표는 다음과 같다. 첫째, 상담은 내담자와 그의 환경에 의하여 제공된 범위 내에서 가능한 자유를 극대화하는 것이며, 둘째, 상담은 내담자로 하여금 환경을 지배하고 환경을 환기시킨 반응에 따라 내담자의 효과를 강화하는 데 있다. 패터슨(Patterson)은 개인적 효과로서의 궁극적인 상담목적으로 자아실현을 제의하고 있다. 상담은 내담자의 사고, 행동, 결정, 잠재력을 효율적으로 증진하는데 목적이 있어야 한다. Blocher는 효율적인 인간은 경제적·심리적·신체적 모험을 구상하고 이를 위해 시간과 정력을 투자하기 위해 자신을 헌신할 수 있으며, 문제를 인지하고 해결할 수 있고, 좌절, 적개심 그리고 애매성에 대해 적합한 반응을 할 수 있다고 한다. 이러한 견해는 결국 생산적 사고를 증진하고 적응적인 인간관계를 형성하고 다양한 문제상황을 효과적으로 대처하는 능력을 기르는 데 두는 것이다.

### 4) 상담의 원리

#### (1) 개별화의 원리

개별화(individualization)의 원리란 내담자의 독특한 성질을 알고 이해하고, 보다 나은 적응을 할 수 있도록 각 개인을 도와주는 데 있다. 각기 다른 원리나 방법을 활용해야 한다는 원리이다. 상담자 개인의 개성과 개인차를 인정하는 범위 내에서 상담이 전개되어야 한다. 따라서 이 원리가 지켜지려면

① 상담자는 편견이나 선입관으로부터 탈피되어야 한다.
② 인간행동의 유형과 원리에 대해 전문적으로 이해하려고 해야 한다.
③ 내담자의 말을 경청하고 세밀히 관찰하여야 한다.
④ 내담자의 보조에 맞추어 진행할 수 있어야 한다.
⑤ 인간의 감정변화를 민감하게 포착해야 한다.
⑥ 내담자와 견해차가 있을 때 앞을 내다보는 능력을 갖고 적절한 선택을 하여야 한다.

### (2) 의도적 감정표현의 원리

의도적 감정표현(purposeful expression of feelings)의 원리란 내담자가 그의 감정, 특히 부정적 감정을 자유로이 표명하려는 그의 욕구에 대한 인식이다. 이러한 기본적인 원리 속에서 자유롭게 의도적인 표현을 보장받도록 온화한 분위기를 조성해 주어야 한다.

### (3) 통제된 정서 관여의 원리

통제된 정서 관여(controlled emotional involvement)는 내담자의 통제된 감정에 대한 상담자의 이해와 적절한 반응을 통해 내담자로 하여금 표현하게 한다. 즉 상담자는 내담자의 정서의 변화에 신중하게 반응하여 이해하고 적절한 대응책을 마련할 태세를 갖추고 적극적인 관여가 필요하다.

### (4) 수용의 원리

수용(acceptance)의 원리란 상담자는 내담자의 장·단점, 바람직한 성격과 그렇지 못한 성격, 긍정적인 감정과 부정적인 감정 등을 있는 그대로 받아들이는 원리이다. 상담자는 내담자에게 따뜻하고 수용적이어야 한다. 내담자를 하나의 인격체로서 존중하고 말로나 행동으로 특히, 비언어적 단서인 얼굴표정에서 전달하여야 한다. 상담자는 내담자의 의견에 동의하지 못할 경우에는 동의하지 않는다는 사실을 분명히 전달하되, 그 표현이나 자세는 어디까지나 온화해야 한다. 다시 말해서 상담자와 내담자간에 의견이 일치하지 않는 것과, 내담자를 수용하지 않거나 거부하는 것과 구별되어야 한다.

### (5) 비심판적 태도의 원리

비심판적 태도(non-judgemental attitude)의 원리란 상담자가 내담자의 문제에 대하여 옳다거나 그르다 등의 판단을 내리지 말라는 원리이다. 내담자는 자기의 잘못이나 문제에 대하여 결과를 나무라거나 책임을 추궁하거나 잘못을 질책하는 것을 두려워한다. 그들은 죄책감, 열등감, 불만감, 고독감 등을 가지고 있기 때문에 타인의 비판에 예민하여 그들 자신을 방어하여 안전을 추구하려고 하는 것은 당연한 일이다. 따라서 상담자는 내담자를 객관적으로 그의 행동·태도·가치관 등을 평가하여야 하며, 어떠한 문제에 대하여 '좋다', '나쁘다'는 등의 과격한 언어로 다루어서는 안 될 것이다.

#### (6) 자기결정의 원리

자기결정(self determination)의 원리란 내담자 스스로 자기가 나아갈 방향을 선택·결정하도록 내담자의 욕구, 잠재적 힘을 자극하여 지도하는 원리이다. 그렇게 하기 위해서 상담자는 내담자가 자기수용을 할 수 있도록 도와주어야 하고, 내담자의 잠재능력 즉, 장점과 능력을 발견하고 활용함으로써 인격적 발달을 도모할 수 있게 자극해 주어야 하며, 내담자에게 법률, 제도, 사회시설 등의 광범위한 사회적 자원을 알게 함으로써 자기선택, 자기결정의 참고자료로 삼도록 해야 한다.

#### (7) 비밀보장의 원리

비밀보장(confidentiality)의 원리란 상담자가 내담자의 문제에 관해서 비밀을 보장하는 원리이다. 상담과정 중 가장 중요하게 명심해야 할 사실은 상담자가 내담자의 대화의 내용을 아무에게나 이야기 하는 습관을 버리고 반드시 비밀을 지켜야 한다. 상담은 본질적으로 내담자가 카운슬러를 신뢰하고 믿는 데에서 이루어진다. 따라서 어떠한 경우에 놓여 있는 문제라도 개인의 명예훼손이나 누를 끼치는 일을 이야기해서는 안 된다. 상담자는 비밀을 지켜줄 윤리적 의무가 있다.

### 5) 상담관계의 형성

#### (1) 수용

수용(acceptance)이란 인간의 가치와 존엄에 대한 인식이다. 상담자가 내담자의 존재·성장발달이 지니고 있는 가치를 인정하고 기능한 한 최선을 다하여 내담자가 새로운 학습을 통하여 그러한 가치를 구현하여야 할 심리적 필요와 현실적인 필요가 있으며, 이러한 필요를 충족하기 위한 가능한 조건을 제공하려는 마음의 태세를 가리켜 수용이라 할 수 있다. 내담자를 수용한다는 데 어떤 것을 대상으로 하는가의 문제가 제기 된다.

### (2) 공감적 이해

공감적 이해(empathy understanding)는 내담자의 입장이 되어서 그를 이해하는 것이다. 상담자는 내담자가 지닌 감정, 의견, 가치, 이상, 고민, 갈등을 그가 처해 있는 여러 상황에서 보는 것이다. 공감적으로 이해하는 것은 다음과 같은 측면을 포함한다.

① 상담자는 내담자가 하는 말의 내용을 표현된 언어의 의미를 넘어서 말의 이면에 포함된 감정적인 의미까지 이해하여야 한다.
② 상담자는 내담자가 말로 표현하지 못하고 있는 마음의 소리나 행동이나 자세 또는 음의 고저나 색깔 등을 통해서 표현되는 경향이 있기 때문에 내담자의 비언어적인 표현에 담겨진 의미와 감정을 이해하여야 한다.
③ 상담자는 내담자가 자신의 행동을 통해서 추구하는 궁극적인 동기가 어떤 것인가를 이해하여야 한다.

### (3) 일치

일치(genuineness)란 진지성, 명료성, 순수성, 솔직성을 말하는 것으로 상담자가 자유스럽고 아주 깊은 뜻에서 자기 자신이 되며, 자기 자신에 관한 자신의 인식을 정확하게 표현하는 실제적인 경험을 지니고 있는 것을 말한다. 상담자의 내면적인 경험과 경험에 대한 인식, 인식된 경험의 표현 등이 일치되어야 한다. 그러므로 일치란 상담자의 내적인 경험과 그에 관한 인식의 합일을 의미한다. 즉 내면적인 심리세계의 경험과 그에 대한 인식만이 그에 대한 표현이 모두 합치되는 것이다.

### (4) 신뢰

상담과정이 원활하게 진행되려면 무엇보다도 내담자가 상담자의 모든 면을 믿고 의지해야 하는데 이것이 바로 신뢰(trust)인 것이다. 내담자가 상담자를 불신하면 내담자는 자신의 사고, 문제와 갈등, 의견교환이 솔직하게 전달될 수 없으므로 효과적인 상담을 기대할 수 없다. 따라서 상담자는 솔직하고 믿음직한 감정과 태도를 보이고 인내와 협동으로 명랑하고 온순한 태도와 감정을 솔직히 떨어놓고 개방적이어야 내담자도 신뢰하여 자신을 개방하고 적극적인 상담이 가능해진다.

# 04 상담이론

## 1) 특성요인 상담이론

특성요인 상담이론(trait and factor theory)은 윌리암슨(Williamson)을 중심으로 한 이성적-지시적 상담은 주로 교육과 직업문제에 있어서의 적응을 강조하는 직업상담에서 발전해 온 것으로서 개인의 전체적인 발달을 목표로 삼고 있다(Burks & Stefflre, 1979).

특성이론에 근거한 것으로 문제해결의 지적 과정(知的 過程)을 중시하고 상담자의 적극적인 지시나 정보제공이 전제되며, 상담자가 풍부한 경험과 정보를 가지고 있으므로 내담자의 문제해결에 대해 암시와 충고를 할 수 있으며, 내담자가 자기 문제를 독립적으로 해결을 하지 못하지만, 상담의 목적은 내담자가 인격의 모든 면에서 최적의 방향으로 성장하도록 돕는 것이다. 상담자(counselor)가 내담자(counselee, client)에게 인생의 장애에 대한 해석을 내려주고 정보를 주고 또는 제언이나 충고를 해주는 상담방법을 모두 가리킨 것이다.

### (1) 인간관

Williamson은 인간 본성에 대한 기본가정에 대해 다음과 같이 진술하고 있다. 인간은 선과 악의 잠재력을 모두 지니고 있는 존재이다. 그러나 인간의 선한 생활을 결정하는 것은 바로 자기 자신이다. 선의 본질은 완전한 실현이다. 즉 인간은 완전한 자기가 되기 위하여 끊임없이 노력하는 존재라고 믿었다. 또한 우주와 인간의 관계, 즉 세계관은 개인적인 것으로, 인간은 누구나 그 자신만의 독특한 세계관을 가진다고 본다.

### (2) 상담목표

특성요인상담의 목적은 문제해결력을 기르도록 조력하는 것이고, 자기이해 및 자기지도, 즉 자기상장을 조력하는 것이라고 보았다(Willamson, 1950). 특성요인적 상담은 개인이 자신의 가능성을 최대한 실현시킬 수 있도록, 개인의 전체적 발달을 다루는 것이다.

내담자의 정서적 안정을 돕고 내담자의 합리적인 문제해결력을 기르며, 내담자의 자기이해, 자기지도와 자기성장을 촉진하여 합리적인 의사결정을 할 수 있도록 돕는다. 내담자가 인격의 모든 면에서 최적의 방향으로 성장하도록 돕는 것이다. 내담자의 자기이해, 자기지도, 그리고 자기성장을 촉진하여 내담자가 합리적인 문제해결력을 기르도록 한다.

### (3) 상담과정

Williamson과 Darley는 상담의 과정으로 다음의 6단계를 들고 있다.

- **분석(analysis)**: 학생을 이해하는 데 필요한 자료를 여러 가지 도구와 기술로 모은다.
- **종합(synthesis)**: 모집된 자료를 체계있게 정리하고 조작하여 학생의 적응의 문제를 정리한다.
- **진단(diagnosis)**: 학생의 문제의 특징이나 원인에 관한 결론을 이끌어 낸다.
- **예진(prognosis)**: 학생의 문제가 앞으로 어떻게 발전되어 나갈 것인가를 미리 예언한다.
- **상담(counseling)**: 상담자와 학생이 바람직한 적응을 위하여 취하는 수단이다.
- **추후지도(follow-up service)**: 상담결과의 계속적 확인, 평가의 단계이다. 이러한 단계는 경우에 따라 순서가 바뀔 수도 있는 것이다.

### (4) 상담기법

- **직업충고**: 상담자가 내담자에게 가장 만족할 만한 선택, 행동, 또는 계획 등에 관하여 자신의 의견을 솔직하게 표명한다.
- **설득**: 상담자는 내담자의 여러 가지 대안을 명쾌하게 생각할 수 있도록 합리적이고 논리적인 방법으로 자료를 정리하고 내담자가 진단과 결과의 의미를 이해하도록 설득한다.
- **설명**: 상담자는 진단과 검사자료뿐만 아니라 내담자에 대한 다른 자료들을 해석하여 내담자가 그 의미를 이해하고 가능한 진로선택을 하며, 선택한 결과에 대한 이해를 도울 수 있도록 해석하고 설명한다.

### (5) 공헌점과 제한점

- **공헌점**: 개인의 문제를 과학적으로 접근하여 상담자체가 전문화하는 데 기여하였고, 객관적 검사자료를 사용함으로써 각종 심리검사의 발달에 기여했으며, 진단을 강조함으로써 문제발생의 원인과 그 제거에 관심을 갖게 했다.
- **제한점**: 어느 정도 성장·성숙한 사람들에게 효과가 있다는 적용 대상의 제한이 있고 인간문제의 정의적 측면을 과소평가했으며, 객관적 자료를 너무 과용하거나 과신한다.

## 2) 정신분석 상담이론

인간의 행동을 좌우하는 중요한 역동적인 힘(Dynamic forces)의 근원은 무의식에 있으며, 무의식적 갈등이 부적응, 신경증, 신경질환의 근원이 된다는 정신분석은 성격발달의 한 모델로, 인간본성의 철학으로, 그리고 정신질환의 한 방법(Belkin, 1981)으로서 널리 알려져 있으며, 20세기에 들어서 인류가 발견한 업적 중 가장 위대한 업적으로 인정받고 있고, 실제로 인간의 정신생활의 이해에 크게 공헌하고 있다. 인간의 의식과정은 의식, 전의식, 무의식 세 가지 의식차원에서 일어난다고 보았다. 그리고 정신분석학에서는 성격의 구조를 본능(id), 자아(ego), 초자아(superego)의 세 가지 영역으로 나누어 생각하였다. 본능은 생득적으로 쾌락을 추구하려 하고, 자아는 환경과의 관계에서 현실적으로 환경과의 상호작용을 통하여 본능과 초자아를 조정하며, 초자아는 본능을 제약하고 현실의 세계를 도덕적 가치에 의해서 판단하는 양심을 나타낸다. 본능이나 초자아의 세력이 강화되면 정신건강을 해치게 된다. 따라서 정신분석학은 성격구조의 균형 있고 조화된 발전을 도모하면서 자아의 기능이 다른 것에 비해 상대적으로 강화될 수 있게 하는 것을 상담의 목표로 하고 있다.

### (1) 인간관

인간의 본성에 대한 Freud의 관점은 결정론적이다. Freud에 의하면 인간행동은 생후 5년간의 비합리적인 힘, 무의식적인 동기, 생물적이고 본능적인 동기 그리고 심리·성적인 사건에 의해 결정된다고 보는 심리결정론적이다. 프로이트는 아동의 어린 시절의 경험이 중요하다고 본다. 즉, 인간의 문제는 인생초기의 경험으로 인해 생기며 어린 시절의 해결되지 못한 문제가 일생을 통해서 영향을 미친다고 본다. 따라서 인간의 행동은 자유의지에 의해서 결정되는 것처럼 보이지만 실제로는 자기 스스로 알지 못하는 무의식적 힘에 의해서 결정된다는 무의식적 존재로서의 인간과 인간은 근본적으로 비합리적으로, 기본적으로 본능의 희생물이라는 비합리적 존재로서의 인간, 그리고 인간의 기본적인 성격은 아동기 초기(4~5세 이전)에 결정되며 이 경험이 성인기 이후의 모든 행동을 결정한다는 아동기 초기경험의 중요성 등이다. 프로이트는 인간의 본능(instincts)을 삶의 본능(life instincts; Eros)과 죽음의 본능(death instincts; Thanatos)으로 구분한다. 인간은 살려고 하는 삶의 본능에 의해서만 지배되는 것이 아니라, 파괴하고 죽이려는 죽음의 본능에 의해서도 지배된다는 가정이 깔려 있다. 삶의 본능(Eros)은 성본능에 기초하고 있으며, 성본능이 내재하는 정신적 에너지는 리비도(Libido)이며, 생명을 유지, 발전시키고, 타인과의 사랑, 종족의 번창을 가지고 오는 행동특성을 나타내고 죽음의 본능(Thanatos)은 자신을 파괴하고 처벌하며 인간의 잔인성, 공격성, 자살, 살인 등의 행동특성이 나타난다.

### (2) 상담목표

정신분석상담의 목표는 내담자로 하여금 무의식적 갈등을 의식화시켜서 행동의 동기를 각성·통찰 할 수 있게 하여 의식수준에서 행동할 수 있게 돕는 것이다. 무의식에 근거하고 있는 내담자의 문제행동에 대한 각성과 통찰을 도와서 건설적인 성격으로 변화시킴으로써 잘 적응하는 개인으로서 성장과 발달을 돕는데 있다. 즉, 가능한 한 내담자의 내부갈등을 해결하도록 도와주어 정신건강을 되찾도록 도와주는 것이다.

### (3) 상담과정

- **시작단계**: 상담자와 내담자가 처음 만나는 단계로 상담자는 내담자의 문제를 파악하고 이것을 근거로 정신분석의 여부를 결정하게 되며, 시작단계는 보통 3~6개월 동안 지속된다.

- **전이의 발달 단계**: 상담과정에서 상담자와 내담자가 친밀해지게 되면 내담자는 자신의 무의식적 갈등문제를 표출하게 된다. 이때 그 갈등과 관계되는 어떤 인물에 대한 내담자의 정서적 반응이 상담자를 향해 나타나는데, 이것이 전이현상이다.
- **지속적인 활동단계**: 지속적인 활동단계와 전이분석은 동시에 일어나고 연속적이다. 따라서 전이분석은 여러 번 시도되어야 하고 이런 지속적 연속활동을 정서적 재교육이라고 한다.
- **전이의 해결단계**: 분석의 종결단계로 상담자와 내담자가 처음에 설정한 분석의 주요 목표가 성취되고 전이가 잘 이해되어 모두가 만족스럽게 되면 분석은 종결된다.

### (4) 상담기법

주요 기법은 자유연상법, 꿈의 해석, 저항과 전이의 분석 등이다. 이것들은 내담자가 그의 무의식적 갈등을 자각하도록 돕는 기법이다. 즉, 내담자의 자각을 증진시키고 행동에 대한 지적 통찰을 얻게 하며 증상의 의미를 이해하려는 목적을 갖고 있다.

- **자유연상법**: 내담자가 일상생활에서의 생각이나 상념, 어리석고 사소하며 비논리적이라 하더라도 마음에 떠오르는 것이면 무엇이든지 다 말하도록 하는 것이 자유연상법(free association)이다. 자유연상법은 무의식적 소망, 환상, 동기 등을 해방시키는데 사용된다. 자유연상 중에 상담자는 내담자의 무의식 속에 억압된 정보들을 확인하고 그 정보들을 내담자에게 해석해주어 의식하지 못했던 잠재된 역동성을 이용하여 통찰을 증진시킬 수 있다.
- **해석**: 자유연상, 저항, 꿈 등에서 나타난 내담자의 행동의 의미를 상담자가 지적하고 설명하며 때로는 가르치기도 한다. 해석(ivteretation)의 기능은 자아를 새로운 정보에 동화시켜서 더 깊은 무의식의 정보들을 밝히는 과정을 촉진하는 것이다.
- **꿈의 분석**: 꿈은 잠재적 내용과 표현적 내용의 두 차원이 있다고 본다. 잠재적 내용은 억압된 갈등으로 위장되고 상징적이며 숨겨진 무의식적 동기들로 구성되는데, 그것들은 매우 고통스럽고 위협적이므로 잠재적 내용을 구성하는

무의식적 성욕이나 공격적인 충동들을 꿈으로 변형되어 나타난다. 상담자는 꿈의 분석(dream analysis)을 통하여 꿈의 표현적 내용들에 나타난 상징들을 분석하여 잠재적 내용들을 밝혀야 한다.

- **저항**: Freud는 저항을 참을 수 없는 불안에 대항해서 자아를 방어하려는 무의식적인 역동성으로 보았다. 따라서 저항(resistance)은 내담자가 무의식적 욕구를 표출하는 것을 방해하기 때문에 상담자는 그것을 지적해야 하고 때로는 저항에 직면해야 한다. 상담자가 저항을 해석하는 목적은 내담자가 저항에 대한 원인을 자각하고 그것들을 처리하도록 돕는 데 있다.
- **전이의 분석**: 전이(transference)는 내담자가 중요한 타인과의 해결되지 못한 사건으로 인해 자신의 현재 상황을 왜곡시키고 상담자를 중요한 타인으로 인식하여 상담자에게 반응하는 것이다. 상담자와의 관계에서 내담자는 다시 그의 부모나 중요한 타인에게 느꼈던 거부감과 적대감을 재경험하게 된다. 전이의 분석은 내담자로 하여금 과거의 경향이 현재에 어떻게 작용하는지를 통찰하게 해준다. 즉, 내담자가 현재까지도 고착되어 그의 정서적 성숙을 방해하는 과거의 갈등을 통찰할 기회를 준다.

### (5) 공헌점과 제한점

- **공헌점**: 정신분석상담은 내담자에게 행동을 보는 개념적 구조와 증상의 근원 및 기능을 보는 개념적 구조틀을 제공해준다. Freud는 성격에 대한 최초의 체계적 이론을 수립하고 효과적인 심리치료 방법을 발전시켰으며 치료방법으로서 내담자와의 상담과정에서 전이, 저항, 해석 등을 활용하였으며 불안에 대한 반응으로서의 자아방어기제를 이해하게 해준다.
- **제한점**: 인간의 행동에서 동물적인 본능이나 욕구, 특히 성(sex)의 본능을 강조하였고, 아동기의 경험을 지나치게 강조하는 결정론적 입장이라는 점, 그리고 상담이나 치료하는 데 너무 많은 시간과 경비(돈)가 필요하기 때문에 지역사회의 상담센터나 공적·사적인 봉사기관에서는 활용하기가 곤란하다.

### 3) 인간중심 상담이론

인간중심상담은 칼 로저스(C. Rogers, 1902~1987)에 의해서 창안된 상담방법으로 초창기에는 비지시적 상담(non-directive counseling, 1950년대), 중반기에는 내담자중심 상담(client-centered counseling, 1960년대), 후반기에 와서 인간중심 상담(person-centered counseling, 1970년대 이후)으로 부르고 있다 .이 접근법은 상담이라는 전문적인 활동의 발전에 크게 공헌하고 지대한 향을 끼쳤다. 이에 대한 연구와 임상적 실천을 통해 개발한 기술은 오늘날 각급학교나 병원, 일반 상담소에서 많이 활용되고 있다.

#### (1) 인간관

인간은 누구나 자신의 자유로운 선택에 따라 행복하고 가치 있는 삶을 살 수 있는 가능성을 지니고 있다는 긍정적 입장이다. 인간은 누구나 적당한 환경이 주어지면 스스로 성장할 수 있고 자아실현을 할 수 있는 능력이 있다. Rogers는 인간의 자아는 긍정적 자아개념을 지니고 있으며, 사회적 발달지향적이며, 현실적이기 때문에 부적응 행동이 일어나면 인간은 자기 자신을 향상시키고 유지하는데 도움이 되는 양식으로 자신의 잠재능력을 발전시키는 생득적인 경향이 있어 인간은 자아실현이라는 강력한 동기에 의하여 지배되는 존재이다.

#### (2) 상담목표

인간이 좀 더 자율적이고 자발적이며 자신감을 갖도록 도와주는 데 있다. 개인이 가진 자아개념과 개인 경험 간의 불일치를 없애 자아방어기제를 제거하고 경험에 대한 왜곡을 줄여 자신에 대한 이해를 더욱 잘할 수 있도록 돕는다.

인간중심상담의 궁극적 목적은 충분히 기능하는 인간(fully functioning person)이 되도록 돕는 것이라 할 수 있다(Rogers, 1961; Patterson, 1980). 여기서 기능을 충분히 발휘하는 사람의 특징으로 경험에의 개방성(openness to experience), 실존적 삶(existential living), 유기체적인 신뢰감(organismic trusting), 경험적 자유(experiential freedom), 창조성(creativity)을 들 수 있다.

### (3) 상담과정

① **인간관계의 형성**: 상담자는 내담자의 자아실현 능력을 신임하고, 그의 존재와 모든 표현을 수용하고 이해하며 일치하는 태도를 지니고 내담자가 스스로 변화될 수 있는 인간관계의 조건을 제공한다.

② **인간관계의 유지**: 상담자는 내담자의 실제 경험과 가치조건에 의해 지각된 경험사이의 괴리를 내담자가 스스로 인지하고, 있는 그대로를 수용하며 경험하도록 허용적인 분위기를 조성한다.

③ **상담의 기본 조건에 대한 상담자의 태도**: 상담과정에서 상담자가 내담자와의 상담관계에서 지켜야할 조건으로 진실성, 무조건적 긍정적 관심, 공감적 이해 등이다.

- **진실성(genuineness)**: Rogers는 상담자의 태도로서 진실성 또는 일치성의 조건을 중시하고 있다. 진실성이란 상담 면접 동안에 상담자의 유기적 경험의 모든 면들이 자유롭게 각성될 수 있어서 그의 자아개념이 이 경험들과 일치하는 상태로 설명될 수 있기 때문이다.
- **무조건적인 긍정적 관심(unconditioned positive regard)**: 상담관계에서 상담자가 내담자를 구별하거나 비교·선택하는 과정으로 평가·판단하지 않고 내담자의 모든 면을 있는 그대로 받아들여 소중히 여기고 존중하는 상담자의 태도를 말한다. 즉 진실한 반응을 의미한다.
- **공감적 이해(accurate empathic understanding)**: 상담과정에서 상호작용하는 동안 내담자의 경험과 감정, 상담의 과정 순간에서 내담자를 민감하고 정확하게 이해하는 노력을 말한다.

### (4) 상담기법

인간중심 상담기법은 적극적 경청, 감정의 반영, 명료화이다.

- **적극적 경청**: 상대방의 생각과 감정을 이해할 마음으로 경청하는 것이다. 즉, 말하는 사람의 이야기를 비판이나 판단없이 그대로 수용하고 그 사람의 감정을 진심으로 이해하려고 노력하는 태도로 의사소통에 참여하는 것을 말한다. 경청(listening)은 상대방의 언어적·비언어적 의사소통을 지각하고 실제적으로 총체적인 메시지에 응답하는 과정을 포함한다.

- **감정의 반영**: 내담자의 감정에 대한 명확한 파악을 포함하여 내담자 진술을 반복하여 말하고 재표현하는 것이다. 감정의 반영(reflection)은 언어로 표현하는 것이므로 내담자를 이해하지 못하면서 공감한 것처럼 감정반영 기법을 사용할 수 있다. 따라서 감정을 반영할 때는 현재 시제를 사용하면서 현재 감정에 초점을 두며, 감정을 명확하고 간결하게 요약하여 혼재된 감정을 반영해 주어야 한다.
- **명료화**: 명료화(clarification)란 내담자가 호소하는 문제의 내용과 의미를 분명히 밝히고 상담에서 다룰 문제의 내용을 명확하게 하는 과정이다. 즉, 내담자의 대화내용을 분명히 하고 내담자가 표현한 바를 상담자가 정확히 지각하였는지 확인하는 대화기술로 내담자가 전달하는 메시지를 잘 이해하지 못했을 때, 내담자가 표현한 내용을 보다 정교하게 이해하고자 할 때, 상담자가 파악한 내용의 정확성 여부를 직접 점검하고 싶을 때 활용한다.

### (5) 공헌점과 제한점

- **공헌점**: 인간중심상담은 내담자에게 능동적인 자세를 갖게 하여 자신의 치료와 과정을 제시해 나갈 책임을 지도록 한 것이다. 상담과정에서 내담자가 중요한 결정을 하는 사람으로 인정한다는 점과 상담자의 기술보다 상담자의 태도와 내담자와의 관계를 중요시하며, 내담자를 신뢰하고 존중함으로써 내담자는 문제에 대해 스스로 결정하고 성장하여 자신의 가치와 목표를 선택할 수 있다.
- **제한점**: 일부 상담자들은 내담자가 도전을 하도록 격려하지 않고 무조건 지지를 해주는 경향이 있으며, 상담자가 내담자 중심적으로 되어서 상담자 자신의 인간성과 독특성을 상실할 수 있다는 것이다. 즉, 상담자가 인간으로서 자신의 능력이나 가치를 감소시키고 내담자에게만 초점을 둘 수도 있다는 것이다.

## 4) 행동주의 상담이론

행동주의 상담의 접근은 인간의 행동을 설명하기 위해 전통적으로 사용해 왔던 내적 동기, 욕구, 충동과 같은 개념들을 거부하고 겉으로 표출된 행동 그 자체를 중요시하는데서 출발한다. 인간의 행동은 모두가 학습된 것이며, 학습과정을 통해 변화시킬 수 있다고 전체하는 것이 행동주의 상담이론이다. 이상행동이나 문제행동도 정상에서 이탈된 질환으로 보기보다는 학습경험의 잘못으로 생각하려고 한다. 행동주의 상담은 학습이론에 기초하여 내담자로 하여금 이전의 바람직하지 못한 행동을 버리고 새롭고 보다 적응적인 행동을 학습하는 것을 돕는 것을 주목적으로 하고 있다. 따라서 상담가는 일종의 학습전문가, 또는 교사의 역할을 하게 된다.

### (1) 인간관

인간은 사회·문화적 조건형성에 의해 결정되어지고 형성되어진다. 인간의 모든 행동은 학습된 것이다. 따라서 학습원리를 통해 인간의 행동을 파악할 수 있다. 인간은 선하지도 악하지도 않고 모든 행동을 할 수 있는 경험적 존재이다. 바람직하지 않은 부적응 행동 내지 이상심리는 행동수정, 즉 재조건화 내지는 재학습에 의해서 교정될 수 있다.

### (2) 상담목표

행동주의 상담은 내담자에게 부적절한 학습을 제거하고 바람직한 학습경험을 제공하는 과정이라 할 수 있다. 행동주의 상담의 일반적인 목적은 크게 다섯 가지를 생각할 수 있다(Geoge & Cristiani, 1981). 첫째, 내담자의 부적응 행동을 변화시킨다. 둘째, 내담자를 도와 효율적인 의사결정과정을 학습하게 한다. 셋째, 앞으로 일어날 문제를 예방한다. 넷째, 내담자가 요구하는 구체적인 행동상의 문제를 해결한다. 다섯째, 일상생활에 전이될 수 있는 행동변화를 이룩한다.

### (3) 상담과정

① 변화시키고자 하는 행동을 밝혀내고 이것을 행동적 용어로 서술한다.
② 변화를 원하는 목표행동의 기초선을 설정한다.
③ 목표행동이 일어날 수 있도록 상황을 구성한다.
④ 내담자가 강화될 수 있는 자극이나 사건들을 밝혀낸다.

⑤ 원하는 목표행동의 성취나 그 행동에 접근하는 행동을 강화한다.
⑥ 목표행동으로의 변화를 기록함으로써 치료절차의 효과를 평가한다.

### (4) 상담기법

- **체계적 둔감법**: 우선 불안을 일으키는 자극을 행동적으로 분석하고 불안상황의 위계를 작성한 다음 이완절차를 학습시키고 상상적인 장면을 통해 치료하는 방법이다. 상황의 설정은 가장 위협이 적게 느껴지는 상황에서부터 가장 위협적인 상황으로 옮겨가는 식으로 제시된다. 불안을 야기시키는 자극은 그런 자극과 불안 반응간의 관계가 소거될 때까지 이완훈련을 하면서 반복해서 치료된다(Wolpe, 1958; 1969). 체계적 둔감법은 행동주의 상담에서 가장 널리 쓰이며 임상적으로 검증된 기법으로 일차적으로 불안이 원인이 된 부적응 행동이나 회피행동에 적용한다.
- **자기주장훈련**: 내담자가 어떤 상황에서 주장적으로 행동할지를 선택할 수 있도록 하기 위해 행동목록을 증가시키고 자신의 느낌, 생각, 신념, 태도를 표현할 수 있도록 한다. 사회기술이 부족한 사람들에게 인간관계에서 상호작용을 성공적으로 이끌어가는 방법을 가르쳐주도록 고안되었으며 주장훈련의 여섯 가지 임상적 전략은 교시, 피드백, 모델링, 행동연습, 사회적 강화, 과제이다.
- **혐오치료법(version therapy)**: 바람직하지 못한 행동에 혐오스런 자극을 연합시켜서 행동을 수정하는 방법이다. 예를 들면, 알콜 중독자에게 술을 마실 때마다 먹으면 속이 메스꺼운 약을 먹도록 하면 술과 메스꺼운 증상이 짝지어 여러 번 반복되면 점점 술이 메스꺼운 증세를 일으키게 되어 술을 멀리하게 된다. 혐오자극은 실물 대신 그림, 슬라이드, 비디오 등을 활용하는 경우가 많다.
- **토큰강화(token reinforcer)**: 그 자체로는 강화력이 없으나 강화가 되는 자극과 짝지어져 제공됨으로써 강화력을 갖게 된다. 예를 들면, 아이가 휴지를 주울 때마다 아이가 좋아하는 쵸콜릿을 주면 쵸콜릿과 휴지줍기가 짝지어져서 강화력을 갖게 된다. 이 때 쵸콜릿은 그 자체가 강화력을 갖게 되는데, 이런 자극을 '제1차 강화(primary reinforcer)'라고 하며, 강한 자극과 교환할 수도 있고 모을 수 있는 강화자극을 '토큰강화'라고 한다. 토큰강화는 직접적인 보

상 대신에 별표나 스티커 등의 상징적인 표나 점수를 주게 되면 강화력을 갖게 된다.

- **행동시연**: 내담자가 실생활에서 행동하기 어려운 구체적 장면에 대해 역할연기를 반복적으로 연습하게 한다. 역할연기는 내담자에게 현실적 장면이나 극적인 장면을 통하여 역할행동을 시키고 그것을 시연시킴으로써 이상행동을 적응행동으로 바꾸는 기법이다.

#### (5) 공헌점과 제한점

- **공헌점**: 행동주의 상담은 구체적인 것에 초점을 맞추고 상담기법의 적용에 있어서 체계적인 방식을 취함으로써 상담분야에 공헌을 하였다. 상담자가 상담하면서 적용할 수 있는 다양한 기법들이 있기 때문에 행동주의 상담에서 상담자는 내담자가 자신의 행동을 변화시키려고 행동계획을 구성하는 것을 돕기 위해서 다양한 행동전략을 사용한다. 특히 행동기법은 불안, 공포행동, 대인관계 문제, 약물복용, 성인의 정신병적 행동, 아동과 청소년의 문제를 치료하는데 효과적으로 사용되어 왔다(Spiegler, 1983). 행동치료는 단기간에 효과적인 상담이 가능하고 내담자에게 구체적인 치료목표를 명세화하도록 한다.
- **제한점**: 상담과정에서 너무 감정과 정서를 무시하는 경향으로 내담자를 격려하지 못하며 상담자들은 문제해결이나 상황의 처치만을 지나치게 강조한다는 것이다.

### 5) 합리적-정서적 상담이론

엘리스(Ellis)는 정신분석 치료자로서 그가 받은 훈련이 내담자를 치료하는데 부적합하다는 것을 발견하고 합리적-정서적 상담(Rational-Emotive Therapy: RET)을 발달시켰다. RET의 기본 가정은 인간의 정서는 신념, 평가, 해석, 그리고 삶의 상황에 대한 반동에서 나온다는 것이다. RET를 통해서 내담자는 그가 가졌던 비합리적인 신념을 확인하고 논박을 통해서 효율적이고 합리적인 인지방식으로 대치할 수 있는 방법을 배우며 그 결과 상황에 대한 정서적 반응을 바꾸게 된다. 상담의 초점을 감정을 표현하는 것보다 생각하고 행동하는 것에 맞춘다. 치료자의 역할은 교사와 비슷하며 내담자는 학습자와 같다.

### (1) 인간관

인간은 합리적 사고와 왜곡된 사고를 할 수 있다고 보았다. Ellis(1984c)는 인간은 자기와 대화할 수 있고 자기를 평가할 수 있으며 자기를 유지할 수 있는 존재라고 결론지었다. 인간은 단순한 선호(사랑, 인정, 성공에 대한 소망)에서 정서적·행동적 장애를 일으키며 그것들을 무서운 욕구로 생각한다. 그는 인간은 선천적으로 성장과 자기실현의 경향성을 타고 나지만, 이런 타고난 경향성이 잘못된 생각이나 학습된 자기패배적 경향에 도전할 능력을 갖고 있다고 보았다. 인간은 근본적으로 불완전한 존재이다. 인간이 완벽성을 추구할 때 당위성을 갖게 되는데, 이런 당위성은 대체로 비합리적인 신념이다. 비합리적인 신념의 뿌리를 두고 있는 세 가지 당위성, 즉 자신에 대한 당위성(I must), 타인에 대한 당위성(Others must), 조건에 대한 당위성(Conditions must)이다. 그리고 Ellis(1962)가 제시한 정서장애의 원인이 되고 유지시키는 비합리적 생각은 다음과 같다.

① 알고 있는 모든 의미 있는 사람들로부터 인정받고 사랑받는 것이 필연적이라는 생각
② 자신이 가치 있는 사람이려면 모든 측면에서 철저하게 능력이 있고 성취적이어야 한다는 생각
③ 인간의 불행은 외적인 사건에서 비롯되었고 사람들은 자신의 슬픔과 장애를 통제할 능력이 없다는 생각
④ 일이 자기가 원하는 대로 되지 않을 때 그것은 끔찍하고 파국적이라는 생각
⑤ 어떤 사람은 나쁘고 사악해서 그런 사악함 때문에 가혹하게 비난받고 처벌받아야 한다는 생각
⑥ 문제의 완전한 해결책은 항상 있으며 만약 이런 완전한 해결책을 찾지 못하면 파국이라는 생각

### (2) 상담목표

내담자의 자기 패배적인 신념을 극소화시키고 삶에 대해 보다 현실적이고 너그러운 철학을 갖게 하는 것이다(Ellis, 1984). 즉, 자기 패배적인 인생관을 없애고 합리적인 인생관을 획득할 수 있도록 돕는 것이다.

### (3) 상담과정

#### ❶ ABCDE전략

RET의 기본 가정은 정서장애(후회, 감정의 좌절, 슬픔, 고통 등)는 주로 비합리적 사고의 산물이다. 합리적 사고를 하는 사람은 일어난 사건에 대해서 합리적인 해석을 하기 때문에 바람직한 정서적·행동적 결과를 초래한다. 그러나 비합리적 사고를 하는 사람은 일어난 사건에 대해서 비합리적인 해석을 하기 때문에 바람직하지 못한 정서적·행동적 결과를 초래하게 된다. 즉, 인간은 정서적·행동적 결과에 영향을 미치는 원인은 사건보다는 신념체계가 더 중요하다는 것이다. 여기서 A는 활성화된 사건(Activating events), B는 '신념체계'(Belief system), C는 정서적·행동적 결과(Consequences)이다. 여기서 B는 A에 대한 개인의 신념으로써 C, 즉 정서적·행동적 결과의 원인이 된다. 예를 들면, 어떤 사람이 이혼 후에 우울증을 겪는다면, 그것은 이혼 자체가 우울증을 일으킨 것이 아니라 그가 자신의 삶이 실패했다고 생각하고 배우자에게 거부당했으며 사랑을 잃었다는 잘못된 신념이 우울증을 유발했다는 것이다. 엘리스는 거부당하거나 실패했다는 신념(B)이 우울증을 일으키는 것(C)이지 이혼한 그사건 자체(A)가 우울증을 일으키는 것이 아니라는 것이다. 따라서 인간은 자신의 정서반응이나 장애에 대한 책임을 져야 한다. 정서장애를 일으키는 비합리적 신념을 어떻게 바꿀 수 있는가를 보여주는 것이 RET의 핵심이다(Ellis, 1984).

A-B-C 다음은 논박(Dispute)이다. 논박은 내담자의 비합리적 신념을 바꾸도록 돕는 방법으로 논리적 원리들이 제시되며 이 원리들은 비합리적인 신념들을 깨뜨리는데 사용된다.

D 다음은 논박결과(Effect)이다. E는 자기파괴적 생각에서 벗어나서 보다 합리적인 인식과 현실적인 생각, 자신과 타인 또는 피할 수 없는 일상사에서의 좌절에 대해 보다 폭넓은 수용이 이루어지는 단계이다. 이혼에 대해 자신을 자책하는 대신에 "내가 결혼생활을 성공적으로 수행하지 못해 이혼한 것은 유감이지만 이혼이 내 인생의 끝장은 아니기 때문에 계속 나 자신을 책망하고 이혼의 책임을 전적으로 내가 수용하는 것은 어리석다."고 생각하게 된다. 따라서 상담의 결과 우울증과 자기경멸의 감정이 제거된다는 것이다.

### (4) 상담기법

RET에서는 인지적·정서적·행동적 기법을 내담자 개개인에 맞추어 다양하게 사용한다. 이 접근법은 매우 실용적이며 적용하기에 좋은 기법으로 입증되었으며 내담자를 포기하지 않고 적절한 결과로 이끄는 기법이다. 다음에 제시하는 것들은 엘리스(Ellis, 1984)에 의해 구체화된 인지적·정서적 기법을 간략히 요약한 것이다.

① **인지적 기법**: 비합리적 신념에 논박하기, 인지적 과제, 자신의 말을 바꾸기

- **비합리적 신념에 논박하기**: 상담자가 내담자의 비합리적 신념을 논박하고 논박을 통해 합리적인 신념으로 바꿔주는 것이다.
- **인지적 과제**: 내담자에게 과제를 주는데 이것은 내담자의 내면화된 자기 메시지의 일부인 추상적인 "당위성들(should, must)"를 제거시키는 것이다. 에를 들면 '나는 완벽해야만 해.'라는 당위성을 가진 사람이 타인들 앞에서 실수하지 않을까하는 두려움 때문에 불안해 할 경우, 그에게 '내가 실수를 하면 사람들은 나를 경시할거야'를 '나는 실수할 수도 있어. 인간은 누구나 완벽할 수는 없는거야'라는 긍정적인 메시지로 과제를 준다. 이런 과제들을 통해서 내담자는 비합리적인 신념에 도전하여 결국은 합리적인 신념으로 바꿀 수 있다.
- **자신의 말을 바꾸기**: RET에서는 명백하지 않은 언어를 사고과정의 장애의 표현이라고 주장한다. 내담자는 "해야 한다(should, must, ought)"를 "하고 싶은(preferable)"으로 대치하는 법을 배운다. "만약 ~한다면 두려울거야"를 "만약 ~한다면 불편할꺼야"로 대치함으로써 자신의 언어유형을 바꾸고 새로운 자기 진술을 함으로써 내담자는 다르게 생각하고 행동하게 된다. 따라서 내담자의 비합리적인 신념이 합리적인 신념으로 바뀌지게 된다.

② **정서적 기법**: 합리적-정서적 이미지, 역할놀이, 부끄러움-공격연습

- **합리적-정서적 이미지**: 내담자가 습관적으로 부적절한 감정을 느끼는 상황에서 활발하게 상상하도록 격려된다. 그는 이런 감정들을 적절한 감정으로 변화시키기 위해 활발히 작업하며 그 결과로 행동이 바뀌게 된다.
- **역할놀이**: 내담자는 어떤 상황에서 야기되는 어떤 행동을 연출한다. 불쾌한 감정과 관련된 중요한 비합리적인 신념을 통해 작업하면 결국 비합리적

인 신념에 도전하게 되고 합리적인 신념으로 바뀌게 된다.

- **부끄러움-공격연습**: 내담자가 타인들이 자신을 어떻게 생각할까 하는 것 때문에 두려워하게 되므로 어떤 것을 과감히 해보는 과제를 하도록 하면 내담자는 과제를 수행함으로써 다른 사람들이 자신의 행동에 그렇게 많이 관심을 갖고 있지 않다는 것을 발견하게 된다.

### (5) 공헌점과 제한점

- **공헌점**: RET는 내담자에게 자신의 많은 결정과 가치들에 대해 합리성을 검토하도록 하고 새로 획득한 통찰을 행동으로 옮기는 것을 강조한다는 것이다. 예를 들면 과제기법을 통해서 내담자가 새로운 행동을 실제로 연습하고 재조건 형성하도록 그들을 돕는데 적합하다. 그리고 포괄적이고 절충적인 치료를 강조하는 점인데, 이 상담은 인지적, 정서적, 행동적 기법들을 사용하여 내담자의 인지구조를 바꾸어서 그의 정서와 행동을 변화시키는데 사용할 수 있다. 또한 내담자의 과거에 불행했던 사건의 무기력한 희생자가 아니라는 것이다.
- **제한점**: RET는 상담자는 내담자들의 과거의 사건이나 개인사를 듣지 않으려고 하고 내담자의 문제에 대해 길게 이야기하도록 격려하지도 않는다는 것이다. 과거의 어떤 사건은 현재의 문제와 연관되어 있기 때문에 때로는 내담자가 자신의 과거를 자각하고 수용함으로써 미결된 갈등을 해결할 수도 있을텐데, RET에서는 너무 장기적이고 의미 있는 변화를 이루기 어렵다고 보기 때문에 상담자는 매우 직면적이고 지시적인 역할을 하게 되어 많은 내담자들은 상담자와의 관계에서 신뢰감이나 존중감이 형성되기도 전에 성급한 직면을 하게 되면 두려워할 수 있고 그로 인해서 상담 도중에 그만둘 수도 있다는 점이다. 그리고 미숙한 상담자는 상담을 훈시나 충고로 내담자를 치료할 수 있다는 위험한 생각을 할 수 있다는 것이다.

CHAPTER 10

# 진로교육

## 01 진로교육의 기초

### 1) 진로교육의 개념

진로란 직업을 포함하여 개인이 일생 동안 하는 일 전체를 포괄하는 개념으로 인식하게 되었다. 진로교육은 학자에 따라 다양하게 정의되고 있다. 베일리와 스타트(Bailey & Stadt, 1973)는 진로교육을 '개인이 만족스럽고 생산적인 삶을 누릴 수 있도록 진로에 대한 방향을 세우고 선택하며, 그에 대한 준비를 하고 선택한 진로에 들어가 계속적인 발달을 꾀할 수 있도록 돕기 위해 제공되는 일체의 경험'이라고 정의하였다. 한편 김충기(1986)는 진로교육을 '넓은 의미의 직업교육이며 직업적성교육으로서 개인이 자신의 진로를 합리적으로 인식하도록 돕는 인간교육이다.'라고 정의하고 있다.

이러한 관점들을 종합적으로 살펴보면, 진로교육이란 청소년들이 자신의 적성, 흥미, 능력에 따라 적합한 진로를 찾고, 그에 필요한 지식과 기능, 태도를 배워서 적응과 발달을 꾀하도록 돕는 종합적인 교육활동이라고 볼 수 있다.

### 2) 진로교육의 필요성

진로교육이 필요하게 된 배경으로 우선 산업화·공업화로 인한 기술·기능 인력의 필요와 교육의 기회증대, 산업기술의 발달 및 전반적인 직업교육의 발전 등을 들 수 있다. 급격한 공업화로 인해 19세기 후반부터 급성장한 미국은 20세기에 이르러 고도경제성장을 하게 되었다. 광대한 영토와 풍부한 자원, 노동이민의 3가지 요건은 미국을 탄탄한 경제대국으로 만들어 주었으며, 이 같은 경제성장은 중등교육의 대중화를 촉진시켰다. 자연히 학생들은 적성, 능력, 개성 면에서 그전보다 다양해졌으며, 그에 따라 교육에 대한 요구 역시 다양해지게 되었다. 또한 고도의 산업화는 '부익부 빈익빈'의 자본주의적 모순을 노출시킴으로써 계층 간의 갈등을 야기시켰다. 따라서 자녀들의 보다 나은 미래를 위해 부모들은 자기 자녀에게 적합한 진로를 선택하는 일에도 신경을 쓰게 되었다.

#### (1) 개인적 측면에서의 필요성

① 학생들에게 일과 직업세계에 관련된 자아인식의 능력을 길러주지 못하고 오로지 주입식 주지교육(主知教育)에만 치우쳐 있어 사회 및 직업생활 준비의 적응문제가 심각하다.

② 복잡다양한 일과 직업의 종류 및 본질에 대한 객관적 이해가 필요한 데 비하여, 학교교육은 이에 대하여 아무런 대책이나 역할도 하지 못하고 전통주의를 벗어나지 못하고 있다.

③ 학생들에게 일과 직업에 대한 올바른 가치관이나 태도 및 윤리의 형성이 요구된다.

④ 학생들이 인생의 목표설정과 직업선택에 있어서 유연성과 다양성을 결여하고 있다.

⑤ 학교교육에서 교과위주의 주입식 교육과 대학입시를 겨냥한 학력위주의 교육은 점수 따기 경쟁만을 조장하여 학생들이 소신을 가지고 자기의 생애목표를 달성하는 데 큰 장애요인으로 지적되고 있다.

⑥ 개인의 가정여건과 능력을 고려하지 않고 무조건 고학력만을 선호하여 개인적으로 물심양면의 손해를 보고 있다. 즉, 분수에 알맞지 않은 선택에 문제가 있다.

### (2) 국가 · 사회적 측면에서의 필요성

① 진로교육이 학교에서 실시됨으로써 사회와 국가발전에 필요한 다양한 인력의 균형된 개발을 유도하는 데 기여한다.
② 과열과외 및 재수생 누적에 대한 문제해결의 방편이 될 수 있다.
③ 무직 청소년 문제를 해결하기 위한 묘안이 될 수 있다.
④ 국민들의 직업수행에 있어서 생산성과 적응이 긍정적으로 고양(高揚)될 수 있다.
⑤ 적재적소에 알맞은 인재를 양성함으로써 건전한 직업인이 될 것이며, 따라서 개인적·사회적 욕구를 만족시켜 줄 수 있다.
⑥ 누구나 타고난 재능을 유감없이 발휘하여 선택한 직업에 만족하고 보람과 긍지를 느끼며 행복한 인생을 누리면서 자아실현에 이를 수 있다.
⑦ 가치관 및 직업윤리관 교육을 통하여 장래의 원만한 직업생활과 성공적인 자아상을 정립하여 충분한 인생을 즐기며 복지사회 건설에 이바지할 수 있다.

## 3) 진로교육의 목표

진로교육은 개인이 장래 자신의 진로를 현명하게 선택하고, 적응하여 삶을 행복하게 영위해 가도록 돕는 교육으로 다음과 같은 일반목표를 제시한다.
① 학생 개개인의 적성·흥미·능력·인성 등을 정확히 이해한다.
② 현대산업사회의 정치·경제·사회적 측면에서 요구되는 복잡다양한 직업의 세계를 이해시키고 순응하도록 한다.
③ 학생 개인별로 적합한 진로계획을 수립하고 가정배경과 사회·경제·문화적 요인을 고려하여 능력에 따르는 진학 또는 취업에 필요한 지식과 기능과 기술 등을 습득하도록 한다.
④ 일과 직업에 대한 건전한 가치관이나 태도, 즉 직업윤리를 형성하도록 한다(한국교육개발원, 1982).

### (1) 초등학교 진로교육의 목표

① 학생 개개인의 소질, 흥미를 발견한다. 또한 자아에 대한 이해를 높이고 긍정적인 자아개념을 형성하도록 돕는다.

② 지역사회의 각 산업체 및 여러 기관·단체들이 하는 일에 대한 이해를 통하여 모든 직업이 똑같이 소중함을 인식시킨다.
③ 자신의 행동이나 생애에 책임을 져야한다는 인식을 강화시킨다.
④ 의사결정 능력의 신장과 협동적인 사회행동의 학습을 전개한다.
⑤ 직업의 중요성을 인식시켜 장래의 직업인으로서의 포부를 갖도록 한다.
⑥ 초등학교 학습과정은 진로의 인식단계임을 이해시킨다.

### (2) 중학교 진로교육의 목표

① 학생 자신의 능력·적성·흥미·성격에 대한 정확한 이해를 통해 자아개념을 구체화 시킨다.
② 개인은 직업을 통하여 사회에 공헌할 수 있음을 인식시킨다.
③ 자기탐색을 통하여 자신의 진로를 스스로 계획하고 추진해 나갈 수 있는 진로계획을 잠정적으로 수립한다.
④ 장래의 잠정적인 진학 및 작업계획의 수립을 위한 탐색작업을 전개한다.
⑤ 경제구조, 즉 생산과 분배, 소비에 대한 기본개념, 일의 사회적 의미, 금전관리의 원리를 이해할 수 있는 경제체제에 대한 이해와 탐색을 시도한다.
⑥ 수준 높은 의사결정 능력의 신장과 사회적으로 책임 있는 행동과 보다 성숙한 사회적 관계를 신장시켜 나간다.
⑦ 바람직한 직업선정 조건을 이해하고 탐색한다.
⑧ 중학교 학습과정은 진로의 탐색단계임을 이해시킨다.

### (3) 고등학교 진로교육의 목표

① 자신의 적성·포부·능력·가치 및 여러 가지 교육적·문화적 환경여건을 고려하여 보다 구체적인 미래의 진로계획을 수립한다.
② 진학 또는 직업에 필요한 정보, 즉 진로정보를 폭넓게 수집, 분석하여 자신에게 적합한 직업 및 학교를 선정하고 이를 위해 계속 준비한다.
③ 의사결정능력과 문제해결능력을 보다 구체화하여 이 능력을 진로계획 수립에 활용하도록 한다.

④ 직업별 직업구조의 변화, 즉 직업별로 요구되는 교육의 정도·내용·전망 등에 대하여 이해를 한다.
⑤ 건전한 직업관과 직업윤리를 형성하고 긍정적인 가치관 수립에 노력한다.
⑥ 졸업 후에 개인이 처할 새로운 환경, 즉 미래의 개인적·직업적 생활의 방향을 세우고 책임을 이행하도록 한다.
⑦ 고등학교 학습과정은 진로의 준비단계임을 이해한다.

## 4) 진로교육의 내용

### (1) 일반적인 내용

진로교육의 일반적인 내용은 다음과 같다.
① 직업적 역할과 자아인식
② 일의 세계에 대한 인식
③ 일에 대한 적극적이고 긍정적인 태도 함양
④ 의사결정능력의 함양
⑤ 원만한 인간관계와 기술습득
⑥ 일과 직업의 경제적 측면 이해
⑦ 교육과 일의 세계와의 관계 인식
⑧ 가정·학교·지역사회에서의 연계체제 수립
⑨ 계속교육의 강조

### (2) 발달 단계에 따른 내용

진로발달 단계에 따른 학교급별 진로교육의 구체적인 내용을 보면 다음과 같다.

- **진로인식단계(career awareness)**: 진로인식단계는 주로 초등학교 고학년 수준에서 이루어지며 그 내용은 일의 고마움(가족과 이웃사람들이 하는 일에 대한 고마움 인식), 일의 세계(일의 목적과 소중함, 직업의 다양함, 산업과 직업), 나의 소질(나의 흥미 발견, 소질과 직업과의 관계), 장래의 계획(존경하는 인물, 장래포부의 성취방법) 등을 다루고, 일의 태도, 직업인에 대한 존경심을 기른다.

- **진로탐색단계(career exploration)**: 이 단계는 중학교교육수준의 시기로서 자신의 능력 및 적성에 대한 이해, 산업 및 직업분류, 현대사회와 직업관계, 직업생활을 위한 준비로서의 교육, 장래의 잠정적인 직업계획 수립, 진학 및 직업 준비, 직업의 의미와 필요성, 바람직한 직업 선정의 조건 등을 이해하고 탐색하도록 한다. 수업진행 과정에서 수행되어야 할 내용은 청년기의 특징·직업관·직무분석 및 전망·직업윤리교육과 잠정적인 진로계획 수립 등 다양한 직업의 세계와 직업군(occupational cluster)의 탐색이 주요활동 내용이다.
- **진로준비단계(career preparation)**: 이 단계는 고등학교교육수준의 과정으로서 학생들로 하여금 그들이 잠정적으로 선택한 직업군을 통하여 취업하는 데 필요한 능력을 키울 수 있는 방법과 기술을 습득한다. 고등학교 과정은 대학진학과 취업준비로 갈라지는 매우 중요한 전환점으로서, 대학에 진학하는 학생은 진학에 필요한 전공학과 선택과 대학선택에 유용한 방법을 모색하고 공통적으로 직업세계의 변화와 직업선정에 관해 계속 탐색해 갈 필요가 있다. 대학에 가지 않는 학생은 직업에 필요한 특정기술과 지식을 습득하게 하여 직업훈련계획을 세우고 직업에 대한 긍정적 태도를 발전시켜 준다. 구체적인 진로계획안을 세우고 작성하도록 하며 직업관 및 직업윤리에 관한 지식을 습득하여 올바른 직업관 형성을 이룩하도록 학습한다.

## 02 진로발달 이론

진로발달 이론은 50여 년을 넘지 않은 전문성에 있어서 비교적 새로운 분야이다. 진로발달에 대한 이론과 접근 방법은 학자에 따라 다양하게 분류되고 있다. 카운슬러가 효과적인 진로상담을 하기 위해서는 우선 진로발달(career development) 이론에 정통해야 하고, 문제의 성격에 따라 적합한 이론을 선택하여 상담에 활용해야 한다. 허와 크래머에 따르면 진로발달 이론은 5가지로 분류하고(Herr & Crammer, 1972), 깁슨과 미첼(Gibson & Mitchell, 1990) 등은 진로발달 이론을 과정이론, 발달이론, 성격이론, 기회이론으로 분류하고 있으며, 조지와 크리스티아니(George & Cristiani, 1981) 등은 특성요인 이론, 구조이론, 발달이론, 의사결정이론 등으로 분류하고 있다. 우리나라의 경우에는 아직 진로발달에 관한 연구가 없이 미국 학자들의 이론을 답습하는 정도에 그치고 있다. 한편 준커(Zunker, 1998)는 특성요인 이론, 발달이론, 욕구접근, 유형접근, 진로선택의 사회학습이론, 인지적 정보처리 과정, 진로발달의 분화이론, 진로발달의 기타 이론 등 8가지로 구분하고 있다. 여기에서는 준커의 분류에 근거하여 각 진로발달 이론들을 정리하고자 한다.

## 1) 특성요인 이론

특성요인 이론(trait-factor theory)은 생의 어느 특정한 시기에 의사결정을 하려고 할 때 도움을 줄 수 있는 이론으로서, 개인차 심리학과 응용심리학에 근거를 두고 있으며 대표적인 이론가로는 파슨스(Parsons, 1909), 윌리엄슨(Willamson, 1950), 헐(Hull, 1928) 등이 있다.

특성요인 이론에서는 개인의 특성에 대한 객관적 자료와 직업의 특성에 관한 자료를 중시하고 있다. 즉, 개인의 적성, 지능, 사회경제적 지위, 흥미, 가치관, 성격 등에 관한 과학적인 자료를 개인에게 제시해주고 직업의 특성에 관한 자료를 제시해주어 가장 합리적이고 현명한 선택과 결정을 하도록 조력하는 것을 중시하고 있다.

특성요인 이론은 주로 심리검사를 통해 개인의 특성을 평가하는데, 이러한 측정도구에서 얻어진 정보의 예언타당도가 낮다는 문제점을 갖고 있다. 왜냐하면 개인이 갖고 있는 여러 가지 특성 중에서 어느 것을 우선적으로 고려하느냐에 따라 직업선택이 달라질 수 있기 때문이다. 따라서 검사를 통해 얻은 정보를 직업선택 시에 참고로 하는 정도에 그쳐야 한다.

특성요인이론은 한때 심리검사의 개발과 세계대전의 발발로 상당한 각광을 받아 왔고 현재도 진로지도에 공헌하는 바가 큰데, 특히 직업선택에서 적성을 고려하도록 하였다는 사실이 주요 공헌점으로 평가되고 있다. 그러나 이론적 공헌도 못지않게 한편으로는 많은 결함을 내포하고 있기도 하다. 특히 개인이 특정 직업에 성공할 확률을 예측하는 예언타당도가 극히 낮다는 점이다(이정근, 1989). 특성요인 이론가 중 한 사람인 윌리엄슨(1939)은 검사의 결과는 개인차를 평가하기 위한 한가지 수단일 뿐이고, 직업경험과 일반적인 배경과 같은 자료들이 진로상담 과정에 있어 더 중요한 것이라고 주장하고 있다(Zunker, 1998).

## 2) 발달이론

특성요인 이론이 직업선택을 일회적인 행위로 간주하였다면, 발달이론에서는 진로발달을 생애의 전 과정에 걸쳐 발생하는 것으로 가정하고 있다.

이 이론의 대표적인 학자로는 긴즈버그(Ginzberg, 1951), 슈퍼(Super, 1957), 크리티스(Critis, 1979), 고트프레드슨(Gottfredson, 1981) 등이다.

### (1) Ginzberg의 진로발달 이론

긴즈버그(Ginzberg, 1972)는 의사결정과정에서 이루어지는 초기 결정의 중요성을 계속해서 강조하고 있다. 긴즈버그와 동료들(1951)은 직업선택이란 6년에서 10년에 걸쳐 발생하는 발달적 과정으로, 대략 11살에 시작되어 17살이나 초기성인기에 끝나는 것으로 결론지었다. 이 기간은 환상적 단계, 시험적 선택단계, 그리고 현실적 단계의 3단계로 구분할 수 있다(Zunker, 1987).

긴즈버그의 이론은 진로지도에 필요한 개인의 직업적 성숙도와 규준을 제공함으로써, 직업선택 과정에서 각각 단계별 문제발견과 지도에 도움을 줄 수 있다는 장점이 있다. 그러나 긴즈버그가 실시한 경험적 연구의 결과는 여성과 소수민족, 그리고 도시나 농촌의 빈민층이 제외되었다는 표본상의 문제점 때문에 연구결과를 일반화할 수 없는 제한점을 지니고 있다(Osipow, 1983).

반면, 나이 많은 학생에 대한 자료가 없다는 것과 직업선택에 관련된 기존의 연구결과를 충분히 검토하지 않았다는 단점도 지니고 있어서(이정근, 1988), 연구의 결과를 적용시키는데 한계가 있다(Osipow, 1983). 또한 이 연구의 결론은 동일표집 이외에는 항상 적용되는 것이 아니라는(Zunker, 1986) 비판도 받고 있다. 물론 긴즈버그(1984)도 직업선택이 생애 과정이며, 개인의 일이 생활과 시·공을 함께 한다는 점을 강조하여 '직업선택은 그들의 일로부터 주된 만족을 추구하는 사람들을 위한 전 생애의 의사결정 과정이다.'라고 생애발달적 개념으로 확대시켰다.

**표 10-1 | 긴즈버그의 발달시기**

| 시기 | 연령 | 특성 |
|---|---|---|
| 환상기 (fantasy) | 아동기 (6~11세 이전) | 초기단계에서 놀이중심(환상 속에서 비현실적인 선택) 이 단계 후반에서 놀이가 일 지향이 됨. |
| 잠정기 (tentative) | 청소년 초기 (11~17세) | 작업요구 수준 즉 관심, 능력, 작업보상, 가치관 그리고 시간전망에 대한 점진적 인식으로 특징되는 과도기적 과정 |
| 현실기 (realistic) | 청소년 중기 (17세~성인초기) | 능력과 관심의 통합, 가치관의 발달, 직업선택의 명료화, 직업유형의 정형화 (긴즈버그는 약 20년 후에 이론의 일부를 수정하였는데, 개인의 진로선택은 생애단계에 따라 변화·발달한다고 주장) |

자료: Zunker, V. G.(1998).

개인은 자신의 욕구, 능력, 가치관, 흥미 등의 내적 요인과 가정환경, 부모의 영향, 직업조건 등의 외적 요인 간의 타협을 통해 직업선택을 하게 되는데, 이러한 능력은 나이가 들수록 발달한다는 것이다(Bailey et al., 1973; 김충기, 1986).

### (2) Super의 진로발달 이론

슈퍼(Super)의 이론은 긴즈버그의 진로발달 이론에 대한 비판에서 출발된 이론이다. 직업행동에 대한 슈퍼의 접근에 가장 중요한 부분은 자아개념이론이다. 최근에 그는 자아개념이론을 개인이 자신의 속성과 직업에서 요구되는 속성을 고려하여 연결시켜주는 이론이라고 제안했다(Super, 1984). 그는 자아개념이론의 2가지 구성요소를 인성적, 혹은 심리적 요소와 사회적 요소로 구분하였다.

한편, 슈퍼 이론의 대표적 공헌점은 자아개념과 진로발달의 관계에 대한 규명이라 할 수 있지만, '진로성숙' 개념 역시 진로발달 이론의 중요한 공헌점이라고 할 수 있다. 개념적으로 진로성숙은 계속적인 생애단계 내에서 성공적으로 수행된 발달적 과업을 통해 획득된다. 진로발달 이론에 대한 또 다른 슈퍼의 중요한 공헌은 직업발달 단계(성장기-탐색기-확립기-유지기-쇠퇴기)를 형식화 한 것이다. 개인의 직업선호성이나 능력, 자아개념 등은 시간의 경과와 경험에 따라 변화한다.

슈퍼의 이론은 지나치게 자아개념 지향적이며 지적인 면을 강조하고 직업발달 측면만을 강조한다는 비판을 받고 있으나(홍기형·이승우, 1977), 개인의 직업발달의 과정을 자아실현과 생애발달의 과정으로 본 점과 자아개념의 직업자아개념으로의 전환, 진로유형, 진로성숙, 진로발달 단계에 초점을 맞추면서 진로발달과정을 체계적으로 기술하고 있다는 점에서 진로발달 이론 중에서 가장 역동적이고 포괄적인 이론이라고 할 수 있다(홍기형, 1983). 슈퍼는 직업선택 과정은 인간의 발달과정 및 발달단계에 부합되는 과정으로서, 전체 발달과정의 일부이며 누구든지 이 단계를 거치며 발전해 간다고 하였다.

### (3) Crites의 직업발달 연구

슈퍼와 함께 진로유형 연구(Career Pattern Study: CPS)를 수행하면서 크리티스는 직업성숙의 개념을 제시하였다. 진로란 말이 직업이란 말보다 포괄적이고, 성숙이 발달보다 적절한 개념이라고 생각하여 진로성숙도검사(Career Maturity Inventory: CMI)라고 수정하고 그 내용도 일부 보완하였다(Crites, 1978). 진로성숙의 영역을 내용과 과정으로 나누고 이 중에서 과정변인 태도와 능력변인에 초점을 두고 진로성숙도를 측정하는 데 관심을 두었다.

### (4) Gottfredson의 직업포부 발달이론

직업적 포부의 발달은 고트프레드슨(Gottfredson, 1981)이 제시한 이론의 중요한 주제로, 그는 이 이론에서 슈퍼와 마찬가지로 발달적 단계를 다루면서 사람이 어떻게 특정의 직업에 매력을 느끼게 되는가를 기술했다. 고트프레드슨에 따르면, 사람들은 자신의 자아이미지에 알맞은 직업을 원하기 때문에 직업발달에서 자아개념은 진로선택의 중요한 요인이 된다. 그러나 직업선택이론에서 자아개념 발달을 정의내리기는 아직 이른데, 자아개념 발달의 중요한 결정요인은 사회계층, 지능수준 및 다양한 경험 등이다. 직업선호의 주요 결정요인은 자아개념이 발달하면서 포부에 대한 한계가 설정된다.

이상과 같은 진로발달 이론가들의 관점을 요약하면 개인의 진로선택 및 진로의사결정은 직업생애 단계를 거치며 발달하고, 각 단계는 각기 다른 발달과제와 진로행동을 갖고 있다고 한다. 진로선택에 관한 발달이론가들의 공헌은 진로성숙의 개념을 정의하고 진로성숙의 구인(construct)을 추출하여 이를 측정함으로써 진로발달의 과정과 결과를 체계적으로 기술했다는 점이다. 또한 이 이론은 직업선택에 관한 여러 이론의 장점을 포괄하고 진로발달을 생애발달의 관점에서 수용하고 있다는 점에서 포괄적이고 인간적인 접근법이라고 할 수 있다.

### 3) 욕구이론

욕구이론(need theory)은 직업선택이 개인의 욕구와 관련이 있는 것으로 보는 이론으로서 로우(Roe), 홀랜드(Holland), 하포크(Hoppock) 등이 대표적인 학자들이다.

#### (1) Roe의 욕구이론

로우(Roe)는 매슬로우가 제시한 욕구의 단계를 기초로 해서 초기의 인생경험과 직업선택과의 관계에 관한 7가지 가정을 발전시켰고, 초기의 가정환경이 그 후의 직업선택에 중요한 영향을 미친다고 보았다. 부모와 자녀간의 상호작용(양육태도)은 모두 세 가지 유형으로 나눌 수 있으며, 그것들 각각에 따라 자녀의 욕구충족도 달라진다. 즉, 회피형, 정서집중형, 수용형에 따라 자녀의 욕구유형이 달라지게 되는 데, 이를 구체적으로 설명하면 다음과 같다(김충기, 1986).

##### ❶ 회피형

- **거부형**: 자녀에 대해 냉담하여 자녀가 선호하는 것이나 의견을 무시한다.
- **방임형**: 자녀와 별로 접촉하려고 하지 않으며, 부모의 책임을 회피하려고 한다.

##### ❷ 정서집중형

- **과보호형**: 자녀를 지나치게 보호함으로써 자녀에게 의존심을 키운다.
- **요구과잉형**: 자녀가 남보다 뛰어나기를 바라고 공부를 잘하기를 바라므로 엄격하게 훈련시키고 무리한 요구를 한다.

##### ❸ 수용형

- **무관심형**: 자녀를 수용적으로 대하지만 자녀의 욕구나 필요에 대해 그리 민감하지 않고 또 자녀에게 어떤 것을 잘하도록 강요하지 않는다.
- **애정형**: 온정적이고 관심을 기울이며 자녀의 요구에 응하고 독립심을 길러주며 벌을 주기보다는 이성과 애정으로 대한다.

이러한 가정분위기의 유형과 직업지향성과의 관련에 대해 로우가 제시한 가정 중 하나를 보면 온정적이고 수용적인 분위기에서 성장한 사람도 역시 인간지향적인 성격을 갖게 되지만, 과보호형과는 달리 다른 사람들과 함께 일하고 접촉하는 서비스 직종의 직업을 갖고 싶어 한다.

### (2) Holland의 인성이론

홀랜드(Holland, 1966)는 개인의 행동양식이나 인성유형이 직업선택과 발달에 중요한 영향을 미친다고 보았다. 그는 직업선택을 개인의 타고난 유전적 소질과 문화적 요인 간의 상호작용의 소산이라고 보고 있다. 여기서 문화적 요소란 동료·부모·중요한 타인 그리고 개인이 속한 사회의 문화와 물리적 환경을 의미한다(이정근, 1978). 홀랜드 이론의 가설중 하나를 보면 사람들은 자신의 기술과 능력을 발휘하고 자신의 태도와 가치관에 따라 일할 수 있는 환경을 선호하며, 자신에게 맞는 역할을 담당할 수 있는 직업환경을 찾는다.

홀랜드의 이론을 요약하면, 개인의 행동은 인성과 환경 간의 상호작용의 함수이며 개인의 직업선택 행동은 그의 인성의 표출이라는 것이다. 그래서 사람들은 자기의 인성유형을 표출할 수 있는 직업환경을 선택한다는 것이다. 홀랜드가 제시한 직업행동과 적응유형의 이론에는 다양한 직업의 영역 및 각 직업의 범주에 따르는 개인의 흥미, 가치관, 대인관계, 기술, 성격특성 등 개인에 대한 충분한 자료들이 제시되어 있다. 홀랜드는 진로결정에는 정확한 자기 지식과 진로정보가 필요함을 강조하고 있으며, 개인이 만들어 내는 자기 환경은 자신의 성격방향과 궁극적인 진로선택에 영향을 끼친다고 주장하고 있다. 이러한 홀랜드의 이론에 대한 광범위한 평가결과는 그의 이론적 구인들이 타당하다는 것이다(Osipow, 1983; Assouline & Meir, 1987; Spokane, 1987).

### (3) Hoppock의 구성이론

하포크(Hoppock, 1976)는 직업선택에 대한 복합적인 성격이론을 발전시켰다. 그는 욕구를 충족시키기 위한 직업선택에 대해서 9가지로 설명하였다.

첫째, 직업은 개인이 욕루를 충족시키기 위해 선택된다.

둘째, 개인이 선택하는 직업은 그가 가장 충족시키고 싶어 하는 욕구를 충족시켜 줄 수 있으리라고 기대된다.

셋째, 욕구는 직업선택에 영향을 미친다.

넷째, 어떤 직업이 개인의 욕구를 충족시킬 수 있다고 인식될 때 직업 선택이 이루어진다.

다섯째, 직업선택 능력은 개인이 선택하고자 하는 직업이 그의 욕구를 얼마나 잘 충족시킬 수 있을지를 예측할 수 있을 때 향상된다.

여섯째, 개인에 관한 정보는 개인으로 하여금 그의 욕구를 충족시킬 수 있는 진로를 선택할 수 있도록 도움을 줌으로써 진로선택에 영향을 미친다.

일곱째, 직업에 관한 정보는 개인의 욕구를 충족시킬 수 있는 직업을 발견하도록 도움을 줌으로써 진로선택에 영향을 미친다.

여덟째, 직업에 대한 만족도는 그 직업이 얼마나 개인의 욕구를 잘 충족시켜 주는지에 달려 있다.

아홉째, 개인의 욕구를 보다 잘 충족시켜 줄 수 있으리라고 기대되는 직업이 나타날 때 개인은 새로운 선택을 하게 된다(Hoppock, 1976).

### 4) 정신분석이론

진로발달에 대한 정신분석이론적 접근법은 프로이트의 정신분석이론을 도입하여 그 이론적 기저를 세우고 있다. 이 이론의 대표적인 학자로는 내크먼(Nachman, 1960), 시걸(Segal, 1961), 갈린스키(Galinsky, 1962), 보딘(Bordin, 1963) 등이 있다. 정신분석이론에서는 개인의 내적 동기와 과정변인을 중시한다는 점을 알 수 있다. 정신분석이론에서는 생리적 욕구를 지닌 인간의 욕구와 충동을 사회적으로 용납될 수 있는 일이라는 형태로 승화시키는 것에 관심을 갖고 있다. 한편, 신정신분석학파에 속하는 네프(Neff, 1977)와 브릴(Brill, 1949) 등은 일의 개념을 본능적 욕구인 사회적으로부터 용납될 수 있는 형태로 변환시킨 것이라 보고, 개인의 쾌락원리와 현실원리에 입각해서 직업선택을 한다고 보았다. 이와 같이 정신분석이론은 심리적인 관점에서 볼 때는 포괄적이고 통합적이지만, 직업선택 시에 개인의 능력이나 적성 등을 고려하지 않고 타당한 실증적 자료들을 얻기 어렵다는 단점을 갖고 있다.

### 5) 사회학적 이론

사회학적 이론(sociological theory)은 인간행동을 설명하는 데 있어서 사회적 요인을 중시한다. 즉, 개인을 둘러싼 사회·문화적 환경이 개인의 행동에 영향을 미친다는 사회학의 관점을 중시하고 이를 진로발달의 개념에 적용하고 있다. 이 이론의 대표적인 학자로는 블라우(Blau, 1956), 홀링스헤드(Hollingshead, 1949), 밀러와 폼(Miller & Form, 1951) 등이 있다.

### 6) 의사결정이론

의사결정이론(Decision Making)은 모든 이론에서 모두 중요시하는 요인이지만, 의사결정이론에서는 특히 이 요인을 강조하면서 의사결정의 개념과 과정에 중점을 두고 있다. 이 이론의 대표적인 학자로는 겔라트(Gelatt, 1962), 힐튼(Hilton, 1962), 헬센슨과 로트(Hershenson & Roth, 1966), 카츠(Katz, 1963), 네펠캠프와 슬렙피차(Knefelkamp & Slepitza, 1978) 등이 있다. 개인의 의사결정 문제에서 자신의 이익을 극대화하고 손실을 극소화하는 방향으로 행동한다는 케인스(Keynes)의 이론에 바탕을 두고 있다.

#### (1) Gelatt의 이론

겔라트(Gelatt, 1962)는 상담의 중요한 목표 중의 하나가 학생들로 하여금 훌륭한 결정을 내릴 수 있도록 돕는 것이라는 가정 하에 의사결정이론을 전개하였으며, 의사결정의 과정을 중시해야 한다고 제안하였다.

#### (2) 헬센슨과 로트의 이론

헬센슨과 로트(Hershenson & Roth, 1966)는 의사결정의 단계를 중시하면서 개인이 에너지를 사용하는 양상에 따라서 인식(awareness), 통제(control), 지향(directed), 목표지향(goal directed), 투자(invested)의 5단계를 거치면서 개인은 직업발달을 해나간다고 보았다.

#### (3) 인지발달모형

인지발달모형(cognitive development model)은 네펠캠프와 슬렙피차(Knefelkamp & Slepitza, 1978)가 제창한 이론으로서 의사결정이론과 발달이론을 포괄하는 이론이다. 대학생의 진로발달에 초점을 두고 있는 이 모형은 단순한 진로계획과 의사결정에 관한 견해로부터 개인특성, 사회변인, 진로선택 과정 등과 같은 보다 복잡하고 통합적인 지각에 이르기까지의 인지발달을 다루고 있다.

### 7) 사회학습이론

크럼볼츠와 그의 동료들(Krumboltz & Thoresen, 1964; Krumboltz & Schroeder, 1965)은 학습이론의 원리를 직업선택의 문제에 적용하였다. 이들은 사회학습이론에 기초를 둔 행동주의 상담방법을 통해 학생들에게 진로선택을 하도록 조력해야 한다고 주장한다. 최근에 크럼볼츠 등(Krumboltz et al., 1975; Krumboltz et al., 1978)은 개인이 어떤 방법으로 학습을 하며 진로선택을 하고 기능을 습득하는지에 대해 연구하였다. 크럼볼츠 등은 개인의 진로결정에 영향을 미치는 요인으로서 유전적 요인, 특수능력, 환경조건과 사건, 학습경험, 과제접근 기술 등을 들고 있다(지용근, 김옥희, 양종국, 김희수, 2009).

### 8) 최근의 진로발달 이론

1990년대에 준커(Zunker,1998)는 ① 진로문제해결에 필요한 인지적 정보처리 접근, ② 사회인지적 관점에서 본 진로발달, ③ 가치에 기본을 둔 진로와 생애 역할 선택 및 만족에 대한 모형, ④ 진로에 대한 맥락상의 관점, ⑤ 자기효능감 모형 등을 제시하고 있다(김병숙 외, 1999).

#### (1) 인지적 정보처리 접근

인지적 정보처리(The Cognitive Information Processing: CIP)이론은 패터슨, 샘프슨 그리고 리어돈(Peterson et al., 1991)이 개발한 것이며, 인간의 문제해결 과정이 컴퓨터의 정보처리 과정과 유사하다는 점에 착안하여 진로선택의 과정을 정보처리의 과정으로 간주하고 있으면, 진로선택 자체의 적절성보다는 그 선택에 있어서 인지적으로 정보를 처리하는 인간의 사고과정을 중요시하고 있다.

개인이 어떻게 진로결정을 내리고, 진로문제해결과 의사결정을 할 때 어떻게 정보를 이용하는지의 측면에서 인지적 정보처리이론을 진로발달에 적용시킨 것이다.

### (2) 사회인지적 진로발달

사회인지적 진로이론(Social Cognitive Career Theory: SCCT)의 대표자는 렌트, 브라운 그리고 헤켓(Lent et al., 1994) 등이다. 이 이론은 자아개념과 자아효능감, 흥미, 능력, 욕구 등의 관계를 진로선택과 개인개발의 결정요인으로 쓰일 수 있다는 가능성을 제시하였다. 반두라(Bandura, 1986)가 제시한 사회인지이론은 인지적 과정과 자기규제 그리고 동기과정을 생애의 현상에 혼합한 이론이다.

### (3) 가치중심적 진로접근 모형

브라운(Brown, 1996)은 가치중심적 접근을 설명하고 있는데, 인간기능은 개인의 가치에 따라 상당한 영향을 받고 형성된다고 본다. 브라운은 가치를 행동 역할을 합리화하는 데 강력한 결정요인으로 본다. 가치란 세습된 특성과 경험의 상호작용을 통해 개발된다.

### (4) 맥락주의

맥락주의(contextualism)는 진로연구와 진로상담에 대한 맥락상의 행위설명을 확립하기 위해서 구안된 방법이다. 이러한 맥락주의는 구성주의(constructivism)라고 하는 철학적 입장을 토대로 한 것이다(Brown et al., 1996). 맥락적 관점의 대상은 개인과 환경의 상호작용이다.

### (5) 자기효능감 이론

반두라의 사회학습이론에서는 자기효능감이 심리적 기능에 영향을 미치는 개인의 사고와 심상(image)을  포함한다는 점을 강조한다. 반두라에 의하면 높은 자기효능감을 지닌 사람들은 성공적인 행위를 이룬다고 하며, 반면에 낮은 효능감은 실패하거나 지연·회피하는 경향이 있다는 이론을 제시하고 있다.

## 03 진로정보

### 1) 진로정보의 의미

진로정보(career information)는 진로에 대한 다양한 정보를 의미한다. 정보활동은 1960년도에 처음으로 미국의 노리와 그의 동료들이 펴낸 책자에 "생활지도에 있어서 정보활동(The Information Service in Guidance)"으로 불렀다(Norris et al., 1972). 이것이 1972년까지 생활지도 활동에 널리 통용되다가, 1979년 개정 4판을 계기로 정보활동을 '진로정보활동'이란 용어로 명칭을 변경하여 좀 더 포괄적인 의미의 내용을 포함하여 부르게 되었다.

진로정보활동의 핵심은 생산적 활동을 효과 있게 계획하는 데 유용하고 필요한 정보이다. 그러므로 진로정보의 의미는 진로발달에 있어서 개인이 필요로 하는 정보를 수집·보급하며, 설명해 준다고 정의한다(Norris et al., 1960; 1979).

진로선택 기준도 자아(自我)와 직업정보, 교육정보, 개인·사회적 정보 등의 정확한 이해를 토대로 하여 자기결정에 이르도록 하는 방법이 소개되기 시작하였다. 진로정보란 개인이 진로선택 및 적응을 위해 필요한 모든 지식과 이해에 관련된 정보를 말한다(홍기형, 1970).

### 2) 진로정보의 필요성 및 목적

현대산업사회는 과학기술문명의 발달로 직업의 세계가 다양화·전문화 되었고, 학문분야에도 많은 변화와 발전을 거듭하여 반도체산업·유전공학·환경공학·생명공학 등 새로운 영역의 발전가능한 분야가 계속적으로 쏟아져 나오고 있다. 그러므로 복잡한 환경 속에서 자신을 계발하고 성공적인 삶을 개척해 나가기 위해서는 다양한 정보의 탐색·수집이 필요하며, 정보를 이용하여 미래의 자기성장과 향상 발전에 기여할 수 있도록 준비태세를 갖추어야 한다.

### 3) 진로정보활동의 기대효과

진로교육의 효과를 기대하려면 개인의 가치관의 확립을 위한 진로관을 뚜렷이 세워야 한다. 진로교육은 바로 경험을 통한 인식·탐색·준비의 과정을 거쳐 가치관을 형성하기 위한 교육으로서 학교교육의 중요한 과제이다. 어느 것 하나 중요하지 않은 것이 없겠으나, 개인의 진로관 형성은 매우 중요하다고 인식된다. 이런 의미에서 진로교육자료 센터의 역할은 중요하며 센터가 충분히 활용될 수 있도록 행정·재정적 지원이 필요하다. 스워처웰러(Schwarzweller, 1959)가 주장하는 것과 같이 직업가치관은 사회화의 과정을 통해서 학습되고, 사회·문화적 요인에 의해서 결실되며, 청소년기까지 심하게 변하지 않으며, 부모나 교사 혹은 중요한 성인에 의해서 영향을 받고 어느 정도는 유지된다는 것을 알 수 있다.

### 4) 진로정보의 영역

진로정보는 여러 가지의 방법으로 분류될 수 있지만, 편의상 노리(Norries), 해치(Hatch), 엉헬케스(Engelkes)들이 제시한 분류에 따라 교육정보(educational information), 직업정보(occupational information), 개인·사회적 정보(personal-social information)의 3가지 영역으로 구분하여 그 의미와 내용을 살펴본다.

① **교육정보**: 교육정보란 이수해야 할 교육과정, 특별과정, 입학조건과 상황, 그리고 학생생활의 문제들을 포함하여 현재와 미래에 있을 수 있는 교육 또는 훈련기회에 관한 여러 가지 형태의 타당하고도 유용한 자료들을 말한다(Norri et al., 1979).

② **직업정보**: 직업정보(occupational information)는 직업의 세계에 관한 정보이다. 직업과 직위에 대한 타당하고도 유용한 자료를 의미한다. "직업정보는 노동력에 관한 것, 직업구조와 집단취업경로 등의 규정, 직업의 분류, 직종에 대한 필요한 자격 요건, 근무조건과 의무, 교육정도, 보수, 승진관계, 인간관계, 일의 형태, 현재 또는 미래의 수용 및 인력증원 계획 등을 포함한다"(Norris et al., 1979). 각급 학교에서는 학교 단위별로 직업정보실 또는 폭넓은 진로정보실을 마련해야 할 것이며, 교육부나 각 시·도 교육청 등에 진로정보센터를 설치·운영하여 각급 학교를 지원해 줄 것이 요구된다.

③ **개인·사회적 정보**: 개인·사회적 정보(personal-social information)란 개인과 인간관계에 작용하는 인간적·물리적 환경의 기회와 영향에 관한 타당하고 유용한 자료이다. 그것은 학생 자신이 자신을 잘 이해하고 타인과의 관계에서 조화 있게 적응하여 남녀 간 예의와 범절, 여가활동, 외모와 보상, 사교술, 가정에서의 인간관계, 건강생활, 성취동기, 처세술, 가치관, 이데올로기, 종교관, 경제활동 등 사회생활에 현명하게 적응할 수 있는 행위에 관련된 사항이다.

## 5) 진로정보센터

진로정보센터(career resource center)란 학생들에게 각종 진로정보자료를 수집·보관·열람하도록 일정한 장소를 마련하여 정보를 갈구하는 이에게 보급하는 곳이다.

### (1) 진로정보센터의 목적

진로정보센터의 목적은 적합한 시기에 내담자, 학생, 부모, 교사, 진로상담 교사와 기타 교육행정 관리자들에게 정확하고 적합한 진로정보를 제공해주는 데 있다.

### (2) 진로정보센터의 기능

진로정보센터는 각종의 정보자료를 각 단계별로 분류·보관·열람할 수 있도록 해야 하며, 학생들이 손쉽게 이용할 수 있는 편리한 장소에 마련되어야 한다.

### (3) 진로정보의 전달방법과 역할

#### ❶ 진로정보의 전달방법

진로계획은 개인의 성향, 특수능력, 독특한 열망 등을 기초로 시작되어야 하는 순전히 개인적인 과업이다(교과부, 1982).

- **인쇄매체**: 인쇄매체를 통하여 학생들에게 진로정보를 제공해주는 일이다.
- **기타매체**: 각종 시청각 매체를 통하여 직업정보를 제공하고 필요한 직업적 행동을 길러줄 수 있다.

- **각종 행사**: 강연회·토론회, 진로의 날 또는 수업활동과 각종 직업에 대한 인식이나 태도 형성이 진로에 대한 내용을 강조한다.
- **면담과 상담**: 면담을 통하거나 상담을 통하여 학생들이 궁금해 하는 직업의 구체적인 내용과 미지의 세계에 대한 탐색활동을 전문가인 카운슬러나 진로상담교사와의 대화를 통하여 이해한다. 따라서 개인이 지니고 있는 잠재가능성과 흥미와 능력을 객관적으로 평가할 수 있는 개인정보자료를 토대로 하여 학생들이 알고자 하는 정보를 교환하고 적합한 내용의 참고자료를 제시해 줌으로써 궁금증을 풀어줄 수 있다.
- **탐색활동**: 흉내 내기에 의한 방법으로 게임이나 역할극 등의 탐색활동을 통하여 다양한 직업에 대한 간접경험을 제공하여 직업에 대한 인식을 새롭게 한다.
- **견학**: 학교현장에서 이루어질 수 없는 직업교육에 대한 내용을 실제로 보여주기 위하여 공장이나 회사, 기업체 등 사업기관을 돌아보면서 필요한 직업정보나 교육정보를 얻게 한다.
- **학교교육과정을 통한 전달방법**: 유치원부터 고등학교 과정에 이르기까지 진로교육을 발달 단계에 알맞게 단계별로 직업의 세계를 지도하여 이해하도록 한다. 즉, 직업의 성질, 직업조건, 직업에 필요한 교육 정도, 보수, 장래에 대한 전망, 승진관계, 특정직업의 준비를 위한 참고자료를 찾아보기 위한 인쇄된 정보자료 등을 접할 수 있게 진로교육 시간에 이와 같이 내용을 체계 있게 지도한다. 직업의 세계는 전문직, 기술직, 사무관리직, 행정관리직, 판매직, 농·임·어·축산업, 생산직, 서비스직, 교통·체신직, 단순노무직 등으로 나누는데, 이와 같은 직업군을 발달 단계에 알맞게 소개하고 지도한다.
- **현장실습**: 진로시간에 배운 직업군 중에서 흥미와 적성에 알맞은 직종을 택하여 직접 직업현장에 나가 일해 봄으로써 일에 대한 구체적인 정보를 획득할 수 있다.

정보활동은 개인의 능력이나 적성·지능·인성·직업적성을 알아보기 위한 표준화 검사를 실시하여 개인 이해자료로 쓸 수 있다. 직업지도에 있어 가장 실질적이고 직접적인 학습은 실습과 견학에서 이룩된다.

## ❷ 진로정보활동에서의 역할

진로정보에 관여하는 역할자는 진로상담자, 교사, 학생, 학교행정가, 학부모 및 지역사회 인사 등이다. 이 중에서 정보활동에 직접 관여하는 진로상담자, 교사, 학생 등의 역할이 큰 비중을 갖는다(석수룡, 1988).

### ■ 진로상담자의 역할

- 진로상담자는 학생들의 제반 기록을 통하여 그들의 배경과 포부를 알아야 한다.
- 진로상담자는 학교체제와 진로지도에 대한 학교행정가와 교사들의 태도를 파악하여야 한다.
- 진로상담자는 진로정보 자원과 의사결정에 관하여 교사의 능력을 평가하여야 한다.
- 진로상담자는 진로관계 정보를 학생들에게 제공하여 학생들이 그 정보를 통합하는 데 조력하여야 한다.
- 진로상담자는 표준화검사를 선택, 실시, 채점 및 해석하는 데 정확을 기하여야 한다.
- 진로상담자는 노동시장에 관한 지식이 있어야 하고, 최소한 몇몇의 경영주와 그들의 경영체제를 알고 있어야 한다.
- 진로상담자는 정보전달매체인 전산매체에 관한 지식과 활용에 관한 지식을 갖고서, 학생들이 이 매체를 활용하는 데에 조력하여야 한다.
- 진로상담자는 지역사회와 조정 또는 자문의 역할을 하여야 한다.
- 진로상담자는 자기 자신에 관하여 정확하게 알고 있어야 한다.

### ■ 교사의 역할

- 교사는 학생들의 성장·발달에 관한 지식과 또한 학생들이 실제적인 선택을 하도록 촉진하는 상담기술에 관한 지식을 가지고서 학생들의 생활지도를 하여야 한다.
- 교사는 진로관계 정보를 학생들에게 제공하며, 학생들이 그 정보를 탐색하는 데에 조력하여야 한다.

- 교사는 직업세계에 있어 새로운 경향성과 의사결정에 관한 새로운 기술을 알아야 한다.
- 교사는 학생들에게 도움이 되는 정보와 학교상담자에게 유익한 정보를 알아야 한다.
- 교사는 학교상담자와 밀접한 유대관계에서 학생들이 정보를 탐색하고 수집하는 활동을 격려하여야 한다.

■ 학생의 역할

- 학생들은 진로정보를 탐색하고 수집하는 목적을 명확히 알아야 한다.
- 학생들은 자신의 배경을 이해하고 자신의 포부를 알아야 한다.
- 학생들은 진로정보를 탐색하고 수집하여 활용하려는 의욕을 가져야 한다.
- 학생들은 적절한 진로정보들을 받아들여 동화시켜야 한다.
- 학생들은 진로정보들을 수집하여 통합하여야 한다.

### 6) 진로정보센터의 실제

진로정보센터는 교육부 위탁으로 1999년 8월 25일 한국직업능력개발원 부설로 설치되었다. 평생교육시대를 맞이하여 모든 학생, 학부모 및 계속 교육을 원하는 성인들에게 진로정보와 진로상담 서비스를 종합적으로 제공하고 각급 학교 및 관련기관에 전문적 지원을 제공함을 목적으로 한다. 주요 기능은 다음과 같다.

- 진로와 관련된 상담서비스 제공
- 진로개발을 위한 각종 서비스 제공
- 진학과 취업을 포함한 진로에 관련된 각종 정보의 제공
- 상담 및 진로 관련 전문가 양성 및 훈련
- 각급학교 및 관련 기관에 대한 자문
- 각종 진로지도 및 진로상담 프로그램 개발·연구
- 진로발달 및 진로교육에 관한 기초연수 수행

## 04 진로계획의 수립

### 1) 진로계획의 의미

어떻게 사는 것이 보람되고 성공적인 삶인가? 그것은 창조적 자기표현의 원리로서 저마다 지니고 있는 잠재가능성을 개인의 내적 요인과 외적 요인을 고려하여 인생계획을 분수에 맞게 세운 다음 자신의 적성과 흥미, 능력과 인성, 그리고 신체적 조건, 포부 등에 결부시켜 열심히 실천하는 데 있다(김충기, 1991).

진로계획은 인생설계의 하위개념이므로 개인이 평생을 만족하고 행복한 삶을 보람 있게 보내기 위해 사전에 실천가능한 청사진을 그리는 계획적인 과정이다(김충기, 1986). 교육학용어사전에 의하면 "진로계획이란 개인의 진로발달 과정의 진로인식 및 진로탐색에서 얻은 진로에 대한 기초소양과 지식을 토대로 적합한 진로를 자신의 능력, 적성, 흥미에 비추어 효율적으로 선정할 수 있는 지침을 세우는 것이며, 진로계획이 수립된 후에도 준비과정을 거치면서 계속적으로 수정·보완되어야 한다."라고 제시하고 있다.

### 2) 진로계획의 중요성

직업선택에 들어가기 전에 진로교육의 모형에 따라 진로의 인식, 탐색, 준비의 과정을 거쳐 개인의 능력, 인성, 적성, 흥미, 포부, 신체적 조건, 가치관 등을 객관적으로 파악하기 때문에, 합리적인 진로계획은 필요하고 중요한 것이다(김충기, 1986).

### 3) 진로계획의 목표

진로계획은 교육의 목표를 달성하기 위한 수단으로 장래 평생 동안 종사해야 할 뚜렷한 직업선택에 이르기까지 단계별로 개인의 생애목표를 구체화시켜 재능의 발견, 직업·기술의 분류, 구체적 목표수립, 직업탐색과 준비, 현장에 투입하여 성공적인 삶의 터전을 이루기 위해 사전에 의사결정 확립을 위한 계속적인 학습의 과정이다.

구체적으로 진로계획에서 다루어야 할 목표를 제시하면 다음과 같다.

| | |
|---|---|
| ① 자아의 발견 | ② 일의 세계에 대한 이해와 탐색 |
| ③ 일의 태도와 가치관의 확립 | ④ 의사결정 능력의 함양 |
| ⑤ 인간관계의 기술제고 | ⑥ 일과 직업의 경제적 측면 이해 |
| ⑦ 교육과 일의 세계와의 관계 인식 | ⑧ 건전한 직업관 및 직업윤리의 실현 |

### 4) 진로계획 수립과정

진로계획은 각종의 정확한 정보를 수집한 기초 위에 논리적이고 체계적인 사고과정을 거쳐 수립되는 것이 원칙이다. 진로설계를 실행에 옮기기 전에 해야 할 일들을 구체적으로 제시하면 다음과 같다(Schrank, 1982).

#### (1) 진로의 발견방법

진로의 발견을 위해 먼저, 가장 이상적인 직업이 무엇인가를 찾아야 한다. 장차 무엇이 될 것인가? 나는 무엇인가? 나의 소질은 무엇인가를 확실하게 미리 발견하는 진로인식의 단계를 거쳐야 한다. 진로계획을 세울 때에는 자신의 열망·능력·취향·인성·가정적 여건·직업세계의 본질과 동향, 그리고 진로에서의 성공가능성, 위험부담률 등을 분석한 후에 어느 한 진로를 택하고, 그 진로가 자기에게 가치 있고 적합하다고 판단될 때 그 진로를 추구하는 데 필요한 준비계획을 다시 수립해야 한다.

#### (2) 나의 꿈을 실현하기 위한 성취목적

구체적 목적을 달성하기 위해서 학생들의 가치관·흥미·욕망·적성 그리고 기술에 대하여 수집해 온 정보를 이용하여야 한다. 즉, 교육정보나 각종의 직업정보, 개인·사회적 정보에 익숙하여야 한다. 이것을 진로정보(career information)라고 하는데 (Norris et al., 1979), 개인의 진로선택 및 적응을 위해 필요한 지식과 이해에 관련된 정보를 말한다(홍기형, 이승우, 1977).

### (3) 직업세계에서의 직업과 현실의 분별

진로발달 이론에 의하면, 긴즈버그는 환상적 단계에 놓인 초등학교 수준에 있는 학생들이 연령이 증가함에 따라 시험적 단계로 옮아간다. 즉, '흥미단계(11~12세) → 능력단계(13~14세) → 가치단계(15~16세) → 전환단계(17~18세)'로 바뀌어 지며 점차로 주관적인 요구에서 현실적이고 객관적인 요인에 관심을 돌려 구체화된다고 한다. 성공이란 반드시 권력의 획득이나 물질적 성취에 있는 것이 아니라, 자기탐색 과정을 통하여 얻어진 객관적 토대 위에 자기결정이 이루어진 것이어야 성공이라고 할 수 있다. 생애와 인생설계 과정의 목표는 사회와 공생하는 관계를 발전시키고 사회가 요구하는 바를 자기가 즐길 수 있도록 연계성이 이루어지며, 자기가 요구하는 바를 사회가 제공해 줄 수 있어야 한다.

## 5) 진로계획의 절차

진로계획은 생애설계의 하위개념으로서 진학계획과 직업계획으로 분류한다. 먼저 생애계획 차원에서 진로계획을 수립해야 하는 것이 중요한 과제이다.

- **생애설계**: 생애설계는 학생들로 하여금 자신의 생애를 폭넓게 바라볼 수 있도록 해주는 작업이다. 현재 자신의 위치에서 앞으로 5년 후, 10년 후, 20년 후의 소망과 꿈이 무엇인지를 잠정적으로 계획을 세운 다음, 정년 이후에는 어떻게 삶을 누리고 설계할 것인가를 장래의 인생 전체를 놓고 계획을 세워 놓는 설계도가 필요하다.
- **생애탐색**: 성공적인 삶을 위해서는 자신의 소질과 적성, 흥미를 알아보는 탐색작업이 필요하다. 내가 경험한 절정경험, 잘하고 못하는 것, 배우고 싶은 것, 갖고 싶은 것, 그만두고 싶은 것, 발전시키고 싶은 것들을 직업적인 일과 개인적인 일들을 고려하여 발표하고 토론해보는 일이 중요하다.
- **직업탐색 과정**: 직업은 생계를 유지하고 생활을 영위하는 데 가장 기본이 된다. 직업탐색 경험을 갖는 일은 아무리 강조해도 지나침이 없을 것이다. 진로계획은 직업영역과 자아의 영역을 고려하여 진로를 결정하는 단계로 발전되어야 한다.

## 6) 진로결정 요인

### (1) 개인적 차원의 진로결정 요인

개인적 차원의 내재적 요인에는 개인적 특성 즉, 연령, 성별, 적성, 인성, 직업적 흥미, 학력, 신체조건 등이 포함된다.

- **연령**: 긴즈버그에 의해 정립된 직업선택의 타당성을 검증한 결과 성숙한 직업선택이 연령증가에 따라 발전한다는 이론을 제시하고 있다. 긴즈버그의 직업발달 이론에 의하면 개인은 3가지 직업발달 단계로 변화되고 있다고 한다. 즉, 환상기(11세 이전), 시험적 선택기(12～17세), 현실기(18세～성인)로 변화한다고 설명하고 있다.
- **성별**: 남녀 간의 성 차이에 따라 진로성숙이 다르게 나타난다. 그러나 직업선택이나 직업에 대한 관심은 남녀의 차이가 있다. 그렇지만 최근 진로계획이나 직업에 대한 태도 면에서 여성이 남성보다 더 성숙되어 있다고 보고하고 있다. 최근에는 남녀 구별 없이 직업선호를 하는 경향으로 나아가고 있다.
- **적성**: 적성이란 특수분야에 대한 능력의 정도나 그 능력의 발전가능성을 예측하는 것으로, 각 개인은 서로 다른 적성이 있으며 자신의 적성을 알아보는 것이 필요하다. 직업과 적성과의 관계 내용은 <표 10-2>에 나타나 있으므로, 적성요인과 관련된 직업의 종류를 알아보는 것이 중요한 과제이다.

**표 10-2 | 적성과 직업**

| 적성요인 | 내용 |
|---|---|
| 언어능력 | 정확한 의사소통을 위해 정확한 단어를 선택하고, 어휘를 연상하고 문장의 뜻을 이해하고, 의사를 발표하는 능력을 말하며, 이 언어능력은 언어적 개념을 주요 요인으로 하는 사회과학 분야에서 요구되는 적성이다. |
| 공간지각 | 입체적 공간관계를 이해하는 능력으로서 시각을 통하여 실체적 물체를 취급하고, 실체적 물체를 회전, 또는 분해했을 때의 형태를 상상하는 능력이다. 이 능력은 제도·설계·건축·미술·가구 등 제도에서부터 재단에 이르기까지 입체구성능력을 요구하는 직업분야의 적성요인이다. |
| 계산력 | 정확하고 빠르게 계산하는 능력을 말하며, 이 능력은 대부분의 직업에서 필요한 기초적 능력이지만, 특히 사무분야에서 중요한 적성이다. |
| 추리력 | 원리를 추론하고 응용하는 능력이다. 자연과학·사회과학 등의 분야에서 필요로 하는 적성이다. |
| 기계추리력 | 각종 기계기구 및 물리학적 원리를 이해하고 추리하는 능력을 말하며, 이 능력은 토목·기계수리 기술자·조립기술자, 기타 이공학 시설분야 및 공장 등에서 요구되는 적성이다. |

| 적성요인 | 내용 |
|---|---|
| 척도해독력 | 척도·그래프·차트·계기 등을 신속·정확하게 읽는 능력을 말하며, 이 능력은 이공학·화학·생물·수학·의학 등의 과학분야와 실업 및 기술분야에서 요구되는 적성이다. |
| 수공능력 | 운동감각의 정확성과 신속히 반응하는 능력이다. 이 능력은 전자공·전기공·인쇄공·세공 등의 직업분야에서 중요한 적성이다. |
| 기억력 | 복잡한 자료나 항목들의 분류 및 상징, 기호를 학습하고 암기하는 능력을 말하며, 이 능력은 사회과학·실업·사무분야에서 중요한 적성이다. |
| 사무지각 | 문자나 기호를 정확하고 신속하게 식별하는 능력을 말하며, 경리·서기·전화교환 등 사무분야에서 필요한 적성이다. |
| 행태지각 | 실물이나 도해를 정확하고 빠르게 비교·변별하는 능력을 말하며, 이 능력은 통신·타자 등의 사무분야와 도안·디자인 등의 응용미술 분야, 그리고 기타 기능직 분야에서 필요한 적성이다. |

자료: 김충기(2016).

- **인성**: 인성에는 개인의 욕구, 자아개념, 성취동기, 포부수준, 대인관계, 성적 등의 제반 특성이 포함된다. 자기의 인성유형이 어느 것인가를 인성검사를 통하여 정확히 파악한 후 직업을 탐색해야 한다(<표 10-3> 참조).

**표 10-3 | 인성유형과 직업**

| 구분 | 특성 | 직업 |
|---|---|---|
| 활동성 | 신체적 활동에 대한 선호, 공격적, 운동신경 발달, 언어적, 인간관계, 기술부족, 추상적인 것보다 구체적인 것을 좋아함, 비사교적 | 노동·기계 조작·비행사·농부·트럭운전기사 |
| 사려성 | 과업지향적, 문제를 깊이 생각함, 세계를 조직 이해하려 함. 추상적인 것에 대한 선호 | 물리학자·인류학자·화학자·수학자·생물학자 |
| 사회성 | 남을 가르치거나 치료하는 것을 좋아함. 안정된 것을 좋아함. 언어적, 인간관계 기술 풍부, 사회적 지향 | 임상심리학자·상담자·외교관·교사·목사 등 |
| 안전성 | 체계적인 언어·수리적 업무와 책임감이 부여된 업무를 정확하게 수행 | 출납원·통계학자·부기계원·행정보조원·우체국 서기 등 |
| 지배성 | 남을 지배하거나, 물건을 팔거나, 이끌기 위한 언어적 기술 탁월 | 자동차 판매원·경매인·정치가·사회자·판매원 등 |
| 예술성 | 간접적인 인간관계를 좋아함. 예술매체를 통해서 자기표현을 함으로써 세계의 문제를 다루는 것을 좋아함 | 시인·소설가·음악가·조각가·극작가·작곡가·연출가 등 |

자료: 김충기(2016).

- **직업적 흥미**: 흥미는 어떤 활동이나 사물에 대해 가지는 긍정적인 느낌을 말한다. 즉, 자기가 좋아하는 일이나 관심을 나타내는 것이다. 직업적 흥미는 찾아내는 방법에 따라 첫째, 표현된 흥미, 둘째, 행동화된 흥미, 셋째, 검사된 흥

미로 구분되고 있다. 이것들 중에서 직업과 가장 가깝게 찾아낼 수 있는 흥미는 검사된 흥미이다. 다시 말하면, 각종 직업흥미검사를 통해서 얻어진 흥미가 가장 신뢰성이 높다.

직업적 흥미와 직업과의 관계되는 내용은 <표 10-4>을 참조하기 바란다.

**표 10-4 | 흥미와 직업**

| 흥미 | 내용 |
|---|---|
| 문학적 흥미 | 시·문학 등 문예활동이나 어학·편집 등에 관련되는 흥미로서, 저술·번역·편집·교정직 등에 알맞다 |
| 물상과학적 흥미 | 자연과학 중에서도 물리학·화학·지구과학 등에 대한 연구적 흥미로서 크게 자연과학직 또는 공학직에 알맞다. |
| 생물과학적 흥미 | 생물학·생리학·의학·동물학·식물학·미생물학·기타 생명계와 관련된 흥미로서 생물과학직 또는 생명과학적(의과직)에 알맞다. |
| 사회과학적 흥미 | 정치·선전·광고·법률·외교 등 집단·정치·언론·설득적 활동에 관한 흥미로서 행정 및 관리직, 법무직, 사회과학 연구직에 알맞다. |
| 기계적 흥미 | 기계·금속·조산·섬류·교통수단·전기 등 기계류의 제작·수리에 관한 흥미로서 공학 및 기술전문직에 알맞다. |
| 전자적 흥미 | 전자공학 기술 및 기타 전자분야를 다루는 활동에 관한 흥미로서 전자공학·전자기술직에 알맞다 |
| 상업적 흥미 | 경제·경영·무역·관리 등 기업의 운영과 경제적 활동에 관한 흥미로서 경영 및 관련직에 알맞다 |
| 봉사적 흥미 | 사회사업·사회복지·교육·종교 등 활동에 관한 흥미로서 단순사무직에 알맞다. |
| 사무적 흥미 | 회계·계산·정리·서기적 활동에 관한 흥미로서 단순사무직에 알맞다. |
| 옥외운동적 흥미 | 체육활동 또는 야외활동에 관한 흥미로서 스포츠 관계직 또는 옥외관찰·답사직에 알맞다 |
| 음악적 흥미 | 성악·기악·작곡·감상·평론 등 음악적 활동에 관한 흥미로서 음악 관련직에 알맞다. |
| 미술적 흥미 | 회화·조각 등 미술활동·디자인·감상·평론 등 미술적 활동에 관한 흥미로서 미술 관련직에 알맞다. |

자료: 김충기(2016).

- **학력:** 학력요인은 교육수준과 학업성취의 정도를 의미한다. 초·중학교만 나오게 되면 진로선택에 있어서도 낮은 수준의 직업을 택할 수 밖에 없으므로 전문직이나 관리·행정직 또는 기술직 영역에 종사하려면 고학력을 요구하게 된다.
- **신체적 조건:** 신체적 조건, 체력·체능·체격 등의 신체적 특성과 건강상태, 신체적 결핍 등이 직업선택에 좌우된다. 예를 들면 농구·배구·육상선수의 경우에는 신장의 크기가 절대적으로 좌우하게 된다. 여승무원이 되려면 외국어 구사능력과 신체가 건강해야 한다. 시계수리공이 되려면 밝은 눈과 손재주가 탁

월해야 한다.

- **가치관**: 진로결정 시 고려해야 할 요인 가운데 중요한 것은 건전한 직업이 되기 위해서 올바른 가치관이 세워져야 한다는 것이다. 가치란 사람들로 하여금 어떤 방식으로 행동하게 하는 원리나 믿음, 신념을 말하며 자기가 가장 옳다고 느끼고 값어치 있는 것으로 믿는 것이다. 가치관의 유형은 각자의 신념과 견해에 따라 다를 수 있는데, 그 특징과 관련된 직업유형을 제시하면 <표 10-5>와 같다.

**표 10-5 | 가치관 유형**

| 가치관 유형 | 특성 | 관련된 직업 |
|---|---|---|
| 이론형 | 사물의 진리를 탐구하고 연구하며 가르치는 일에 보람과 긍지를 느낌 | 교사, 교수, 연구원, 학자, 고학자, 소설가, 평론가, 수학자, 교육가 등 연구활동에 종사하는 직업 |
| 경제형 | 가치 기준을 자본형성, 즉 돈을 벌어 부자가 되어야 한다는 경제적 활동에 큰 비중을 두고 종사함 | 소매, 도매상인, 유통업 종사자, 중소기업인, 대기업인, 무역인, 사장, 회장 등 경제활동에 종사하는 직업 |
| 심미형 | 미에 대한 가치를 추구하는 것이 다른 어떤 분야보다 가치가 있다고 인정함 | 음악가, 체육인, 무용가, 음악평론가, 화가, 소설가, 스포츠해설가 등 예술분야 직종 |
| 사회사업형 | 자신보다 남을 위해 봉사하고 돕는 사람으로 타인을 사랑하고 사회진보와 복지를 위해 헌신하는 것을 최고의 가치로 여김 | 사회사업가, 서비스업 종사자, 상담교사, 재활상담원, 간호사, 사회봉사자 직종 |
| 정치형 | 권력을 잡고 남을 지배해보며 권리취득을 최고의 가치로 삼음 | 정당인, 정치가, 국회의원, 장관, 차관, 행정관료, 기관장, 시도의원 등의 직종 |
| 종교형 | 종교의 가치에 의하여 행동하고 성스러운 것을 추구하며, 생활의 정신적 의의 및 최고가치의 신비와 초자연적인 것을 숭배함 | 목사, 권사, 집사, 승려, 종교인, 신부 등의 직종 |

자료: 슈프랑서(Spranger)가 제시한 가치관 유형을 중심으로 김충기가 구성함.

### (2) 사회·경제적 차원

진로결정 시에 고려할 점은 ① 사회구조의 변화요인, ② 산업기술의 변화와 혁신요인, ③ 인구증가의 요인, ④ 사회적인 직업가치관의 요인에 따른 직업세계의 현상 즉, 유망직종 등이다.

### (3) 교육체제 차원

진로를 결정하려면 우선 어느 학교를 졸업하였는가, 대학 전공학과와 관련된 진로방향, 학과의 특성과 진로를 사전에 탐색해 두어야 한다. 따라서 ① 학교배경, ② 교육정책 배경을 참조해야 한다. 교육부의 교육정책 변화에 따라 입시의 방향이 달라지므로, 항상 교육정책의 추이를 지켜보고 적극 대응하는 자세로 나아가야 한다.

## 7) 진로계획 세우기

### (1) 진로탐색 프로그램

#### ❶ 진로탐색 프로그램의 개요

진로탐색 프로그램의 모든 과정을 성실히 수행하면 그 결과로 자기에게 적합한 진로의 탐색을 할 수 있게 될 것이다. 이 탐색 과정은 다음과 같이 모두 16단계로 되어 있다(Chapman & Katz, 1983; 김충기, 1989).

- **제1과정(1～7단계)**: 광범위한 탐색활동을 통해 자기가 희망하는 직업의 수를 계속 늘려가는 과정이다
- **제2과정(8～16단계)**: 자신의 특성에 알맞지 않은 직업을 단계적으로 삭제해 나감으로써 최적의 직업을 찾아내는 과정이다.

#### ❷ 진로탐색 프로그램의 실제

- **제1단계 예비직업 목록 작성하기**: 15～20분 동안 생각을 해서 자기 마음에 드는 직업이나 장차 자기가 종사하고 싶어하는 직업의 명칭을 빈칸에 적는다. 가능한 많은 직업을 열거해 본다.
- **제2단계 예비직업 목록 확정하기**: 위에 작성한 목록 이외에 새로운 직업을 추가해 본다. 최소한 3가지 이상을 추가한다.
- **제3단계 심리검사 실시하기**: 지능검사, 성격검사, 흥미검사, 자아개념 검사, 진로성숙도 검사 등을 받아본다. 검사결과를 기다리지 말고 다음 단계로 넘어간다.
- **제4단계 예비직업에 대한 기초정보 수집과 새로운 직업 추가하기**: 검사결과를 기다리는 동안 활용할 수 있는 모든 자료를 참고하여 기초정보를 수집한다. 또한 기존 직업 이외에 9가지 이상의 새로운 직업을 추가한다.

- **제5단계 흥미검사의 결과를 평가하기**: 검사결과 상위 50% 이상인 직업을 확인하여 앞 단계에서 작성한 예비직업 목록과 비교해서 밑줄을 긋고 새롭게 나타난 직업을 첨가한다.
- **제6단계 각 예비직업에 대한 구체적인 정보를 수집하기**: 유용하고 활용가능한 모든 자료를 사용하여 예비직업 목록에 있는 각 직업에 관한 정보를 수집한다.
- **제7단계 예비직업 분류하기**: 예비직업을 직업군으로 분류한다. 각 직업군에서 마음에 드는 다른 직업명이 나타나면 그것들을 첨가한다.
- **제8단계 자신이 소중히 여기는 가치 인식하기**: 자신이 소중히 여기는 가치를 명료히 하고 이 가치에 대응되는 직업을 알아본다.

다음 <표 10-6>의 가치도표에는 다양한 가치와 그에 대응되는 직업들이 나열되어 있다. 빈칸에 적합한 직업을 적어 보자. 최소한 5개 이상을 적는다.

**표 10-6 | 가치도표**

| 가치항목 | 일치하는 작업 | 불일치 작업 |
|---|---|---|
| ① 타인에 대한 봉사 | 카운슬러 | 사서 |
| ② 옥외에서 일할 수 있는 기회 | | |
| ③ 직업의 안전성 | 교사 | |
| ④ 사회적인 인정 | 의사 | |
| ⑤ 경제적 보상(수입) | | 철학가 |
| ⑥ 창의력 발휘 기회 | | 타자작가수 |
| ⑦ 권력 | 정치가 | |
| ⑧ 여가시간 | 스포츠맨 | |
| ⑨ 일의 자유 | 자유업 | 전화교환원 |
| ⑩ 타인의 사랑 | 목사 | |
| ⑪ 사회적 접촉 | 기자 | 등대지기 |
| ⑫ 높은 도덕수준 | 간호사 | |
| ⑬ 소도시에 거주 | | 크리스탈 |
| ⑭ 일의 다양성 | 백화점 | 고급제품상 |
| ⑮ 승진 기회 | 은행원 | |

자료: 김충기(2016).

- **제9단계 가치를 예비직업에 대응시키기**: 이제까지 수집해 온 예비직업들을 자신의 가치에 대응시켜 본다. 제8단계에 있는 가치 우선순위 목록에 있는 것들을 예비직업에 대응시켜서 각각의 예비직업들이 그 가치들 중에서 몇 가지를 충족시켜 줄 수 있는 지를 파악하며, 그 숫자를 예비직업 뒤에 기입한다. 만족시키는 가치의 수효가 많은 예비직업을 중심으로 하여 수정된 예비직업 목록을 작성한다. 이때 수정된 예비직업은 최소한 10개가 되어야 한다.
- **제10단계 수정된 예비직업들을 자신의 능력과 비추어 검토하기**: 수정된 예비직업 목록에서 자신의 능력과 적성에 맞지 않는 직업들을 삭제한다. 이 단계의 작업을 위해 제3단계에서 실시한 지능검사의 결과와 학업성적을 참고로 활용한다.
- **제11단계 교육투자 비용에 비추어 예비직업들을 검토하기**: 남은 예비직업 목록에 있는 직업에 취업하는데 소요되는 비용을 고려해 본다. 소득에 비해 투자비용이 많은 직업을 삭제하고 남은 예비직업을 기록한다.
- **제12단계 예비직업을 5가지로 줄이기**: 다음의 질문들을 심사숙고하여 예비직업을 5가지로 줄인다. ① 단순한 기분에서가 아니라 합리적이고 객관적인 이유에서 이 예비직업들을 선택하였는가? ② 자신의 특성을 고려하였는가? ③ 장래에 이 예비직업을 수행할 때의 나의 모습을 상상해보았는가?
- **제13단계 면담을 통해 직업정보 입수하기**: 다음 3가지 방법 중에서 한 가지를 선택하여 각 예비직업에 대한 직업 정보를 입수한다.
  - **방법 1**: 각 직업에 실제로 종사하고 있는 사람과 면담하기
  - **방법 2**: 학교 선생님과 면담하기
  - **방법 3**: 부모, 상담자, 직업보도기관 종사자, 도서관 사서 등과 같이 도움을 줄 수 있는 사람들과 면담하기

5가지 예비직업 각각에 대해 정보입수방법이 결정되었으면 그 방법을 <표 10-7>에 기입한다.

**표 10-7 | 확정된 5가지 예비목록**

| 예비직업명 | 직업정보 입수방법 |
|---|---|
| 1. | |
| 2. | |
| 3. | |
| 4. | |
| 5. | |

- **제14단계 예비직업을 3가지로 줄이기:** 이제까지 수집한 자료와 면담을 통해 자신의 장래생활에 가장 도움이 되리라고 판단되는 직업을 3가지 선택한다.
- **제15단계 최적의 예비직업 선택하기:** 하나의 예비직업을 고르는 일은 아주 섬세하고 까다로운 작업이다. 다음 단계에 따라 최적의 예비직업을 결정해 본다.

① 다음 〈표 10-8〉의 오른쪽 빈칸에 3가지 예비직업명을 기입한다.

② 다음 10가지 질문에 대하여 최적의 예비직업으로 평가되는 직업에 V표 한다. 두 가지 직업에 표시해도 좋다.

③ V표의 수와 자신의 판단에 입각하여 3가지 예비직업의 순위를 정한다.

**표 10-8 | 평가항목에 따른 최적의 예비직업**

| 평가항목 | 직업1 | 직업2 | 직업3 |
|---|---|---|---|
| • 나의 능력과 가장 상관이 높은 직업은?<br>• 나의 적성·재능·특성에 가장 적합한 직업은?<br>• 내가 감당할 교육비에 가장 적합한 직업은?<br>• 가장 흥미가 있는 직업은?<br>• 나의 생활양식을 가장 허용하는 직업은?<br>• 나의 신체적 조건에 가장 적합한 직업은?<br>• 경제적 보상이 가장 큰 직업은?<br>• 내가 원하는 지역에서 살 수 있도록 허용하는 직업은?<br>• 나의 성격에 가장 적합한 직업은?<br>• 나의 가치관과 가장 조화를 이루는 직업은? | | | |
| 계 | | | |

자료: 김충기(2016).

- **제16단계 구체적인 직업계획 세워보기**: 이제 진로탐색의 마지막 단계이다. 만약 각 단계를 충실하게 수행해왔다면 지금 자신이 선택한 최적의 예비직업에 만족할 것이다. 그리고 직업뿐 아니라 자신에 대해서도 충분히 이해하고 있으므로, 그 직업에 대한 진로계획도 잘 세울 수 있을 것이다.

### (2) 나의 진로계획

#### ❶ 합리적인 진로계획 모형

진로관계의 전문가인 진로상담교사나 담임교사, 학부모 등과의 진로상담을 거쳐 자신의 진로를 스스로 선택하고 선택한 진로에 대해 책임을 지려는 태도를 가져야 할 것이다.

이제 구체적으로 자신의 진로를 계획해 볼 수 있는 단계이다. 따라서 합리적인 진로계획모형은 [그림 10-1]와 같다.

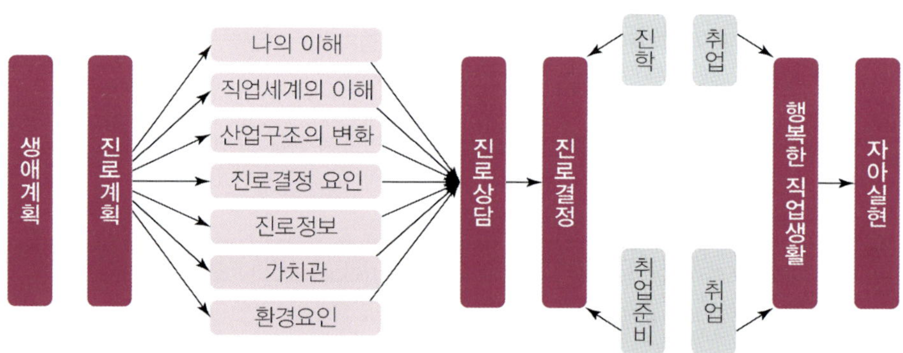


자료: 김충기(2016).

그림 10-1 | **합리적인 진로계획 모형**

진로정보를 수집·분석한 후에 자신의 특성과 환경여건을 고려하여야 한다.

### ❷ 구체적인 진로계획

다음은 자신의 구체적인 진로계획 수립을 위해 도움을 줄 수 있는 분석자료이다. 각 항목별로 자신의 진로를 계획해보자.

### ❸ 나의 진로계획

내 인생은 나의 것이므로 내가 스스로 진로계획을 수립하고 결정해야 한다. 진로계획이 합리적으로 이루어져야 장차 직업세계에 들어가서 주어진 여건에 잘 적응할 수 있으며, 창의적이고 적극적으로 직무에 종사할 수 있다. 그리고 그러한 직무태도가 일상생활에도 전이되어 보람 있고 행복한 삶이 영위될 것이며, 주변 사람들과 사회에도 좋은 영향을 미치게 될 것이다.

CHAPTER 11

# 교육평가

## 01 교육평가의 정의

교육평가에 대한 일반인의 인식은 단지 교육현장에서 실시되는 중간고사나 기말고사 혹은 입학시험에서 학생 선발이나 분류를 위한 활동으로 국한된 경향이 있다. 그러나 이것은 교육평가의 극히 일부분에 지나지 않는다. 교육평가란 학생들의 학업성적을 점수화하는 것으로 끝나는 것이 아니라 교육목표의 타당성 여부, 교육과정, 교육프로그램, 수업, 교사, 교육의 제반 여건, 단위학교·대학·교육청 등의 교육기관에 대한 모든 측면을 그 대상으로 한다. 일반적으로, 교육평가(eductional evaluation)는 교육목적의 달성 정도를 판단하고, 일정한 기준을 가지고 교육활동과 그 결과에 대한 가치를 판단하는 체계적인 과정을 의미한다. 이러한 현실 속에서 최근 교육현장에서는 학교평가, 대학평가, 교육청 평가, 교사평가, 학생평가, 학업성취도 평가 등이 도입되거나 강화되면서 교육평가에 대한 관심은 그 어느 때보다 고조되고 있다.

스터플빔(Stufflebeam, 1971)은 교육평가를 평가자가 의사결정자에게 충분한 정보와 자료를 제공해 주는 정보관리자의 역할을 하는 것이라 하였다. 미국의 미술교육 전공교수인 Eisner(1985; 1998)는 '교육적 감식안(educational connoisseurship)'을 사용하여, 교육현상의 의미있고 가치있는 부분을 여러 가지 표현양식을 사용하여 나타내는 교육평가의 한 측면으로서의 교육비평(educational criticism)이라는 분야를 제안하였다. 박도순 등(2007)은 교육평가가 다른 사람을 판정하고 결정짓는 일이 아님을 강조하면서 변증법적 과정을 통한 '합의'로서의 평가를 주장하였다.

이러한 교육평가에 대한 다양한 정의를 종합하면 다음과 같다. 첫째, 교육평가란 교육과정이나 교육프로그램이 교수·학습 활동을 통하여 의도된 교육목표를 얼마나 잘 달성하였는지를 파악하기 위한 활동이다. 둘째, 교육평가란 교육활동을 개선하기 위하여 교육담당자나 교육행정가들이 올바른 의사결정을 내리는데 필요한 각종 정보를 체계적으로 수집, 제공하여 의사결정에 도움을 주거나 의사결정을 하는 과정 그 자체다. 셋째, 교육현상이나 대상에 드러나 있거나 숨어 있는 의미와 가치를 발견하고 이를 체계적으로 서술하여 반성적 시각에서 해석하고 분석하는 과정이다.

## 02 교육평가의 관점

교육평가관은 세계관, 인간관, 수집된 자료의 특성에서 매우 대조적인 모습을 보이며, 이러한 특성에 따라 측정관(measurement), 평가관(evaluation), 총평관(assessment)으로 구분될 수 있다(Wittrock & Wiley, 1970).

### (1) 측정관

측정관은 역사적으로 가장 오래된 평가관으로서, 분트(W. Wundt), 골턴(F. Galton), 그리고 비네(A. Binet)와 같은 초기 실험심리학, 심리측정, 검사이론에서 출발하였다. 측정관은 어떤 대상이나 사건에 대하여 체계적으로 숫자를 부여하는 것으로, 최대 장점은 주어진 어떤 준거를 확인할 때 손쉽고 간편하게 이용할 수 있다는 점이다. 저울로 몸무게를 재거나, 자로 키를 재고, 시험에서 정답을 맞춘 문항수를 계산하는 것이 측정의 사례가 된다. 측정관은 측정대상이 안정성을 가지고 있기 때문에 어떤 현상이든 정확하게 측정할 수 있다고 보며, 신뢰성과 객관성이 보장된 측정을 하기 위해서는 누가 언제 어디서 측정해도 같은 결과를 얻을 수 있도록 측정절차나 방법에 있어 표준화를 요구한다. 측정관에 의해 얻은 결과는 주로 선발, 분류, 예언, 실험 등의 목적으로 사용하며, 이러한 목적을 위하여 더욱 유용하고 정확한 측정단위를 요구한다. 또한 측정관은 가능한 한 측정의 결과를 수량화하고자 하며, 측정관의 대상은 길이, 무게와 같은 직접 측정이 가능한 것과 지능, 성격, 태도, 자기개념 등 인간이 지닌 잠재적 특성과 같은 간접 측정이 가능한 것으로 구분한다.

### (2) 평가관

평가관은 설정된 교육목표에 준해서 학습자의 행동이 어떻게 변화했는가에 초점을 두기 때문에 그러한 변화를 가능하게 한 학습경험이 무엇이며, 교육적으로 의미있는 변화를 유도해준 교육적 환경이 무엇인가를 확인할 수 있는 다양한 증거와 정보를 요구한다. 따라서 양적 기술의 측정뿐만 아니라 질적 기술을 포함하며, 더 나아가 이러한 양적·질적 기술에 대한 가치판단까지 포함한다.

평가관은 사실상 교육의 목표에 대한 성과로서 학습자에게 일어난 다양한 변화를 판단하는 일련의 절차로 볼 수 있다. 평가관에서는 평가의 증거나 정보의 객관성, 신뢰성보다는 그 증거의 타당성을 우선시하며 내용타당도(content validity)에 관심을 가진다. 평가관은 학생의 행동변화에 영향을 주는 외적 요인으로서 투입된 교육과정, 교과목, 교사의 전문성, 교수·학습방법, 교수·학습자료, 교육프로그램에 대한 평가에도 관심을 가진다. 따라서 측정관에 비해 평가의 범위가 훨씬 넓다고 볼 수 있다. 평가관에 의해 얻은 결과는 주로 평점, 자격 판정, 배치, 진급 등을 위해 개인을 분류하고 판단하는 데 사용되며, 발달적 교육관과 밀접한 관련성을 가지고 있다(박도순, 홍후조, 2006).

### (3) 총평관

총평관은 인간의 특성을 하나의 검사나 도구로 측정하여 평가하는 것이 아니라 여러 다양한 방법을 동원하여 평가하는 방법으로 '사정(assessment)'이라고도 한다(성태제, 2002). 총평관은 개인과 개인을 둘러싼 환경과의 역동적 관계를 분석하기 위하여 다양하고 포괄적인 자료를 사용한다. 총평관에서 사용하는 정보는 다양한 양적·질적 형태의 고도로 구조화된 객관식 검사를 통해 얻을 수도 있고, 자기보고법, 관찰법, 면접법, 역할놀이, 자유연상법 등의 투사적인 방법을 통해 얻을 수도 있다. 예를 들어, 대학에서 신입생을 선발하기 위해 고등학교 내신성적, 학교생활기록부, 대학수학능력시험점수, 논술고사 성적, 면접고사 성적 등 다양한 자료를 수집하는 것이 총평관에 의한 입학사정이라 할 수 있다.

총평관은 개인과 환경 사이의 상호작용을 분석함에 있어서 주로 구인타당도(construct validity)에 의존한다. 구인타당도란 인간의 심리적 특성이나 성질을 심리적 구인으로 분석하여 조작적 정의를 부여한 후, 검사점수가 조작적 정의에서 규명한 심리적 구인들을 제대로 측정하였는가를 검증하는 방법이다. 총평관에 의해 얻은 결과는 흔히 예언, 실험, 분류에 활용되며, 인본주의적 교육관과 밀접한 관련성을 가지고 있다(박도순, 홍후조, 2006). 인본주의 교육관에서는 교육을 인성적 성장, 통합, 자율성을 꾀하고 자기 및 타인 그리고 학습에 대한 건전한 태도를 형성해 가는 자기실현의 과정이라고 전제한다. 또한 이는 학습자가 자율적이고 적극적으로 학습에 참여하는 것을 중시하며, 반대로 타율적이고 수동적인 교육은 가장 비인간적인 교육으로 간주한다. 또한 학생들의 수행과정과 그 결과를 총체적으로 평가하고자 하는 전인적 평가로서의 수행평가(performance assessment)가 도입되는 것은 바로 이러한 관점에 근거한 것이다.

### (4) 세 가지 관점의 비교

측정관은 관찰한 내용에 대하여 가치를 부여하지 않지만 평가관은 측정한 것과 그것의 중요성, 합목적성 등 다른 정보와 합성하여 가치를 부여한다. 그리고 총평관은 다양한 측정방법을 동원하여 종합적으로 평가한다. 평가관은 프로그램이나 교육과정, 정책에 대한 평가를 할 때 사용하며, 총평관은 일반적으로 사람에 대한 평가를 할 때 사용한다. 이들 세 가지 평가관을 인간행동의 특성을 보는 시각, 환경을 보는 시각, 검사에서의 강조점, 기본적 증거 수집방법, 장점, 검사결과의 활용의 측면에서 비교해 보면 <표 11-1>과 같이 요약될 수 있다.

**표 11-1 | 교육평가관의 비교**

| 관점 \ 평가관 | 측정관 | 평가관 | 총평관 |
|---|---|---|---|
| 인간 행동특성을 보는 시각 | • 항구적이고 불변적인 것으로 간주<br>• 개인의 정적 특성 | • 안정성이 없고 가변적인 것으로 간주<br>• 개인의 변화하는 특성 | • 환경과의 상호작용에 의한 가변적인 것으로 간주<br>• 환경과 개인의 역동적 관계에서 변화하는 특성 |
| 환경을 보는 시각 | • 환경의 불변성 신념<br>• 환경 변인의 통제 및 영향의 극소화 노력<br>• 환경을 오차변인으로 간주 | • 환경의 변화성 신념<br>• 환경 변인의 이용<br>• 환경을 행동변화의 자원으로 간주 | • 환경의 변화성 신념<br>• 환경과 학습자의 상호작용을 이용<br>• 환경을 학습자 변화의 한 변인으로 간주 |
| 검사에서의 강조점 | • 규준에 비추어 본 개인의 양적 기술강조<br>• 간접 증거<br>• 신뢰도 강조 | • 교육목적에 비추어 본 개인의 양적, 질적 기술 강조<br>• 직접 증거<br>• 내용타당도 강조 | • 전인적 기능 혹은 전체 적합도에 비추어 본질적 기술 강조<br>• 직접, 간접 증거<br>• 구인타당도 강조 |
| 기본적 증거 수집방법 | • 지필검사(표준화검사)<br>• 양적 | • 변화의 증거를 얻을 수 있는 모든 방법<br>• 양적 및 질적 | • 상황에 비춘 변화의 증거를 얻을 수 있는 모든 방법<br>• 양적 및 질적 |
| 장점 | • 효율성 | • 교육목표의 연계 | • 개인과 환경 양측면에서의 증거의 탐색 |
| 검사 결과의 활용 | • 예언, 분류, 자격부여, 실험<br>• 진단에 무관심 | • 예언, 자격부여, 프로그램효과 판정<br>• 교육목표달성도의 진단 | • 예언, 자격부여, 분류, 실험, 선반<br>• 준거 상황이나 역할에 비추어 본 진단 |

자료: 박도순, 홍후조(2006).

하지만 최근 교육목표달성을 위한 적극적인 노력으로서 학생들의 학업성취도에 영향을 주는 외적 변인인 교육과정, 교사, 학교, 교육프로그램 등에 대한 양적·질적 평가에 상당한 관심이 고조되고 있어 평가관으로서의 교육평가가 활발히 진행되고 있음을 알 수 있다. 그러나 학습자 개인의 행동변화를 개인이 속한 환경과의 역동적인 상호작용에 의해 총체적으로 이해하고자 하는 총평관으로서의 평가는 수행평가가 전면적으로 도입되면서 학생평가에 도입되고 있지만, 입학이나 진급, 졸업 등과 관련된 특별한 목적이나 준거에 비추어 개인의 특성에 대한 의사결정을 내리려 할 때의 이들 상호작용에 관한 분석방법 연구는 아직 미흡한 상황이다. 따라서 교육평가에서 패러다임이 변화하는 이 시점에서 총평관으로서의 평가에 대한 학문적, 실제적 연구가 지속적으로 이루어져야 할 것이다.

## 03 교육평가의 기능

학교교육활동과 관련지어 교육평가가 지니고 있는 기능을 살펴보면 다음과 같다.

① **학습자의 학업성취도를 평가하는 일이다**(박도순, 홍후조, 2006). 즉, 교육이 목표지향적 행위의 활동이라면 목표가 어느 정도 달성되었는가는 학습자의 학업성취도를 확인함으로써 가능하다.

② **학습자 개인의 학습방법을 개선하는 데 도움을 주며, 학습결과에 대한 피드백을 제공함으로써 학습을 촉진한다.** 교육평가의 목적이 교육 본래의 목적을 달성하도록 하는데 있다고 할 때, 학생 개개인의 학습곤란도를 진단하고 치료함으로써 학습방법을 개선하고 학습을 촉진할 수 있도록 하는 일은 교육평가의 중요한 기능 중의 하나가 될 것이다.

③ **학습자의 진로지도를 위한 정보를 제공하는 일이다.** 교육평가의 또 다른 기능은 학습자의 장래 진로지도를 위한 자료를 제공해 줄 수 있다는 점이다. 예를 들어 학교현장에서 진로지도를 하기 위해서는 학습자의 학업능력, 정서, 흥미, 성격은 물론이고 학습자를 둘러싸고 있는 가정, 학급, 사회환경에 대한 광범위하고 정확한 이해가 필수적이다.

④ **교수·학습 방법을 개선하고 수업의 질을 높이는 일이다.** 특히 학생평가의 경우 학습자를 위한 평가로만 활용되는 것이 아니라, 그 결과를 교사의 교수·학습방법, 교육과정 및 수업활동 등을 평가할 수 있는 자료로 활용될 수 있다.

⑤ **교육프로그램의 교육적 효과를 평가하는 일이다.** 교육프로그램이란 매우 복합적인 개념이다. 여기에는 교육과정, 수업, 수업자료, 학급조직 등이 통합된 개념이다. 이러한 교육프로그램에 의해 결과가 발생하고, 그 결과는 교육프로그램의 질을 나타내는 것이 된다.

⑥ **교육의 제반 문제를 이해하고 올바른 교육정책을 수립하는 데 도움을 주는 일이다.** 전국 성취도 평가나 국제 간 학력 비교 연구 등을 통해 전체 학습자 또는 국민이 반드시 습득해야 할 기본 능력이 어느 정도인가를 확인할 수 있는데, 이는 교육정책의 방향을 수립하는 데 도움을 줄 수 있다.

이상에서 학교교육과 관련하여 교육평가의 기능을 살펴보았다. 국가수준의 학업 성취도 평가나 학교평가, 기관평가나 교육과정평가, 수행평가나 절대기준 평가, 고교진학을 위한 시험이나 대학 진학을 위한 시험에서 우리가 지향해야 할 궁극적인 방향은 교육적 가치의 극대화라 할 수 있다.

## 04 교육평가의 절차

일반적으로 '무엇을' 평가할 것인가를 확인하는 교육목표의 확인, 이어서 교육목표가 제시하는 내용과 행동이 나타나는 평가장면의 선정, 평가에 필요한 도구를 제작하거나 선정하는 단계, 그리고 평가를 실시하고 그 결과를 처리하는 단계, 마지막으로 평가결과를 활용하는 일련의 절차를 따르게 된다.

### 1) 교육목표의 확인

교육활동 후에 학습자에게 일어나기를 기대하는 행동변화가 흔히 교육목표, 교수목표, 행동목표, 수행목표 혹은 조작목표 등 다양한 용어로 표현되고 있는데, 범위, 영역, 정도의 차이가 약간 있기는 하지만 유사한 의미를 가지며, 여기서는 교육목표라는 용어를 사용하고자 한다.

교육목표는 교육의 전체 과정이 지향해야 할 최종 지점이므로 평가에서 이 목표가 불분명하고 추상적이면 그만큼 정확한 교육평가가 이루어지지 않는다. 예를 들어 창의적 사고를 기르는 것이 목표인데도 평가에서는 단순 지식의 암기력을 측정하기도 하고, 친사회적 태도를 기르려는 교육목표를 설정했으면서도 평가는 지식의 소유 정도를 측정하게 되는 경우가 생길 수 있다. 따라서 평가를 올바르고 타당하게 하기 위해서는 의도한 교육목표를 명확히 밝혀 평가하고자 하는 바를 구체화할 필요가 있다.

### 2) 평가장면의 선정

평가의 대상, 즉 무엇(what)을 평가할 것인가가 분명해지면 다음에는 어떻게(how) 평가할 것인가를 결정해야 한다. 어떤 상황에서 어떤 방법과 절차로 기대한 행동의 증거를 수집할 것인가를 정해야 한다. 즉, 기대된 행동의 학습정도가 가장 잘 나타날 수 있는 상황을 설정하고 시행할 때 타당한 평가가 가능하다. 예를 들면, 작문과목의 학업성취를 평가하고자 할 때는 논술고사를 실시하는 것이 적절한 반면 수업중의 참여도를 평가하기 위해서는 관찰법이 더 적절한 평가방법이 된다.

- **필답검사**: 필답검사는 교육평가의 영역 중 학력 측정에서 가장 많이 이용되는 방법으로 간편하고 경제적이라는 이점이 있다. 필답검사는 시험시간에 제한을 두는 시간제한검사(time-limit test), 즉 속도검사라는 점이 특징이며, 출제양식에 따라 선택형과 서답형으로 나뉜다. 선택형 문항은 다시 크게 진위형·배합형·선다형으로 분류되고 서답형 문항은 완성형·단답형·논문형으로 나뉜다. 광복후 미국식 교육방법의 영향을 받은 학력측정을 위한 필답검사에서는 채점의 객관성 유지가 쉬운 선택형이 선호되어 왔다. 최근 수행평가에서는 서술형 평가를 포함시켜 지필교사와 구분 지어 사용하는 경향도 있다.
- **질문지법**: 질문지법은 일련의 질문으로 구성된 질문지에 학생이 스스로 기술하는 자기보고식 방법으로, 많은 학생을 대상으로 단시간에 일제히 실시할 수 있을 뿐 아니라 그 결과를 비교적 신속하게 처리할 수 있다는 이점 때문에 정의적 특성에 대한 평가에서 자주 이용되고 있다. 질문지의 종류는 응답의 형식에 따라 구조적 질문지와 비구조적 질문지로 구분할 수 있다. 먼저 구조적 질문지는 폐쇄형 또는 유목형 질문지라고도 하며, 미리 구체적이고 제한된 선택지를 주기 때문에 결과 처리가 쉽다는 장점이 있다. 반면에 문항의 선택지를 제작할 때 상호배타적이면서 포괄적인 선택지를 만들기가 어렵고 학생의 창의적 반응을 얻을 수 없다는 단점이 있다. 비구조적 질문지는 개방형 또는 자유기술형 질문지라고도 하며, 학생이 자유롭게 창의적으로 반응할 수 있다. 주로 흥미, 태도, 가치관, 동기, 의견, 판단 등의 정보를 얻을 수 있으며 질적 연구나 구조적 질문지 제작을 위한 사전조사에 많이 이용된다.

- **관찰법**: 인간을 평가하는 여러 방법 중에서 가장 역사가 오래된 방법이며, 인간행동 이해나 효과적인 교사역할 수행에 필수적이다. 관찰법에서는 관찰자의 기술이 매우 중요하다. 관찰법의 장점은, 첫째, 언어능력이나 의사소통 기술이 부족한 학생의 행동을 파악하고 이해하는 데 유용하다. 둘째, 관찰법은 자연스러운 상황에서 학생의 행동을 연속적으로 연구할 수 있으므로 행동이 발생하는 과정이나 상호작용 유형을 살펴볼 때 유리하다. 셋째, 관찰법은 겉으로 드러나고 표현되는 행동에 근거하여 자료를 수집하므로 응답자의 편견에 의한 부정확한 응답을 피할 수 있다. 반면에, 단점으로는, 첫째, 관찰은 겉으로 표출되는 행동만 볼 수 있기 때문에 개인 내적 속성을 모두 관찰할 수 없다. 둘째, 관찰자의 존재 자체가 상황을 변화시키고 관찰대상에게 영향을 줌으로써 행동에 변화를 일으킬 수도 있다. 셋째, 관찰법은 시간과 비용이 많이 들며, 관찰의 신뢰도를 높이는 것이 쉽지 않다.
- **면접법**: 면접법은 평가자와 평가대상이 직접적인 상호작용을 함으로써 자료를 수집하는 방법으로, 현재 대학입학이나 취업의 경우 많이 사용되고 있다. 면접법은 평가대상의 상황에 따라 융통성 있게 질문을 하고 질문에 대한 응답뿐만 아니라 비언어적인 행동이나 주변 환경과 같은 정보도 함께 관찰할 수 있으므로 다양한 정보를 많이 얻을 수 있다는 장점이 있다. 반면에 평가자의 편견 개입의 가능성, 많은 시간과 비용의 소요, 면접자 훈련의 필요 등의 단점이 있다. 면접의 종류는 구조화 정도에 따라서 구조화된 면접과 비구조화된 면접으로 구분할 수 있다. 구조화된 면접은 표준화된 면접이라고도 하며, 사전에 면접을 위한 질문, 내용, 순서 등이 매우 구체적으로 계획되어 있고, 그 정해진 순서에 따라 면접을 진행하는 방법이다. 반면에 비구조화된 면접은 면접계획은 세우되 면접목적만을 명백히 하고 면접내용, 방법, 순서는 면접목적에서 크게 벗어나지 않는 한 면접자가 면접대상의 반응과 면접상황에 따라 융통성 있게 조절하는 방법이다.

### 3) 평가도구의 제작 또는 선정

평가장면을 선정한 다음에 해야 할 일은 실제로 평가에 사용할 도구를 선정하거나 제작하는 일이다. 즉, 교육의 궁극적 목적인 행동의 증거를 수집하는 데 이용할 도구를 제작하는 것이다. 기존의 도구 중에서 선정을 해도 무방하며, 새로운 도구를 제작해도 좋으나 중요한 것은 도구의 타당도, 신뢰도, 객관도, 적합성, 실용성 등을 종합적으로 감안하여 가장 적절한 것을 선정 혹은 제작해야 한다는 점이다.

### 4) 평가의 실시 및 결과 처리

교육목표로 제시된 행동의 증거를 수집하는 활동 즉, 시험이나 심리검사 또는 설문지 조사를 실시하는 절차가 이어지는데, 이것이 평가의 실시단계다.

평가자료를 정확히 수집하기 위해 준비, 실시, 채점 및 분석, 평가의 질 분석, 평가결과의 기록 및 보관에서 유의해야 할 사항을 살펴보고자 한다.

#### ❶ 준비

평가실시를 위해 준비해야 할 사항으로는 업무담당 확정, 평가시기 선정, 소요시간 추정, 평가장소 결정, 필요자원 점검, 환경조건 분석, 해결방안 탐색, 평가계획 공고, 감독회의 소집 등이 있다(변창진 외, 1996).

#### ❷ 실시

평가의 실시단계에서는 평가대상자들이 충분히, 그리고 솔직하게 있는 그대로의 행동을 발현할 수 있는 상황을 조성하는 일이 무엇보다 중요하다. 학력고사나 심리검사 등 대부분의 학교에서 이루어지는 평가가 공통적으로 따르는 절차를 살펴보면 라포형성, 목적 설명, 동기 유발, 시간 엄수라고 할 수 있다(변창진 외, 1996).

#### ❸ 채점 및 결과분석

평가가 끝나면 학습자들이 반응한 결과, 즉 행동의 증거를 정리해야 한다. 이 단계에서는 평가결과를 채점하고, 채점한 점수를 기록하여 평가의 기초자료를 만들어야 한다. 채점은 객관식 문항의 경우 컴퓨터로 이루어질 수도 있고, 채점을 위해 고안된 채점판을 이용하는 경우도 있으며, 전적으로 수작업에 의하여 이루어지는 경우도 있다.

### 5) 평가결과의 활용

교육평가의 결과를 활용할 수 있는 형태를 살펴보면, 첫째 교육평가활동의 결과는 교육적 정치(定置, placement)를 위한 자료로 활용할 수 있다. 학교현장에는 학생의 선발, 진급, 광범위한 개인차에 대처하기 위한 교과별 혹은 능력별 학급편성 등 학생들의 정치에 관련된 자료는 교육평가활동을 통하여 얻을 수 있다. 둘째, 교육평가활동의 결과는 학생들의 학습결손을 진단하고 이에 대한 지도계획을 수립하는 데 활용할 수 있다. 셋째, 교육평가활동의 결과는 수업과정에서 학생들이 직면하는 학습곤란을 극복하고 학습지도방법을 개선하는 데 활용할 수 있다. 넷째, 교육평가활동의 결과는 생활지도를 위한 자료로 활용될 수 있다.  다섯째, 교육평가활동의 결과는 학생 개개인의 성적을 평정하는 자료가 된다. 끝으로 평가결과 활용에는 평가결과 활용을 위한 주변 상황 및 여건에 대한 조사와 평가결과 활용 후 변화 등을 조사하는 것이 포함되어야 한다.

## 05 교육평가의 모형

교육평가에서 평가모형이란 평가목적을 효과적으로 달성하기 위하여 특정 탐구방식을 적용하여 평가방법 및 평가절차를 체계화한 것이라고 정의할 수 있다. 평가모형은 원래 교육과정 또는 프로그램평가를 설명하기 위해 사용되었으나, 근래에 들어서 프로그램에 대한 개념이 확대됨에 따라 학업성취도 평가를 비롯하여 수업평가, 학교평가, 교육정책평가, 교육기관평가를 하는데 적용되고 있다. 평가모형에 따라 평가목적, 평가절차, 평가방법 등이 다르기 때문에 실제 평가를 하는 상황에서 평가자가 어떤 모형을 취하느냐는 매우 중요하다. 여기에서는 프로그램평가의 대표적인 모형인 목표중심 모형, 판단중심 모형, 의사결정 모형에 대해 살펴보고자 한다.

### 1) 목표중심 모형

목표중심 모형(objective-oriented model)은 목표를 미리 설정한 후 프로그램의 목표가 어느 정도 달성되었는가를 확인하는 데 초점을 둔 입장으로, 목표달성은 프로그램의 성공을 의미하는 반면에 목표의 미달은 프로그램의 부적합을 의미한다. 따라서 학생들의 학업성취도나 행동발달 상황을 평가할 때, 교사의 수업이나 학급경영을 평가할 때, 교육행정·재정을 평가할 때 미리 설정된 목표를 평가의 기준으로 한다면 그것은 목표중심 모형을 적용한 것이다.

대표적인 목표중심 모형은 Tyler의 목표달성 모형, Provus의 불일치 모형, Hammond 모형(3차원 입방체 모형) 등이 있다.

목표중심 모형의 장점(성태제, 2010)은 먼저 논리적이고 합리적이며 명확한 절차를 제시함으로써 어떤 상황에도 쉽게 적용할 수 있다는 점과 교육목표를 구체적으로 제시할 것을 강조함으로써 명확한 평가기준에 의해 평가를 실시할 수 있다는 것이다. 또한 계열성 있는 절차는 교육과정과 평가 간의 논리적 일관성을 유지할 수 있도록 해 주며, 목표의 중요성을 강조함으로써 프로그램 개발자나 교사로 하여금 평가결과를 통해 자신의 교육활동에 대한 책무성을 가지도록 자극한다.

반면 목표중심 모형이 지니고 있는 단점(성태제, 2010)은 목표를 미리 설정할 것을 강조함으로써 수업 중에 생겨나는 부수적·확산적 목표의 중요성을 간과하게 된다는 것이다. 따라서 목표로 설정되지 않은 교육의 부수적인 결과에 대해서는 평가하기가 어렵다. 또한 겉으로 평가할 수 있는 행동만을 강조함으로써 행동용어로 진술하기 어려운 교육목표에 대한 평가가 어렵다. 따라서 잠재적 교육과정, 학생들의 내면적 인지구조의 변화, 가치와 태도 및 감정의 변화를 파악하는 데 한계가 있다. 그리고 목표에 근거한 평가를 강조함으로써 수업이 평가에 종속되는 경향이 있으며 결과에 대한 평가만을 강조하여 교육의 효과와 학생의 성취를 직접적으로 연결함으로써 가르치고 배우는 과정 자체에 대한 평가를 간과할 수 있다. 마지막으로 기술적 합리성만을 강조함으로써 교육 실제의 복합적이고 복잡한 측면을 평가하기가 어렵다는 한계가 있다.

### 2) 판단중심 모형

판단중심 모형(judgement-oriented model)에서는 평가를 평가자의 전문성을 이용하여 평가대상의 가치와 장점을 체계적으로 판단하는 활동이라 보며, 평가자의 전문적 판단을 강조한다.

이 모형의 대표적인 학자인 Scriven(1974)과 Stake(1967)는 판단중심 모형의 특징을 다음과 같이 제안하였다.

첫째, Scriven과 Stake는 내재적 준거와 외재적 준거를 구별하면서 기존의 내재적 준거 위주에서 탈피하여 외재적 준거에도 관심을 기울여야 한다고 하였다. 내재적 준거란 판단하려고 하는 대상에 내재되어 있는 기준, 즉 평가도구나 방법의 신뢰도와 객관도, 평가도구의 제작, 문항의 작성, 통계 처리 등을 의미한다. 반면에 외재적 준거란 판단하려는 대상이 밖으로 드러나는 준거, 즉 효과를 말한다. 특히 그들은 외재적 준거, 즉 평가 자체의 효과, 평가에 의한 변화, 평가의 부작용과 역작용, 부작용에 대한 대안 등에 관해 관심을 기울여야 한다고 주장하였다.

둘째, Scriven은 평가자의 역할에 따라 평가의 기능을 구별하여 형성평가와 총합평가를 구분하고 있다. 개발 중에 있거나 진행 중에 있는 수업을 개선하기 위하여 형성적으로 실시하는 평가와 이미 마무리되었거나 완성된 수업의 가치를 총합적으로 판단하려는 평가가 구별되어야 함을 의미한다.

셋째, 목표의 질에 관한 평가 개념을 제안하고 있다. 교육평가가 정해진 목표의 성취 수준이나 질만을 따지는 것이 아니라 '목표 그 자체의 가치'를 평가할 필요가 있음을 강조하고 있는 것으로 평가자는 목표의 성취 정도뿐만 아니라 목표 자체의 가치에 대해서도 관심을 기울여야 한다는 것이다.

넷째, 탈목표평가(goal free evaluation)와 목표중심평가와의 차이를 제안하고 있다.

대표적인 모형은 Scriven의 탈목표 모형, Stake의 종합실상 모형, Eisner의 감식안 및 교육비평 모형 등이 있다.

판단중심 모형의 장점은 다양한 상황에 적용할 수 있고 형성평가와 종합평가를 구분하며 평가유형을 도형화하였다. 반면 단점은 판단의 타당성을 평가할 방법이 없고, 각기 다른 준거를 근거로 한 성취를 같게 생각하고 준거에 상대적인 비중을 두는 것은 방법론적 문제를 야기한다.

### 3) 의사결정 모형

의사결정모형(decision facilitation model)에서는 교육평가를 교육과 관련된 의사결정자에게 유용한 정보를 제공함으로써 의사결정을 촉진하는 활동으로 규정한다. 그렇기 때문에 평가자가 목표의 달성여부를 결정하고 판단도 하지만, 무엇보다 중요한 역할은 의사결정자, 즉 교사, 학부모, 학생, 지역사회 인사, 교장, 교육행정가 등의 의사결정을 돕는 데 있다고 본다.

의사결정 모형에는 Stufflebeam 등이 제안한 CIPP 모형과 Alkin의 CSE모형이 가장 대표적이다.

의사결정 모형의 장점은 프로그램의 어떤 단계에서도 평가가 가능하고 평가의 봉사기능을 제공하였으며, 환류작용에 민감하다. 반면 의사결정 모형의 단점은 의사결정과정이 명확하지 않고 그 방법이 정의되지 않았으며, 전 과정을 전체적으로 이용한다면 비용이 많이 들고 복잡하다.

**표 11-2 | 목표중심 모형, 판단중심 모형, 의사결정 모형 비교**

| | 목표중심 모형 | 판단중심 모형 | 의사결정 모형 |
|---|---|---|---|
| 정의 | 학생의 성취와 진술된 목표를 비교하는 것 | 목표척도에 비중을 둔 성취자료를 수집하고 결합하는 것 | 의사결정을 위해서 정보를 정의하고 획득하고 이용하는 것 |
| 목적 | 수업활동의 목적이 실제로 달성된 정도를 결정하는 것 | 가치를 확립하고 정당화하는 것<br>평가는 많은 역할을 한다. | 의사결정자에게 필요한 정보를 제공하는 것 |
| 강조점 | 목표의 명세화 및 학생의 학습성과 측정 | 자료수집, 도구비중 및 목표선정의 정당화 | 의사결정에 이용되는 평가보고서 |
| 평가자의 역할 | 교과과정 전문가 | 실제적인 교육 실천의 장점을 판단하는 자 | 의사결정자에게 평가정보를 제공하는 전문가 |
| 평가의 유형 | 성과의 사전측정과 사후측정 | ① 형성-총합평가<br>② 비교-비비교평가<br>③ 내재적 평가와 최종평가<br>④ 탈목표평가 | ① 상황평가<br>② 투입평가<br>③ 과정평가<br>④ 산출평가 |
| 제안된 구성 | ① 행동적 용어로 목표진술<br>② 학생 중심적인 교수목표<br>③ 목표는 학생의 투입행동, 문화, 교육철학, 학습 이론, 새로이 개발된 교수법 등을 고려해야 한다. | ① 목표(주장)와 역할(기능) 간의 구별<br>② 여러 유형의 평가 | ① 계획의 결정을 위한 상황평가<br>② 프로그램의 결정을 위한 투입평가<br>③ 시행결정을 위한 과정평가<br>④ 순환결정을 위한 산출평가 |

| | 목표중심 모형 | 판단중심 모형 | 의사결정 모형 |
|---|---|---|---|
| 공헌 | ① 행동 목표의 달성여부를 쉽게 평가할 수 있다.<br>② 실행자들이 평가 연구를 설계하기 쉽다.<br>③ 명백한 목표의 정의에 초점을 둔다. | ① 형성평가와 총합평가를 구분한다.<br>② 다양한 상황에 적응할 수 있다.<br>③ 방법과 목표의 분석이다.<br>④ 평가유형을 도형화하였다. | ① 평가의 봉사기능을 제공하였다.<br>② 환류작용에 민감하다.<br>③ 프로그램의 어떤 단계에서도 평가가 가능하다.<br>④ 전체성을 갖고 있다. |
| 단점 | ① 과정평가와 프로그램을 너무 단순화하는 경향이 있다.<br>② 목표의 가치를 고려함이 없이 목표를 너무 강조하는 경향이 있다. | ① 각기 다른 준거를 근거로 한 성취를 같게 생각하고 준거에 상대적인 비중을 두는 것은 방법론적 문제를 야기한다.<br>② 판단의 타당성을 평가하는 방법이 없다. | ① 가치문제를 별로 고려하지 않는다.<br>② 의사결정 과정이 명확하지 않고 그 방법이 정의되지 않았다.<br>③ 전 과정을 전체적으로 이용한다면 비용이 많이 들고 복잡해진다. |

자료: 강봉규, 박성해(2010).

## 06 교육평가의 대상

교육평가 대상을 성태제(2010)는 크게 인적 대상, 물적 대상, 평가 세 가지로 분류하였다. 인적 대상은 학생, 교사, 학부모, 학교행정가, 학교경영자, 주민 등을 말하며, 물적 대상은 소프트웨어(프로그램, 교육과정, 교구, 교재)와 하드웨어(시설, 환경, 교육예산, 예산집행관계)를 말하며, 또 평가도 평가의 대상으로 보았다.

또한 배호순(1994)은 '무엇을 평가할 것인가'하는 평가대상 및 내용을 크게 두 가지로 분류하였다. 하나는 사물, 활동, 프로그램, 프로젝트, 워크숍 등 구체적이고 직접적인 평가대상, 다른 하나는 이들 사물이나 활동, 프로그램 및 워크숍 등의 목적, 기능, 속성과 그로 말미암은 효과 등 간접적인 평가대상이다.

평가대상을 학생에만 국한하던 종전의 개념에서 탈피하여 교사도 평가의 대상이 되고 있으며, 학부모도 자녀교육을 위하여 어떤 행위를 하였는지 평가하기 위한 평가대상이 되고 있다. 학교행정가와 학교경영자는 물론 학교를 둘러싸고 있는 지역사회의 주민도 교육에 어떤 영향을 주는지 평가하는 대상이 된다. 교육과정은 물론 교구, 교재, 교육프로그램도 당연히 교육평가의 대상이 된다. 최근에 교육환경문제가 주요 평가대상으로서 교육 유해지구의 선정, 학교 앞 환경개선 운동이 전개되어 교육환경도 평가의 대상이 되고 있다. 또한 학교예산의 적절성, 학교예산 집행의 타당성도 평가대상이 되며, 교육기관 평가로서 초·중등학교평가, 유치원평가, 대학평가 등이 실시되고 있다. 해당기관을 평가한 평가결과도 평가대상이 된다. 또한 교사가 학생들을 평가하여 부여한 성적 자체도 평가대상이 되어야 하며, 학생들이 평가한 강의평가도 평가대상이 되어야 한다.

### 1) 교사평가

#### (1) 교사평가의 목적

교사평가는 지금까지 근무평정(performance rating)이란 용어로 줄곧 사용되어 왔다. 근무평정은 대체로 구성원이나 직원의 능력개발 및 발전과 증진, 그리고 전보 또는 해임 등 상벌과 같은 인사관리의 합리적인 근거를 제공하는데 그 기본 목적이 있다.

교사평가는 조직체에서 조직의 구성원인 사람을 평가하는 방법을 제도화한 것이기 때문에 인적자원관리의 대부분 영역에 걸쳐 영향을 미치는 귀중한 자료를 제공해 주는 역할을 하고 있다. 이러한 평가는 전통적으로 과거의 실적이나 인적 특성을 서열이나 우열을 정해 판정하는 비교평정(rating)이 일반적이었다. 그러나 최근에는 조직구성원의 실적을 평가함은 물론이고, 한 개인이 지닌 잠재적인 능력이나 개발가능성까지 확대함으로써 구성원에 대한 동기부여 수단으로 활용하고 있다. 또한 평가결과를 조직 전체의 목표달성에 종합적으로 적용하고 있다.

#### (2) 교사평가의 기능

교사평가는 일차적으로 교사가 직무를 잘 수행할 수 있도록 격려하고, 교사가 성장할 수 있는 영역을 확인함으로써 교사 발달을 위한 지원과 훈련을 확인하여 학교운영의 기초를 제공하는 것이다. 다음으로 교사평가는 자질부족 교사 확인, 교사 직무수행의 약점 확인, 보수와 승진목적을 위한 평가, 훈련절차의 증거 등을 제공하는 데에 있다.

### (3) 교사평가의 내용 및 기준

학교조직의 목적을 달성하기 위해서 교사가 수행해야 할 역할은 교과지도자로서의 역할, 생활 및 특별활동 지도자로서의 역할, 학급경영관리자로서의 역할, 연구 및 연수자로서의 역할, 행정사무관리자로서의 역할, 학부모 및 지역사회관계로서의 역할 등을 중심으로 구분될 수 있다(전제상, 2001).

교육공무원승진규정(2008. 2. 29. 대통령령 제17635호)에 명기된 교사근무성적평가제도의 내용을 보면, 제1장 총칙, 제2장 경력평정, 제3장 근무성적평정, 제4장 연수성적의 평정, 제5장 승진후보자명부로 구성되어 있다. 근무평정의 기준은 제3장 제16조(평정의 기준)에서 "근무성적의 평정은 당해 교감 등의 근무실적·근무수행능력 및 근무수행 태도를 평가한다."라고 규정하였다.

### (4) 교사평가의 방법

- **포트폴리오 방법**: 포트폴리오 평가는 교사로 하여금 학생 개개인의 성장과 학습진전 영역에 대한 분명한 증거를 제시함으로써, 각 활동에 대해서 가장 좋은 것을 식별할 수 있는 준거를 제시하고 작업과정에 대한 학생들의 사고를 나타내 준다. 또 완성된 작업에 대한 반응을 통하여 상호 의사전달과 집단협동을 유도하여 학생목표의 개발, 평가, 수정을 촉진한다. 그리고 학생의 요구충족을 위한 수업전략을 개발하고, 학생성장에 대한 부모, 다른 교사, 행정가의 이해를 촉진하는 수단을 제공하는 것 등과 같은 목적을 지니고 있다.
- **자기 평정법**: 자기평가는 더 나은 수업을 조장하고 전문성을 신장하려고 하는 교사평가 계획의 궁극적 목표라고 할 수 있다. 즉, 자기평가는 교사로서의 전문성을 지향하는 가장 적합하고 효과적인 변화를 위한 동기유발이 되며, 자기성찰의 기회가 된다. 따라서 각자의 수업행위에 대한 자기성찰의 필수적인 기술을 배우고 실천해 가는 교사가 점차 늘어날 것이다.
- **교육행위 관찰법**: 교육행위라 함은 교과지도, 생활지도, 특활지도 등 교수·학습 활동은 물론 동료교사 간 인간관계, 학교 일반행정직 인사들과의 인간관계, 장학진과의 관계, 지역사회 주민이나 학부모와의 협력관계 등과 같은 대인관계를 포함하는 것이며, 이러한 교육행위를 관찰하는 것 중에서 가장 역점을 두는 것은 역시 교실에서 수행되는 교수·학습과정의 관찰이다. Evertson

(1989)이 “교실관찰은 교사의 교수능력 평가체제에서 가장 중요한 요소다.”라고 주장하였듯이, 교실관찰을 통해서 교사의 교수활동을 매우 효과적으로 평가할 수 있다.

#### (5) 교사평가의 자료

교사평가의 자료를 수집하는 방법을 살펴보면 다음과 같다.

① 검사로서, 학생발달 지식, 교육과정 구성, 학생 영양의 주요 원리, 응급조치에 관한 관심 등에 적용될 수 있다.
② 성취로서, 평가는 교사 전체 직무에서 가장 중요한 요소에 초점을 둔다.
③ 관찰로서, 충족될 목표에 합의한 후 교실현장을 여러 회에 걸쳐 관찰하고, 보고 듣는 대로 정확하게 기록한다.
④ 행위표집으로서, 교사성취 평가에서는 교사행위의 표집을 기록하거나 학생산출을 수집하여 분석한다.
⑤ 체크리스트나 질문지도 적용될 수 있다.

#### (6) 교사평가 결과의 활용

교사에게는 자신이 수행하는 과업에 대한 확신과 건설적인 비판이 요구되나, 자신의 효과적인 행위를 인식하기 어렵고, 얼마나 효과적인지를 평가하기도 어렵다. 따라서 적절한 피드백으로 자신의 성취를 개선할 수 있도록 해야 하므로, 평가결과는 기록되어 피평가자에게도 통지되어야 한다. 피드백은 구체적이고, 시기적절하고, 일관적이고, 직접적이고, 믿을 수 있고, 관찰된 행위에 근거하여야 하며, 건설적이어야 한다. 그리고 피드백은 언어적 조언, 체크리스트 요약문, 관찰 메모, 비디오테이프 검토, 기타 다양한 방법으로 제공할 수 있다.

### 2) 기관평가

#### (1) 교육기관평가의 개념

기관평가(institutional evaluation)는 평가의 대상이나 단위가 개인이 아니라, 조직이나 기관을 하나의 평가단위로 보고 가치를 부여하는 활동을 말한다. 교육기관은 교육에 관련된 모든 사업을 영위할 목적으로 인적·물적 시설과 장비를 갖추고 이를 계속적으로 관리·운영하는 기관이다. 교육기관평가는 교육기관의 종합적 능력을 평가하는 것이라고 할 수 있다. 정태범(1998)은 교육기관평가를 교육기관의 과업수행능력, 기관의 기능과 역할, 조직의 타당성 등을 종합적으로 평가하는 것, 각 교육기관이 운영하는 교육프로그램의 효과성이나 개선해야 할 점은 물론이고 교육의 질적 제고 측면에서 미흡한 점을 파악하기 위해 자료를 수집하고 적절한 가치판단을 하는 일련의 체계적인 활동으로 정의하고 있다.

교육기관에 대한 평가유형은 평가대상 기관의 종류와 운영형태에 따라 달라질 수 있다. 평가대상 기관에 따라 유치원평가, 초·중등학교평가, 대학평가, 교원양성기관평가, 교육행정기관 평가 등이 있으며, 운영형태에 따라 교육부의 시·도 교육청 평가, 교육부와 정부출연 연구기관이 공동으로 주관하는 국가수준 학교평가, 전국 대학교육협의회인 한국대학교육협의회나 언론기관이 주관하는 대학평가 등으로 구분된다.

### (2) 교육기관평가의 종류

#### ❶ 유아교육기관 평가

국가수준 유치원평가의 법적 근거 조항은 유아교육법이라 할 수 있다. 『유아교육법』은 『유아교육진흥법』의 유아교육관련 조항을 체계적으로 정비하여 유아교육에 적합한 독립된 근거법을 마련한 것이며, 국가 인적자원관리체제의 기본 틀을 유아단계부터 체계화하여 유아의 균형적이고 조화로운 발달을 조장하기 위한 유아공교육체제 구축의 기틀을 마련하는 계기가 되었다.

> 제2장 유치원의 설립 등
> 제19조(평가)
> ① 교육감은 유아교육을 효율적으로 하기 위하여 필요하면 유치원 운영실태 등에 대한 평가를 할 수 있다.
> ② 교육부장관은 필요한 경우 각 시·도 교육청의 유아교육 전반에 대한 평가를 실시할 수 있다.
> ③ 제1항과 제2항에 따른 평가의 대상·기준 및 절차와 평가결과의 공개 등에 필요한 사항은 대통령령으로 한다.

### ❷ 초·중등학교 평가

학교평가(school evaluation)는 법적 근거인 「초·중등교육법」에 명시되어 있듯이 초·중등학교평가를 의미한다. 「초·중등교육법」에 근거하여, 「초·중등교육법 시행령」에서는 평가의 대상과 기준, 방법 등 구체적인 사항을 제시하고 있다.

단위학교가 실시하는 학교평가는 지역에 따라 차이가 있지만 대체로 학교의 자체평가와 학교자체평가보고서를 근간으로 한 이후의 서면평가와 현지방문평가로 이루어지게 된다. 평가위원으로는 관할 교육청 소속의 업무담당 장학사, 행정관리자(교장, 교감), 학부모 등이 5~6명 정도로 구성된다.

각 시·도 교육청에서는 교육부의 교육청 평가 이후 어떤 형태로든 학교평가를 실시하고 있다. 주요 교육정책 및 시책에 관한 사항, 시·도의 관심사항과 특색사업 등 필요한 지표를 추가하여 평가를 실시하고 있으며, 평가 후에 학교평가 공통 지표에 의한 평가결과를 '학교평가 DB(eval.kedi.re.kr)'에 입력함으로써 전국적으로 통일된 평가질문에 의한 학교평가가 실시되고 있다.

### ❸ 대학평가

대학교육의 질 관리를 위한 대학평가제도는 세계적으로 보편적인 현상이다. 우리나라에서는 1977년부터 당시 문교부에 의해 대학평가가 추진되었다. 그러나 당시 대학평가는 평가라기보다는 일종의 감사와 같은 성격에 지나지 않았다. 그 후 1980년대에 접어들면서 한국대학교육협의회가 대학평가를 주관하게 됨에 따라 정부주도적인 대학평가가 대학자체에 의한 자율적인 성격으로 변모하게 되었고, 대학교육 관계자 및 평가전문가들의 심층적인 연구와 자문을 바탕으로 한층 체계적이고 전문적인 대학평가를 시행하게 되었다(서민원, 1998).

1992년부터 시행된 학과(학문계열)평가인정제와 1994년부터 시행된 대학종합평가인정제로 구분하여 실시되고 있다.

대학평가의 종류와 특징을 살펴보면, 현재 실시되고 있는 대학평가는 교육부에서의 재정지원을 주목적으로 하는 행정·재정평가, 대학의 질적 향상과 평가인정을 위한 평가, 언론기관을 통해서 사회적 인지도를 파악하고자 하는 사회기관평가 등으로 구분해 볼 수 있다.

### ❹ 교원양성기관 평가

교원양성기관은 지적·정서적·윤리적 잠재력을 갖춘 예비교사를 엄격하고 타당하게 선발하여 적절한 교육프로그램을 통해 그들의 능력을 극대화하도록 교육하는 기관이다. 교원양성기관이야말로 전문성과 사명감을 갖춘 교원의 양성이라는 국가적 과제를 수행해 나가는 핵심적 역할을 담당하고 있다고 볼 수 있다.

교원양성기관평가는 교원양성기관의 질 관리체제로서 교육개혁심의위원회 및 교육정책자문위원회 등 교육전문가에게서 그 필요성이 제기되어 오던 중, 1996년 제3차 '교육개방안(1996. 8. 20.)'의 하나로 도입하게 되었다. 이후 1997년 5월 '교원양성기관 평가인증제 시행방안'을 수립하면서 당시 교육부와 한국교육개발원 공동 주관으로 1998년부터 연차적으로 교원양성기관에 대해 주기적으로 평가를 실시하게 되었다.

### ❺ 시·도 교육청평가

교육부가 실시하는 시·도 교육청평가의 출발은 1994년 교육부의 정책과제로 '시·도 교육청 및 학교의 종합평가 방안' 연구가 착수된 시점이다. 1995년에 '5·31교육개혁안'이 발표되자 교육개혁 방안의 추진실적을 평가의 대상으로 하고 있다. 시·도 교육청평가는 교육부가 기본계획을 수립하고 평가기준과 방법을 결정하며, 평가결과를 주도적으로 활용하고, 평가의 모든 과정에 대한 행·재정적 지원도 주관하고 있다. 시·도 교육청에 대한 평가는 교육공급자에 대한 평가결과를 행정·재정지원과 연계해 교육청의 책무성(accountability)을 강화하고, 궁극적으로는 교육의 질을 향상하고자 하는 것으로 보았다. 즉, 시·도 교육청 간 경쟁을 촉발하여 현장교육의 질을 제고하기 위한 자구 노력분위기를 조성하고, 이를 통해 다양한 교육개혁 과제들이 성공적으로 현장에 자리 잡을 수 있도록 함으로써 수요자중심의 교육체제를 조기에 구축하려는데 그 궁극적인 의의를 둔 것이다.

## 3) 프로그램평가

프로그램은 "어떤 문제를 해결하기 위하여 설계된 일련의 계획과 행동"이라고 정의하고 있다. 따라서 프로그램 개발 또는 설계는 이러한 서비스나 활동을 만들어

내는 일이며, 설계된 프로그램을 실행한 후에 프로그램의 성과, 가치, 효과를 판단하는 것이 바로 프로그램평가(program evaluation)다.

프로그램평가의 영역이란 평가하고자 하는 거시적인 범위와 대상을 말한다. 프로그램평가의 핵심영역은 프로그램의 목적, 프로그램의 내용, 프로그램 참여자, 프로그램 운영 등 네 가지로 요약할 수 있을 것이다. 프로그램 목적에 대한 평가는 프로그램이 궁극적으로 의도하는 바가 성취되었는지 확인하는 것이 초점이 맞추어진다. 이것은 주로 목표지향평가의 원리와 절차에 따라 수행된다. 프로그램 내용에 대한 평가는 프로그램의 질적인 측면에 관심을 가지고 프로그램 내용의 혁신성, 현실성, 즉시성, 적용성, 요구반영 정도 등에 초점을 맞추어진다. 이것은 탈목표중심평가의 원리와 절차에 따라 수행된다.

프로그램 참여자의 반응에 대한 평가는 프로그램에 참여했던 사람들의 프로그램에 대한 인식, 태도, 느낌, 호감도, 만족도 등을 파악하는 데 초점이 맞추어지고, 프로그램 운영에 대한 평가는 프로그램이 매끄럽고 원활하게 수행되었는가 혹은 프로그램 운영과 관련된 제반 요인, 즉 시설, 매체, 수강료, 강사 자질 등을 종합적으로 확인하고 점검하는데 초점이 맞추어진다. 이것은 의사결정중심평가의 원리와 절차에 따라 수행된다.

Kirkpatrick(1987)은 교육프로그램평가의 영역으로 다음의 네 가지를 제시한 바 있다. 첫째, 학습자의 반응을 통해 그들이 프로그램에 대한 호의의 정도를 평가하는 것으로, 학습자 만족도 평가 또는 매력성 평가라고 한다. 둘째, 프로그램을 통해 학습자가 어떤 지식·태도·기능을 습득했는가를 평가하는 것으로 학습정도, 즉 목표 도달도에 대한 평가 또는 효과성 평가라고 한다. 셋째, 교육프로그램 이수 후 실생활에서 어떤 긍정적 변화가 있었는지를 평가하는 것으로, 실생활 적용도 평가 또는 실제행동 평가라고 한다. 넷째, 프로그램 운영에 투자한 시간과 노력, 비용 등에 대비한 교육성과를 평가하는 것으로, 프로그램의 효율성 평가라고 한다.

### 4) 교육과정평가

교육과정을 무엇으로 보느냐에 따라서 교육과정평가(curriculum evaluation)의 개념이 달라진다. 교육과정을 '교육내용'이라고 보는 좁은 정의에서 부터 '교육목표' 교육내용, 교육방법, 교육평가에 이르는 교육과정'이라고 보는 넓은 정의에 이르기까지 그 정의는 다양하다. 교육과정의 실행은 사실상 '수업'을 통하여 이루어지므로 교육내용만이 아니라 수업을 포함하여 '교육목표, 교육내용, 교육방법, 교육평가에 이르는 일련의 교육활동 전체'를 교육과정으로 보는 것이 타당하다. 따라서 교육과정평가는 곧 교육목표, 교육내용, 교육방법, 교육평가에 이르는 일련의 과정으로 이루어진 교육프로그램에 대한 평가라고 할 수 있다(박도순 외, 2007). 따라서 교육과정평가란 특정 교육과정의 장점, 가치, 중요성에 관하여 체계적으로 기술하고 판단하는 일이라고 정의할 수 있다.

교육과정평가를 위한 주된 출처는 교육과정개발 및 실천운영 관련자들을 비롯한 교원, 학생, 직원, 학부모, 졸업생, 지역사회 인사, 기록물 등이다. 이를 대상으로 근거자료를 수집하는 방법 및 도구는 정량적 방법과 정성적 방법으로 분류될 수 있다.

박도순 등(2007)이 개발한 초·중등학교교육과정을 평가하는 교육과정의 변화단계별 핵심 준거는 다음 <표 11-3>과 같다. '의도된 교육과정평가'에서는 계획에 대한 평가이므로 실현가능성과 계획의 충실성 등을 중시하고, '실천된 교육과정평가'에서는 계획과 실천의 일치성을 보되 융통성 역시 함께 보고 있다. '성취된 교육과정평가'는 '목표 성취도'와 함께 '만족도'를 준거로 하고 있다.

**표 11-3 | 초·중등학교교육과정평가의 핵심 준거**

| 의도된 교육과정<br>(교육계획평가) | 실천된 교육과정<br>(교수·학습과정평가) | 성취된 교육과정<br>(교육효과/성취도 효과) |
|---|---|---|
| • 실현가능성<br>• 충실성(계열성, 일관성, 전체성) | • 의도/실천의 일치성<br>• 융통성 | • 목표 성취도<br>• 미성취 유형과 원인<br>• 구성원 참여<br>• 교육 만족도 |

자료: 박도순 외(2007).

### 5) 교육정책평가

정책은 목적을 가지고 확립되는 것이며 정부는 정책을 통해 합리적이고 효율적인 국가사업의 운영을 도모한다. 일반적으로 정책평가란 정부의 정책이나 공공사업계획의 결과 및 영향이나 효과를 목표달성의 정도와 관련하여 사후적으로 판단하는 정책과 정상의 기능적 활동을 말한다. 교육정책에 대한 평가는 정책결정자, 집행자, 제3자, 국민 등 각자의 입장에 따라서 다르며, 적응하는 정책평가이론이나 원칙에 따라서도 달라진다.

정일화(2000)는 교육정책 평가의 목적으로, 첫째, 교육정책결정과 집행에 필요한 정보제공, 즉 교육정책의 추진 여부, 교육정책의 내용 수정, 더욱 효율적인 교육집행전략 수립, 둘째, 교육정책 과정상의 책임성 확보, 셋째, 이론 구축에 의한 학문적 기여 등을 제시하였다.

김종철(1996)은 다차원적 접근을 전제로 교육정책이 추구해야 하는 주요 가치에 대해 논의하면서 교육정책 과정 면에서 추구되는 가치로 적합성, 합리성, 민주성, 효과정, 능률성, 책무성을 제시하였고, 교육정책 목표와 성과 면에서 추구되는 가치로는 형평성, 수월성, 자율성, 공익성 등을 제시하였다.

김병만(2014)은 교육정책은 공공정책에 포함되므로 유아교육정책평가 역시 공공정책 평가의 범주에 포함됨을 강조하며, 기존의 신자유주의 사조에 대한 비판이론을 평가관에 접목하여 유아교육정책평가의 준거를 마련하였다. 구체적으로 유아교육정책 공공성, 유아교육정책 민주성, 유아교육정책 적합성, 유아교육정책 경제성으로 구성된 4개의 평가범주, 13개의 평가 준거, 44개의 평가지표를 제안하였다. 유아교육정책평가의 준거모형을 제시하면 다음의 [그림 11-1]과 같다.

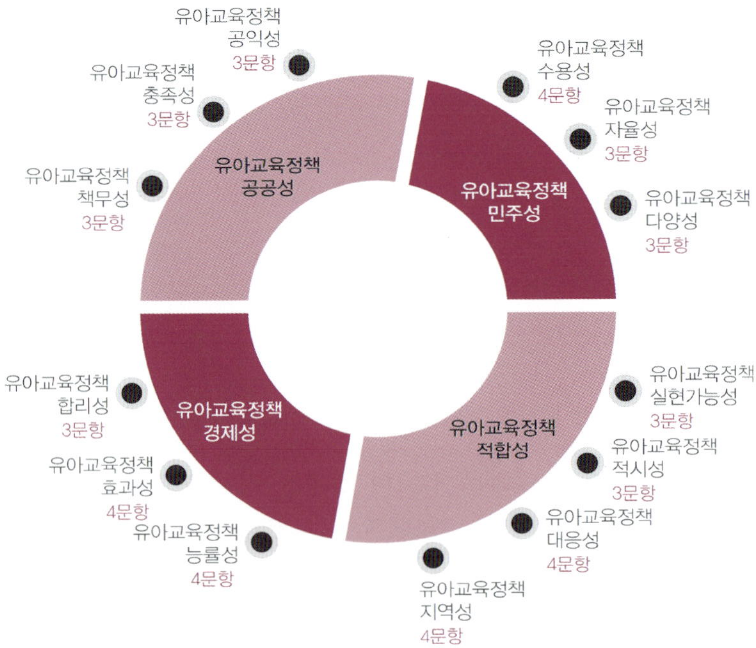


자료: 김병만(2014).

**그림 11-1 | 유아교육정책평가의 준거모형**

## 07 교육평가의 유형

교육평가의 유형을 분류하는 방식은 다양하다. 검사점수에 가치를 부여하기 위해 어떤 평가기준을 사용하는가에 따라 준거지향평가와 규준지향평가로 구분되고, 수집된 자료의 특성과 분석방법에 따라 양적평가와 질적평가로 구분된다. 또 교수·학습과정의 단계 중 어느 시점에서 어떤 목적으로 시행하느냐에 따라 진단평가, 형성평가, 총합평가로 구분되고, 학습자 요인에 초점을 맞춘 평가로서 능력지향평가와 성장지향평가로 구분된다.

### 1) 준거지향평가와 규준지향평가

#### (1) 준거지향평가

준거지향평가(criterion-referenced evaluation)는 절대비교평가 혹은 준거참조평가, 목표지향평가 등으로 불리며, 학습자의 현재 수준이나 행동목표의 도달정도를 알아보기 위한 평가방법이다. 즉, 다른 학습자와 상대적인 비교를 하는 것이 아니라 교육목표에 비추어 평가하는 것이다. 다시 말해서, 준거지향평가란 학습자가 무엇을 얼마만큼 알고 있는지 재는 평가 또는 학습자가 정해준 준거나 목표에 도달하였는지 판단하는 평가로서, 여기서의 무엇이라 함은 학습자가 성취해야 할 과제나 행위의 영역 혹은 분야를 의미한다.

예를 들면 의사자격이나 교사자격을 부여하는 데 있어서 상대적 서열보다는 관련된 일을 성공적으로 할 수 있다고 판단되는 기준에 도달한 사람에게 자격을 부여하는 경우를 말한다.

준거지향평가의 특징으로는 첫째, 검사의 타당도를 강조한다. 왜냐하면 원래 측정하려고 계획했던 수업목표를 얼마나 충실하게 측정하고 있느냐에 중점을 두기 때문이다. 둘째, 검사점수의 부적 편포(negatively skewed distribution)를 기대한다. 즉, 모든 학습자가 설정된 교육목표를 달성하기를 바라기 때문에 검사점수의 분포가 오른쪽으로 치우친, 정상분포에서 벗어난 부적 편포를 기대한다. 셋째, 학습자 개개인에 적절한 교수전략과 교육환경을 투입하면 모두가 성공할 수 있다는 발달적 교육관에 바탕을 두고 있다.

준거지향평가의 장점으로는, 첫째, 교수·학습 이론에 적합하다는 점이다. 즉, 무엇을 알고 무엇을 모르는지의 정보를 직접적으로 제공해주기 때문에 무엇을 어떻게 가르쳐야 할 것인지에 대한 시사점을 제시해준다. 둘째, 교육목표·교육과정·교수방법 등의 개선에 용이하다. 셋째, 상대평가에 치중하지 않으므로 분석·종합 등의 고등정신 능력을 배양할 수 있다.

준거지향평가의 단점으로는, 첫째, 개인차의 변별이 쉽지 않다는 점이다. 즉, 준거지향평가는 학습자 개인 간의 비교 및 우열을 판정하기가 어렵다. 둘째, 준거의 설정기준이 문제가 될 수 있다는 점이다. 다시 말해서, 교육에서의 절대 기준은 교수목표이지만 이러한 교수목표를 누가 정하느냐 혹은 어떻게 정하느냐는 고도의 전문성이 요구되기 때문이다. 셋째, 검사점수의 통계적 활용이 불가능하다. 준거지향평가에서는 검사점수의 정상분포를 부정하기 때문에 점수를 통계적으로 활용하기가 어렵다는 의미이다.

### (2) 규준지향평가

규준지향평가(norm-referenced evatuation)는 상대비교평가 규준참조평가, 규준관련평가로 불리며, 학습자의 평가결과를 그가 속해 있는 집단의 규준(norm)에 비추어 상대적인 위치를 밝혀 보는 평가방법이다. 따라서 규준지향평가에서는 학습자가 무엇을 얼마만큼 알고 있느냐에 대한 관심보다는 개인의 성취수준을 비교집단의 규준에 비추어 상대적 서열을 판단하는 것에 관심을 둔다.

예로 대학수학능력시험에서 사용되는 백분위나 T점수 등을 들 수 있다.

규준지향평가에서 규준이란 원점수의 상대적 위치를 설명하기 위하여 쓰이는 척도로서, 좋은 규준이 완성되기 위해서는 모집단에 추출된 표본이 모집단의 특성을 제대로 대표하고 있어야 하며, 이러한 표본에서 산출된 평균과 표준편차로 만들어 진다.

규준지향평가의 특징으로는, 첫째, 검사의 신뢰도를 강조한다. 즉, 규준지향평가에서는 학습자의 개인차를 얼마나 오차 없이 정확하게 측정하였는가에 중점을 두고 있다. 둘째, 검사점수의 정상분포를 기대한다. 셋째, 평가체제의 본질상 반드시 실패자가 존재하고, 학습자의 개인차를 극대화하는 선발적 기능을 강조한다.

이러한 규준지향평가의 장점은 다음과 같다. 첫째, 규준지향평가는 개인차의 변별이 가능하다. 여러 개인의 상대적인 비교를 기초로 하는 객관성을 강조하고 엄밀한 성적표시 방법을 채택함으로써 개인차를 변별할 수 있다. 둘째, 객관적인 검사의 제작기술을 통해 성적을 표시하고 있기 때문에 교사의 편견을 배제할 수 있다. 셋째, 규준지향평가는 학습자의 경쟁을 통하여 동기를 유발하는 데 유리하다. 특히, 등급이나 시험의 당락을 결정하는 평가의 경우 더욱 강력한 동기유발을 촉진할 수 있다.

반면, 규준지향평가의 단점은 다음과 같다. 첫째, 교수·학습 이론에 부적절하다. 즉, 무엇을 얼마만큼 알고 있는지에 관심을 두지 않기 때문에 무엇을 가르치고 배워야 하는지에 대한 정보가 적다. 둘째, 규준지향평가에서는 참다운 의미에서의 학력평가가 불가능하다. 예컨대, 학습자의 성취도가 집단 내에서의 상대적 비교로만 판정되기 때문에, 학습내용을 완전히 이해한 학습자라도 집단자체가 우수하다면 학업성취도가 낮은 것으로 분석될 수 있다. 셋째, 학습자 간에 학력의 상대적 위치 또는 순위를 결정하기 때문에 과다한 경쟁심리가 조장되며, 이로 말미암아 인성교육을 방해할 우려가 있다.

## 2) 양적평가와 질적평가

### (1) 양적평가

양적평가(quantiative evaluation)는 경험적·실증적 탐구의 전통을 따르는 입장으로 평가대상을 어떤 형태로든지 수량화하고, 이렇게 수량화된 자료를 가지고 통계적 기법을 이용하여 기술하고 분석하는 평가전략이다. 양적평가에서 수집된 자료는 수 혹은 양으로 표현되어 있다. 평가대상이 수나 양으로 측정되기 위해서는 평가대상이 객관적 객체로 존재해야 한다. 즉, 관찰에 의해 외면적으로 나타나지 않고 실증적으로 제시될 수 없는 것들은 평가의 대상에서 제외하거나 아니면 이를 검증할 수 있도록 조작하여 측정하거나 제시함으로써 정확성을 가진다. 이것이 바로 양적평가에서 강조하는 기준이다.

양적평가에서는 사전에 여러 개의 평가관점을 정해 놓고 관점별로 등급을 정하거나 채점을 하여 이를 합산함으로써 전체를 알아보는 방법을 사용한다. 이것은 간결·명료하고 분명한 장점을 가진 반면에 전체적인 조화에서 나타나는 경향성을 파악하기는 힘든 단점을 가지고 있다.

#### (2) 질적평가

질적평가는 양적평가에서 간과되는 교수·학습의 질적 측면을 반영하는 평가방법을 포괄적으로 지칭하는 것으로 교육프로그램이나 교육활동에 관련된 질적 자료를 수집하여 분석·이해하고 그 가치를 판단하는 과정이라고 할 수 있다. 즉, 질적평가는 소수의 사람들이나 사례, 프로그램, 프로젝트에 관하여 더욱 구체적이고 생생한 자료나 정보를 수집·분석해서 그들을 좀 더 심층적으로 파악함으로써 그들의 실체나 과정에 대한 이해를 높이는 데 목적을 두는 평가이다(김정환, 1995).

질적평가는 전체적이며 종합적인 평가가 가능하다는 장점이 있는 반면 객관성, 신뢰도, 시행의 어려움, 비용 등의 문제점도 지적되고 있다(김용식, 1998; 성태제, 1998a).

### 3) 진단평가, 형성평가, 총합평가

#### (1) 진단평가

진단평가(diagnostic evaluation)는 교수활동이 시작되는 초기 단계에서 수업전략을 위한 기초자료를 얻고, 어떤 교수·학습 방법이 적절한지를 결정하기 위하여 학습자의 기능능력을 진단하는 평가라 할 수 있다. 진단평가의 예로는 수업시간 전에 실시하는 쪽지시험 또는 퀴즈나 수업을 실시하기 전에 복습 여부를 묻는 질문, 전학년도 성적표나 생활기록부를 토대로 학습자의 특성을 파악하여 교사가 간단히 제작한 질문 혹은 시험 등을 들 수 있다. 특히, 진단평가에서는 준비도 검사, 적성검사, 자기보고서 그리고 관찰법 등의 다양한 평가도구가 사용될 수 있다.

진단평가의 기능을 살펴보면 다음과 같다.

① 학습의 예진적 기능을 들 수 있다. 예진적 기능이란 학습자의 기본적인 학습능력, 학습동기, 선수 학습의 정도를 확인하는 것을 말한다.

② 학습 실패의 교육 외적 원인의 파악이란 수업과 직접적인 관련성이 없으면서도 학습 실패의 원인이 되고 있는 여러 학습장애 요인을 밝히는 것을 의미한다.

### (2) 형성평가

형성평가(formative evaluation)는 수업이 진행되고 있는 유동적인 상태에서 교수활동이 계획한 대로 진행되고 있는지를 확인하는 평가다. 즉, 교수·학습과정 중에 가르치고 배우는 내용을 학습자가 얼마나 잘 이해하고 있는지를 점검하고, 학습자의 수업능력, 태도, 학습방법 등을 확인함으로써 교육과정을 개선하고 교재의 적절성을 확인할 수 있다.

Scriven(1967)은 형성평가를 통하여, 학습 및 교수가 진행되는 도중 학습자에게 송환효과(feedback)를 줄 수 있으며, 교육과정을 개선하고 수업방법을 개선할 수 있다고 본다.

형성평가의 주된 기능은 다음의 네 가지로 제시할 수 있다.

① 형성평가는 학습자의 학습진행 속도를 조절한다. 즉, 교과내용의 분량이 많거나 학습내용이 일정한 앞뒤 관계에 의하여 조직되어 있을 때, 적절한 횟수로 평가를 실시함으로써 학습진행 속도를 조절할 수 있다.

② 형성평가는 학습자의 학습에 대한 강화의 역할을 한다. 형성평가를 통해서 설정된 학습목표를 거의 달성하였다는 사실을 학습자가 확인함으로써, 그 뒤에 이어지는 학습을 용이하게 해줄 뿐 아니라 학습동기를 유발할 수 있다.

③ 형성평가는 학습곤란을 진단하고 교정한다. 학습자에게 교수목표에 비추어 무엇을 성취했고 무엇을 더 학습해야 하는지를 구체적으로 알려 주는 장점을 지니고 있기 때문에, 학습자는 자신의 학습곤란을 스스로 발견하며 그것을 제거해 나가게 된다.

④ 형성평가는 학습지도 방법의 개선에 이바지할 수 있다. 형성평가를 통하여 교사는 자신이 가르친 학습자에 대한 교수방법의 단점을 구체적으로 분석하고 개선할 수 있다.

### (3) 총합평가

총합평가(summative evaluation)란 교수·학습이 끝난 다음 교수목표의 달성, 성취 여부를 종합적으로 판정하는 평가형태로 총괄평가라고도 한다. 즉, 총합평가는 학기나 교육프로그램이 끝나는 시점에 실시하는 평가로 성취 혹은 숙달정도와 교육목표 달성여부를 결정하는 활동으로 정의할 수 있다(예, 월말고사, 중간고사, 기말고사 등).

종합평가의 구체적인 기능은 다음과 같다.

① 종합평가는 학습자의 성적을 결정한다. 즉, 전체 과목이나 중요한 학습내용에 대한 교수의 효과가 어느 정도 인지를 판단하고 그 결과에 의해 성적을 내고 평점을 주며, 서열을 결정한다.

② 종합평가를 통한 평가결과, 미래의 학업성적을 예측하는데 도움을 준다. 일반적으로 현재의 학업성적은 미래의 학업성적과 높은 상관관계를 가지고 있기 때문에, 현재의 성적을 평가함으로써 학습자 개개인의 미래의 성적을 쉽게 예측할 수 있다.

③ 종합평가는 집단 간의 성적을 비교할 수 있는 정보를 제공해 준다. 학습자 집단 간의 종합적인 학습성과를 교수방법의 유형이나 학습자료의 종류 등과 관련해 비교·분석함으로써 학습성과에 대한 정보를 수집할 수 있다.

④ 종합평가는 학습자의 자격을 인정하는 판단의 역할을 한다. 즉, 학습자가 지닌 기능이나 능력, 지식이 요구하는 정도의 자격에 부합하는지를 인정하기 위한 판단을 할 경우에 종합평가의 결과는 크게 도움이 된다.

### 4) 능력지향평가와 성장지향평가

#### (1) 능력지향평가

능력지향평가(ability-referenced evaluation)는 학생이 지니고 있는 능력을 기준으로 하여 얼마나 최선을 다하였느냐(maximum performance)에 초점을 두는 평가방법으로 개인의 능력정도와 수행결과를 비교하여 그 학생이 지니고 있는 능력이 최대한 발휘된 것인가를 살펴본다. Oosterhof(1994)에 따르면 개인의 능력정도와 수행결과를 비교하는 평가에서 다음의 두 가지 질문이 고려될 수 있다. 하나는 '학생이 지니고 있는 능력을 최대한 발휘한 것인가?'이며 또 다른 질문은 '충분한 시간이 부여되었을 때 더 잘할 수 있었는가?'라는 것이다. 예를 들어, 우수한 능력을 지녔을지라도 최선을 다하지 않은 학생과 능력이 낮더라도 최선을 다한 학생이 있을 때 후자의 성취수준이 낮더라도 더 좋은 평가결과를 얻을 수 있다. 이와 같이 능력지향평가는 각 학생의 능력과 노력에 따라 평가된다.

능력지향평가의 장점은 개인을 위주로 개별적 평가가 실시된다는 점이다. 반면, 단점으로는, 첫째, 능력지향평가를 하려면 학생이 지니고 있는 능력에 대해 정확히 추정해야 하는데, 능력수준을 정확하게 추정하기가 매우 어렵다는 문제가 있다. 둘째, 정확한 정보가 없을 경우 능력지향평가를 실시하기 어렵기 때문에 특정 기능과 관련된 능력의 정확한 측정치에 의존하게 되므로 해당 능력에 국한해 학습자의 수행을 해석하게 되는 한계가 있다. 셋째, 능력지향평가는 학습자의 능력이 변하지 않는다고 가정하고 있으나, 이 가정에도 오류가 있다.

### (2) 성장지향평가

성장지향평가(growth-referenced evaluation)는 교육과정을 통하여 얼마나 성장하였느냐에 관심을 두는 평가방법으로, 개인의 초기능력수준에 비추어 얼마만큼 능력의 향상을 보였느냐를 평가한다. 즉, 최종 성취수준 그 자체보다 사전 능력수준과 평가시점에 측정된 능력수준 간의 차이에 관심을 두는 평가로, 과거 교육의 예에서 '진보상'을 들 수 있다. 성장지향평가는 능력의 변화과정과 성장정도까지 고려하므로 학습자는 물론 교수자에게 더 많은 정보를 제공해 줄 수 있고, 이를 통해 개별화 교육을 촉진할 수 있다는 점에서 교육적으로 중요한 의미를 지닌다.

Oosterhof(1994; 2001)에 따르면 성장지향평가 결과가 타당하기 위해서는 다음의 세 가지 조건이 충족되어야 한다. ① 사전에 측정한 점수가 신뢰성이 있어야 한다. ② 현재 측정한 측정치가 신뢰성이 있어야 한다. ③ 사전에 측정한 점수와 현재 측정한 점수와는 상관이 낮아야 한다. 사전에 측정한 점수나 현재 측정한 점수가 신뢰성이 없다면 능력의 변화를 제대로 파악할 수 없을 것이다. 만약 사전에 측정한 점수나 현재 측정한 점수가 본질적으로 상관이 높다면 이는 학생들의 성장에 의한 것이 아니라 관계에 의한 당연한 결과라고 볼 수 있다. 그러므로 측정된 두 점수 간에는 상관이 낮아야 한다.

**표 11-4 | 능력지향평가와 성장지향평가 비교**

| 구분 | 능력지향평가 | 성장지향평가 |
|---|---|---|
| 강조점 | 최대능력 발휘 | 능력의 변화 |
| 교육신념 | 개별화 학습 | 개별화 학습 |
| 비교대상 | 소유능력과 수행 정도 | 성장, 변화의 정도 |
| 개인 간 비교 | 고려하지 않음 | 고려하지 않음 |
| 이용도 | 최대능력 발휘를 위한 교수적 기능 | 학습향상을 위한 교수적 기능 |

자료: 김석우(2015).

## 08 검사도구의 양호도

교육현장에서 평가활동을 수행할 때, 어떠한 평가도구를 사용할 것인가의 문제는 매우 중요하다. 사용하는 평가도구가 좋은 것이 아니라면 그것으로 측정·평가한 결과는 의미가 없기 때문이다. 문항분석이 하나하나의 문항이 제대로 기능하고 있는 절차를 확인하는 과정이라면 평가도구 전체가 믿음직하고 정확하게 평가하고 있음을 확인하는 과정이 필요하다. 즉, 좋은 측정·평가 도구의 요건을 확인해야 하는데, 가장 필수적인 요건이 타당도, 신뢰도, 객관도 등이다.

### 1) 타당도

타당도(validity)란 검사 또는 측정도구가 본래 측정하고자 하였던 것을 충실히 측정하고 있는가라는 문제와 관련된다. 즉, 타당도에 관한 질문은 '이 검사가 무엇을 재고 있느냐?'라고 표현될 수 있으며, '무엇'에 해당하는 것은 준거(criterion)로서 평가에 있어 틀의 역할을 한다. 예를 들어, 인간의 지능을 측정하기 위하여 지능검사를, 적성을 측정하기 위하여 적성검사를, 인성을 측정하기 위하여 인성검사를 사용할 때, 이러한 검사를 타당한 검사라 할 수 있다.

#### (1) 내용타당도

내용타당도(content validity)는 검사내용에 기초한 근거라고 불리는 타당도로 논리적 사고에 입각하여 판단하는 주관적인 타당도를 의미한다. 즉, 검사가 측정하고자 하는 속성을 제대로 측정하였는지를 검사 전문가가 주관적으로 판단한다. 그러나 내용타당도는 검사개발에서 중심관건이며, 전문가의 전문적 판단이 측정내용의 전집, 내용선택, 문항유형 선택, 점수화 등의 의사결정에 중요한 역할을 하므로 계량화되지 않는다는 단점이 있다 해도 과학성이 상실되었다고 볼 수는 없다.

예를 들어, 학업성취도 검사의 내용타당도는 검사 내의 문항들이 검사제작 전에 작성된 이원목적분류표에 의하여 제작되었는지를 확인함으로써 검증될 수 있다. 내용타당도와 유사한 개념으로 논리적 타당도(logical validity)와 안면타당도(face validity)가 있다.

### (2) 준거관련타당도

준거관련타당도(crierion-related validity)는 한 검사의 점수와 하나의 준거의 상관계수로 검사도구의 타당도를 나타내는 방법인데, 경험적 타당도(empirical validity)라고도 부른다. 준거관련타당도는 예언타당도와 공인타당도, 구인타당도로 분류할 수 있다.

#### ❶ 예언타당도

예언타당도(predictive validity)란 어떤 평가도구가 목적하는 준거를 얼마나 정확하게 예언하고 있는지를 의미한다. 이때의 준거는 미래의 행동특성이 된다. 즉, 검사점수가 미래의 행동을 얼마나 잘 예측하냐의 문제다. 예를 들어, 대학수학능력시험이라는 평가도구가 대학입학 후 학습자의 수학능력을 예언하는 타당도가 있다고 할 때, 여기서 사용된 준거는 대학입학 후의 수학능력이 된다. 따라서 대학수학능력시험에서 높은 점수를 얻은 학습자가 대학에서 성공적으로 학업을 수행할 때, 대학수학능력시험의 예언타당도는 높다고 할 수 있다.

#### ❷ 공인타당도

공인타당도(concurrent validity)는 새로운 검사의 타당도를 기존의 타당성을 인정받고 있는 검사와의 유사성 혹은 연관성에 의하여 검증하는 방법으로 예언타당도와는 달리 검사 그 자체와 준거가 동시에 측정되면서 검증되는 타당도다. 예를 들어, 유아용 지능검사를 새로 개발하였다면, 동일 집단에 새로 개발된 검사와 거의 동시에 K-ABC 지능검사를 실시하여 두 검사의 상관을 계산함으로써 새로 개발된 검사의 타당성을 검증한다. 예를 들면, 작문 검사를 독후감 과제로 대체할 수 있을지를 알아보기 위해 그 둘 간의 상관을 알아보는 경우도 공인타당도에 해당한다.

#### ❸ 구인타당도

구인(construct)이란 검사도구에 반영되어 있다고 가정하는 인간의 어떤 행동특성을 의미한다. 이런 점에서 구인을 개념이라는 과학적 용어로 대체할 수 있다. 예를 들어, 창의성검사에서 창의성이 민감성, 유창성, 융통성, 독창성, 정교성으로 구성되어 있다면 이것들은 창의성을 구성하는 구인이라 할 수 있으며, 이 검사도구가 이 구인들을 제대로 측정하고 있는지를 밝히는 것이 구인타당도를 검증하는 것이다. 따라서 구인타당도(construct validity)는 측정하고자 하는 특성의 구성요인을 얼마나 충실하게 이론적으로 설명하여 경험적으로 측정하느냐의 문제이다. 구인타당도를 검토하는 대표적인 방법으로는 상관계수법, 실험설계법, 요인분석을 들 수 있다. 상관계수법은 각 구인에 의해 얻은 점수와 심리특성을 측정하는 총점의 상관계수에 의해 타당도를 검증하는 방법이다. 예를 들어, 학습능력검사가 읽기, 쓰기, 셈하기, 암기하기라는 구인으로 구성되어 있다면 각 구인에 의해 점수 간의 상관과 각 구인점수와 학습능력검사 총점과의 상관을 구할 수 있다.

이때 암기하기와 학습능력검사 총점과의 상관이 낮고, 다른 구인 간의 상관에 비해 암기하기와 각 구인 간의 상관도 낮다면 암기하기는 학습능력을 나타내는 구인이 될 수 없다고 판단하게 된다.

#### (3) 타당도의 적용과 논의

타당도가 보장되지 않은 검사도구로 얻은 자료로 인간의 심리적 증상을 진단하고, 인성을 측정하고, 학업성취를 비교하고, 교육효과를 확인하는 것은 잘못된 결론을 유도할 수 있으므로, 타당도 검증은 행동과학을 위한 자료분석의 기본적인 절차이다.

타당도 지수에 대한 절대적인 기준이 있는 것은 아니나 상관계수에 의해 추정되는 공인타당도와 예언타당도의 경우 .60이상이면 타당도가 높다고 볼 수 있다(성태제, 1995).

한편 최근에는 타당도의 개념이 검사도구의 특성이라기 보다 검사결과가 사회에 미치는 영향에 초점을 맞춘 결과타당도(consequential validity)로 확대되고 있다. 결과타당도는 검사가 목적에 얼마나 부합하는지, 즉 의도한 결과는 얼마나 달성하였으며, 의도하지 않은 어떤 결과가 나타났는지에 대한 검증이다.

### 2) 신뢰도

검사도구의 타당성이 입증되었다면 신뢰도를 고려하여야 한다. 앞서 타당도가 무엇(what)을 측정하고 있느냐의 문제임에 반해, 신뢰도는 어떻게(how) 재고 있느냐의 문제라고 할 수 있다. 신뢰도(reliability)란 측정하려는 것을 안정적이고 일관성 있게, 그리고 오차 없이 측정하는가의 문제이다. 검사도구가 인간의 어떤 행동 특성을 측정할 때마다 같은 점수를 얻는다면, 이 검사도구는 신뢰할 만한 검사이다. 예를 들어, 신체검사에서 학생들의 키를 측정하는데, 동일한 기계로 두 번을 재었을 때, 첫 번째는 170㎝로 측정되었고, 두 번째는 175㎝로 측정되었다면, 이 기계는 믿을 만하다고 할 수 없다. 즉, 신뢰도가 낮다고 할 수 있다. 신뢰도 검증 방법에는 여러 가지가 있으나 대표적인 방법으로는 재검사 신뢰도, 동형검사 신뢰도, 반분검사 신뢰도, 문항내적 합치도, Cronbach $\alpha$ 계수를 들 수 있다.

### (1) 재검사 신뢰도

재검사 신뢰도(retest reliability)란 한 가지의 측정도구를 동일대상 집단에게 두 번 실시한 다음, 첫 번째 점수와 두 번째 점수 간의 상관계수를 산출하여 얻는 신뢰도이다. 그 측정도구가 얼마나 안정성 있게 측정하는가를 나타내기 때문에 안정성 계수(coefficient of stability)라고도 한다. 재검사 신뢰도를 표시할 때는 실시간격을 명시해야 하며, 검사의 목적에 따라 달라야 하겠지만 대개 2~4주가 적당하다. 재검사 신뢰도의 장점은 추정방법이 간단하다는 점이며, 단점은 검사를 두 번 실시해야 한다는 것과 두 번 실시함으로써 생기는 연습효과나 기억효과가 있다는 점, 그리고 실시간격에 따라 신뢰도계수가 달리 추정된다는 점이다.

### (2) 동형검사 신뢰도

동형검사 신뢰도(equivalent-form reliability)는 미리 두 개의 동형검사를 제작하고, 두 개의 동형검사를 동일한 피험자에게 거의 연속적으로 실시했을 때 두 검사에서 받은 점수들이 일치되는 정도를 상관계수로 추정하는 방법으로, 흔히 이것을 동형성계수(coefficient of equivalence)라고도 한다. 동형검사란 표면적 내용은 다르지만 두 검사가 측정이론에서 동질적이며 동일하다고 추정할 수 있는 문항으로 구성된 검사이며, 문항의 난이도 및 변별도가 같거나 비슷하고 문항내용도 유사한 것으로 구성된 검사이다. 동형검사 신뢰도는 재검사 신뢰도의 연습효과 및 시험간격 설정의 문제점을 해결할 수 있지만, 검사를 두 번 제작·시행해야 하는 어려움이 있으며, 더 큰 단점은 동일한 내용을 측정하면서 동일한 난이도와 변별도를 지닌 동형검사제작이 쉽지 않다는 것이다.

### (3) 반분검사 신뢰도

반분검사 신뢰도(split-half reliability)는 한 개의 평가도구를 한 피험자 집단에서 실시한 다음 그것을 적절한 방법에 의해 두 부분의 점수로 분할하고, 이렇게 분할된 두 개의 반분된 검사점수 간의 상관을 산출하여 얻는 신뢰도이다. 이것은 동질성 계수(coefficient of homogeneity)라고도 한다. 반분검사 신뢰도에서 두 부분으로 분할하는 방법은 여러 가지가 있다. 주로 앞뒤로 정확히 반이 되게 하거나 짝수문항과 홀수문항으로 나누는 방법을 많이 사용하나, 검사의 문항내용과 구성면에서 양분된 두 부분이 서로 비슷하고 동질적이 되도록 계획하여야 한다.

### (4) 문항내적 합치도

문항내적 합치도란 검사 속의 한 문항 한 문항을 모두 독립된 한 개의 검사단위로 생각하고 그 합치도, 동질성, 일치성을 종합하는 신뢰도로서, 한 검사에 포함된 문항간 반응의 일관성은 문항의 동질성 여부에 의해 결정되므로, 한 검사의 문항내적 합치도를 구하려면 그 검사는 단일 특성을 재는 문항으로 구성되어 있어야 한다. 단일 특성을 재지 않거나 문항의 곤란도가 일정하지 않을 때 문항내적 합치도로 신뢰도를 구하면 그 검사의 신뢰도는 과소평가될 우려가 있다.

### (5) Cronbach $\alpha$ 계수

한 개의 검사를 한 집단에게 실시하고 거기에서 오차 변량을 제외한 진점수 변량을 추정해 보려는 노력이 시도되면서 Fisher가 개발한 변량분석에 기초하여 Cronbach $\alpha$ 계수가 개발되었다. 즉, 한 검사 속의 문항사이의 신뢰도계수는 문항간의 평균 공변량/문항 간 평균변량의 비(ratio)로 나타내려는 개념이다.

Cronbach $\alpha$ 계수는 문항형식에서 문항의 반응이 맞으면 1, 틀리면 0으로 채점되는 양분문항뿐만 아니라 한 개의 문항이 여러 단계의 점수로 채점되는 연속점수의 경우에도 사용할 수 있으며, 흔히 급내 상관(intraclass correlation)이라고 한다.

Cronbach $\alpha$ 계수로 신뢰도를 추정할 경우 검사를 양분하지 않아도 되고, 문항간의 일관성에 의하여 단일한 신뢰도 추정결과를 얻을 수 있다는 장점이 있는 반면, 검사도구의 신뢰도를 과소 추정하는 경향도 있다. 그러나 검사도구의 질을 분석합에 있어 어느 정도의 엄격성이 요구되기 때문에 과소 추정되는 정보가 더 바람직하다(성태제, 2002).

### (6) 신뢰도의 적용과 논의

검사도구를 개발하거나 검사도구를 사용할 때 신뢰도에 대한 정보가 제공되어야 한다. 일반적으로 재검사 신뢰도가 가장 높고, 동형검사 신뢰도, 반분검사 신뢰도, 문항의 내적합치도, Cronbach $\alpha$ 계수 순인데, 재검사 신뢰도의 경우 과대추정과 과학성 결여로 최근에는 사용이 권장되지 않으며, Cronbach $\alpha$ 계수가 가장 최근에 제안된 것으로 일반적으로 사용되고 있다.

검사도구의 신뢰도는 문항수가 많을수록, 즉 검사길이가 길수록 높아지며, 검사도구의 측정내용이 좁아서 문항들이 동질적일수록 신뢰도가 높아진다.

타당도와 신뢰도의 관계에 대해 살펴보면, 타당도와 신뢰도는 다른 개념이라 할지라도 연관성이 있다. 검사도구에서 관찰된 점수는 진점수와 오차점수로 구분되며, 진점수는 타당한 진점수와 타당하지 않은 진점수로 구분된다. 이때 진점수는 신뢰도에 해당하는 부분이며, 타당한 진점수는 타당도가 된다.

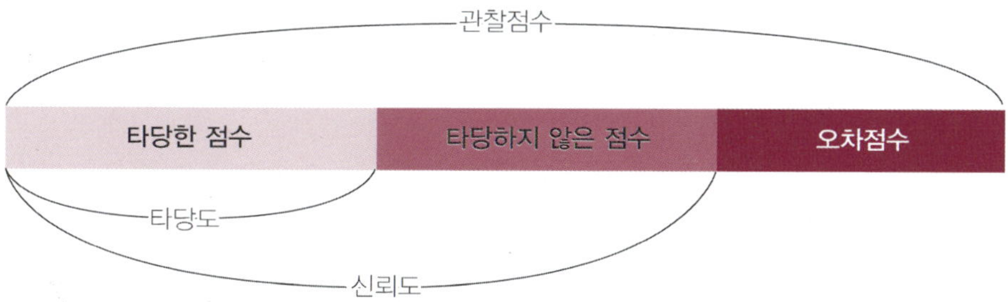


자료: 성태제(2005b).

**그림 11-2 | 타당도와 신뢰도의 관계**

따라서 타당도가 높기 위해서는 신뢰도가 높아야 하지만 신뢰도가 높다고 반드시 타당도가 높은 것은 아니다. 즉, 신뢰도와 타당도의 관계에서 신뢰도는 타당도를 위한 필요조건이지만 충분조건은 아니다.

즉, 적정 난이도와 높은 변별력이 있는 좋은 문항으로 구성된 검사는 신뢰도가 높을 가능성이 많으며 이는 타당도가 높기 위한 필요조건이 되는 것이다.

### 3) 객관도

객관도(objectivity)란 평가자 신뢰도라고 할 수 있는데 검사의 채점자가 주관적 편견 없이 얼마나 공정하게 채점하느냐의 문제이다. 즉, 객관도 혹은 평가자 신뢰도는 채점자의 채점이 얼마나 신뢰성 있고 일관성이 있느냐로 평정자에 따라 결정되는 신뢰도인 것이다.

객관도는 평정자가 주관적인 편견을 얼마나 배제하였느냐를 보는 것이다. 한 채점자가 다른 채점자와 얼마나 유사하게 평가하였느냐의 문제와 한 채점자가 많은 측정대상에 대하여 계속적으로 일관성 있게 측정하였느냐의 문제로, 전자를 평가자 간 신뢰도, 후자를 평가자 내 신뢰도라고 한다. 평가의 결과가 등급으로 주어진다면 평정자 간 신뢰도 또는 평정자 내 신뢰도란 용어를 사용하고, 평가의 결과가 점수로 주어진다면 채점자 간 신뢰도 또는 채점자 내 신뢰도, 또 관찰에 의한 결과라면 관찰자간 신뢰도 또는 관찰자 내 신뢰도라는 용어를 사용한다.

#### (1) 평가자 내 신뢰도

평가자 내 신뢰도(intra-rater reliability)는 동일한 평가자가 모든 측정대상을 계속해서 일관성 있게 측정하였는지 혹은 시간의 흐름에 따라서도 평가기준이 변하지 않고 동일하게 측정하는지를 의미한다. 평가자 내 신뢰도는 개인의 일관성이 전제되어야만 추정이 가능하다.

#### (2) 평가자 간 신뢰도

평가자 간 신뢰도란 평가결과가 평가자 사이에서 얼마나 유사한가를 의미하는 것으로, 교육현장의 평가에서 평가자 간 신뢰도가 언급되는 경우는 예체능계 실기고사나 논술고사 등이다. 예를 들어, 대학입학 실기고사에서 동일한 미술작품을 보고도 채점자들이 서로 다른 평정을 하거나 체조경기에서 5명의 심판이 전혀 다른 평정을 한다면 이는 객관도가 낮은 경우다.

#### (3) 객관도의 적용과 논의

객관식 검사에서는 객관도가 문제되지 않지만 서답형 문항으로 구성된 지필검사나 평가자의 평정을 요구하는 관찰이나 면접에는 후광효과, 관용 혹은 엄격함의 오류, 집중경향의 오류, 논리적 오류, 근접의 오류, 대비의 오류 등이 작용하여 평정자 혹은 채점자로 말미암은 채점의 오차가 생긴다.

'후광효과'는 평가대상에 대한 평가자의 인상이 평정에 영향을 주는 것으로, 외모가 준수한 학생에게 성적평가를 높게 하는 것을 예로 들 수 있다. '관용 혹은 엄격함의 오류'는 평정자의 평정기준이 후하거나 인색하여 높은 혹은 낮은 점수를 주는 오류를 말하며, '집중경향의 오류'는 판정내리기 어렵거나 잘 모를 경우 중간점수를 부여하는 오류를 말한다. '논리적 오류'란 평정할 문항들이 논리적으로 관련되어 있을 때 서로 유사하게 평정을 내리는 것으로, 예를 들면 어휘력과 발표력은 다른 평정내용인데도 평정자의 논리적 판단에 따라 유사하다고 생각되어 유사한 평정을 하는 경우를 들 수 있다. '근접의 오류'는 평정문항이 연이어 붙어있을 경우 유사한 평정을 하는 것이며, '대비의 오류'는 평정자와 대비되는 특성을 지닌 평가대상에 대해 과대 혹은 과소평정을 하는 것을 의미한다.

일반적으로 객관도가 낮은 이유는 검사도구 자체가 불완전하거나 평가자의 소양이 부족하기 때문이다. 따라서 객관도를 높이기 위해서는 평가도구 및 평가기준을 객관화해야 하고, 채점자의 평가에 대한 소양을 높여야 하며, 가능하면 여러 사람이 공동으로 평가하여 그 결과를 종합하는 것이 좋다.

가영희·성낙돈·안병환·임성우(2010). 성인학습 및 상담. 파주: 교육과학사.
강경미·구광현·백경숙(2005). 아동발달. 파주: 대왕사.
강무섭·박영순(1984). 학생의 진로결정 과정 분석. 서울: 한국교육개발원.
강봉규·이종성(1996). 교육과정 및 교육평가신강. 파주: 형설출판사.
강봉규(2006). 심리검사의 이론과 기법. 서울: 동문사.
강승희·김정섭·강영심·신경숙·이영만·정명화·황희숙·허승희(2004). 교사를 위한 교육심리학. 서울: 서현사.
강인애(1995). 구성주의 원리: 조교 교육프로그램개발. 교육공학 연구, 11(1), 25-48.
공석영(2009). 생활지도와 상담. 서울: 동문사.
곽기상(1996). 교육심리학. 서울: 재동문화사.
국립특수교육원(1996). 함께 사는 사람들. 충남: 국립특수교육원.
권건일(2000). 교육학개론. 서울: 양서원.
권기욱(2000). 초·중등학교 교사평가의 평가준거체계 개발연구. 교육학연구, 38(3).
권대훈(2003). 교육심리학. 서울: 원미사.
권성호(1990). 교육공학원론: 교육 방법과 교육공학의 이론과 실제. 서울: 양서원.
권순달 외 24명(2007). 교육평가: 이해와 적용. 파주: 교육과학사.
권이종(1998). 청소년학개론. 파주: 교육과학사.
길형석·강봉규(1985). 교육과정 및 평가. 파주: 교문사.
길형석·손충기(1990). 교육과정과 교육평가. 서울: 동문사.
김경희(1999). 발달심리학: 생애발달. 서울: 학문사.
김대현·김석우(2007). 교육과정 및 교육평가 (개정2판). 서울: 학지사.
김병만(2014). 유아교육정책 평가준거개발. 부산대학교 대학원 박사학위논문.
김병숙·김봉환·김완석·이종목(1999). 직업심리학. 서울: 박문각.
김석우(2015). 교육평가의 이해 (2판). 서울: 학지사.
김성권(1985). 교육평가. 서울: 학문사.
김언주·강영화·최건수(1989). 인지발달과 교육. 서울: 양서원.
김언주·구광현(1998). 신교육심리학. 서울: 문음사.
김언주·장대운·김무길(1978). 교육심리학. 서울: 창학사.
김영환(2000). 교수설계의 이론과 실제. 파주: 교육과학사.
김용식(1998). 교육평가의 재개념화. 인천교육대학교 교육논총, 15, 133-154.
김인식·최호성(1996). 최신교육과정 및 평가. 파주: 교육과학사.
김정규(1996). 교육과정 및 교육평가. 파주: 형설출판사.
김정한(1997). 생활지도론. 파주: 형설출판사.
김정희·김현주·정인숙(1999). 아동발달심리. 서울: 동문사.
김제한·공석영·이규명·권순달(2002). 교육심리학. 서울: 양서원.

김종량(1992). 교육공학. 서울: 문음사.
김종서·이영덕·황정규·이홍우(1998). 교육과정과 교육평가. 파주: 교육과학사.
김준권·강태훈(1999). 실기교육방법론. 서울: 양서원.
김창걸·이규영(2006). 교육학 개론. 파주: 형설출판사.
김청자·장선철(2003). 교육심리학. 서울: 동문사.
김충기(1983). 진로교육의 본질. 서울: 평민사.
______(1986). 진로교육과 진로지도. 서울: 배영사.
______(1989). 진로상담의 이론과 실제. 서울: 성원사.
______(1991). 미래사회의 진로선택. 서울: 배영사
______(1995). 미래사회의 진로교육. 서울: 양서원.
______(1996). 미래사회의 자녀교육과 진로지도. 파주: 교육과학사.
______(2016). 진로상담과 진로교육 (개정판). 서울: 동문사.
김태련·장휘숙(1994). 발달심리학. 서울: 박영사.
김형태(2003). 교육의 심리학적 이해. 서울: 동문사.
김홍규(1983). 신생활지도론. 파주: 형설출판사.
노은호·민경일(2004). 교수·학습방법론. 서울: 동문사.
노희관·이용남(1995). 교육심리학 탐구. 파주: 교육과학사.
대학상담학회(1999). 상담의 이론과 실제. 서울: 중앙적성출판사.
문기정(1990). 교과교재연구 및 지도법. 파주: 문정출판사.
박도순(1984). 교육평가. 서울: 배영사.
박도순·홍후조(2006). 교육과정과 교육평가 (3판). 서울: 문음사.
박도순 외 24명(2007). 교육평가: 이해와 적용. 파주: 교육과학사.
박성수(1998). 생활지도. 파주: 정민사.
박성연·도현심(1999). 아동발달. 서울: 동문사.
박성익·임성훈 역(1993). 실기교육방법론. 서울: 양서원.
박성익(1986). 독자학습전략-자기지향평가방법의 교육적 의미. 서울: 교육연구사.
박아청(1992). 현대의 교육심리학. 서울: 학문사.
______(2003). 교육심리학의 이해. 파주: 교육과학사
배호순(1994). 프로그램 평가론. 서울: 원미사.
변영계(1975). 수업설계의 원리. 현장교육연구, 2(5).
변영계·김영환·손미(2007). 교육방법 및 교육공학. 서울: 학지사.
변창진·최진승·문수백·김진규·권대훈(1996). 교육평가. 서울: 학지사.
서민원(1998). 학교교육의 질관리: TQM과 평가. 지방교육경영, 3(1).
서울대학교 교육연구소(1994). 교육학 용어사전. 서울: 도서출판 하우.
석수룡(1988). 진로정보활동의 탐색. 학생생활연구, 21.
성태제(1995). 타당도와 신뢰도. 서울: 양서원.
______(1998). 교육평가 방법의 변화와 결과타당도. 한국교육평가학회 창립 15주년 학술세

미나 발표논문집, 125-147.
______(1999). 교육평가방법의 변화와 결과타당도에 대한 고려. 교육학연구, 37(1), 197-218.
______(2002). 타당도와 신뢰도 (개정판). 서울: 학지사.
송인섭·김정원·정미경·김혜숙·신은영·최지은·박소연(2003). 교육심리학. 서울: 양서원.
송준만·유효순(1995). 특수아동교육. 파주: 교문사.
신동노(1998). 교육과정 및 교육평가. 파주: 형설출판사.
신세호·임인재·임선하(1984). 영재성의 측정 및 영재선발 방안에 관한 연구. 서울: 한국교육개발원.
신윤호·오만록(2005). 생활지도와 진로개발. 파주: 교육과학사.
심재형·고영희(1984). 교육과정의 이론과 실제. 서울: 교육문화사.
안영진(2001). 21세기 교사양성을 위한 교육심리학. 서울: 창지사.
여광응·전영길·정종진·조인수(1993). 교사를 위한 교육심리학. 서울: 양서원.
오성삼·구병두(1996). 교육과정 및 평가의 이해. 서울: 교육문화사.
유광찬(1994). 교육과정 및 교육평가. 파주: 교육과학사.
유기섭·김태호(2003). 교육심리학. 서울: 동문사.
유봉호·정령주(1993). 교육과정·교육평가. 교학연구사.
윤광보·김용욱·최병옥(2003). 교육방법과 교육공학의 이해. 서울: 양서원.
윤길근·이병헌·정황순·정경은(2005). 교육방법론. 서울: 태영출판사.
윤종건(1996). 창의력: 이론과 실제. 파주: 정민사.
이달석(1997). 교육심리학. 서울: 학지사.
이명숙(1997). 새로운 평가 대안으로서의 포트폴리오. 파주: 교육과학사.
이병헌·노은호·민경일(1998). 실기교육의 이론과 실제. 서울: 동문사.
이성진(1996). 교육심리학서설. 파주: 교육과학사.
이성호(1999). 교수방법론. 서울: 학지사.
이신동(1996). 90년대 교육심리학에 대한 새로운 시각. 교육심리연구회소식, 1(1), 4-5.
이연섭·장대운·장언효(1996). 현대교육심리. 파주: 정민사.
이영덕·정원식(1973). 생활지도의 원리와 실제. 파주: 교육과학사.
이은해(1995). 아동발달의 평가와 측정. 파주: 교문사.
이재창(1988). 생활지도. 서울: 문음사.
이정근(1978). 진로지도와 진로상담. 서울: 중앙적성연구소.
______(1989). 진로지도의 실제. 서울: 성원사.
이해명(1998). 교육과정과 평가. 파주: 교육과학사.
이형득(1998.). 상담이론. 파주: 교육과학사.
임규혁(1996). 학습효과를 위한 교육심리학. 서울: 학지사.
______(2004). 교육심리학. 서울: 학지사.
임승권(1993). 교육의 심리학적 이해. 서울: 학지사.
______(1996). 교육의 심리학적 이해. 서울: 학지사.

임창제(2005). **교육심리학**. 서울: 학지사.
임형진·이시용(1998). **생활지도**. 서울: 교육과학사.
장언효(1985). 영재교육방법론. **새교육**, 370, 63-69.
장혁표(1993). **생활지도의 이론과 실제**. 파주: 형설출판사.
전윤식·이영석(1984). **삐아제와 유아교육**. 파주: 형설출판사.
전제상(2001). 교사평가의 준거개발연구. **교육행정학연구**, 19(2).
정범모(1968). **교육과 교육학**. 서울: 배영사.
정원식·박성수(1982). **카운슬링의 원리**. 파주: 교육과학사.
정원식·이상로·이성진(1987). **현대교육심리학**. 서울: 교육출판사.
정원식·임승권·박성수(1982). **생활지도**. 서울: 한국방송통신대학출판부.
정종진(1998). **교육평가신강**. 파주: 형설출판사.
______(1999). **학교학습의 극대화를 위한 교육평가의 이해**. 서울: 양서원.
정태범(1998). 교육(행정)기관 평가체제의 진단. **교육행정학연구**, 16(1).
정현숙(2003). **교육심리학**. 서울: 동문사.
조영기(2006). 초등학교 수행평가 실태분석 및 개선방안(교육연구 2006-06). 서울: 한국교육정책연구소.
지용근·김옥희·양종국·김희수(2009). **개정증보 진로상담의 이해**. 서울: 동문사.
차배근(1987). **사회과학연구방법**. 서울: 세영사.
최유현(1998). **평가방법탐구**. 파주: 형설출판사.
최호성(1997). **수행평가**. 파주: 교육과학사.
한범수(1996). **교육심리학**. 파주: 교육과학사.
호순(1991). **수업평가**. 서울: 양서원.
홍기형(1983). 현행학교 진로교육의 문제점: 학습과 일의 세계. 서울: 한국교육개발원.
홍기형·이승우(1977). **진로지도**. 서울: 교육출판사.
황응연·유희준(1983). **현대생활지도론**. 서울: 교육출판사.
황응연(1984). **현대 생활지도**. 서울: 교육출판사.
황정규(1998). **학교학습과 교육평가 (2판)**. 파주: 교육과학사.

Alkin, M. C.(1969). *Evaluation theory development.* Evaluation Comment, 2, 2-7.
Anold, A.(1962). *Leadership: A Survey of literature, In A new generation of leadership*. LA: National State Leadership Training Institute of Gifted and Talented.
Arlin, P. K.(1980). *The Arlin test of formal reasoning*. NY: Slosson Publishing.
Assouline, M., & Meir, E. I.(1987). *Meta-analysis of the relationship between congruence and well-being.* Journal of Vocational Behavior, 31, 319-332.
Ausubel, D. P.(1977). *The facilitation of meaningful verbal learning in the classroom.* Educational Psychology, 12, 162-178.
Bailey, L. J., & Stadt, R. W.(1973). *Career Education: New Approach to Human Development.*

Bloomington, IN: McNight Publishing Co.

Bandura, A.(1973). *Agression: A social learning analysis*. Englewood cliffs, NJ: Prentice- Hall.

__________.(1986). *Social foundations of thought and action, Social congitive theory*. Englewood Cliffs. NJ: Prentice Hall.

Barbe, W. B., & Renzulli, J. S.(Eds.)(1975). *Psychology and education of the gifted* (2nd ed.). NY: Irving Publishers.

Bee, H.(1992). *The developing child*(6th ed.). NY: Harper Collins.

Bender, W., & Smith, J.(1990). *Classroom behavior of children and adolescents with learning disabilities: A meta-analysis*. Journal of Educational Psychology, 79, 131-136.

Berk, L.(1994). *Child Development*(3rd ed.). Needham Heights, MA: Allyn & Bacon.

Blau, P. M.(1956). *Social mobility and interpersonal relations*. American Sociological Review, 21, 290-295.

Block, J. R., & Yuker, H.(1992). *Can you believe your eyes?*. Bristol, PA: Brunner/Mazel.

Bloom, B. S.(1968). *Learning of mastery. Evaluation Comment, Vol. 1*. LA: Center for the Study of Instructional Programs, University of California.

__________(1971). *Individual difference in school achievement*. Chicago: University of Chicago.

Bobbitt, F.(1918). *The Curriculum*. Boston: Houghton-Mifflin.

Bordin, E. S., Nachmann, B., & Segal, S. J.(1963). *An Articulated Framework for Vocational Development*. Journal of Counseling Psychology, 10.

Borris, W., Hatch, R., Engelkes, I., & Winborn, B.(1979). *The Career Information Service*. Chicago: Rand McNally Co.

Bower, E. M.(1969). *Early identification of emotionally handicapped children in school*(2nd ed.). Springfield, IL: Charles C. Thomas.

Bransford, J. D., & Stein, B. S.(1984). *The IDEAL problem solver*. NY: W. H. Freeman & Company.

Brill, A. A.(1949). *Basic principles of psychoanalysis*. Garden City, NY: Doubleday.

Bronfenbrenner, U.(1989). *Ecological systems theory*. In Vasta, R.(Ed.). Greewich, CT: JAI.

Brooks, J. G.(1990). *Teacher and students: Constructivists forging new connections*. Educational Leadership, 47(5), 68-71.

Brown, D., Brooks, L., & Associates.(1996). *Career choice and development*(3rd ed.). SF: Jossey-Bass.

Brown, J., Collins, A., & Duguid, P.(1989). *Situated cognition and the culture of learning*. Educational Researcher, 18, 32-42.

Bruner, J. S.(1960). *Act of Discovery*. Harvard Educational Review, 31, 21-32.

__________(1960). *The Process of Education*. NY: Vintage Books.

__________(1978). *Toward a theory of instruction*. Cambridge, Massachusetts: Harvard

University Press.

Burton, R. V.(1963). *The generality of honesty reconsidered.* Psychological Review, 70, 481-499.

Carroll, J. B.(1963). *A model of school learning.* Teachers College Records, 64, 723-733.

Carry, R. M.(2004). *Designing effective Instruction.* NJ: John Willy & Sons, Inc.

Case, R.(1984). *The process of stage transition: A neo-Piagetian view.* In Sternberg, R. J.(Ed.). NY: W. H. Freeman, pp.56-84.

Case, R.(1985). *Intellectual development.* NY: Academic Press.

Cattell, R. B.(1963). *Theory of fluid and cristallized intelligence: A critical experiment.* Journal of Educational Psychology, 54.

Charles, C. M., & Mallian, I. M.(1980). *The special student.* St. Louis: The Mosby Co.

Checklu, K.(1997). *The first seven and the eighth: A conversation with Howard Gardner.* Educational leadership, 55(1).

Childress, A., Brewertton, T., Hodges, E. L., & Jarrell, M.(1993). *The Kid's eating disorders survey(KEDS): A study of middle school students.* Journal of the American Academy of Child and Adolescent Psychiatry, 32(4), 843-850.

Compas, B. E.(1987). *Coping with stress during childhood and adolescence.* Psychological Bulletin, 101, 393-403.

Cooper, J. M.(1994). *Classroom teaching skills*(5th ed). Lexington: D. C. Health and Company.

Covington, M. V., Crutchfield, R. S., Davies, L., & Olton, R. M.(1974). *The productive thinking program: A course in learning to think.* Columbus, Ohio: Merrill.

Crites, J. O.(1969). *Vocational Psychology.* NY: Mcgraw-Hill.

__________(1978). *Career Maturity Inventory*(2nd ed). Monterey, CA: CTB/McGraw-Hill.

Cross, T.(1977). *Mother's speech adjustments: The contribution of selected child listener varibles.* In Snow, C. E. & Ferguson, C. A.(Eds.). Cambridge, MA: Cambridge University Press.

Darley, J. G.(1950). *Conduct of the interview.* In Brayfield, A. H.(Ed.). NY: Appleton-Century-Crofts.

Deshler, D. D., Lowery, N., & Alley, G. R.(1972). *Programming alternatives for learning disabled adolescent: A nationwide survey.* Novato, CA: Academic Therapy.

Dewey, J.(1983). *Experience and education.* NY: Collier.

Duffy, G. G., & Roehler, L.(1982). *The illusion of instruction.* Reading Research Quarterly, 17, 438-445.

Eggen, P. D., & Kauchak, D.(1992). *Educational psychology: Classroom connections.* NY: Macmillan Publishing Co.

Erikson, E.(1950). *Childhood and society.* NY: Norton.

Feuerstein, R.(1990). *The theory of structural modifiability.* In Presseisen, B.(Ed.). Washington,

DC: National Education Association.

Feuerstein, R., & Feuerstein, S.(1991). *Mediated learning experience: A theoretical review.* In Feuertein, R., Klein, P. S., & Tannenbaum, A. J.(Eds.). London: Freund.

Feuerstein, R., Rand, Y., Hoffman, M. B., & Miller, R.(1980). *Instrumental enrichment: An intervention programe for cognitive modifiability.* Glenview, IL: University Park Press.

Fisher, C. W.(1981). *Teaching behaviors, Academic learning time and student achievement: An overview.* In Deham, C., & Lieberman, A.(Eds.). Journal of Classroom Interaction, 17(1), 2-15.

Freud, S.(1905). *Three contributions on the theory of sex: The basic writhing of sigmund Freud.* NY: Random House.

Frey, K., & Ruble, D.(1987). *What children say about classroom performance: Sex and difference in perceived competence.* Child Development, 58, 1068-1080.

Froehlich, C. P.(1950). *Guidance Service in Smaller School.* NY: McGraw-Hill.

Gage, N. L., & Berliner, D. C.(1984). *Educational psychology*(3rd ed.). Boston: Houghton Mifflin Company.

Gagné, R. M.(1970). *The donditions of learning.* NY: Holt, Rinehart and Winston.

___________(1979). *Principles of instructional design*(3rd ed.). NY: Holt, Rinehart and Winston.

Gelatt, H. B.(1962). Decision-Making: *A Conceptual Frame of reference for Counseling.* Journal of Counseling Psychology, 9, 240-245.

George, R., & Cristiani, T. S.(1981). *Theory, methods and processes of counselling and psychotherapy.* England cliffs, RJ: Prentice-Hall, Inc.

Getgels, J. W., & Jackson, P. W.(1958). *The Meaning of giftedness: An ex amination of an expanding concept.* Phi Delta Kappan, 40, 75-77.

Gibson, R. L., & Mitchell, M. H.(1990). *Introduction to Counseling & Guidance*(3rd Ed.). NY: Macmillan Publishing Co.

Gilligan, C.(1977). *In a different voice: Women's conception of self and of morality.* Harvard Educational Review, 47, 481-517.

Gilligan, C.(1982). *In a different voice.* Cambridge, MA: Harvard University Press.

Ginzberg, E.(1951). *Occupational Choice: An approach to a general theory.* NY: Columbia University.

___________(1972). *Toward a theory of occupational choice: A restatement.* Vocational Guidance Quarterly, 20, 169-176.

Ginzberg, E., Ginsberg, S. W., Axelred, S., & Herma, J. L.(1951). *Occupational choice: An approach to general theory.* NY: Columbia University Press.

Glaser, R.(1962). *Psychology and instructional technology.* In Glaser, R.(Ed.). Pittsburgh: University of Pittsburgh Press.

Goetz, E. T., Alexander, P. A., & Ash, M. J.(1992). *Educational psychology: A classroom perspective*. NY: Macmillan Publishing Co.

Gottfredson, L.(1981). *Circumscription and compromise: A developmental theory of occupational aspirations(Monograph)*. Journal of Counseling Psychology, 28, 545-579.

Gruickshank, D. R., Bainer, D. I., & Metcalf, K. K.(1995). *The act of teaching*. NY: Mcgraw-Hill.

Guild, P.(1994). *The culture/learning style connection.* Educational Leadership, 51(8), 16-21.

Guilford, J. P.(1959). *The three faces of intellect.* American Psychologist, 14, 469-479.

____________(1967). *The nature of human intelligence*. NY: McGraw-Hill.

____________(1988). *Some changes in the structure of the intellect model.* Educational and Psychological Measurement, 48, 1-4.

Hallahan, D., & Kauffman, J.(1991). *Exceptional children*(4th ed.). Englewood Cliffs, NJ: Prentice-Hall.

Harris, R. T.(1991). *Anorexia nervosa and bulimia nervosa in female adolescents.* Nutrition Today, 26(2), 30-34.

Harter, S., & Connell, J.(1984). *A comparison of alternative models of the relationships between academic achievement and children's perceptions of competence, control, and motivational orientation*. In Nicholls, J.(Ed.). Greenwich, CT: JAI Press.

Hayes, J. R.(1980). *Teaching problem-solving mechanisms*. In Tuma, D. T., & Rief, F.(Eds.). Hillsdale, NJ: Erlbaum.

Heinich, R., Molenda, M., & Russell, J. D.(1994). *Instructional media and the new technologies of instruction*. NY: Macmillam.

Herr, E. L., & Crammer, S. H.(1972). *Vocational Guidance and Career Development in the Schools: Toward a Systems Approach*. Boston: Houghton Mifflin Co.

Hershenson, D. B., & Roth, R. M.(1966). *A Decisional Process Model of Vocational Development.* Journal of Counseling Psychology, 13, 368-370.

Hershey, M.(1976). *Characteristics of gifted children, gifted association*. Kansas City, Missouri: Conference.

Hilton, T. L.(1962). *Career decision-making.* Journal of Counseling Psychology, 19, 291-298.

Hison, S.(1988). *Television viewing and pretend play in Black preschoolers. Unpublished doctoral dissertation*. Charlottesville, Virginia: University of Virginia.

Holland, J. L.(1966). *The Psychology of Vocational Choice: A theory of personality types and model environments*. Waltham, Mass: Blaisdell.

Hollingshedad, A. B.(1949). *Elmtown's Youth*. NY: Wiley.

Hoppock, R.(1976). *Occupational information*(4th ed.). NY: McGraw-Hill.

House, D.(1997). *The relationship between self-beliefs, academic background, and achievement of Asian-America students.* Child Study Journal, 27(2), 95-110.

Hoyt, K. B.(1973). *What the future holds for the meaning of work.* American Vocational

Journal, 48(1), 34-37.

Hoyt. K. B., Evans, R., Mangum, G., Bowen, E., & Gale, D.(1973). *Career Education in the High School*. Salt Lake City, Utah: Olympus Publishing Co.

Hull, C.(1928). *Aptitude testing*. NY: World Book.

Humohreys, J. A., & Traxler, A. E.(1954). *Guidance Service*. Chicago: Science Research Associates.

Hurlock, E. B.(1978). *Child Development*(6th ed.). NY: McGraw-Hill, Inc.

Ingram, C. P.(1953). *Education of the slow learning child*. NY: The Romald Press Co.

Inhelder, B., & Piaget, J.(1958). *The growth of logical thinking from childhood to adolescence*. NY: Basic Books.

Jacobsen, D.(1985). *Method for teaching: A skill approach*. Columbus: Charles E. Merrill publishing.

John-Steiner, V.(1990). *A Vygotkian perspective on verbal thinking and writing*. In Hedley, C., Houtz, J., & Baratta, A.(Eds.). Norwood, NJ: Ablex Publishing Corporation.

John-Steiner, V., & Tatter, P.(1983). *An interactionist model of language development*. In Bain, B.(Ed.). NY: Plenum.

Joseph, V., & Sheila, F.(1970). *Marriage and work in America: A study of motives and roles*. NY: Van Nost.

Kagan, J.(1965). *Impulsive and reflective children: In Learning and the educational process*. Chicago: Rand McNally.

Katz, M. R.(1963). *A model of guidance for career decision-making*. Vocational Guidance Quarterly, 15(1), 2-10.

Keating, D.(1979). *Adolescent thinking*. In Adolesn, J.(Ed.). NY: Wiley, pp.211-246.

Kirk, S. A.(1972). *Educating exceptional children*. Boston: Houthton Mifflin.

Kirk, S. A., & Gallagher, J.(1990). *Educating exceptional students* (5th ed.). Boston: Houthton Mifflin.

Knefelkamp, L., & Slepitza, R.(1978). *A cognitive-developmental model of career development: An adaption of the Perry scheme*. In Whiteley J., & Resnikoff, A.(Eds.). Monterey, CA: Brooks Cole, pp.232-245.

Kohlberg, L.(1984). *Essay on moral development, Vol. 2. The Psychology of moral development*. NY: Harper.

Köhler, W.(1925). *The mentality of apes*. NY: Liveryght.

Kozulin, A.(1998). *Psychology tools: A sociocultural approach to education*. Cambrige, MA: Harvard University Press.

Kozulin, A., & Presseisen, B. Z.(1995). *Mediated learning experience and psychological tools: Vygotsky's and Feuerstein's perspectives in a study of student leaning*. Educational Psychologist, 30, 67-75.

Krumboltz, J. D., Mitchell, M., & Gelatt, H. B.(1975). *Applications of social learning theory of career selection.* Focus on Guidance, 8(3). 1-16.

Krumboltz, J. D., Mitchell. A. M., & John G. B.(1978). *Career Counseling.* Monterey Calif: Wadworth Inc.

Krumboltz. J. D., & Schroeder, W. W.(1965). *Promoting career planning through reinforcement.* Personnel and Guidance Journal, 44, 19-26.

Kupersmidt, J. B., Coie, J. D., & Dodge, K. A.(1990). *The role of poor peer relationships in the development of disorder.* In Asher, S. R., & Coie, J. D.(Eds.). Peer rejection in childhood. NY: Cambridge University Press, pp.274-305.

Lemire, R. J., Loeser, J. D., & Leech, R. W.(1975). *Normal and abnormal development of the human nervous system.* NY: Harper & Row.

Lent, R. W., Brown, S. D., & Hackett, G.(1994). *Toward a unifying social cognitive theory of career and academic interest, choice, and performance(Monograph).* Journal of Vocational Behavior, 45, 79-122.

Lewin, K.(1942). *Field theory and learning.* The psychology of learning(41st NSSE year book, part II).

Lowe, M.(1975). *Trends in the development of representational play in infants from one to three years An observational study.* Journal of Child Psychology, 16, 33-48.

Luckasson, R.(1992). *Mental retardation: Definition, classification, and system of supports*(9th ed.). Washington, DC: Amer Assn on Mental Retardation.

Lwinhardt, G.(1992). *What research on teaching tells us about teaching.* Educational Leadership, 49(7), 20-25.

Maier, S. F., Seligman, M. E., & Soloman, R. L.(1969). *Pavlovian fear conditioning and learned helplessness.* In Campbel, B. & Church, R.(Eds.). NY: Appleton Century Crofts.

Maltzman, I. M.(1960). *On the training of originality.* Psychological Review, 67, 229-242.

Marsh, H.(1989). *Age and sex effects in multiple dimensions of self-concept: Preadolescence to early adulthood.* Journal of Educational Psychology, 81, 417-430.

________(1992). *Content specificity of relations between academic achievement and academic self-concept.* Journal of Educational Psychology, 84(1), 34-52.

Marsh, H., & Shavelson., R.(1985). *Self-concept: Its multifaceted hierarchical structure.* Educational Psychologist, 20, 107-123.

Mastrilli, T.(1995). *The use of verbal and visual relational comparisons in biology classrooms.* Pittsburg: University of pittsburgh.

Melzoff, A. N.(1988). *Infant imitation and memory: Nine-month-olds in immediate and deferred tests.* Child Development, 59, 217-255.

Miller, D. C., & Form, W. H.(1951). *Industrial sociology.* NY: Harper and Row.

Myers, D. I., & Hamill, D. D.(1976). *Methods for learning disorders*. NY: John Wiley & Sons, Inc.

National/State Leadership Training Institute(1972). *National/State Leadership Training Institute on the Gifted and the Talented*. California: National/State Leadership Training Institute.

Neff, W. S.(1977). *Work and Human Behavior*(2nd ed.). Chicago: Aldine.

Nelson, K., Rescorla, L., Gruendel, J., & Benedict, H.(1978). *Early lexicons: What do they mean?*. Child Development, 49, 960-968.

Niaz, M.(1991). *Correlates of formal operational reasoning: A Neo-Piagetian analysis*. Journal of Research in Science Teaching, 28(1), 19-40.

Norman, D. A.(1980). *Cognitive engineering and education*. In Tuma, D. T. & Rief, F.(Eds.). Hillsdale, NJ: Erlbaum.

Norris, W., Zeran, F. R., Hatch, R. N., & Engelkes, J. R.(1972). *The information service in guidance: For career development and planning*(3rd ed.). Chicago: Rand McNally.

Norris, W., Zeran, F. R.,, & Hatch, R. N.,(1960). *The information service in guidance*. CA: Rand McNally & Company.

Osipow, S. H.(1980). *Manual for the career decision scale*. Odessa, FL: Psychological Assessment Resources.

____________(1983). *Theories of career development*(2nd ed.). Englewood Cliffs, NJ: Prentice-Hall.

Panofsky, C. P.(1987). *The interactionist roots of literacy: Parent-child bookreading and the processes of connitive socialization. Unpublished doctoral dissertation*. Albuquerque, NM: The University of New Maxico.

Parsons, F.(1909). *Choosing a Vocation*. Boston: Houghton Mifflin Company.

Pegnato, C. W., & Birch, J. W.(1959). *Locating gifted children in junior high school: A Comparison of methods*. Exceptional Children, 23.

Pescal-Leone, J.(1987). *Organismic processes for Neo-Piagetian theories: A dialectical causal account of cognitive development*. International Journal of Psychology, 22, 531-570.

Peterson, G. W., Sampson, I. P., & Reardon, R. C.(1991). *Career Development and Services: A Cognitive Approach Pacific Grove*. Calif: Brooks/Cole Publishing Company.

Philadelphia Inquirer.(1997). *Personal briefing: The cheat sheet. Features Magazine, 3.*

Phillips, D.(1990). *Parents' beliefs and beyond: Contributions to children's academic self-perceptions*. Boston: Paper presented at the Annual Meeting of the American Educational Research Association.

Piaget, J.(1952). *The origins of intelligence in children(M. Cook trans.)*. NY: International Press.

Piaget, J., & Inhelder, B.(1963). *The child's conception of space*. London: Routledge and Paul.

Pintrich, P., & Schunk, D.(1996). *Motivation in education: Theory, research, and applications.*

Upper Saddle River, NJ: Prentice Hall.

Quay, H. C.(1972). *Patterns of aggression, withdrawal, and immaturity.* In Quay H. C., & Weery, J. S.(Eds.). NY: Wiley.

__________(1975). *Classification in treatment of delinquency and antisocial behavior.* In Hobbs, N.(Ed.). *Issues in the classification of children, 1.*

Renzulli, J. S.(1979). *Schools for talent development: A practical plan for total school improvement.* Mensfield Center, CT: Creative Learning Press.

__________(1987). *What makes giftedness: Reexamining a definition.* Phi Delta Kappan.

Rogoff, B., & Chavajay, P.(1995). *What's become of the research on the cultural basis of cognitive development?.* American psychologyist, 50, 859-877.

Rubin, K., Fein, G., & Vandenberg, B.(1983). *Play.* In Mussen, P. H.(Ed.). NY: Wiley.

Rubinstein, M. F.(1975). *Patterns of problem-solving.* Englewood Cliffs, NJ: Prentice-Hall.

Santrok, J.(1992). *Children.* Dubuque, IA: Brown/ Benchmark.

Sattler, J. M.(1988/1992). *Assessment of children.* San Diego, CA: Jerome M. Sattler, Publisher.

Schoenfeld, H. H.(1979). *Explicit heuristic training as a variable in problem solving performance.* Journal for Research in Mathematics Education, 10, 173-187.

Schrank, L. W.(1982). *Life Plan: A Practical Guide to Successful Career Planning.* skokie, Ill.: VGM Career Horizons.

Schwarzweller, H. L.(1959). *Value orientations and educational and occupational choices.* Rural Sociology, 24, 246-256.

Schwier, R. A., & Misanchuck, E. R.(1993). *Interactive Multimedia Instruction. Educational technology.* Publications, NJ: Englewood Cliffs.

Shertzer, B. & Stone, S. C.(1981). *Fundamentals of counseling.* Boston: Houphton Mifflin.

Siegler, R. S.(1983). *Information processing approaches to development.* In Kessen, W.(Ed.). NY: Wiley, pp.129-212.

__________(1985). *Encoding and the development of problem solving.* In Chipman, S. F., Segal, J. W., & Glaser, R.(Eds.). Hillsdale, NJ: Erlbaum.

Simon, H. A.(1980). *Problem solving and education.* In Tuma, D. T., & Rief, F.(Eds.). Hillsdate, NJ: Erlbaum.

Skeen, P., Brown, M. H., & Osborn, D. K.(1982). *Young children's perception of "real" and "pretend" on television.* Perception and Motor Skills, 54, 883-887.

Skinner, B. F.(1968). *The technology of teaching.* NY: Appleton Century Crofts.

Slavin, R. E.(1990). *Cooperative learning: Theory, research, and practice.* Englewood Cliffs, NJ: Prentice Hall.

Spearman, C. E.(1927). *The abilities of man.* NY: Macmillan.

Spokane, A. R.(1985). *A review of research on person-environment congruence in Holland's theory of careers.* Journal of Vocational Behavior, 26, 306-343.

Spokane, A. R.(1987). *Conceptual and methodological issues in person-environment fit research.* Journal of Vocational Behavior, 31, 217-221.

Sternberg, R. J.(1984). *What should intelligence tests test? Implications of a triarchic theory of intelligence for intelligence testing.* Educational Researcher, 13(1), 5-15.

__________(1985). *Beyond IQ: A triarchic theory of human intelligence.* NY: Cambridge University Press.

Sternberg, R. J.(1986). *Intelligence applied: Understanding and increasing your intellectual skills.* San Diego, CA: Harcourt Brac Jovanovich.

__________(1996). *Successful intelligence.* NY: Simon & Schuster.

Sternberg, R.(1988). *The triarchic mind.* NY: Viking.

__________(1990). *Metaphors of mind: Conceptions of the nature of intelligence.* NY: Cambridge University Press.

Stipek, D.(1993). *Motivation to learn*(2nd ed.). Needham Heights, MA: Allyn & Bacon.

Super, D. E.(1949). *Appraising vocational fitness by means of psychological tests.* NY: Harper & Row.

__________(1957). *The Psychology of careers.* NY: Harper & Row.

__________(1984). *Career and life development.* In Brown, D., Brooks, I., & Associates (Eds.). San Francisco: Jossey-Bass, pp.192-234.

__________(1990). *A life-span, life-space approach to career development.* In Brown, D., Brooks, L., & Associates(Eds.). Springfield, IL: Thomas, pp.35-64.

Super, D. E., & Savickas, M. L., & Super, C. M.(1996). *The life-span, life-space approach to careers*(3rd ed.). In Brown, D., Brooks, L., & Associates(Eds.). SF: Jossey-Bass, pp.121-178.

Tan, O. S., Parsons, R. D., Hinson, S. L., & Sardo-Brown, D.(2003). *Educational psychology: A practioner-research approach*(An Asian ed.). Clifton Park, NY: Thomson.

Terman, L. M.(1916). *The measurement of intelligence.* Boston: Houghton Mifflin Company.

Thorndike, E. L.(1913). *Psychology of learning: Educational psychology.* NY: Teachers College Press.

Thurstone, L. L.(1938). *Primary mental abilities.* Psychometric Monograph, No. 1.

Tiedeman, D. V., & O' Hara, R. P.(1963). *Career development: Choice a Psychometric Monograph, 1.nd adjustment.* NY: College Entrance Examination Board.

Tolbert, E. L.(1980). *Counseling for Career Development*(2nd ed.). MA: Houghton Mifflin.

Torrance, E. P.(1970). *Broadening concepts of giftedness in To's gifted.* Gifted Child Quarterly.

Tuchman, B. W.(1974). *An Age-Graded Model for Career Development Education.* Journal of Vocational Behavior, 4.

Vygotsky, L. S.(1934/1978). *Mind and society: The development of higher psychological processes.* Cambridge, MA: Harvard University Press.

______________(1987). *The collected works, Vol. 1.* NY: Plenum Press.

Wadsworth, B.(1989). *Piaget's theory of cognitive and affective development*(4th ed.). NY: London.

Walberg, H.(1984). *Improving the productivity in America's schools.* Educational Leadership, 41(8), 19-27.

Wechsler, D.(1944). *The measurement of adult Intelligence.* Baltimore: Willims & Wilkins.

Williamson, E. G.(1939). *How to counsel students.* NY: McGraw Hill.

______________(1950). *Counseling Adolescents.* NY: McGraw-Hill.

Witkin, H. A., & Goodenough, D. R.(1977). *Field dependence and interpersonal behavior.* Psychological Bulletin, 84, 661-689.

Woolfolk, A. E.(1995). *Educational psychology.* Boston, NY: Allyn & Bacon.

Zunker, V. G.(1986). *Career Counseling: Applied Concepts of life Planning.* Monterey, Calif.: Brooks/Cole Publishing Co.

______________(1987). *The life-style and craeer development standard.* Counnselor Education and Supervision, 27, 110-118.

______________(1988). *Career Counseling: Applied Conccpts of life planning.* NJ. Prentice-Hall.

______________(1998). *Career Counseling: Applied concepts of the planning*(5th ed.). Brooks/Cole: Pacific Grove.

## 인명색인

# 저자소개

**구 광 현**

서울대학교 대학원 교육학과(교육학석사)
캐나다 Toronto대학교 대학원 교육학과(교육학박사)
안양대학교 교육대학원장, 학생생활상담센터장, 교수학습지원센터장, 종합인재개발센터장 역임
현) 안양대학교 인문대학 유아교육과 교수, 교무처장
E-mail) khkoo@anyang.ac.kr

**가 영 희**

고려대학교 교육대학원(교육학석사, 상담심리전공)
인하대학교 대학원 교육학과(교육학박사, 교육행정 및 교육사회학전공)
고려대학교교육대학원 겸임교수, 청소년 심리상담소 부소장, 세종대, 인하대 외래교수 역임
현) 대진대학교 초빙교수, 한국교육상담연구원 부원장, 덕성여대, 안양대 외래교수
E-mail) k-yh-@hanmail.net

**이 경 철**

부산대학교 교육대학원(교육학석사, 유아교육전공)
부산대학교 대학원 교육학과(교육학박사, 교육과정 및 교육방법 전공)
광주대학교 사회복지학박사, 상명대학교 경영학 박사
부산대, 부산교대, 진주교대, 광주대, 상명대, 안양대 등 외래교수 역임
현) 서정대학교 유아교육과 교수, (사) 한국산학기술학회 회장, 새울산유치원 설립자,
(사) 미래인재교육개발원 교육대표자정책총동문회 총회장
E-mail) leekckg@hanmail.net, leekckg@seojeong.ac.kr

저 자
인 지

교육심리학

초판 1쇄 발행 / 2016년 8월 30일
초판 2쇄 발행 / 2019년 2월 20일

•

공저자 / 구광현 · 가영희 · 이경철
발행인 / 이　중　수
발행처 / 동　문　사

•

서울특별시 서대문구 홍제원 1길 12
(홍제동 137-8)
Tel : 02)736-3718(대), 736-3710, 3720
Fax : 02)736-3719
등록번호 : 제9-17호
가격 : 20,000원

•

ISBN : 978-89-8251-840-9(93370)
E-mail : dong736@naver.com
www.dongmunsa.com